공기업
NCS

고졸채용 최종모의고사

SD에듀
(주)시대고시기획

2024 최신판 SD에듀 공기업 NCS
고졸채용 최종모의고사 9회

Always **with you**

사람의 인연은 길에서 우연하게 만나거나 함께 살아가는 것만을 의미하지는 않습니다.
책을 펴내는 출판사와 그 책을 읽는 독자의 만남도 소중한 인연입니다.
SD에듀는 항상 독자의 마음을 헤아리기 위해 노력하고 있습니다. 늘 독자와 함께하겠습니다.

머리말

대부분의 공기업은 NCS(국가직무능력표준) 기반의 채용제도를 본격적으로 시행하면서 불필요한 스펙 대신 지원자의 직무능력을 중심으로 채용하고 있다. 추가적으로 정부는 각 공기업이 NCS를 적용하여 인재를 채용할 수 있도록 공기업에 NCS 기반의 채용 도구 개발을 지원하고 채용 컨설팅을 진행하고 있다. 이렇듯 NCS를 도입함으로써 취업준비생의 부담을 경감시키고, 능력 있는 인재라면 누구에게나 취업의 기회가 주어질 수 있도록 노력하고 있다.

이처럼 NCS를 도입함에 따라 공기업의 필기시험은 직무 위주의 상황으로 주어지는 등의 변화를 보이고 있지만, 대부분의 수험생들은 NCS라는 것이 정확히 무엇인지, 어떻게 출제되고 있는지를 모르고 있으며, 단순히 시중에 있는 책 한두 권 풀고 볼 수 있는 시험이라 생각하여 불합격이라는 고배를 마시고 있는 상황에 놓여 있다.

이에 SD에듀에서는 공기업 NCS 필기시험 문제풀이 실력 향상에 중점을 두어 다음과 같은 특징을 가진 본서를 기획하게 되었다.

도서의 특징

❶ 모듈형부터 PSAT형까지! NCS의 문제 유형으로 구성한 모의고사로 실력 UP!
- NCS의 문제 유형인 모듈형 · 피듈형 · PSAT형 등 자주 출제되는 영역 구성에 맞추어, 필수영역 최종모의고사, 핵심영역 최종모의고사, 통합 최종모의고사를 수록하여 어떤 공기업의 필기시험을 치르더라도 도움이 될 수 있도록 하였다.

❷ OMR 답안지와 모바일 OMR을 활용하여 실전처럼, 그리고 더 확실하게!
- 본서와 함께 제공되는 OMR 답안지를 통해 실전처럼 문제를 풀며 답안지를 체크해 볼 수 있도록 하였다.
- 모바일 OMR을 통해 답안채점은 물론, 성적분석 서비스까지 가능하게 하여 자신의 현재 실력이 어느 수준인지 확인해 볼 수 있도록 하였다.

❸ 다양한 콘텐츠로 최종 합격까지!
- 채용 가이드와 주요 공기업 최신 면접 기출질문을 수록하여 채용 전반을 대비할 수 있도록 하였다.
- 온라인 모의고사 응시 쿠폰을 제공하여 필기시험을 준비하는 데 부족함이 없도록 하였다.

끝으로 본 도서를 통해 공기업 고졸채용을 준비하는 모든 수험생 여러분이 합격의 기쁨을 누리기를 진심으로 기원한다.

SDC(Sidae Data Center) 씀

NCS 문제 유형 소개 NCS TYPES

PSAT형

※ 다음은 K공단의 국내 출장비 지급 기준에 대한 자료이다. 이어지는 질문에 답하시오. **[15~16]**

〈국내 출장비 지급 기준〉

① 근무지로부터 편도 100km 미만의 출장은 공단 차량 이용을 원칙으로 하며, 다음 각호에 따라 "별표 1"에 해당하는 여비를 지급한다.
  ㉠ 일비
    ⓐ 근무시간 4시간 이상 : 전액
    ⓑ 근무시간 4시간 미만 : 1일분의 2분의 1
  ㉡ 식비 : 명령권자가 근무시간이 모두 소요되는 1일 출장으로 인정한 경우에는 1일분의 3분의 1 범위 내에서 지급
  ㉢ 숙박비 : 편도 50km 이상의 출장 중 출장일수가 2일 이상으로 숙박이 필요할 경우, 증빙자료 제출 시 숙박비 지급
② 제1항에도 불구하고 공단 차량을 이용할 수 없어 개인 소유 차량으로 업무를 수행한 경우에는 일비를 지급하지 않고 이사장이 따로 정하는 바에 따라 교통비를 지급한다.
③ 근무지로부터 100km 이상의 출장은 "별표 1"에 따라 교통비 및 일비는 전액을, 식비는 1일분의 3분의 2 해당액을 지급한다. 다만, 업무 형편상 숙박이 필요하다고 인정할 경우에는 출장기간에 대하여 숙박비, 일비, 식비 전액을 지급할 수 있다.

〈별표 1〉

구분	교통비				일비 (1일)	숙박비 (1박)	식비 (1일)
	철도임	선임	항공임	자동차임			
임원 및 본부장	1등급	1등급	실비	실비	30,000원	실비	45,000원
1, 2급 부서장	1등급	2등급	실비	실비	25,000원	실비	35,000원
2, 3, 4급 부장	1등급	2등급	실비	실비	20,000원	실비	30,000원
4급 이하 팀원	2등급	2등급	실비	실비	20,000원	실비	30,000원

1. 교통비는 실비를 기준으로 하되, 실비 정산은 국토해양부장관 또는 특별시장·광역시장·도지사·특별자치도지사 등이 인허한 요금을 기준으로 한다.
2. 선임 구분표 중 1등급 해당자는 특등, 2등급 해당자는 1등을 적용한다.
3. 철도임 구분표 중 1등급은 고속철도 특실, 2등급은 고속철도 일반실을 적용한다.
4. 임원 및 본부장의 식비가 위 정액을 초과하였을 경우 실비를 지급할 수 있다.
5. 운임 및 숙박비의 할인이 가능한 경우에는 할인 요금으로 지급한다.
6. 자동차임 실비 지급은 연료비와 실제 통행료를 지급한다.
   (연료비)=[여행거리(km)]×(유가)÷(연비)
7. 임원 및 본부장을 제외한 직원의 숙박비는 70,000원을 한도로 실비를 정산할 수 있다.

특징 ▶ 대부분 의사소통능력, 수리능력, 문제해결능력을 중심으로 출제(일부 기업의 경우 자원관리능력, 조직이해능력을 출제)
  ▶ 자료에 대한 추론 및 해석 능력을 요구

대행사 ▶ 엑스퍼트컨설팅, 커리어넷, 태드솔루션, 한국행동과학연구소(행과연), 휴노 등

모듈형

| 대인관계능력

60 다음 자료는 갈등해결을 위한 6단계 프로세스이다. 3단계에 해당하는 대화의 예로 가장 적절한 것은?

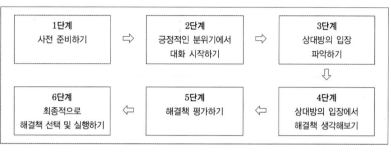

① 그럼 A씨의 생각대로 진행해 보시죠.

특징
▶ 이론 및 개념을 활용하여 푸는 유형
▶ 채용 기업 및 직무에 따라 NCS 직업기초능력평가 10개 영역 중 선발하여 출제
▶ 기업의 특성을 고려한 직무 관련 문제를 출제
▶ 주어진 상황에 대한 판단 및 이론 적용을 요구

대행사
▶ 인트로맨, 휴스테이션, ORP연구소 등

피듈형(PSAT형 + 모듈형)

| 문제해결능력

60 P회사는 직원 20명에게 나눠 줄 추석 선물 품목을 조사하였다. 다음은 유통업체별 품목 가격과 직원들의 품목 선호도를 나타낸 자료이다. 이를 참고하여 P회사에서 구매하는 물품과 업체를 바르게 연결한 것은?

〈업체별 품목 금액〉

구분		1세트당 가격	혜택
A업체	돼지고기	37,000원	10세트 이상 주문 시 배송 무료
	건어물	25,000원	
B업체	소고기	62,000원	20세트 주문 시 10% 할인
	참치	31,000원	
C업체	스팸	47,000원	50만 원 이상 주문 시 배송 무료
	김	15,000원	

〈구성원 품목 선호도〉

특징
▶ 기초 및 응용 모듈을 구분하여 푸는 유형
▶ 기초인지모듈과 응용업무모듈로 구분하여 출제
▶ PSAT형보다 난도가 낮은 편
▶ 유형이 정형화되어 있고, 유사한 유형의 문제를 세트로 출제

대행사
▶ 사람인, 스카우트, 인크루트, 커리어케어, 트리피, 한국사회능력개발원 등

주요 공기업 적중 문제 TEST CHECK

글의 제목 ▶ 유형

2023년 적중

24 다음 글의 제목으로 가장 적절한 것은?

'5060세대'. 몇 년 전까지만 해도 그들은 사회로부터 '지는 해' 취급을 받았다. '오륙도'라는 꼬리표를 달아 일터에서 밀어내고, 기업은 젊은 고객만 왕처럼 대우했다. 젊은 층의 지갑을 노려야 돈을 벌 수 있다는 것이 기업의 마케팅 전략이었기 때문이다.

그러나 최근 들어 상황이 달라졌다. 5060세대가 새로운 소비 군단으로 주목되기 시작한 가장 큰 이유는 고령화 사회로 접어들면서 시니어(Senior) 마켓 시장이 급속도로 커지고 있는 데다 이들이 돈과 시간을 가장 넉넉하게 가진 세대이기 때문이다. 한 경제연구원에 따르면 50대 이상 인구 비중이 30%에 이르면서 50대 이상을 겨냥한 시장 규모가 100조 원대까지 성장할 예정이다.

통계청이 집계한 가구주 나이별 가계수지 자료를 보면, 한국 사회에서는 50대 가구주의 소득이 가장 높다. 월평균 361만 500원으로 40대의 소득보다도 높은 것으로 집계됐다. 가구주 나이가 40대인 가구의 가계수지를 보면, 소득은 50대보다 적으면서도 교육 관련 지출(45만 6,400원)이 압도적으로 높아 소비 여력이 낮은 편이다. 그러나 50대 가구주의 경우 소득이 높으면서 소비 여력 또한 충분하다. 50대 가구주의 처분가능소득은 288만 7,500원으로 전 연령층에서 가장 높다.

이들이 신흥 소비군단으로 떠오르면서 '애플(APPLE)족'이라는 마케팅 용어까지 등장했다. 활동적이고 (Active) 자부심이 강하며(Pride) 안정적으로(Peace) 고급문화(Luxury)를 즐기는 경제력(Economy) 있는 50대 이후 세대를 뜻하는 말이다. 통계청은 여행과 레저를 즐기는 5060세대를 '주목해야 할 블루슈머*7'가운데 하나로 선정했다. 과거 5060세대는 자식을 보험으로 여기며 자식에게 의존하면서 살아가는 전통적인 노인이었다. 그러나 애플족은 자녀로부터 독립해 자기만의 새로운 인생을 추구한다. '통크족(TONK; Two Only, No Kids)'이라는 별칭이 붙는 이유이다. 통크족이나 애플족은 젊은 층의 전유물로 여겨졌던 자기중심

도급 ▶ 키워드

2023년 적중

01 K공사는 부대시설 건축을 위해 A건축회사와 계약을 맺었다. 다음의 계약서를 보고 건축시설처의 L대리가 파악할 수 있는 내용으로 가장 적절한 것은?

〈공사도급계약서〉

상세시공도면 작성(제10조)
① '을'은 건축법 제19조 제4항에 따라 공사감리자로부터 상세시공도면의 작성을 요청받은 경우에는 상세시 공도면을 작성하여 공사감리자의 확인을 받아야 하며, 이에 따라 공사를 하여야 한다.
② '갑'은 상세시공도면의 작성범위에 관한 사항을 설계자 및 공사감리자의 의견과 공사의 특성을 감안하여 계약서상의 시방에 명시하고, 상세시공도면의 작성비용을 공사비에 반영한다.

안전관리 및 재해보상(제11조)
① '을'은 산업재해를 예방하기 위하여 안전시설의 설치 및 보험의 가입 등 적정한 조치를 하여야 한다. 이때 '갑'은 계약금액의 안전관리비 및 보험료 상당액을 계상하여야 한다.
② 공사현장에서 발생한 산업재해에 대한 책임은 '을'에게 있다. 다만, 설계상의 하자 또는 '갑'의 요구에 의 한 작업으로 인한 재해에 대하여는 그러하지 아니하다.

응급조치(제12조)
① '을'은 재해방지를 위하여 특히 필요하다고 인정될 때에는 미리 긴급조치를 취하고 즉시 이를 '갑'에게 통지하여야 한다.
② '갑'은 재해방지 및 기타 공사의 시공상 긴급·부득이하다고 인정할 때에는 '을'에게 긴급조치를 요구할 수 있다.

국민건강보험공단

질병 ▶ 키워드

03 다음 글의 빈칸에 들어갈 내용으로 가장 적절한 것은?

> 알레르기는 도시화와 산업화가 진행되는 지역에서 매우 빠르게 증가하고 있는데, 알레르기의 발병 원인에 대한 20세기의 지배적 이론은 알레르기는 병원균의 침입에 의해 발생하는 감염성 질병이라는 것이다. 하지만 1989년 영국 의사 S는 이 전통적인 이론에 맞서 다음 가설을 제시했다. _____ S는 1958년 3월 둘째 주에 태어난 17,000명 이상의 영국 어린이를 대상으로 그들이 23세가 될 때까지 수집한 개인 정보 데이터베이스를 분석하여, 이 가설을 뒷받침하는 증거를 찾았다. 이들의 가족 관계, 사회적 지위, 경제력, 거주 지역, 건강 등의 정보를 비교 분석한 결과, 두 개 항목이 꽃가루 알레르기와 상관관계를 가졌다. 첫째, 함께 자란 형제자매의 수이다. 외동으로 자란 아이의 경우 형제가 서넛인 아이에 비해 꽃가루 알레르기에 취약했다. 둘째, 가족 관계에서 차지하는 서열이다. 동생이 많은 아이보다 손위 형제가 많은 아이가 알레르기에 걸릴 확률이 낮았다.
> S의 주장에 따르면 가족 구성원이 많은 집에 사는 아이들은 가족 구성원, 특히 손위 형제들이 집안으로 끌고 들어오는 온갖 병균에 의한 잦은 감염 덕분에 장기적으로는 알레르기 예방에 오히려 유리하다. S는 유년기에 겪은 이런 감염이 꽃가루 알레르기를 비롯한 알레르기성 질환으로부터 아이들을 보호해 왔다고 생각했다.

① 알레르기는 유년기에 병원균 노출의 기회가 적을수록 발생 확률이 높아진다.
② 알레르기는 가족 관계에서 서열이 높은 가족 구성원에게 더 많이 발생한다.
③ 알레르기는 성인보다 유년기의 아이들에게 더 많이 발생한다.
④ 알레르기는 도시화에 따른 전염병의 증가로 인해 유발된다.

서울교통공사

참 거짓 논증 ▶ 유형

39 다음의 마지막 명제가 참일 때, 빈칸에 들어갈 명제로 가장 적절한 것은?

> • 허리통증이 심하면 나쁜 자세로 공부했다는 것이다.
> • 공부를 오래 하면 성적이 올라간다.
> • _____
> • 성적이 떨어졌다는 것은 나쁜 자세로 공부했다는 것이다.

① 성적이 올라갔다는 것은 좋은 자세로 공부했다는 것이다.
② 좋은 자세로 공부한다고 해도 허리의 통증은 그대로이다.
③ 성적이 떨어졌다는 것은 공부를 별로 하지 않았다는 증거다.
④ 좋은 자세로 공부한다고 해도 공부를 오래 하긴 힘들다.
⑤ 허리통증이 심하지 않으면 공부를 오래 할 수 있다.

주요 공기업 적중 문제 TEST CHECK

건강보험심사평가원

17 귀하는 전세버스 대여를 전문으로 하는 여행업체에 근무하고 있다. 지난 10년 동안 상당한 규모로 성장해온 귀사는 현재 보유하고 있는 버스의 현황을 실시간으로 파악할 수 있도록 식별 코드를 부여하였다. 식별 코드 부여 방식과 자사보유 전세버스 현황이 다음과 같을 때, 옳지 않은 것은?

〈식별 코드 부여 방식〉

[버스등급] – [승차인원] – [제조국가] – [모델번호] – [제조연월]

버스등급	코드	제조국가	코드
대형버스	BX	한국	KOR
중형버스	MF	독일	DEU
소형버스	RT	미국	USA

예 BX – 45 – DEU – 15 – 1510
2015년 10월 독일에서 생산된 45인승 대형버스 15번 모델

〈자사보유 전세버스 현황〉

BX – 28 – DEU – 24 – 1308	MF – 35 – DEU – 15 – 0910	RT – 23 – KOR – 07 – 0628
MF – 35 – KOR – 15 – 1206	BX – 45 – USA – 11 – 0712	BX – 45 – DEU – 06 – 1105
MF – 35 – DEU – 20 – 1110	BX – 41 – DEU – 05 – 1408	RT – 16 – USA – 09 – 0712
RT – 25 – KOR – 18 – 0803	RT – 25 – DEU – 12 – 0904	MF – 35 – KOR – 17 – 0901
BX – 28 – USA – 22 – 1404	BX – 45 – USA – 19 – 1108	BX – 28 – USA – 15 – 1012
RT – 16 – DEU – 23 – 1501	MF – 35 – KOR – 16 – 0804	BX – 45 – DEU – 19 – 1312

K-water 한국수자원공사

38 S공사에서 근무하는 K사원은 새로 도입되는 교통관련 정책 홍보자료를 만들어서 배포하려고 한다. 다음 중 가장 저렴한 비용으로 인쇄할 수 있는 업체로 옳은 것은?

〈인쇄업체별 비용 견적〉

(단위 : 원)

업체명	페이지당 비용	표지 가격		권당 제본비용	할인
		유광	무광		
A인쇄소	50	500	400	1,500	–
B인쇄소	70	300	250	1,300	–
C인쇄소	70	500	450	1,000	100부 초과 시 초과 부수만 총비용에서 5% 할인
D인쇄소	60	300	200	1,000	–

※ 홍보자료는 관내 20개 지점에 배포하고, 각 지점마다 10부씩 배포한다.
※ 홍보자료는 30페이지 분량으로 제본하며, 표지는 유광표지로 한다.

① A인쇄소
② B인쇄소
③ C인쇄소
④ D인쇄소

한국동서발전

신재생 ▶ 키워드

17 다음 중 스마트미터에 대한 내용으로 올바르지 않은 것은?

스마트미터는 소비자가 사용한 전력량을 일방적으로 보고하는 것이 아니라, 발전사로부터 전력 공급 현황을 받을 수 있는 양방향 통신, AMI(AMbient Intelligence)로 나아간다. 때문에 부가적인 설비를 더하지 않고 소프트웨어 설치만으로 집안의 통신이 가능한 각종 전자기기를 제어하는 기능까지 더할 수 있어 에너지를 더욱 효율적으로 관리하게 해주는 전력 시스템이다.

스마트미터는 신재생에너지가 보급되기 위해 필요한 스마트그리드의 기초가 되는 부분으로 그 시작은 자원 고갈에 대한 걱정과 환경 보호 협약 때문이었다. 하지만 스마트미터가 촉구되었던 더 큰 이유는 안정적으로 전기를 이용할 수 있느냐 하는 두려움 때문이었다. 사회는 끊임없는 발전을 이뤄왔지만 천재지변으로 인한 시설 훼손이나 전력 과부하로 인한 블랙아웃 앞에서는 어쩔 도리가 없었다. 태풍과 홍수, 산사태 등으로 막대한 피해를 보았던 2000년대 초반 미국을 기점으로, 전력 정보의 신뢰도를 위해 스마트미터 산업은 크게 주목받기 시작했다. 대중은 비상시 전력 보급 현황을 알기 원했고, 미 정부는 전력 사용 현황을 파악함은 물론, 소비자가 전력 사용량을 확인할 수 있도록 제공하여 소비자 스스로 전력 사용을 줄이길 바랐다.

한편, 스마트미터는 기존의 전력 계량기를 교체해야 하는 수고와 비용이 들지만, 실시간으로 에너지 사용량을 알 수 있기 때문에 이용하는 순간부터 공급자인 발전사와 소비자 모두가 전력 정보를 편이하게 접할 수 있을 뿐만 아니라 효율적으로 관리가 가능해진다. 앞으로는 소비처로부터 멀리 떨어진 대규모 발전 시설에서 생산하는 전기뿐만 아니라, 스마트 그린시티에 설치된 발전설비를 통한 소량의 전기들까지 전기 가격을 하나의 정보로 규합하여 소비자가 필요에 맞게 전기를 소비할 수 있게 하였다. 또한, 소형 설비로 생산하거나 에너지 저장 시스템에 사용하다 남은 소량의 전기는 전력 시장에 역으로 제공해 보상을 받을 수도 있게 된다.

미래 에너지는 신재생에너지로의 완전한 전환이 중요하지만, 산업체는 물론 개개인이 에너지를 절약하는 것 역시 중요하다. 앞서 미국이 의도했던 것처럼 스마트미터를 보급하면 일상에서 쉽게 에너지 운용을 파악할 수 있게 되고, 에너지 절약을 습관화하는 데 도움이 될 것이다.

인천국제공항공사

부서 배치 ▶ 유형

15 다음은 부서별로 핵심역량가치 중요도를 정리한 표와 신입사원들의 핵심역량평가 결과표이다. 결과표를 바탕으로 한 C사원과 E사원의 부서배치로 가장 적절한 것은?(단, '-'는 중요도가 상관없다는 표시이다)

〈핵심역량가치 중요도〉

구분	창의성	혁신성	친화력	책임감	윤리성
영업팀	-	중	상	중	-
개발팀	상	상	하	중	상
지원팀	-	중	-	상	하

〈핵심역량평가 결과표〉

구분	창의성	혁신성	친화력	책임감	윤리성
A사원	상	하	중	상	상
B사원	중	중	하	중	상
C사원	하	상	상	중	하
D사원	하	하	상	하	중
E사원	상	중	중	상	하

도서 200% 활용하기 STRUCTURES

1 │ NCS 문제 유형으로 구성된 최종모의고사로 NCS 전 유형 학습

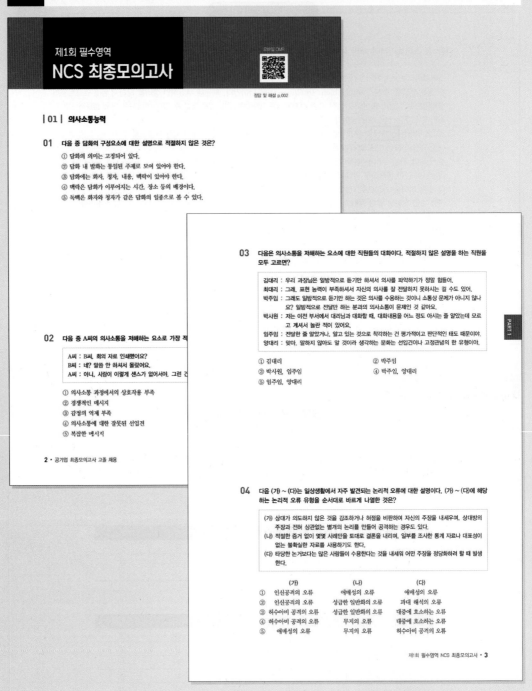

제1회 필수영역
NCS 최종모의고사

정답 및 해설 p.002

| 01 | 의사소통능력

01 다음 중 담화의 구성요소에 대한 설명으로 적절하지 않은 것은?

① 담화의 의미는 고정되어 있다.
② 담화 내 발화는 통일된 주제로 모여 있어야 한다.
③ 담화에는 화자, 청자, 내용, 맥락이 있어야 한다.
④ 맥락은 담화가 이루어지는 시간, 장소 등의 배경이다.
⑤ 독백은 화자와 청자가 같은 담화의 일종으로 볼 수 있다.

02 다음 중 A씨의 의사소통을 저해하는 요소로 가장 적

> A씨 : B씨, 회의 자료 인쇄했어요?
> B씨 : 네? 말씀 안 하셔서 몰랐어요.
> A씨 : 아니, 사람이 이렇게 센스가 없어서야. 그런 건

① 의사소통 과정에서의 상호작용 부족
② 경쟁적인 메시지
③ 감정의 억제 부족
④ 의사소통에 대한 잘못된 선입견
⑤ 복잡한 메시지

2 · 공기업 최종모의고사 고졸 채용

03 다음은 의사소통을 저해하는 요소에 대한 직원들의 대화이다. 적절하지 않은 설명을 하는 직원을 모두 고르면?

> 김대리 : 우리 과장님은 일방적으로 듣기만 하셔서 의사를 파악하기가 정말 힘들어.
> 최대리 : 그래, 표현 능력이 부족해서 자신의 의사를 잘 전달하지 못하시는 걸 수도 있어.
> 박주임 : 그래도 일방적으로 듣기만 하는 것은 의사를 수용하는 것이니 소통상 문제가 아니지 않나요? 일방적으로 전달만 하는 분과의 의사소통이 문제인 것 같아요.
> 박사원 : 저는 이전 부서에서 대리님과 대화할 때, 대화내용을 어느 정도 아시는 줄 알았는데 모르고 계셔서 놀란 적이 있어요.
> 임주임 : 전달한 줄 알았거나, 알고 있는 것으로 착각하는 건 평가적이고 판단적인 태도 때문이야.
> 양대리 : 맞아, 말하지 않아도 알 것이라 생각하는 문화는 선입견이나 고정관념의 한 유형이야.

① 김대리
② 박주임
③ 박사원, 임주임
④ 박주임, 양대리
⑤ 임주임, 양대리

04 다음 (가) ~ (다)는 일상생활에서 자주 발견되는 논리적 오류에 대한 설명이다. (가) ~ (다)에 해당하는 논리적 오류 유형을 순서대로 바르게 나열한 것은?

> (가) 상대가 의도하지 않은 것을 강조하거나 허점을 비판하여 자신의 주장을 내세우며, 상대방의 주장과 전혀 상관없는 별개의 논리를 만들어 공격하는 경우도 있다.
> (나) 적절한 증거 없이 몇몇 사례만을 토대로 결론을 내리며, 일부를 조사한 통계 자료나 대표성이 없는 불확실한 자료를 사용하기도 한다.
> (다) 타당한 논거보다는 많은 사람들이 수용한다는 것을 내세워 어떤 주장을 정당화하려 할 때 발생한다.

	(가)	(나)	(다)
①	인신공격의 오류	애매성의 오류	애매성의 오류
②	인신공격의 오류	성급한 일반화의 오류	과대 해석의 오류
③	허수아비 공격의 오류	성급한 일반화의 오류	대중에 호소하는 오류
④	허수아비 공격의 오류	무지의 오류	대중에 호소하는 오류
⑤	애매성의 오류	무지의 오류	허수아비 공격의 오류

제1회 필수영역 NCS 최종모의고사 · 3

> ▶ 모듈형 · 피듈형 · PSAT형을 중심으로 필수영역 최종모의고사 2회, 핵심영역 최종모의고사 2회, 통합 최종모의고사 2회를 수록하여 문제 유형 파악과 더불어 문제에 대한 이해력을 높일 수 있도록 하였다.

2 인성검사부터 면접까지 한 권으로 최종 마무리

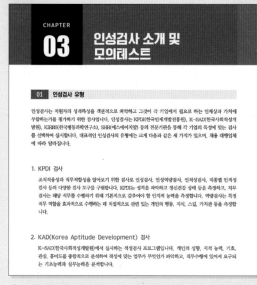

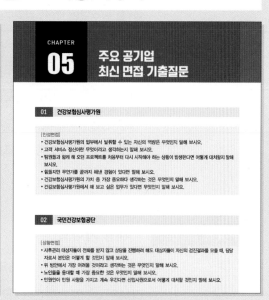

▶ 인성검사 모의테스트를 수록하여 인성검사 유형 및 문항을 확인할 수 있도록 하였다.

▶ 주요 공기업 최신 면접 기출질문을 수록하여 면접에서 나오는 질문을 미리 파악하고 면접에 대비할 수 있도록 하였다.

3 상세한 해설로 정답과 오답을 완벽하게 이해

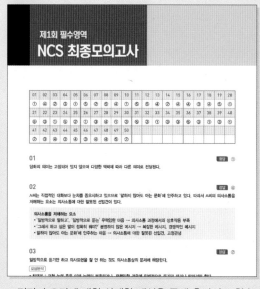

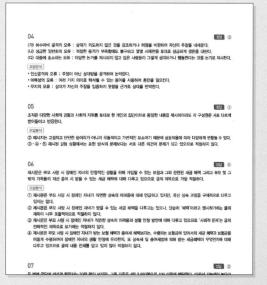

▶ 정답과 오답에 대한 상세한 해설을 통해 혼자서도 학습이 가능하도록 하였다.

이 책의 차례 CONTENTS

PART 1

최종모의고사

NCS 최종모의고사

정답 및 해설 p.002

01   의사소통능력

01 다음 중 담화의 구성요소에 대한 설명으로 적절하지 않은 것은?

① 담화의 의미는 고정되어 있다.

② 담화 내 발화는 통일된 주제로 모여 있어야 한다.

③ 담화에는 화자, 청자, 내용, 맥락이 있어야 한다.

④ 맥락은 담화가 이루어지는 시간, 장소 등의 배경이다.

⑤ 독백은 화자와 청자가 같은 담화의 일종으로 볼 수 있다.

02 다음 중 A씨의 의사소통을 저해하는 요소로 가장 적절한 것은?

> A씨 : B씨, 회의 자료 인쇄했어요?
> B씨 : 네? 말씀 안 하셔서 몰랐어요.
> A씨 : 아니, 사람이 이렇게 센스가 없어서야. 그런 건 알아서 해야지.

① 의사소통 과정에서의 상호작용 부족

② 경쟁적인 메시지

③ 감정의 억제 부족

④ 의사소통에 대한 잘못된 선입견

⑤ 복잡한 메시지

03 다음은 의사소통을 저해하는 요소에 대한 직원들의 대화이다. 적절하지 않은 설명을 하는 직원을 모두 고르면?

> 김대리 : 우리 과장님은 일방적으로 듣기만 하셔서 의사를 파악하기가 정말 힘들어.
>
> 최대리 : 그래. 표현 능력이 부족하셔서 자신의 의사를 잘 전달하지 못하시는 걸 수도 있어.
>
> 박주임 : 그래도 일방적으로 듣기만 하는 것은 의사를 수용하는 것이니 소통상 문제가 아니지 않나요? 일방적으로 전달만 하는 분과의 의사소통이 문제인 것 같아요.
>
> 박사원 : 저는 이전 부서에서 대리님과 대화할 때, 대화내용을 어느 정도 아시는 줄 알았는데 모르고 계셔서 놀란 적이 있어요.
>
> 임주임 : 전달한 줄 알았거나, 알고 있는 것으로 착각하는 건 평가적이고 판단적인 태도 때문이야.
>
> 양대리 : 맞아. 말하지 않아도 알 것이라 생각하는 문화는 선입견이나 고정관념의 한 유형이야.

① 김대리
② 박주임
③ 박사원, 임주임
④ 박주임, 양대리
⑤ 임주임, 양대리

04 다음 (가) ~ (다)는 일상생활에서 자주 발견되는 논리적 오류에 대한 설명이다. (가) ~ (다)에 해당하는 논리적 오류 유형을 순서대로 바르게 나열한 것은?

> (가) 상대가 의도하지 않은 것을 강조하거나 허점을 비판하여 자신의 주장을 내세우며, 상대방의 주장과 전혀 상관없는 별개의 논리를 만들어 공격하는 경우도 있다.
>
> (나) 적절한 증거 없이 몇몇 사례만을 토대로 결론을 내리며, 일부를 조사한 통계 자료나 대표성이 없는 불확실한 자료를 사용하기도 한다.
>
> (다) 타당한 논거보다는 많은 사람들이 수용한다는 것을 내세워 어떤 주장을 정당화하려 할 때 발생한다.

	(가)	(나)	(다)
①	인신공격의 오류	애매성의 오류	애매성의 오류
②	인신공격의 오류	성급한 일반화의 오류	과대 해석의 오류
③	허수아비 공격의 오류	성급한 일반화의 오류	대중에 호소하는 오류
④	허수아비 공격의 오류	무지의 오류	대중에 호소하는 오류
⑤	애매성의 오류	무지의 오류	허수아비 공격의 오류

05 다음과 같은 의사소통의 갈등 상황을 유발하는 원인으로 가장 적절한 것은?

> 기획팀의 K대리는 팀원 3명과 함께 프로젝트를 수행하고 있다. K대리는 이번 프로젝트를 조금 여유 있게 진행할 것을 팀원들에게 요청하였다. 팀원들은 프로젝트 진행을 위해 회의를 진행하였는데, L사원과 P사원의 의견이 서로 대립하는 바람에 결론을 내리지 못한 채 회의를 마치게 되었다. K대리가 회의 내용을 살펴본 결과 L사원은 프로젝트 기획 단계에서 좀 더 꼼꼼하고 상세한 자료를 모으자는 의견이었고, 반대로 P사원은 시간적 여유를 프로젝트 수정·보완 단계에서 사용하자는 의견이었다.

① L사원과 P사원이 K대리의 의견을 서로 다르게 받아들였기 때문이다.
② L사원이 K대리의 고정적 메시지를 잘못 이해하고 있기 때문이다.
③ L사원과 P사원이 자신의 정보를 상대방이 이해하기 어렵게 표현하고 있기 때문이다.
④ L사원과 P사원이 서로 잘못된 정보를 전달하고 있기 때문이다.
⑤ L사원과 P사원이 서로에 대한 선입견을 갖고 있기 때문이다.

06 다음 글의 제목으로 가장 적절한 것은?

> 보건복지부에 따르면 현재 우리나라에는 등록 장애인만 250만 명이 넘는다. 여기에 비등록 장애인까지 포함한다면 실제 장애인 수는 400만 명에 다다를 것으로 예상된다.
> 특히 이들 가정은 경제적·사회적 어려움에 봉착해 있으며 많은 장애인 자녀들이 부모의 돌봄 없이는 일상생활 유지가 어려운 상황인데, 특히 법적인 부분에서 훨씬 더 문제가 된다. 부모 사망 이후, 장애인 자녀가 상속인으로서 제대로 된 권리를 행사하기 어려울 뿐만 아니라, 본인도 모르게 유산 상속 포기 절차가 진행되는 경우가 발생하기 때문이다.
> 따라서 장애인 자녀의 부모들은 상속과정에서 자녀들이 부딪힐 문제들에 대해 더 꼼꼼하게 대비해야 할 필요성이 있는데, 이에 해당하는 내용은 크게 두 가지로 나눠볼 수 있다. 자녀의 생활 안정 및 유지를 위한 '장애인 신탁'과 상속 시의 세금 혜택인 '장애인 보험금 비과세'가 그것이다.
> 먼저 장애인 신탁은 직계존비속이나 일정 범위 내 친족으로부터 재산을 증여받은 장애인이 증여세 신고기한 이내에 신탁회사에 증여받은 재산을 신탁하고, 그 신탁의 이익 전부에 대해 장애인이 수익자가 되면 재산가액 5억 원까지 증여세를 면제해 주는 제도로 이를 통해 장애인의 생계유지와 안정적인 자산 이전이 가능하다.
> 다음으로 수익자가 장애인 자녀인 보험에 가입한 경우 보험금의 4,000만 원까지는 상속세 및 증여세법에 의해 과세하지 않는다. 따라서 후견인 등이 보험금을 가로챌 수 있는 여지를 차단하기 위해 중도 해지가 불가능하고 평생 동안 매월 연금으로 수령할 수 있는 종신형 연금보험을 선택하는 것이 장애인 자녀의 생활 안정에 유리할 것이다.

① 부모 사망 시 장애인 자녀의 유산 상속 과정
② 부모 사망 시 장애인 자녀가 받을 수 있는 혜택
③ 부모 사망 시 장애인 자녀가 직면한 사회적 문제
④ 부모 사망 시 장애인 자녀의 보험 및 증여세 혜택
⑤ 부모 사망 시 장애인 자녀의 생활 안정 및 세금 혜택

07 다음 글에 대한 내용으로 적절하지 않은 것은?

> 지난해 국민건강보험료 피부양자 자격 요건 중 소득 기준이 강화되었다. 소득세법상 연간 합산소득 기준이 3,400만 원 이하에서 2,000만 원 이하로 낮아진 것이다. 당초 재산 기준도 강화될 예정이었지만, 최근 수년간 주택 가격이 급등한 상황 등을 감안해 현행 기준을 유지하기로 결정되었다.
>
> 이로 인해 지난해 말 피부양자에서 탈락해 지역가입자로 전환된 사람이 50만 명이 넘는다. 이 수치 안에는 피부양자 탈락자 본인 외에도 배우자, 직계 존·비속, 배우자의 직계 존·비속, 형제·자매 등 부양 요건 미충족에 따른 탈락자도 4만 3,660명에 이른다.
>
> 이들은 피부양자에서 탈락해 지역가입자로 전환되면서 기존에 납부하지 않았던 건보료를 가구당 월 평균 10만 5,000원가량 내야 하는 상황이 되었다.
>
> 특히 이번 국민건강보험료 개편으로 인해 가장 큰 피해를 입은 사람은 공적연금을 지급받는 사람들이다. 공적연금이란 공무원연금을 포함한 사학연금, 군인연금, 국민연금 등을 말하는데, 은퇴 후 지급 받는 공적연금이 소득 기준을 초과한다면 건강보험료 피부양자 자격을 잃게 되는 것이다.
>
> 실제로 지난해 2월 기준 국민연금 수령으로 인해 지역가입자로 전환된 피부양자는 2,685명인데 반해 이번 국민건강보험료 개편으로 인한 탈락자는 27만 3,000명에 다다랐다. 특히 물가상승분을 반영해 상승되는 국민연금 지급액 구조 탓에 이후 건강보험료 피부양자 자격 탈락자는 계속하여 증가할 것으로 보이는 상황이다.

① 주택 가격이 상승하지 않았다면 국민건강보험료 피부양자 자격 요건 중 재산 기준도 강화되었을 것이다.

② 피부양자 탈락 시 가족 역시 탈락할 가능성이 높을 것이다.

③ 피부양자에서 탈락하면 경제적 부담이 커질 것이다.

④ 은퇴 후 공무원연금을 월 170만 원씩 수령하는 사람은 현행법상 건강보험료 피부양자 자격이 박탈될 것이다.

⑤ 물가가 하락한다면 건강보험료 피부양자 자격 취득자가 증가할 수도 있을 것이다.

08 다음 제시된 문장 다음에 이어질 (가) ~ (라) 문단을 논리적 순서대로 바르게 나열한 것은?

> 지난해 고금리, 고환율 그리고 고물가까지 겹치면서 경제적 부담이 커지자, 최후의 수단인 보험을 중도 해지한 사람들이 급증하고 있는 것으로 집계되었다.
>
> (가) 이는 통계 집계가 시작된 2000년 이후 최대 규모에 해당하는 수치로, 글로벌 금융위기를 겪었던 2008년(22조 6,990억 원)보다도 훨씬 큰 규모로 나타났다.
>
> (나) 이에 해당하는 방법으로는 해지 전 보험료 부담은 낮추면서 보험계약은 지속할 수 있는 감액제도나 일정 한도 내에서 인출이 가능한 중도인출제도가 있고 그 밖에도 보험료를 납부하지 않는 대신 보장기간을 줄일 수 있는 연장정기보험제도나 보험 계약을 해지했다면 이를 다시 복구할 수 있는 계약부활제도가 있다.
>
> (다) 실제로 지난해 초부터 11월까지 집계된 생명보험 해지환급금은 38조 5,300억 원에 다다랐으며, 이는 전년도보다 10조 원 이상 증가한 것으로 나타났다.
>
> (라) 이처럼 보험계약 해지가 늘어나고 있는 반면, 반대로 신규 보험 가입자는 전년보다 100만 건가량 감소하고 있다. 이는 비교적 장기간 납부하여야 하는 보험료 특성상 경기가 어려울수록 수요가 감소할 수밖에 없기 때문이다. 다만 보험을 중도 해지할 시에는 계약자의 손실이 발생하기 때문에 다른 방법은 없는지 따져 보는 것이 유리하다.

① (가) – (다) – (나) – (라)
② (가) – (다) – (라) – (나)
③ (가) – (라) – (다) – (나)
④ (다) – (가) – (나) – (라)
⑤ (다) – (가) – (라) – (나)

09 다음 글의 밑줄 친 ㉠~㉤에 대한 수정 방안으로 적절하지 않은 것은?

선진국과 ㉠ 제3세계간의 빈부 양극화 문제를 해결하기 위해 등장했던 적정기술은 시대적 요구에 부응하면서 다양한 모습으로 발전하여 올해로 탄생 50주년을 맞았다. 이를 기념하기 위해 우리나라에서도 각종 행사가 열리고 있다. ㉡ 게다가 적정기술의 진정한 의미가 무엇인지, 왜 그것이 필요한지에 대한 인식은 아직 부족한 것이 현실이다.

그렇다면 적정기술이란 무엇인가? 적정기술은 '현지에서 구할 수 있는 재료를 이용해 도구를 직접 만들어 삶의 질을 향상시키는 기술'을 뜻한다. 기술의 독점과 집적으로 인해 개인의 접근이 어려운 첨단기술과 ㉢ 같이 적정기술은 누구나 쉽게 배우고 익혀 활용할 수 있다. 이런 이유로 적정기술은 소비 중심의 현대사회에서 자신의 삶에 필요한 것을 직접 생산하는 자립적인 삶의 방식을 유도한다는 점에서 시사하는 바가 크다.

적정기술이 우리나라에 도입된 것은 2000년대 중반부터이다. 적정기술에 대한 고민은 당시 일어난 귀농 열풍과 환경문제에 대한 관심 등과 같은 다양한 사회·문화적 맥락 속에서 싹트기 시작했다. 특히 귀농인들을 중심으로 농촌의 에너지 문제를 해결하기 위한 다양한 방법이 시도되면서 국내에서 활용되는 적정기술은 난방 에너지 문제 해결에 ㉣ 초점이 모아져 있다. 에너지 자립형 주택, 태양열 온풍기·온수기, 생태 단열 등이 좋은 예이다.

우리나라의 적정기술이 에너지 문제 해결에 집중된 이유는 시대적 상황 때문이다. 우리나라는 전력 수요 1억 kW 시대 진입을 눈앞에 두고 있는 세계 10위권의 에너지 소비 대국이다. 게다가 에너지 소비량이 늘어나면서 2011년 이후 매년 대규모 정전 사태의 위험성을 경고하는 목소리가 커지고 있다. 이런 상황에서 에너지를 직접 생산하여 삶의 자립성을 추구하는 적정기술은 환경오염과 대형 재난의 위기를 극복하는 하나의 대안이 될 수 있다. 이뿐만 아니라 기술의 공유를 목적으로 하는 새로운 공동체 문화 형성에도 기여하기 때문에 ㉤ 그 어느 때만큼 적정기술의 발전 방향에 대한 진지한 논의가 필요하다.

① ㉠ : 띄어쓰기가 옳지 않으므로 '제3세계 간의'로 고친다.
② ㉡ : 앞 문장과의 내용을 고려하여 '하지만'으로 고친다.
③ ㉢ : 문맥에 어울리지 않으므로 '달리'로 고친다.
④ ㉣ : 맞춤법에 어긋나므로 '촛점'으로 고친다.
⑤ ㉤ : 문맥의 흐름을 고려하여 '그 어느 때보다'로 수정한다.

10 다음 글의 내용으로 적절하지 않은 것은?

최저임금제도는 정부가 근로자들을 보호하고 일자리의 질을 향상시키기 위해 근로자들이 임금을 일정 수준 이하로 받지 않도록 보장하여 경제적인 안정성을 제공하는 제도이다.

최저임금제도는 일자리의 안정성과 경제의 포용성을 촉진한다. 일정 수준 이상으로 설정된 최저임금은 근로자들에게 최소한의 생계비를 보장하고 근로 환경에서의 안정성을 확보할 수 있게 한다. 이는 근로자들의 생활의 질과 근로 만족도를 향상시키는 데 기여한다.

최저임금제도는 불공정한 임금구조를 해소하고 경제적인 격차를 완화하는 데 도움을 준다. 일부 기업에서는 경쟁력 확보나 이윤 극대화를 위해 근로자들에게 낮은 임금을 지불하는 경우가 있다. 최저임금제도는 이런 부당한 임금 지급을 방지하고 사회적인 형평성을 증진시킨다.

또한 최저임금제도는 소비 활성화와 경기 부양에도 기여한다. 근로자들이 안정된 임금을 받게 되면 소비력이 강화되고, 소비 지출이 증가한다. 이는 장기적으로 기업의 생산과 판매를 촉진시켜 경기를 활성화한다.

그러나 최저임금제도는 일부 기업들에게 추가적인 경제적 부담으로 다가올 수 있다. 인건비 인상으로 인한 비용 부담 증가는 일자리의 제약이나 물가 상승으로 이어질 수 있다. 그러므로 정부는 적절한 최저임금 수준을 설정하고 기업의 경쟁력을 고려하여 적절한 대응 방안을 모색해야 한다.

이와 같이 최저임금제도는 노동자 보호와 경제적 포용성을 위한 중요한 정책 수단이다. 그러나 최저임금제도만으로는 모든 경제적 문제를 해결할 수 없으며 근로시간, 근로조건 등 다른 노동법과의 조화가 필요하다.

① 최저임금제도는 기업 입장에서 아무런 이득이 없다.
② 최저임금제도는 기업의 경제적 부담을 증가시킬 수 있다.
③ 최저임금제도는 근로자의 소비를 증가시킨다.
④ 최저임금제도는 경제적 양극화를 완화하는 데 도움을 준다.
⑤ 최저임금제도를 통해 근로자들은 최소한의 생계비를 보장받을 수 있다.

11 다음 글의 서술 방식으로 적절하지 않은 것은?

> 나는 집이 가난해서 말이 없기 때문에 간혹 남의 말을 빌려서 탔다. 그런데 노둔하고 야윈 말을 얻었을 경우에는 일이 아무리 급해도 감히 채찍을 대지 못한 채 금방이라도 쓰러지고 넘어질 것처럼 전전긍긍하기 일쑤요, 개천이나 도랑이라도 만나면 또 말에서 내리곤 한다. 그래서 후회하는 일이 거의 없다. 반면에 발굽이 높고 귀가 쫑긋하며 잘 달리는 준마를 얻었을 경우에는 의기양양하여 방자하게 채찍을 갈기기도 하고 고삐를 놓기도 하면서 언덕과 골짜기를 모두 평지로 간주한 채 매우 유쾌하게 질주하곤 한다. 그러나 간혹 위험하게 말에서 떨어지는 환란을 면하지 못한다.
>
> 아, 사람의 감정이라는 것이 어쩌면 이렇게까지 달라지고 뒤바뀔 수가 있단 말인가. 남의 물건을 빌려서 잠깐 동안 쓸 때에도 오히려 이와 같은데, 하물며 진짜로 자기가 가지고 있는 경우야 더 말해 무엇 하겠는가.
>
> 그렇긴 하지만 사람이 가지고 있는 것 가운데 남에게 빌리지 않은 것이 또 뭐가 있다고 하겠는가. 임금은 백성으로부터 힘을 빌려서 존귀하고 부유하게 되는 것이요, 신하는 임금으로부터 권세를 빌려서 총애를 받고 귀한 신분이 되는 것이다. 그리고 자식은 어버이에게서, 지어미는 지아비에게서, 비복(婢僕)은 주인에게서 각각 빌리는 것이 또한 심하고도 많은데, 대부분 자기가 본래 가지고 있는 것처럼 여기기만 할 뿐 끝내 돌이켜 보려고 하지 않는다. 이 어찌 미혹된 일이 아니겠는가.
>
> 그러다가 혹 잠깐 사이에 그동안 빌렸던 것을 돌려주는 일이 생기게 되면, 만방(萬邦)의 임금도 독부(獨夫)가 되고 백승(百乘)의 대부(大夫)도 고신(孤臣)이 되는 법인데, 더군다나 미천한 자의 경우야 더 말해 무엇 하겠는가.
>
> 맹자(孟子)가 말하기를 "오래도록 차용하고서 반환하지 않았으니, 그들이 자기의 소유가 아니라는 것을 어떻게 알았겠는가."라고 하였다. 내가 이 말을 접하고서 느껴지는 바가 있기에, 차마설을 지어서 그 뜻을 부연해 보노라.
>
> – 이곡, 『차마설』

① 유추의 방법을 통해 개인의 경험을 보편적 깨달음으로 일반화한다.

② 예화와 교훈의 2단으로 구성하였다.

③ 주관적인 사실에 대한 보편적인 의견을 제시한다.

④ 성인의 말을 인용하여 자신의 주장을 뒷받침한다.

⑤ 자신의 견해를 먼저 제시하고, 그에 맞는 사례를 제시한다.

12 다음 글의 빈칸 (가) ~ (마)에 들어갈 내용으로 적절하지 않은 것은?

'방언(方言)'이라는 용어는 표준어와 대립되는 개념으로 사용될 수 있다. 이때 방언이란 '교양 있는 사람들이 두루 쓰는 현대 서울말'로서의 표준어가 아닌 말, 즉 비표준어라는 뜻을 갖는다. 가령 '   (가)   '는 생각에는 방언을 비표준어로서 낮잡아 보는 인식이 담겨 있다. 이러한 개념으로서의 방언은 '사투리'라는 용어로 바뀌어 쓰이는 수가 많다. '충청도 사투리', '평안도 사투리'라고 할 때의 사투리는 대개 이러한 개념으로 쓰이는 경우이다. 이때의 방언이나 사투리는, 말하자면 표준어인 서울말이 아닌 어느 지역의 말을 가리키거나, 더 나아가 '   (나)   '을 일컫는다. 이러한 용법에는 방언이 표준어보다 열등하다는 오해와 편견이 포함되어 있다. 여기에는 방언이 표준어보다 못하다거나 세련되지 못하고 규칙에 엄격하지 않다는 것과 같은 부정적 평가가 담겨 있는 것이다. 그런가 하면 사투리는 한 지역의 언어 체계 전반을 뜻하기보다 그 지역의 말 가운데 표준어에는 없는, 그 지역 특유의 언어 요소만을 일컫기도 한다. '   (다)   '고 할 때의 사투리가 그러한 경우에 해당한다. 언어학에서의 방언은 한 언어를 형성하고 있는 하위 단위로서의 언어 체계 전부를 일컫는 말로 사용된다. 한국어를 예로 들면 한국어를 이루고 있는 각 지역의 말 하나하나, 즉 그 지역의 언어 체계 전부를 방언이라 한다. 서울말은 이 경우 표준어이면서 한국어의 한 방언이다. 그리고 나머지 지역의 방언들은 '   (라)   ' 이러한 의미에서의 '충청도 방언'은, 충청도에서만 쓰이는, 표준어에도 없고 다른 도의 말에도 없는 충청도 특유의 언어 요소만을 가리키는 것이 아니다. '충청도 방언'은 충청도의 토박이들이 전래적으로 써 온 한국어 전부를 가리킨다. 이 점에서 한국어는 '   (마)   '

① (가) : 바른말을 써야 하는 아나운서가 방언을 써서는 안 된다.
② (나) : 표준어가 아닌, 세련되지 못하고 격을 갖추지 못한 말
③ (다) : 사투리를 많이 쓰는 사람과는 의사소통이 어렵다.
④ (라) : 한국어라는 한 언어의 하위 단위이기 때문에 방언이다.
⑤ (마) : 표준어와 지역 방언의 공통부분을 지칭하는 개념이다.

13 다음 글의 주장에 대한 반박으로 가장 적절한 것은?

우리 마을 사람들의 대부분은 산에 있는 밭이나 과수원에서 일한다. 그런데 마을 사람들이 밭이나 과수원에 갈 때 주로 이용하는 도로의 통행을 가로막는 울타리가 설치되었다. 그 도로는 산의 밭이나 과수원까지 차량이 통행할 수 있는 유일한 길이었다. 이러한 도로가 사유지 보호라는 명목으로 막혀서 땅 주인과 마을 사람들 간의 갈등이 심해지고 있다.

마을 사람들의 항의에 대해서 땅 주인은 자신의 사유 재산이 훼손되는 것을 더 이상 간과할 수 없어 통행을 막았다고 주장한다. 그 도로는 사유 재산이므로 자신에게 독점적이고 배타적인 사용 권리가 있어서 도로 통행을 막은 것이 정당하다는 것이다.

마을 사람들은 그 도로가 10년 가까이 공공으로 사용되어 왔는데 사유 재산이라는 이유로 갑자기 통행을 금지하는 것은 부당하다고 주장하고 있다. 도로가 막히면 밭이나 과수원에서 농사를 짓는 데 불편함이 크고 수확물을 차에 싣고 내려올 수도 없는 등의 피해를 입게 되는데, 개인의 권리 행사 때문에 이러한 피해를 입는 것은 부당하다는 것이다.

사유 재산에 대한 개인의 권리가 보장받는 것도 중요하지만, 그로 인해 다수가 피해를 입게 된다면 사익보다 공익을 우선시하여 개인의 권리가 제한되어야 한다. 만일 개인의 권리가 공익을 위해 제한되지 않으면 이번 일처럼 개인과 다수 간의 갈등이 발생할 수밖에 없다.

땅 주인은 사유 재산의 독점적이고 배타적인 사용을 주장하기에 앞서 마을 사람들이 생업의 곤란으로 겪는 어려움을 염두에 두어야 한다. 그리고 공익을 우선시하는 태도로 조속히 문제 해결을 위해 노력해야 할 것이다.

① 땅 주인은 개인의 권리 추구에 앞서 마을 사람들과 함께 살아가는 법을 배워야 한다.

② 마을 사람들과 땅 주인의 갈등은 민주주의의 다수결의 원칙에 따라 해결해야 한다.

③ 공익으로 인해 침해된 땅 주인의 사익은 적절한 보상을 통해 해결될 수 있다.

④ 땅 주인의 권리 행사로 발생하는 피해가 법적으로 증명되어야만 땅 주인의 권리를 제한할 수 있다.

⑤ 해당 도로는 10년 가까이 공공으로 사용되었기 때문에 사유 재산으로 인정받을 수 없다.

14 다음 글을 근거로 판단할 때, A학자의 언어체계에서의 표기와 그 의미를 연결한 내용으로 옳지 않은 것은?

A학자는 존재하는 모든 사물을 자연적인 질서에 따라 나열하고 그것들의 지위와 본질을 표현하는 적절한 기호를 부여하면 보편언어를 만들 수 있다고 생각했다.

이를 위해 A학자는 우선 세상의 모든 사물을 40개의 '속(屬)'으로 나누고, 속을 다시 '차이(差異)'로 세분했다. 예를 들어 8번째 속인 돌은 순서대로 아래와 같이 6개의 차이로 분류된다.

(1) 가치 없는 돌

(2) 중간 가치의 돌

(3) 덜 투명한 가치 있는 돌

(4) 더 투명한 가치 있는 돌

(5) 물에 녹는 지구의 응결물

(6) 물에 녹지 않는 지구의 응결물

이 차이는 다시 '종(種)'으로 세분화되었다. 예를 들어, '가치 없는 돌'은 그 크기, 용도에 따라서 8개의 종으로 분류되었다.

이렇게 사물을 전부 분류한 다음에 A학자는 속, 차이, 종에 문자를 대응시키고 표기하였다.

예를 들어, 7번째 속부터 10번째 속까지는 다음과 같이 표기된다.

(7) 원소 : de

(8) 돌 : di

(9) 금속 : do

(10) 잎 : gw

차이를 나타내는 표기는 첫 번째 차이부터 순서대로 b, d, g, p, t, c, z, s, n을 사용했고, 종은 순서대로 w, a, e, i, o, u, y, yi, yu를 사용했다. 따라서 'di'는 돌을 의미하고 'dib'는 가치 없는 돌을 의미하며, 'diba'는 가치 없는 돌의 두 번째 종을 의미한다.

① ditu : 물에 녹는 지구의 응결물의 여섯 번째 종

② gwpyi : 잎의 네 번째 차이의 네 번째 종

③ dige : 덜 투명한 가치 있는 돌의 세 번째 종

④ deda : 원소의 두 번째 차이의 두 번째 종

⑤ donw : 금속의 아홉 번째 차이의 첫 번째 종

15 다음 (가) ~ (라) 문단을 논리적 순서대로 바르게 나열한 것은?

(가) '빅뱅 이전에 아무 일도 없었다.'는 말을 달리 해석하는 방법도 있다. 그것은 바로 빅뱅 이전에는 시간도 없었다고 해석하는 것이다. 그 경우 '빅뱅 이전'이라는 개념 자체가 성립하지 않으므로 그 이전에 아무 일도 없었던 것은 당연하다. 그렇게 해석한다면 빅뱅이 일어난 이유도 설명할 수 있게 된다. 즉, 빅뱅은 '0년'을 나타내는 것이다. 시간의 시작은 빅뱅의 시작으로 정의되기 때문에 우주가 그 이전이든 이후이든 왜 탄생했느냐고 묻는 것은 이치에 닿지 않는다.

(나) 단지 지금 설명할 수 없다는 뜻이 아니라 설명 자체가 있을 수 없다는 뜻이다. 어떻게 설명이 가능하겠는가? 수도관이 터진 이유는 그 전에 닥쳐온 추위로 설명할 수 있다. 공룡이 멸종한 이유는 그 전에 지구와 운석이 충돌했을 가능성으로 설명하면 된다. 바꿔 말해서, 우리는 한 사건을 설명하기 위해 그 사건 이전에 일어났던 사건에서 원인을 찾는다. 그러나 빅뱅의 경우에는 그 이전에 아무것도 없었으므로 어떠한 설명도 찾을 수 없는 것이다.

(다) 그런데 이런 식으로 사고하려면, 아무 일도 일어나지 않고 시간만 존재하는 것을 상상할 수 있어야 한다. 그것은 곧 시간을 일종의 그릇처럼 상상하고 그 그릇 안에 담긴 것과 무관하게 여긴다는 뜻이다. 시간을 이렇게 본다면 변화는 일어날 수 없다. 여기서 변화는 시간의 경과가 아니라 사물의 변화를 가리킨다. 이런 전제 하에서 우리가 마주하는 문제는 이것이다. 어떤 변화가 생겨나기도 전에 영겁의 시간이 있었다면, 왜 우주가 탄생하게 되었는지를 설명할 수 없다.

(라) 우주론자들에 따르면 우주는 빅뱅으로부터 시작되었다고 한다. 빅뱅이란 엄청난 에너지를 가진 아주 작은 우주가 폭발하듯 갑자기 생겨난 사건을 말한다. 그게 사실이라면 빅뱅 이전에는 무엇이 있었느냐는 질문이 나오는 게 당연하다. 아마 아무것도 없었을 것이다. 하지만 빅뱅 이전에 아무것도 없었다는 말은 무슨 뜻일까? 영겁의 시간 동안 단지 진공이었다는 뜻이다. 움직이는 것도, 변화하는 것도 없었다는 것이다.

① (가) – (나) – (다) – (라) ② (가) – (다) – (나) – (라)
③ (가) – (라) – (나) – (다) ④ (라) – (다) – (나) – (가)
⑤ (라) – (가) – (나) – (다)

'이해'와 '설명'은 모두 과학의 중요한 방법론으로 사용됐다. 그중 '이해'는 주로 인간의 정신세계를 다루는 '정신과학'의 중요한 방법론이 되었던 반면에 '설명'은 자연적 대상을 다루는 '자연 과학'의 중요한 방법론이 되어 왔다. 그렇다면 '인간의 행위'는 과연 '이해'의 대상으로 보아야 할까, 아니면 '설명'의 대상으로 보아야 할까?

본능적인 행동을 제외한 인간의 행위 대부분은 어떤 의도를 담고 있다는 점에서, 인간의 행위는 단순히 물리적인 자연 현상이 아니라 정신세계와 밀접하게 관련되어 있다고 볼 수 있다. 따라서 정신과학의 독자성을 주장하는 학자들은 인간의 행위를 '설명'의 대상이 아니라 '이해'의 대상으로 보는 것이 더 자연스럽다고 생각했다. 물론 타인의 의도를 파악하여 행위를 이해하는 것은 쉬운 일이 아니다. 그렇지만 같은 인간이라는 삶의 공통성을 기반으로 타인의 체험을 자신의 체험처럼 느끼는 과정을 통해 인간의 행위를 이해할 수 있다는 것이다. 하지만 이러한 방법론은 객관성을 확보하기가 쉽지 않다. 이 문제를 해결하기 위해 '이해'의 방법론을 체계적으로 확립한 철학자인 딜타이는 '객관적 정신'을 내세웠다. '객관적 정신'은 개별적인 인간 정신의 상호 작용으로 산출되는 집단정신의 산물이라고 할 수 있다. 따라서 '객관적 정신'을 통해 '이해의 객관성'도 확보할 수 있다는 것이다. 하지만 서로 다른 공동체에 속해 있거나 서로 다른 시대에 살고 있다면 '객관적 정신'을 완전히 보장하기 어렵다는 점에서 이 주장은 한계를 지닐 수밖에 없다.

이에 대해 모든 과학의 통일을 주장하는 학자들은 인과적 설명으로 인간의 행위를 비롯한 모든 것에 답할 수 있다고 생각했다. 자연에서 일어나는 개별 현상을 보편 법칙에 포섭하여 대상을 인과적으로 규명하는 방법론인 '설명'은 인간의 행위를 규명할 때에도 유용한 방법론이 될 수 있다는 것이다. 그러므로 이들은 인간의 행위를 다룰 때도 개별적 특성 하나하나에 관심을 두기보다 그 행위를 포섭할 수 있는 보편 법칙의 수립에 더 관심을 두어야 한다고 보았다. 즉, 인간의 행위를 어떤 보편 법칙 속에 포섭되는 하나의 사례로 보고 인과적으로 설명할 수 있다는 것이다. 더 나아가 개별 행위를 포섭하는 보편 법칙이 객관성을 갖는다면 그 행위에 대한 설명 역시 객관성을 확보할 수 있다고 보았다. 그리고 이들은 행위에 담긴 의도가 무엇인지를 파악하는 것보다 그런 의도가 왜 생겨났는가를 묻는 것이 더 의미 있는 질문이라고 생각했다.

그렇다고 해도 ⊙ '설명'이 '이해'를 완전히 대체할 수 있는 것은 아니다. 인간의 정신세계에 속하는 의도는 자연처럼 관찰이나 실험으로 파악하기 어렵기 때문이다. 그뿐만 아니라 인간의 정신세계는 어떤 법칙을 따르기보다 개인의 판단에 따라 자율적으로 작동하는 경우가 많다. 이런 점에서 인간의 행위를 파악하는 데 자신의 체험에 비추어 타인의 의도를 개별적으로 파악하는 '이해'가 필요하다. 그렇지만 인간의 의도를 모든 상황에서 모두 이해하는 것도 결코 쉬운 일은 아니다. 또한 행위에 담긴 의도를 이해하더라도 그런 의도가 생긴 원인까지 알기는 어렵다. 더 나아가 행위는 결코 의도되지 않은 결과로 나타날 수도 있다. 이러한 문제점들을 해결하기 위해서는 '이해'보다 '설명'이 더 유용할 수 있다. 이런 점을 종합해 볼 때, 인간의 행위를 연구하는 방법론으로서의 '이해'와 '설명'은 상호 대립적인 관계가 아니라 상호 보완적인 관계여야 할 것이다.

16 윗글을 바탕으로 '객관적 정신'에 대해 이해한 내용으로 가장 적절한 것은?

① '객관적 정신'은 상반된 인식의 차이를 부각한다.
② '객관적 정신'은 타인을 이해하는 과정에 순서를 부여한다.
③ '객관적 정신'은 대상을 상황에 따라 다르게 인식하도록 한다.
④ '객관적 정신'은 자신과 타인을 이해하는 공통의 기반이 된다.
⑤ '객관적 정신'은 집단정신의 정당성에 근본적인 문제를 제기한다.

17 다음 중 윗글의 밑줄 친 ㉠의 이유에 해당하는 것을 〈보기〉에서 모두 고르면?

> **보기**
>
> ㄱ. 타인의 행위에 담긴 의도에 공감하기가 쉽지 않기 때문이다.
> ㄴ. 인간이 지닌 의도는 관찰이나 실험의 대상과는 성격이 다르기 때문이다.
> ㄷ. 인간의 모든 행위를 포섭할 수 있는 보편 법칙을 세우는 것이 어렵기 때문이다.
> ㄹ. '의도가 무엇인가.'에 대한 대답보다 '그 의도가 왜 생겼는가.'에 대한 대답이 더 중요하기 때문이다.

① ㄱ, ㄴ   ② ㄱ, ㄷ
③ ㄴ, ㄷ   ④ ㄴ, ㄹ
⑤ ㄷ, ㄹ

18 다음 글의 밑줄 친 ㉠~㉤에 대한 수정 방안으로 적절하지 않은 것은?

> 시간을 잘 관리하는 사람은 서두르지 않으면서 늦는 법이 없다. 시간의 주인으로 살기 때문이다. 반면, 시간을 잘 관리하지 못하는 사람은 잡다한 일로 늘 바쁘지만 놓치는 것이 많다. 시간에 묶이기 때문이다. 당신은 어떤 사람인가.
> ㉠ 하지만 이 말이 일분일초의 여유도 없이 빡빡하게 살라는 말은 아니다. 주어진 순간순간을 밀도 있게 사는 것은 중요하다. 우리는 목표를 정하고 부수적인 것들을 정리하면서 삶의 곳곳에 비는 시간을 ㉡ 만들어져야 한다. 자동차와 빌딩으로 가득한 도시에 공원이 필요하듯 우리의 시간에도 여백이 필요한 것이다. 조금은 비워 두고 무엇이든 자유롭게 할 수 있는 여백은 우리 삶에서 꼭 필요하다. ㉢ 인생의 기쁨은 자존감에 바탕을 둔 배려심에서 나온다. 목표를 향해 가면서 우리는 예상치 못한 일에 맞닥뜨릴 수 있다. 그러한 뜻밖의 상황에서 시간의 여백이 없다면 우리는 문제를 해결하지 못해 목표와 방향을 잃어버릴지도 모른다. ㉣ 그러므로 시간의 여백의 만드는 것은 현명한 삶을 위한 최고의 시간 관리라 할 수 있다. ㉤ 따라서 우리는 시간을 체계적이고 확실한 방법으로 1분 1초의 여유도 남기지 않고 빡빡하게 일정을 계획해야 한다.

① ㉠ : 문맥을 고려하여 뒷문장과 순서를 바꾸어야 한다.
② ㉡ : 문장 성분 간의 호응을 고려하여 '만들어야'로 고쳐야 한다.
③ ㉢ : 글의 통일성을 고려하여 삭제해야 한다.
④ ㉣ : 문장의 연결 관계를 고려하여 '또한'으로 바꾸어야 한다.
⑤ ㉤ : 문장이 전체 글의 흐름과 상반되는 내용이므로 삭제해야 한다.

19 다음 (가) ~ (마) 문단의 핵심 화제로 적절하지 않은 것은?

(가) 한 아이가 길을 가다가 골목에서 갑자기 튀어나온 큰 개에게 발목을 물렸다. 아이는 이 일을 겪은 뒤 개에 대한 극심한 불안에 시달렸다. 멀리 있는 강아지만 봐도 몸이 경직되고 호흡 곤란을 느꼈으며 심할 경우 응급실을 찾기도 하였다. 이것은 한 번의 부정적인 경험이 공포증으로 이어진 경우라고 할 수 있다.

(나) '공포증'이란 위의 경우에서 보듯이 특정 대상에 대한 과도한 두려움으로 그 대상을 계속해서 피하게 되는 증세를 말한다. 특정한 동물, 높은 곳, 비행기나 엘리베이터 등이 공포증을 유발하는 대상이 될 수 있다. 물론 일반적인 사람들도 이런 대상을 접하여 부정적인 경험을 할 수 있지만 공포증으로까지 이어지는 경우는 드물다.

(다) 심리학자 와이너는 부정적인 경험을 한 상황을 어떻게 해석하느냐에 따라 이러한 공포증이 생길 수도 있고 그렇지 않을 수도 있으며, 공포증이 지속될 수도 있고 극복될 수도 있다고 했다. 그는 상황을 해석하는 방식을 설명하기 위해 상황의 원인을 어디에서 찾느냐, 상황의 변화 가능성에 대해 어떻게 인식하느냐의 두 가지 기준을 제시했다. 상황의 원인을 자신에게서 찾으면 '내부적'으로 해석한 것이고, 자신이 아닌 다른 것에서 찾으면 '외부적'으로 해석한 것이다. 또 상황이 바뀔 가능성이 전혀 없다고 생각하면 '고정적'으로 인식한 것이고, 상황이 충분히 바뀔 수 있다고 생각하면 '가변적'으로 인식한 것이다.

(라) 와이너에 의하면, 큰 개에게 물렸지만 공포증에 시달리지 않는 사람들은 개에게 물린 상황에 대해 '내 대처 방식이 잘못되었어.'라며 내부적이고 가변적으로 해석한다. 이것은 나의 대처 방식에 따라 상황이 충분히 바뀔 수 있다고 생각하는 것이므로 이들은 개와 마주치는 상황을 굳이 피하지 않는다. 그 후 개에게 물리지 않는 상황이 반복되면 '나도 어떤 경우라도 개를 감당할 수 있어.'라며 내부적이고 고정적으로 해석하는 단계로 나아가게 된다.

(마) 반면에 공포증을 겪는 사람들은 개에 물린 상황에 대해 '나는 약해서 개를 감당하지 못해.'라며 내부적이고 고정적으로 해석하거나 '개는 위험한 동물이야.'라며 외부적이고 고정적으로 해석한다. 자신의 힘이 개보다 약하다고 생각하거나 개를 맹수로 여기는 것이므로 이들은 자신이 개에게 물린 것을 당연한 일로 받아들인다. 하지만 공포증에 시달리지 않는 사람들처럼 상황을 해석하고 개를 피하지 않는 노력을 기울이면 이들은 공포증에서 벗어날 수 있다.

① (가) : 공포증이 생긴 구체적 상황의 예
② (나) : 공포증의 개념과 공포증을 유발하는 대상
③ (다) : 와이너가 제시한 부정적 상황 해석의 기준
④ (라) : 공포증을 겪지 않는 사람들의 상황 해석 방식
⑤ (마) : 공포증을 겪는 사람들의 행동 유형

20 다음 (가) ~ (마) 문단을 논리적 순서대로 바르게 나열한 것은?

> (가) 개념사를 역사학의 한 분과로 발전시킨 독일의 역사학자 코젤렉은 '개념은 실재의 지표이자 요소'라고 하였다. 이 말은 실타래처럼 얽혀 있는 개념과 정치·사회적 실재, 개념과 역사적 실재의 관계를 정리하기 위한 중요한 지침으로 작용한다. 그에 의하면 개념은 정치적 사건이나 사회적 변화 등의 실재를 반영하는 거울인 동시에 정치·사회적 사건과 변화의 실제적 요소이다.
>
> (나) 개념은 정치적 사건과 사회적 변화 등에 직접 관련되어 있거나 그것을 기록, 해석하는 다양한 주체들에 의해 사용된다. 이러한 주체들, 즉 '역사 행위자'들이 사용하는 개념은 여러 의미가 포개어진 층을 이룬다. 개념사에서는 이러한 층들을 파헤치면서 사회·역사적 현실과 관련하여 개념이 어떻게 사용되어 왔는가, 이 과정에서 그 개념의 의미가 어떻게 변화했는가, 어떤 함의들이 개념에 투영되었는가, 그 개념이 어떠한 방식으로 작동했는가 등에 대해 탐구한다.
>
> (다) 이상에서 보듯이 개념사에서는 개념과 실재를 대조하고 과거와 현재의 개념을 대조함으로써 그 개념이 대응하는 실재를 정확히 드러내고 있는가, 아니면 실재의 이해를 방해하고 더 나아가 왜곡하는가를 탐구한다. 이를 통해 코젤렉은 과거에 대한 '단 하나의 올바른 묘사'를 주장하는 근대 역사학의 방법을 비판하고, 과거의 역사 행위자가 구성한 역사적 실재와 현재 역사가가 만든 역사적 실재를 의미 있게 소통시키고자 했다.
>
> (라) 사람들이 '자유', '민주', '평화' 등과 같은 개념들을 사용할 때, 그 개념이 서로 같은 의미를 갖는 것은 아니다. '자유'의 경우, '구속받지 않는 상태'를 강조하는 개념으로 쓰이는가 하면, '자발성'이나 '적극적인 참여'를 강조하는 개념으로 쓰이기도 한다. 이러한 정의와 해석의 차이로 인해 늘 개념에 대한 논란과 논쟁이 있어 왔다. 바로 이러한 현상에 주목하여 출현한 것이 코젤렉의 '개념사'이다.
>
> (마) 또한, 개념사에서는 '무엇을 이야기하는가'보다는 '어떤 개념을 사용하면서 그것을 이야기하는가'에 관심을 갖는다. 개념사에서는 과거의 역사 행위자가 자신이 경험한 '현재'를 서술할 때 사용한 개념과 오늘날의 입장에서 '과거'의 역사 서술을 이해하기 위해 사용한 개념의 차이를 밝힌다. 그리고 과거의 역사를 현재의 역사로 번역하면서 양자가 어떻게 수렴될 수 있는가를 밝히는 절차를 밟는다.

① (라) - (가) - (나) - (마) - (다)
② (라) - (나) - (가) - (다) - (마)
③ (마) - (나) - (가) - (다) - (라)
④ (마) - (라) - (나) - (다) - (가)
⑤ (가) - (나) - (다) - (라) - (마)

21 조종석을 포함하여 칸 수가 10량인 A열차가 길이 500m인 터널을 지나는 데 16초가 걸렸다. 이 열차보다 길이가 40m 짧은 B열차가 같은 터널을 10m/s 더 빠른 속력으로 지나는 데 12초가 걸렸다면, 다음 중 A열차 1량의 길이는?(단, 연결부위 길이는 고려하지 않는다)

① 10m

② 11m

③ 12m

④ 13m

⑤ 14m

22 다음은 Y시 아파트 실거래지수 현황에 대한 자료이다. 2023년 10월 아파트 실거래지수가 137.8p일 때, 2022년 9월 대비 2023년 9월 아파트 실거래지수의 증감률은?

〈Y시 아파트 실거래지수 현황〉

(단위 : p)

연월	전월 대비 아파트 실거래지수 증감량	연월	전월 대비 아파트 실거래지수 증감량
2022.07	−1.3(▼)	2023.03	+1.2(▲)
2022.08	+0.8(▲)	2023.04	−0.9(▼)
2022.09	+1.3(▲)	2023.05	−1.1(▼)
2022.10	+2.7(▲)	2023.06	+0.7(▲)
2022.11	+3.3(▲)	2023.07	+1.3(▲)
2022.12	+2.1(▲)	2023.08	−2.1(▼)
2023.01	−0.7(▼)	2023.09	+1.7(▲)
2023.02	−0.5(▼)	2023.10	−1.5(▼)

① 약 4.3%

② 약 5.2%

③ 약 5.9%

④ 약 6.4%

⑤ 약 7.2%

23 비누를 생산할 수 있는 두 종류의 기계 A, B가 있다. A기계 1대와 B기계 4대를 동시에 5분 동안 가동하면 100개의 비누를 생산할 수 있고, A기계 2대와 B기계 3대를 동시에 4분 동안 가동하면 100개의 비누를 생산할 수 있다고 한다. A기계 3대와 B기계 2대를 동시에 가동하여 비누 100개를 생산하는 데 걸리는 시간은?

① $\dfrac{10}{3}$ 시간

② $\dfrac{10}{7}$ 시간

③ $\dfrac{11}{3}$ 시간

④ $\dfrac{11}{5}$ 시간

⑤ $\dfrac{11}{7}$ 시간

24 다음은 A국가의 2013년부터 2022년까지의 자원별 발전량을 나타낸 자료이다. 이에 대한 설명으로 옳지 않은 것은?

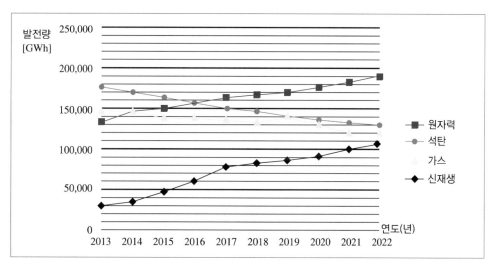

① 석탄 자원의 발전량은 매년 감소하고 있지만, 신재생 자원의 발전량은 매년 증가하고 있다.

② 2017년 이후로는 모든 자원 중 원자력 자원의 발전량이 가장 많다.

③ 2013년 대비 2022년의 발전량의 증감 폭이 가장 낮은 자원은 가스 자원이다.

④ 원자력 자원의 발전량과 석탄 자원의 발전량의 차이가 가장 적은 해는 2016년이다

⑤ 원자력 자원의 발전량 대비 신재생 자원의 발전량의 비율은 매년 감소하고 있다.

25 다음은 P공장에서 근무하는 근로자들의 임금수준 분포를 나타낸 자료이다. 근로자 전체에게 지급된 임금(월 급여)의 총액이 2억 원일 때, 〈보기〉의 설명 중 옳은 것을 모두 고르면?

〈공장 근로자의 임금수준 분포〉

임금수준(만 원)	근로자 수(명)
월 300 이상	4
월 270 이상 300 미만	8
월 240 이상 270 미만	12
월 210 이상 240 미만	26
월 180 이상 210 미만	30
월 150 이상 180 미만	6
월 150 미만	4
합계	90

보기

㉠ 근로자당 평균 월 급여액은 230만 원 이하이다.
㉡ 절반 이상의 근로자들이 월 210만 원 이상의 급여를 받고 있다.
㉢ 월 180만 원 미만의 급여를 받는 근로자의 비율은 약 14%이다.
㉣ 적어도 15명 이상의 근로자가 월 250만 원 이상의 급여를 받고 있다.

① ㉠　　　　　　　　　　　　　② ㉠, ㉡
③ ㉠, ㉡, ㉣　　　　　　　　　④ ㉡, ㉢, ㉣
⑤ ㉠, ㉡, ㉢, ㉣

26 동석이는 같은 날 서로 다른 인터넷 쇼핑몰 A, B에서 상품을 주문했다. A쇼핑몰의 상품은 오늘 오전에 도착할 예정이고, B쇼핑몰의 상품은 내일 오전에 도착할 예정이다. 택배가 정시에 도착할 확률은 $\frac{1}{3}$, 늦게 도착할 확률은 $\frac{1}{2}$ 이라고 할 때, A쇼핑몰의 상품은 예정대로 도착하고, B쇼핑몰의 상품은 예정보다 늦게 도착할 확률은?

① $\frac{1}{6}$

② $\frac{1}{3}$

③ $\frac{2}{3}$

④ $\frac{5}{6}$

⑤ $\frac{3}{5}$

27 다음은 5월 22일 당일을 기준으로 하여 5월 15일부터 일주일간의 수박 1개의 판매가이다. 이를 이해한 내용으로 옳지 않은 것은?

〈5월 15 ~ 22일 수박 판매가〉

(단위 : 원/개)

구분		5/15	5/16	5/17	5/18	5/19	5/22(당일)
평균		18,200	17,400	16,800	17,000	17,200	17,400
최고가		20,000	20,000	20,000	20,000	20,000	18,000
최저가		16,000	15,000	15,000	15,000	16,000	16,000
등락률		−4.4%	0.0%	3.6%	2.4%	1.2%	−
지역별	서울	16,000	15,000	15,000	15,000	17,000	18,000
	부산	18,000	17,000	16,000	16,000	16,000	16,000
	대구	19,000	19,000	18,000	18,000	18,000	18,000
	광주	18,000	16,000	15,000	16,000	17,000	18,000

① 대구의 경우 5월 16일까지는 가격 변동이 없었지만, 5일 전인 5월 17일에 감소했다.

② 5월 17일부터 전체 수박의 평균 가격은 200원씩 일정하게 증가하고 있다.

③ 5월 16일부터 증가한 서울의 수박 가격은 최근 높아진 기온의 영향을 받은 것이다.

④ 5월 15 ~ 19일까지의 서울의 수박 평균 가격은 동 기간 부산의 수박 평균 가격보다 낮다.

⑤ 5월 16 ~ 19일까지의 나흘간 광주의 수박 평균 가격은 16,000원이다.

※ 다음은 의료보장별 심사실적에 대한 자료이다. 이어지는 질문에 답하시오. [28~29]

<표>

〈의료보장별 심사실적〉

(단위 : 천 건, 억 원)

구분		2022년 상반기		2023년 상반기	
		청구건수	진료비	청구건수	진료비
건강보험	입원	7,056	101,662	7,571	111,809
	외래	690,999	185,574	704,721	200,886
의료급여	입원	1,212	15,914	1,271	17,055
	외래	35,634	13,319	38,988	15,366
보훈	입원	35	728	17	418
	외래	1,865	1,250	1,370	940
자동차 보험	입원	466	4,984	479	5,159
	외래	6,508	2,528	7,280	3,036

28 전년 동기 대비 2023년 상반기 보훈 분야의 전체 청구건수 감소율은?

① 21%
② 23%
③ 25%
④ 27%
⑤ 29%

29 2023년 상반기 입원 진료비 중 세 번째로 비싼 분야의 진료비의 전년 동기 대비 증가액은?

① 175억 원
② 165억 원
③ 155억 원
④ 145억 원
⑤ 135억 원

30 다음은 지역별 인구 및 인구밀도에 대한 자료이다. 〈보기〉에서 옳은 설명을 모두 고르면?(단, 면적은 소수점 첫째 자리, 비율은 소수점 셋째 자리에서 반올림한다)

제1해

〈지역별 인구 및 인구밀도〉

(단위 : 천 명, 명/km^2)

구분	2020년		2021년		2022년	
	인구	인구밀도	인구	인구밀도	인구	인구밀도
서울	10,032	16,574	10,036	16,582	10,039	16,593
부산	3,498	4,566	3,471	4,531	3,446	4,493
대구	2,457	2,779	2,444	2,764	2,431	2,750
인천	2,629	2,602	2,645	2,576	2,661	2,586

※ (면적) $= \dfrac{(인구)}{(인구밀도)}$

보기

ㄱ. 2021년에 전년 대비 인구가 감소한 지역의 감소 인구가 해당 지역의 인구에서 차지하는 비율은 부산보다 대구가 더 크다.

ㄴ. 2020년의 인천의 면적은 1,000km^{2}보다 넓다.

ㄷ. 2022년의 부산의 면적은 대구의 면적보다 넓다.

① ㄱ
② ㄱ, ㄴ
③ ㄴ
④ ㄴ, ㄷ
⑤ ㄱ, ㄴ, ㄷ

※ 다음은 Q공사의 신입사원 채용시험 결과와 합격자 선발기준이다. 이어지는 질문에 답하시오. [31~32]

〈신입사원 채용시험 상위 5명 점수〉

(단위 : 점)

구분	의사소통	수리	정보	상식	인성
A	90	80	90	80	90
B	80	90	80	90	90
C	90	70	100	90	80
D	80	90	100	100	80
E	100	80	70	80	90

※ 과목당 100점이 만점이다.

〈합격자 선발기준〉

의사소통	수리	정보	상식	인성
30%	30%	10%	10%	20%

※ 위의 선발기준 가중치를 고려하여 채용시험 성적 총점을 산출하고 합격자를 정한다.

31 5명 중 점수가 가장 높은 상위 2명을 합격자로 선정하였을 때, 다음 중 합격자를 바르게 짝지은 것은?

① A, B
② A, D
③ B, C
④ B, D
⑤ D, E

32 합격자 선발기준에서 인성에 대한 가중치를 높이고자 인성 점수와 수리 점수의 가중치를 서로 바꾸었을 때, 다음 중 합격자를 바르게 짝지은 것은?

① A, B
② A, D
③ A, E
④ B, D
⑤ D, E

33 다음은 A시의 가정용 수도요금 기준과 계산방법에 대한 자료이다. A시의 주민인 K씨는 이를 이용하여 자신의 건물의 수도요금을 계산해 보고자 한다. K씨의 건물의 2개월 수도 사용량이 $400\mathrm{m}^3$, 세대 수가 4세대, 계량기 구경이 20mm인 경우 수도요금의 합계는?

〈계량기 구경별 기본요금(1개월 기준)〉

구경(mm)	요금(원)	구경(mm)	요금(원)	구경(mm)	요금(원)	구경(mm)	요금(원)
15	1,080	40	16,000	100	89,000	250	375,000
20	3,000	50	25,000	125	143,000	300	465,000
25	5,200	65	38,900	150	195,000	350	565,000
32	9,400	75	52,300	200	277,000	400	615,000

〈사용요금 요율표(1개월 기준)〉

구분	사용구분(m^3)	m^3당 단가(원)	구분	사용구분(m^3)	m^3당 단가(원)
상수도	0 ~ 30 이하	360	하수도	0 ~ 30 이하	360
	30 초과 50 이하	550		30 초과 50 이하	850
	50 초과	790		50 초과	1,290
물이용부담금	1m^3당	170		유출지하수 1m^3당 360원	

〈계산방법〉

구분	계산방법
상수도요금(원단위 미만 절사)	• (사용요금)=(1세대 1개월 요금)×(세대 수)×(개월 수) ※ (1세대 1개월 요금)=(세대당 월평균 사용량)×(요율) • (기본요금)=(계량기 구경별 기본요금)×(개월 수)
하수도요금(원단위 미만 절사)	• (하수도요금)=(1세대 1개월 요금)×(세대 수)×(개월 수) ※ (1세대 1개월 요금)=(세대당 월평균 사용량)×(요율)
물이용부담금(원단위 미만 절사)	• (물이용부담금)=(1세대 1개월 요금)×(세대 수)×(개월 수) ※ (1세대 1개월 요금)=(세대당 월평균 사용량)×170원
요금합계	• (상수도요금)+(하수도요금)+(물이용부담금)

※ (상수도요금)=(사용요금)+(기본요금)
※ (세대당 월평균 사용량)=(사용량)÷(개월 수)÷(세대 수)
※ 상수도 및 하수도 요율 적용은 사용 구분별로 해당 구간의 요율을 적용한다.
　예 세대당 월평균 $60\mathrm{m}^3$인 경우 가정용 상수도요금 적용 예시
　　$30\mathrm{m}^3 \times 360$원$/\mathrm{m}^3 + 20\mathrm{m}^3 \times 550$원$/\mathrm{m}^3 + 10\mathrm{m}^3 \times 790$원$/\mathrm{m}^3$

① 470,800원　　　　　　　　　　② 474,600원
③ 484,800원　　　　　　　　　　④ 524,800원
⑤ 534,600원

34 다음은 2013 ~ 2022년의 범죄별 발생건수를 나타낸 자료이다. 이에 대한 설명으로 옳은 것은?

〈2013 ~ 2022년 범죄별 발생건수〉

(단위 : 천 건)

구분	2013년	2014년	2015년	2016년	2017년	2018년	2019년	2020년	2021년	2022년
사기	282	272	270	266	242	235	231	234	241	239
절도	366	356	371	354	345	319	322	328	348	359
폭행	139	144	148	149	150	155	161	158	155	156
방화	5	4	2	1	2	5	2	4	5	3
살인	3	11	12	13	13	15	16	12	11	14

① 2013 ~ 2022년 동안 범죄별 발생건수의 순위는 매년 동일하다.
② 2013 ~ 2022년 동안 발생한 방화의 총 발생건수는 3만 건 미만이다.
③ 2014 ~ 2022년의 전년 대비 사기의 범죄건수 증감추이는 폭행의 경우와 반대이다.
④ 2015년의 전체 범죄 발생건수 중 절도가 차지하는 비율은 50% 이상이다.
⑤ 2013년 대비 2022년의 전체 범죄 발생건수 감소율은 5% 이상이다.

35 다음은 G공사의 모집단위별 지원자 수 및 합격자 수를 나타낸 자료이다. 이에 대한 설명으로 옳지 않은 것은?

〈모집단위별 지원자 수 및 합격자 수〉

(단위 : 명)

모집단위	남성		여성		합계	
	합격자 수	지원자 수	합격자 수	지원자 수	모집정원	지원자 수
A집단	512	825	89	108	601	933
B집단	353	560	17	25	370	585
C집단	138	417	131	375	269	792
합계	1,003	1,802	237	508	1,240	2,310

※ [경쟁률(%)]$=\dfrac{(지원자\ 수)}{(모집정원)}\times100$

※ 경쟁률은 소수점 첫째 자리에서 반올림한다.

① 세 개의 모집단위 중 총 지원자 수가 가장 많은 집단은 A집단이다.
② 세 개의 모집단위 중 합격자 수가 가장 적은 집단은 C집단이다.
③ G공사의 남성 합격자 수는 여성 합격자 수의 5배 이상이다.
④ B집단의 경쟁률은 약 158%이다.
⑤ C집단에서는 남성의 경쟁률이 여성의 경쟁률보다 높다.

36 다음 중 브레인스토밍의 진행방법에 대한 설명으로 적절하지 않은 것은?

① 구성원들이 다양한 의견을 개진할 수 있도록 진행할 수 있는 리더를 선출한다.

② 구성원의 얼굴을 볼 수 있도록 좌석을 배치한다.

③ 논의 주제를 구체적이고 명확하게 정의한다.

④ 모든 발언 내용을 기록한다.

⑤ 단일 분야의 8 ~ 10명 정도의 사람들로 구성한다.

37 다음 중 비판적 사고의 개발을 위해 필요한 요소들과 이에 대한 설명으로 적절한 것을 〈보기〉에서 모두 고르면?

> **보기**
> ㄱ. 지적 호기심 : 육하원칙에 따라 질문을 제기한다.
> ㄴ. 융통성 : 편견이나 선입견에 의해 결정을 내리는 것을 지양한다.
> ㄷ. 체계성 : 결론에 이르기까지 논리적 일관성을 유지한다.
> ㄹ. 개방성 : 고정성, 독단적 태도 혹은 경직성을 배격한다.
> ㅁ. 지적 정직성 : 충분한 근거가 있다면 그 내용을 진실로 받아들인다.

① ㄱ, ㄴ, ㄹ
② ㄱ, ㄴ, ㅁ
③ ㄱ, ㄷ, ㅁ
④ ㄴ, ㄷ, ㅁ
⑤ ㄷ, ㄹ, ㅁ

38 다음 중 논리적 사고 개발방법에 대해 적절하게 설명한 사람을 〈보기〉에서 모두 고르면?

> **보기**
> 하은 : So What 기법과 피라미드 구조는 모두 논리적 사고를 개발하기 위한 방법들이야.
> 성민 : So What 기법은 하위의 사실이나 현상으로부터 사고하여 상위의 주장을 만들어 가는 방법이야.
> 가연 : 피라미드 구조는 보조 메시지들 중 핵심 정보를 선별하여 최종적 메시지를 도출해 내는 방법이야.
> 희원 : So What 기법은 주어진 정보에 대해 자문자답 형식으로 의미 있는 정보를 도출해 나가는 방법이야.

① 하은, 희원
② 하은, 가연
③ 성민, 가연
④ 성민, 희원
⑤ 가연, 희원

39 S회사의 A사원은 신제품을 개발하여 중국시장에 진출하고자 한다. A사원의 상사가 3C 분석 결과를 건네며, 이를 사업 계획에 반영하고 향후 해결해야 할 S회사의 전략 과제가 무엇인지 정리하여 보고하라는 지시를 내렸다. 다음 중 3C 분석 결과에 따라 S회사에서 해결해야 할 전략 과제로 적절하지 않은 것은?

<S회사 3C 분석 결과>

고객(Customer)	경쟁사(Competitor)	자사(Company)
• 매년 10%씩 성장하는 중국시장 • 20 ~ 30대 젊은 층이 중심 • 온라인 구매가 약 80% 이상 • 인간공학 지향	• 중국기업들의 압도적인 시장점유 • 중국기업들 간의 치열한 가격경쟁 • A/S 및 사후관리 취약 • 생산 및 유통망 노하우 보유	• 국내시장 점유율 1위 • A/S 등 고객서비스 부문 우수 • 해외 판매망 취약 • 온라인 구매시스템 미흡(보안, 편의 등) • 높은 생산원가 구조 • 높은 기술개발력

① 중국시장의 판매유통망 구축
② 온라인 구매 시스템 강화
③ 고객서비스 부문 강화
④ 원가 절감을 통한 가격경쟁력 강화
⑤ 인간공학을 기반으로 한 제품 개발 강화

40 문제 해결을 위해서는 전체를 각각의 요소로 나누어 분석하는 분석적 사고가 필요하다. 지향하는 문제 유형에 따라 분석적 사고가 다르게 요구된다고 할 때, 다음 중 (가) ~ (다)에 들어갈 말을 순서대로 바르게 나열한 것은?

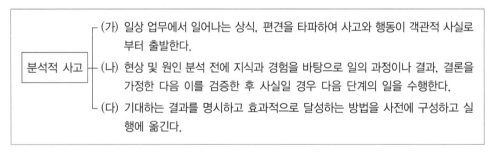

분석적 사고
- (가) 일상 업무에서 일어나는 상식, 편견을 타파하여 사고와 행동이 객관적 사실로부터 출발한다.
- (나) 현상 및 원인 분석 전에 지식과 경험을 바탕으로 일의 과정이나 결과, 결론을 가정한 다음 이를 검증한 후 사실일 경우 다음 단계의 일을 수행한다.
- (다) 기대하는 결과를 명시하고 효과적으로 달성하는 방법을 사전에 구성하고 실행에 옮긴다.

	(가)	(나)	(다)
①	사실 지향의 문제	가설 지향의 문제	성과 지향의 문제
②	사실 지향의 문제	성과 지향의 문제	가설 지향의 문제
③	성과 지향의 문제	가설 지향의 문제	사실 지향의 문제
④	성과 지향의 문제	사실 지향의 문제	가설 지향의 문제
⑤	가설 지향의 문제	사실 지향의 문제	성과 지향의 문제

41 다음 사례의 영업팀 B사원에게 해 줄 수 있는 조언으로 가장 적절한 것은?

> 제약회사의 영업팀에 근무 중인 B사원은 성장세를 보이고 있는 타사에 비해 자사의 수익과 성과가 지나치게 적다는 것을 알았다. 그 이유에 대해 알아보기 위해 타사에 근무하고 있는 친구에게 물어본 결과 친구의 회사에서는 영업사원을 대상으로 판매 교육을 진행한다는 것을 알게 되었다. B사원은 이를 바탕으로 개선 방향에 대한 보고서를 제출하였으나, B사원의 상사는 구체적인 문제해결방법이 될 수 없다며 B사원의 보고서를 반려하였다.

① 문제와 해결방안이 상위 시스템과 어떻게 연결되어 있는지 생각하는 전략적 사고가 필요하다.

② 전체를 각각의 요소로 나누어 요소마다 의미를 도출한 후 구체적인 문제해결방법을 실행하는 분석적 사고가 필요하다.

③ 기존에 가지고 있는 인식의 틀을 전환하여 새로운 관점에서 세상과 사물을 바라보는 발상의 전환이 필요하다.

④ 문제해결에 필요한 기술, 재료, 방법 등 필요한 자원 확보 계획을 수립하고, 내·외부자원을 효과적으로 활용해야 한다.

⑤ 문제해결방법에 대한 기본 지식이 부족하므로 체계적인 교육을 통해 문제해결을 위한 기본 지식과 스킬을 습득해야 한다.

42 홍보팀, 총무팀, 연구개발팀, 고객지원팀, 법무팀, 디자인팀으로 구성된 A회사에서 사내 체육대회를 실시하였다. 여섯 팀이 참가한 경기가 다음 〈조건〉과 같을 때, 항상 참인 것은?

조건
- 체육대회는 모두 4종목이며 모든 팀은 적어도 한 종목에 참가해야 한다.
- 이어달리기 종목에 참가한 팀은 5팀이다.
- 홍보팀은 모든 종목에 참가하였다.
- 연구개발팀은 2종목에 참가하였다.
- 총무팀이 참가한 어떤 종목은 4팀이 참가하였다.
- 연구개발팀과 디자인팀은 같은 종목에 참가하지 않는다.
- 고객지원팀과 법무팀은 모든 종목에 항상 같이 참가하였거나 같이 참가하지 않았다.
- 디자인팀은 족구 종목에 참가하였다.

① 총무팀이 참가한 종목의 수와 법무팀이 참가한 종목의 수는 같다.

② 홍보팀과 고객지원팀이 동시에 참가하지 않는 종목은 없다.

③ 참가하는 종목이 가장 적은 팀은 디자인팀이다.

④ 연구개발팀과 법무팀이 참가한 종목의 수는 같다.

⑤ 연구개발팀과 디자인팀이 동시에 참가하지 않는 종목은 없다.

43 S공사의 A사원은 자동차도로 고유번호 부여 규정을 근거로 하여 도로에 노선번호를 부여할 계획이다. 그림에서 점선은 '영토'를, 실선은 '고속국도'를 표시한 것이며, (가) ~ (라)는 '간선노선'을, (마) ~ (바)는 '보조간선노선'을 나타낸 것이다. 다음 중 노선번호를 옳게 부여한 것은?

<자동차도로 고유번호 부여 규정>

자동차도로는 관리상 고속국도, 일반국도, 특별광역시도, 지방도, 시도, 군도, 구도의 일곱 가지로 구분된다. 이들 각 도로에는 고유번호가 부여되어 있고, 이는 지형도상의 특정 표지판 모양 안에 표시되어 있다. 그러나 군도와 구도는 구간이 짧고 노선 수가 많아 노선번호가 중복될 우려가 있어 표지상에 번호를 표기하지 않는다.

고속국도 가운데 간선노선의 경우 두 자리 숫자를 사용하며, 남북을 연결하는 경우는 서에서 동으로 가면서 숫자가 증가하는데 끝자리에 5를 부여하고, 동서를 연결하는 경우는 남에서 북으로 가면서 숫자가 증가하는데 끝자리에 0을 부여한다.

보조간선노선은 간선노선 사이를 연결하는 고속국도로서 이 역시 두 자리 숫자로 표기한다. 그런데 보조간선노선이 남북을 연결하는 모양에 가까우면 첫자리는 남쪽 시작점의 간선노선 첫자리를 부여하고 끝자리에는 5를 제외한 홀수를 부여한다. 한편 동서를 연결하는 모양에 가까우면 첫자리는 동서를 연결하는 간선노선 가운데 해당 보조간선노선의 바로 아래쪽에 있는 간선노선의 첫자리를 부여하며, 이때 끝자리는 0을 제외한 짝수를 부여한다.

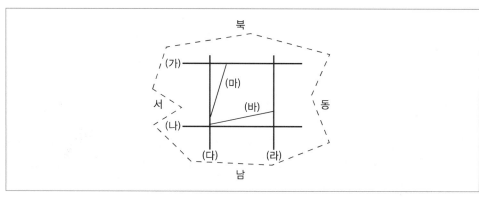

	(가)	(나)	(다)	(라)	(마)	(바)
①	25	15	10	20	19	12
②	20	10	15	25	18	14
③	25	15	20	10	17	12
④	20	10	15	25	17	12
⑤	20	15	15	25	17	14

44 H자동차 회사에 근무하는 D씨는 올해 새로 출시될 예정인 수소전기차 '럭스'에 대해 SWOT 분석을 진행하기로 하였다. '럭스'의 분석 내용이 다음과 같을 때, 〈보기〉의 (가) ~ (마) 중 SWOT 분석에 들어갈 내용으로 적절하지 않은 것은?

〈수소전기차 '럭스' 분석 내용〉

- 럭스의 강점은 서울에서 부산을 달리고도 절반 가까이 남는 609km에 달하는 긴 주행거리와 5분에 불과한 짧은 충전시간으로 볼 수 있다.
- 수소전기차의 정부 보조금 지급 대상은 총 240대로, 생산량에 비해 보조금이 부족한 실정이다.
- 전기차의 경우 전기의 가격은 약 10 ~ 30원/km이며, 수소차의 경우 수소의 가격은 약 72.8원/km이다.
- 럭스의 가격은 정부와 지자체의 보조금을 통해 3천여 만 원에 구입이 가능하며, 이는 첨단 기술이 집약된 친환경차를 중형 SUV 가격에 구매한다는 점에서 매력적이지 않을 수 없다.
- 화석연료로 만든 전기를 충전해서 움직이는 전기차보다 물로 전기를 만들어서 움직이는 수소전기차가 더 친환경적이다.
- 수소를 충전할 수 있는 충전소는 전국 12개소에 불과하며, H자동차 회사는 올해 안에 10개소를 더 설치한다고 발표하였으나 모두 완공될지는 미지수이다.
- 현재 전 세계에서 친환경차의 인기는 뜨거우며, 저유가와 레저 문화의 확산으로 앞으로도 인기가 지속될 전망이다.

보기

강점(Strength)	약점(Weakness)
• (가) 보조금 지원으로 상대적으로 저렴한 가격 • 일반 전기차보다 깨끗한 수소전기차 • 짧은 충전시간과 긴 주행거리	• (나) 충전 인프라 부족 • (다) 전기보다 비싼 수소 가격
기회(Opportunity)	**위협(Threat)**
• (라) 친환경차에 대한 인기 • 레저 문화의 확산	• (마) 생산량에 비해 부족한 보조금

① (가) ② (나)
③ (다) ④ (라)
⑤ (마)

45 여행업체 가이드 A ~ D는 2021년부터 2023년까지 네덜란드, 독일, 영국, 프랑스에서 활동하였다. 다음 〈조건〉을 참고하였을 때, 항상 참인 것은?

조건
• 독일에서 가이드를 하면 항상 전년도에 네덜란드에서 가이드를 한다.
• 2022년에 B는 독일에서 가이드를 했다.
• 2021년에 C는 프랑스에서 가이드를 했다.
• 2021년에 프랑스에서 가이드를 한 사람은 2023년에 독일에서 가이드를 하지 않는다.
• 2021년에 D가 가이드를 한 나라에서 B가 2022년에 가이드를 하였다.
• 한 사람당 1년에 한 나라에서 가이드를 했으며, 한 번 가이드를 한 나라는 다시 가지 않았다.

① 2022년에 A와 2021년에 B는 각각 다른 나라에서 가이드를 하였다.
② 2023년에 B는 영국에서 가이드를 하였다.
③ 2021 ~ 2023년에 A와 D가 가이드를 한 나라는 동일하다.
④ 2024년에 C는 독일에서 가이드를 한다.
⑤ D는 프랑스에서 가이드를 한 적이 없다.

46 다음 〈조건〉에 따라 문항출제위원을 위촉하고자 할 때, 반드시 참인 것은?

조건
• 위촉하고자 하는 문항출제위원은 총 6명이다.
• 후보자는 논리학자 4명, 수학자 6명, 과학자 5명으로 추려졌다.
• 논리학자 2명은 형식논리를 전공했고, 다른 2명은 비형식논리를 전공했다.
• 수학자 2명은 통계학을 전공했고 3명은 기하학을 전공했으며, 나머지 1명은 대수학을 전공했다.
• 과학자들은 각각 물리학, 생명과학, 화학, 천문학, 기계공학을 전공했다.
• 형식논리 전공자가 선정되면 비형식논리 전공자도 같은 인원만큼 선정된다.
• 수학자 중에서 통계학자만 선정되는 경우는 없다.
• 과학자는 최소 2명은 선정되어야 한다.
• 논리학자, 수학자는 최소 1명씩은 선정되어야 한다.
• 기하학자는 천문학자와 함께 선정되고, 기계공학자는 통계학자와 함께 선정된다.

① 형식논리 전공자와 비형식논리 전공자가 1명씩 선정된다.
② 서로 다른 전공을 가진 수학자가 2명 선정된다.
③ 과학자는 최대 4명까지 선정될 수 있다.
④ 통계학 전공자를 포함하면 수학자는 3명이 선정될 수 없다.
⑤ 논리학자가 3명이 선정되는 경우는 없다.

47 A건설은 K공사의 건설사업과 관련한 입찰부정 의혹사건으로 감사원의 집중감사를 받았다. 감사원에서는 이 사건에 연루된 윤부장, 이과장, 김대리, 박대리 및 입찰담당자 강주임을 조사하여 최종적으로 〈조건〉과 같은 결론을 내렸다고 할 때, 다음 중 입찰부정에 실제로 가담한 사람은?

> **조건**
> • 입찰부정에 가담한 사람은 정확히 두 명이다.
> • 이과장과 김대리는 두 사람 모두 가담했거나 혹은 두 사람 모두 가담하지 않았다.
> • 윤부장이 가담하지 않았다면, 이과장과 입찰담당자 강주임도 가담하지 않았다.
> • 박대리가 가담하지 않았다면 김대리도 가담하지 않았다.
> • 박대리가 가담하였다면 입찰담당자 강주임도 가담하였다.

① 윤부장, 이과장　　　　　　　　② 이과장, 김대리

③ 김대리, 박대리　　　　　　　　④ 윤부장, 강주임

⑤ 이과장, 박대리

48 B공사에서는 인건비를 줄이기 위해 다양한 방식을 고민하고 있다. 다음 〈조건〉을 참고할 때 인건비를 줄일 수 있는 가장 적절한 방법은?(단, 한 달은 4주이다)

> **조건**
> • 정직원은 오전 8시부터 오후 7시까지 평일・주말 상관없이 주 6일 근무하며, 1인당 월 급여는 220만 원이다.
> • 계약직원은 오전 8시부터 오후 7시까지 평일・주말 상관없이 주 5일 근무하며, 1인당 월 급여는 180만 원이다.
> • 아르바이트생은 평일 3일, 주말 2일로 하루 9시간씩 근무하며, 평일은 시급 9,000원, 주말은 시급 12,000원이다.
> • 현재 정직원 5명, 계약직원 3명, 아르바이트생 3명이 근무 중이며 전체 인원을 줄일 수는 없다.

① 계약직원을 정직원으로 전환한다.

② 계약직원을 아르바이트생으로 전환한다.

③ 아르바이트생을 정직원으로 전환한다.

④ 아르바이트생을 계약직원으로 전환한다.

⑤ 직원을 더 이상 채용하지 않고 아르바이트생만 채용한다.

다음 글을 근거로 판단할 때, 가락을 연주하기 위해 (아)를 누른 상태로 줄을 퉁기는 횟수는?

줄이 하나인 현악기가 있다. 이 악기는 줄을 누를 수 있는 지점이 (가)부터 (카)까지 총 11곳 있고, 이 중 어느 한 지점을 누른 상태로 줄을 퉁겨서 연주한다. (가)를 누르고 줄을 퉁기면 A음이 나고, (나)를 누르고 줄을 퉁기면 A음보다 반음 높은 소리가 난다. 이런 식으로 (가) ~ (카) 순서로 누르는 지점을 옮길 때마다 반음씩 더 높은 소리가 나며, 최저 A음부터 최고 G음까지 낼 수 있다.
이들 음은 다음과 같은 특징이 있다.
• 반음 차이 두 개의 합은 한 음 차이와 같다.
• A음보다 B음이, C음보다 D음이, D음보다 E음이, F음보다 G음이 한 음 높고, 둘 중 낮은음보다 반음 높은음은 낮은음의 이름 오른쪽에 #을 붙여 표시한다.
• B음보다 C음이, E음보다 F음이 반음 높다.

〈가락〉

E D# E D# E B D C A A A B E G B C

① 0회
② 1회
③ 2회
④ 3회
⑤ 4회

50 K씨는 주말에 가족과 저녁에 외식을 하려고 한다. 레스토랑별 통신사 할인 혜택과 예상금액이 다음과 같을 때, K씨의 가족이 가장 저렴하게 식사할 수 있는 레스토랑과 이용 통신사, 가격을 순서대로 바르게 나열한 것은?(단, 모든 금액의 십 원 단위 미만은 버린다)

〈레스토랑별 통신사 할인 혜택〉

구분	A통신사	B통신사	C통신사
A레스토랑	10만 원 이상 결제 시 5,000원 할인	15% 할인	1,000원당 100원 할인
B레스토랑	재방문 시 8,000원 상당의 음료쿠폰 제공 (당일 사용 불가)	20% 할인	10만 원 이상 결제 시 10만 원 초과금의 30% 할인
C레스토랑	1,000원당 150원 할인	5만 원 이상 결제 시 5만 원 초과금의 10% 할인	30% 할인

〈레스토랑별 예상금액〉

구분	A레스토랑	B레스토랑	C레스토랑
예상금액(원)	143,300	165,000	174,500

	레스토랑	통신사	가격
①	A레스토랑	A통신사	120,380원
②	A레스토랑	B통신사	121,800원
③	B레스토랑	C통신사	132,000원
④	C레스토랑	C통신사	122,150원
⑤	C레스토랑	B통신사	135,270원

01	의사소통능력

01 다음 중 의사소통을 저해하는 요인으로 적절하지 않은 것은?

① 의사소통 시 정보의 양이 너무 많다.

② 의사소통 시 분위기가 매우 진지하다.

③ 의사소통 시 의미가 단순한 언어를 사용한다.

④ 의사소통 시 대화 구성원의 사이가 친밀하지 않다.

⑤ 의사소통 시 물리적인 제약이 있다.

02 다음 중 보고서에 대한 내용으로 가장 적절한 것은?

① 전문용어는 이해하기 어렵기 때문에 최대한 사용하지 말아야 한다.

② 상대의 선택을 받아야 하기 때문에 상대가 요구하는 것이 무엇인지 파악하는 것이 가장 중요하다.

③ 이해를 돕기 위해서 관련 자료는 최대한 많이 첨부하는 것이 좋다.

④ 문서와 관련해서 받을 수 있는 질문에 대비해야 한다.

⑤ 한 장에 담아내는 것이 원칙이니까 내용이 너무 길어지지 않게 신경 써야 한다.

03 다음 글에서 나타나는 경청에 대한 방해요인으로 적절한 것은?

> 내 친한 친구는 한 번도 약속을 지킨 적이 없던 것 같다. 작년 크리스마스 때의 약속, 지난 주말에 했던 약속 모두 늦게 오거나 당일에 문자로 취소 통보를 했었다. 그 친구가 오늘 학교에서 나에게 다음 주말에 개봉하는 영화를 함께 보러 가자고 했고, 나는 당연히 다음 주에는 그 친구와 만날 수 없을 것이라고 생각했다.

① 판단하기   ② 조언하기

③ 언쟁하기   ④ 걸러내기

⑤ 비위 맞추기

04 다음 글의 빈칸 ㉠에 들어갈 내용으로 가장 적절한 것은?

> MZ세대 직장인을 중심으로 '조용한 사직'이 유행하고 있다. '조용한 사직'이라는 신조어는 2022년 7월 한 미국인이 SNS에 소개하면서 큰 호응을 얻은 것으로 실제로 퇴사하진 않지만 최소한의 일만 하는 업무 태도를 말한다. 실제로 MZ세대 직장인은 '적당히 하자.'라는 생각으로 주어진 업무는 하되 업무를 더 찾아서 하거나 스트레스를 받을 수준으로 많은 일을 맡지 않고, 사내 행사도 꼭 필요할 때만 참여해 일과 삶을 철저히 분리하고 있다.
> 한 채용플랫폼의 설문조사 결과에 따르면 직장인 10명 중 7명이 '월급 받는 만큼만 일하면 끝'이라고 답했고, 20대 응답자 중 78.5%, 30대 응답자 중 77.1%가 '받은 만큼만 일한다.'라고 답했다. 설문조사 결과 연령대가 높아질수록 그 비율은 감소해 젊은 층을 중심으로 이 같은 인식이 확산하고 있음을 짐작할 수 있다.
> 이러한 인식이 확산하는 데는 인플레이션으로 인한 임금 감소, '돈을 많이 모아도 집 한 채를 살 수 있을까?' 등과 같은 전반적인 경제적 불만이 기저에 있다고 전문가들은 말했다. 또 MZ세대가 노력에 상응하는 보상을 받고 있는지에 민감하게 반응하는 특성을 가지고 있는 것도 한몫 하고 있다. 문제점은 이러한 '조용한 사직' 분위기가 기업의 전반적인 생산성 저하로 이어지고 있는 것이다. 이에 맞서 기업도 '조용한 사직'으로 대응하는 게으른 직원에게 업무를 주지 않는 '조용한 해고'를 하는 상황이 발생하고 있다. 이에 전문가들은 MZ세대 직장인을 나태하다고 구분 짓는 사고방식은 잘못되었다고 지적하며, 기업 차원에서는 "_____㉠_____"이, 개인 차원에서는 "스스로 일과 삶을 잘 조율하는 현명함을 만드는 것"이 필요하다고 언급했다.

① 직원이 일한 만큼 급여를 올려 주는 것

② 직원이 스트레스를 받지 않게 적당량의 업무를 배당하는 것

③ 젊은 세대의 채용을 신중히 하는 것

④ 젊은 세대의 특성을 이해하고 온전히 받아들이는 것

⑤ 젊은 세대가 함께할 수 있도록 분위기를 만드는 것

무선으로 전력을 주고받으면, 전원을 직접 연결하는 유선보다 효율은 떨어지지만 전자 제품을 자유롭게 이동하며 사용할 수 있는 장점이 있다. 이처럼 무선으로 전력을 주고받을 수 있도록 전자기를 활용하여 전기를 공급하거나 이용하는 기술이 무선 전력 전송 방식인데 대표적으로 '자기 유도 방식'과 '자기 공명 방식' 두 가지를 들 수 있다.

자기 유도 방식은 변압기의 원리와 유사하다. 변압기는 네모 모양의 철심 좌우에 코일을 감아, 1차 코일에 '+, −' 극성이 바뀌는 교류 전류를 보내면 마치 자석을 운동시켜서 자기장을 형성하는 것처럼 1차 코일에서도 자기장을 형성한다. 이 자기장에 의해 2차 코일에 전류가 만들어지는데 이 전류를 유도전류라 한다. 변압기는 자기장의 에너지를 잘 전달할 수 있는 철심이 있으나, 자기 유도 방식은 철심이 없이 무선 전력 전송을 하는 것이다.

이러한 자기 유도 방식은 전력 전송 효율이 90% 이상으로 매우 높다는 장점이 있다. 하지만 1차 코일에 해당하는 송신부와 2차 코일에 해당하는 수신부가 수 센티미터 이상 떨어지거나 송신부와 수신부의 중심이 일치하지 않게 되면 전력 전송 효율이 급격히 저하된다는 문제점이 있다. 휴대전화 같은 경우, 충전 패드에 휴대전화를 올려놓는 방식으로 거리 문제를 해결하고 충전 패드 전체에 코일을 배치하여 송수신부 간 전송 효율을 높임으로써 무선 충전이 가능하도록 하였다. 다만 휴대전화는 직류 전류를 사용하기 때문에 충전 단계 전에 1차 코일로부터 2차 코일에 유도된 교류 전류를 직류 전류로 변환해 주는 정류기가 필요하다.

두 번째 전송 방식은 자기 공명 방식이다. 다양한 소리굽쇠 중에 하나를 두드리면 동일한 고유 진동수를 가지는 소리굽쇠가 같이 진동하는 물리적 현상이 공명이다. 자기장에 공명이 일어나도록 1차 코일과 공진기를 설계하여 공진 주파수를 만든다. 이후 2차 코일과 공진기를 설계하여 공진 주파수가 전달되도록 하는 것이 자기 공명 방식의 원리이다.

이러한 특성으로 인해 자기 공명 방식은 자기 유도 방식과 달리 수 미터가량 근거리 전력 전송이 가능하다는 장점이 있다. 이 방식이 상용화된다면, 전원을 연결하지 않아도 송신부와 공명되는 여러 전자 제품을 사용하거나 충전할 수 있다. 그러나 실험 단계의 코일 크기로는 일반 가전제품에 적용할 수 없으므로 코일을 소형화해야 할 필요가 있다. 따라서 이를 해결하기 위한 연구가 필요하다.

① 자기 유도 방식은 변압기의 핵심인 유도 전류와 철심을 이용한 방식이다.

② 자기 유도 방식을 사용하면 무선 전력 전송임에도 어떠한 환경에서든 유실되는 전력이 많이 없다는 장점이 있다.

③ 휴대전화와 자기 유도 방식의 '2차 코일'은 모두 직류 전류 방식이다.

④ 자기 공명 방식에서 2차 코일은 공진 주파수를 생성하는 역할을 한다.

⑤ 자기 공명 방식에서 해결이 시급한 것은 전력을 생산하는 데 필요한 코일의 크기가 너무 크다는 것이다.

06 다음 글의 논지를 강화하기 위한 내용으로 적절하지 않은 것은?

> 뉴턴은 이렇게 말했다. "플라톤은 내 친구이다. 아리스토텔레스는 내 친구이다. 하지만 진리야말로 누구보다 소중한 내 친구이다." 케임브리지에서 뉴턴에게 새로운 전환점을 준 사람이 있다. 수학자이며 당대 최고의 교수였던 아이작 배로우(Isaac Barrow)였다. 배로우는 뉴턴에게 수학과 기하학을 가르치고 그의 탁월함을 발견하여 후원자가 됐다. 이처럼 뉴턴은 타고난 천재가 아니라, 자신의 피나는 노력과 위대한 스승들의 도움을 통해 키워진 것이다.
>
> 뉴턴이 시대를 관통하는 천재로 여겨진 시작은 "사과는 왜 땅에 수직으로 떨어질까?"라는 질문이었다. 이 질문을 던진 지 20여 년이 지나고 마침내 모든 물체가 땅으로 떨어지는 것은 지구 중력에 의한 만유인력 때문이라는 사실을 발견한 것이 계기가 되었다. 사과가 떨어지는 것을 관찰하여 온갖 질문을 던지고, 새로운 가설을 만든 후에 그것을 증명하기 위해 오랜 시간 연구하고 실험을 한 결과가 위대한 발견으로 이어진 것이다. 위대한 발명이나 발견은 어느 한 순간 섬광처럼 오는 것이 아니다. 시작 단계의 작은 아이디어가 질문과 논쟁을 통해 점차 다른 아이디어들과 충돌하고 합쳐지면서 숙성의 시간을 갖고, 그런 후에야 세상에 유익한 발명이나 발견이 나오는 것이다.
>
> 이전부터 천재가 선천적인 것인지, 후천적인 것인지에 관한 논란은 계속되어 왔다. 과거에는 천재가 신적인 영감을 받아 선천적으로 탄생한다는 주장이 힘을 얻었다. 플라톤의 저서 『이온』에도 음유 시인이 기술이나 지식이 아닌 신적인 힘과 영감을 받는 존재임이 언급된다. 그러나 아리스토텔레스의 『시학』은 『이온』과 조금 다른 관점을 취하고 있다. 기본적으로 시가 모방미학이라는 입장은 같지만, 아리스토텔레스는 이것이 신적인 힘을 모방한 것이 아닌 인간의 모방이라고 믿었다.
>
> 최근 연구에 의하면 천재라 불리는 모든 사람들은 타고난 것이 아니고 후천적인 학습을 통해 자신의 수준을 점차 더 높은 단계로 발전시킨 것이라고 한다. 선천적 재능과 후천적 학습을 모두 거친 절충적 천재가 각광받는 것이다. 이것이 우리에게 주는 시사점은 비록 지금은 창의적이지 않더라도 꾸준히 포기하지 말고 창의성을 개발하고 실현하는 방법을 배워서 실천한다면 모두가 창의적인 사람이 될 수 있다는 교훈이다. 타고난 천재가 아니고 훈련과 노력으로 새롭게 태어나는 창재(창의적인 인재)로 거듭나야 한다.

① 칸트는 천재가 선천적인 것이라고 하였다.

② 세계적인 발레리나 강수진은 고된 연습으로 발이 기형적으로 변해버렸다.

③ 1만 시간의 법칙은 한 분야에서 전문가가 되기 위해서는 최소 1만 시간의 훈련이 필요하다는 것이다.

④ 뉴턴뿐만 아니라 아인슈타인 역시 끊임없는 연구와 노력을 통해 천재로 인정받았다.

⑤ 신적인 것보다 연습이 영감을 가져다주는 경우가 있다.

07 다음 글의 내용으로 가장 적절한 것은?

레드와인이란 포도 과육을 압착하여 과즙을 만든 뒤, 여기에 포도 껍질과 씨를 넣고 양조통에서 일정시간 발효시켜 당분을 제거한 주류를 말한다. 이 과정에서 포도 껍질과 씨앗 등에 있던 탄닌 성분이 우러나게 되면서 레드와인은 특유의 떫고 신맛이 생긴다.

레드와인은 원재료인 포도의 품종에 따라 붉은색에서 보라색까지 색상에 차이가 생기는데, 이러한 차이는 특히 포도껍질과 관련이 있다. 또한 포도의 재배 환경에 따라 산도와 향, 와인 색상에도 차이가 생기는데, 날씨가 더울수록 산도는 약해지고 향은 진해진다.

이렇게 만들어진 레드와인은 적정량을 섭취하게 되면 항산화 성분을 얻을 수 있어 인체에 유익한 영향을 준다. 레드와인의 섭취를 통해 얻은 항산화 성분의 대표적인 효능으로는 혈관질환의 개선, 인지기능의 향상, 호흡기관의 보호, 암 예방이 있다.

이 외에도 지질 산화를 감소시키고 혈관 내벽을 두껍게 만들어 주기 때문에 고혈압과 관련된 심혈관계 질환에 도움이 되고, 세포의 노화를 감소시켜 치매와 세포 파괴 위험을 낮출 수 있다. 또한 소염 살균효과도 가지고 있어 호흡기에 환경 오염물질이 침투하지 않도록 보호하고, 폐에 악성 종양이 생기는 것도 예방한다.

① 레드와인은 포도에서 과육만을 추출하여 만든다.
② 기온이 높은 환경에서 재배한 포도로 만든 와인일수록 레드와인 특유의 신맛이 강해진다.
③ 진한 향의 레드와인을 선호할 경우 더운 지역의 포도로 제조한 것을 구매해야 한다.
④ 같은 품종의 포도로 만든 레드와인의 색상은 동일하다.
⑤ 심혈관질환이 있는 모든 환자에게 일정량의 레드와인 섭취는 유익한 영향을 준다.

08 다음 글의 제목으로 가장 적절한 것은?

중세 유럽에서는 토지나 자원을 왕실이 소유하고 있었다. 사람들은 이러한 토지나 자원을 이용하려면 일정한 비용을 지불해야 했다. 예를 들어 광산을 개발하거나 수산물을 얻는 사람들은 해당 자원의 이용에 대한 비용을 왕실에 지불하였고 이는 왕실의 권력과 부의 유지를 돕는 동시에 국가의 재정을 보충하는 역할을 하였는데 이때 지불한 비용이 바로 로열티이다.

로열티의 개념은 산업 혁명과 함께 발전하였다. 산업 혁명을 통해 특허, 상표 등의 지적 재산권이 보호되기 시작하면서 기업들은 이러한 권리를 보유한 개인이나 조직에게 사용에 대한 보상을 지불하였다. 지적 재산권은 기업이 특정한 기술, 디자인, 상표 등을 보유하고 있을 때 그들에게 독점적인 권리를 제공하는데, 이러한 지적 재산권의 보호와 보상을 위해 로열티 제도가 도입되었다.

로열티는 기업과 지적 재산권 소유자 간의 계약에 의해 설정되는 형태로 발전하였다. 기업이 특정 제품을 판매하거나 특정 기술을 이용하는 경우 지적 재산권 소유자에게 계약에 따라 정해진 로열티를 지불한다. 이로써 지적 재산권을 보유한 개인이나 조직은 자신들의 창작물이나 기술의 사용에 대한 보상을 받을 수 있으며, 기업들은 이러한 지적 재산권의 이용을 허가받아 경쟁 우위를 확보할 수 있게 되었다.

현재 로열티는 제품 판매나 라이선스, 저작물의 이용 등 다양한 형태로 나타나며 지적 재산권의 보호와 경제적 가치를 확보하는 중요한 수단으로 작용하고 있다. 로열티는 지식과 창조성의 보상으로서의 역할을 수행하며 기업들의 연구 개발을 촉진하고 혁신을 격려한다. 이처럼 로열티 제도는 기업과 지적 재산권 소유자 간의 협력과 혁신적인 경제 발전에 기여하는 중요한 구조적 요소이다.

① 지적 재산권을 보호하는 방법
② 로열티 지급 시 유의사항
③ 지적 재산권의 정의
④ 로열티 제도의 유래와 발전
⑤ 로열티 제도의 모순

09 다음 (가) ~ (라) 문단을 논리적 순서대로 바르게 나열한 것은?

> (가) 이와 같은 임베디드 금융의 문제점을 개선하기 위해서는 효과적인 보안 시스템과 프라이버시 보호 방안을 도입하여 사용자의 개인정보를 안전하게 관리하는 것이 필요하다. 또한 디지털 기기의 접근성을 개선하고 사용자들이 편리하게 이용할 수 있는 환경을 조성해야 한다.
>
> (나) 임베디드 금융은 기업과 소비자 모두에게 이점을 제공한다. 기업은 제품과 서비스에 금융 기능을 통합함으로써 자사 플랫폼 의존도를 높이고, 수집한 고객의 정보를 통해 매출을 증대시킬 수 있으며, 고객들에게 보다 나은 금융 서비스를 제공할 수 있다. 소비자의 경우는 모바일 앱을 통해 간편하게 금융 거래를 할 수 있고, 스마트기기 하나만으로 다양한 금융 상품에 접근할 수 있어 편의성과 접근성이 크게 향상된다.
>
> (다) 그러나 임베디드 금융에는 개인정보 보호와 안전성에 대한 관리가 필요하다. 사용자의 금융 데이터와 개인정보가 디지털 플랫폼이나 기기에 저장되므로 해킹이나 데이터 유출과 같은 사고가 발생할 수 있다. 이는 사용자의 프라이버시 침해와 금융 거래 안전성에 대한 심각한 위협이 될 수 있다. 또한 모든 사람들이 안정적인 인터넷 연결과 임베디드 금융이 포함된 최신 기기를 보유하고 있지는 않기 때문에 디지털 기기에 익숙하지 않은 사람들은 임베디드 금융 서비스를 제공받는 데 제한을 받을 수 있다.
>
> (라) 임베디드 금융은 비금융 기업이 자신의 플랫폼이나 디지털 기기에 금융 서비스를 탑재하는 것을 뜻한다. 삼성페이나 애플페이 같은 결재 서비스부터 대출이나 보험까지 임베디드 금융은 제품과 서비스에 금융 기능을 통합하여 사용자에게 편의성과 접근성을 높여 준다.

① (가) – (다) – (라) – (나) ② (나) – (라) – (다) – (가)
③ (나) – (가) – (다) – (라) ④ (라) – (나) – (다) – (가)
⑤ (라) – (다) – (나) – (가)

10 다음 글의 서술 방식의 특징으로 가장 적절한 것은?

현대의 도시에서는 정말 다양한 형태를 가진 건축물들을 볼 수 있다. 건물의 형태뿐만 아니라 건물 외벽에 주로 사용된 소재 또한 유리나 콘크리트 등으로 다양하다. 이렇듯 현대에는 몇 가지로 규정하는 것이 아예 불가능할 만큼 다양한 건축양식이 존재한다. 그러나 다양하고 복잡한 현대의 건축양식에 비해 고대의 건축양식은 매우 제한적이었다.

그리스 시기에는 주주식, 주열식, 원형식 신전을 중심으로 몇 가지의 공통된 건축양식을 보인다. 이러한 신전 중심의 그리스 건축양식은 시기가 지나면서 다른 건축물에 영향을 주었다. 신전에만 쓰이던 건축양식이 점차 다른 건물들의 건축에도 사용이 되며 확대되었던 것이다. 대표적으로 그리스 연못은 신전에 쓰이던 기둥의 양식들을 바탕으로 회랑을 구성하기도 하였다.

헬레니즘 시기를 맞이하면서 건축양식을 포함하여 예술 분야가 더욱 발전함에 따라 고대 그리스 시기에 비해 다양한 건축양식이 생겨났다. 이뿐만 아니라 건축 기술이 발달하면서 조금 더 다양한 형태의 건축이 가능해졌다. 다층구조나 창문이 있는 벽을 포함한 건축양식 등 필요에 따라서 실용적이고 실측적인 건축양식이 나오기 시작한 것이다. 또한 연극의 유행으로 극장이나 무대 등의 건축양식도 등장하기 시작하였다.

로마 시대에 이르러서는 원형 경기장이나 온천, 목욕탕 등 특수한 목적을 가진 건축물들에도 아름다운 건축양식이 적용되었다. 현재에도 많은 사람들이 관광지로서 찾을 만큼, 로마시민들의 위락시설들에는 다양하고 아름다운 건축양식들이 적용되었다.

① 역사적 순서대로 주제의 변천에 대해서 서술하고 있다.
② 전문가의 말을 인용하여 신뢰도를 높이고 있다.
③ 비유적인 표현 방법을 사용하여 문학적인 느낌을 주고 있다.
④ 현대에서 찾을 수 있는 건축물의 예시를 들어 독자의 이해를 돕고 있다.
⑤ 시대별 건축양식의 장단점을 분석하고 있다.

11 다음 글에서 나타나는 '아재 개그'에 대한 견해로 적절하지 않은 것은?

아재 개그는 '아재'가 하는 개그입니다. 아재의 의미가 '아저씨의 낮춤말' 정도로 해석이 되니, 나이가 좀 있는 남자가 실없는 농담, 웃긴 이야기를 하는 것이라 할 수 있습니다. 일본에서는 비슷한 상황에서 '오야지 개그'라는 표현을 합니다. 오야지가 아버지라는 의미이니까 '아버지의 농담'이라는 뜻입니다. 나이 든 남자의 농담은 국경을 초월해서 어색한 것 같습니다. 그래도 웃기려고 애쓰는 아재들의 마음은 이해해 주면 좋겠습니다. 어쩌면 나이 든 남자가 자신이 살아있음을 느끼는 순간이라고 할 수도 있습니다. 자신이 세상에 기여하는 방법이라고 믿기도 합니다. 세상을 밝게 만든다는 거죠. 그런 면에서 아재 개그가 자랑스럽네요.

아재 개그를 보면 하는 사람은 무지 웃긴데 듣는 사람의 반응은 제각각입니다. 보통은 헛웃음을 웃는 경우가 많고, 얼굴 표정이 잠시 굳어 있는 경우도 있습니다. 어이가 없다는 반응이지요. 하지만 대부분의 경우는 어떤 모습으로든 서로 웃게 됩니다. 싱겁다는 반응도 나옵니다. 그래서일까요? 아재 개그는 여러 번 생각하면 웃긴 경우도 많습니다. 어이없다고 이야기해 놓고서는 다른 사람에게 전달하는 경우도 있습니다. 누가 이렇게 어이없는 아재 개그를 했다고 말입니다. 뜻밖에도 아재 개그는 이렇게 파급력도 있습니다.

아재 개그의 주요 소재는 말장난입니다. 한자로 이야기할 때는 언어유희(言語遊戲)라고도 합니다. 비슷한 발음의 단어를 이용해서 웃기는 거죠. 동음이의어는 오래 전부터 개그의 소재가 되었습니다. '친구가 군대에서 전역했어요.'라는 아들의 이야기를 듣고, '점심은 안 했냐?'라고 반응하면 아재 개그가 됩니다. 처음에는 무슨 이야기인지 몰라 어리둥절하다가 표정이 잠시 굳는 거죠.

예측이 되는 말장난은 아재 개그에도 속하지 못합니다. 그렇게 말할 줄 알았다는 게 아재 개그에서는 가장 치명적인 반응입니다. 청자의 히점을 찌르는 빠른 말장난이 핵심입니다. 이이없지만 웃어줄 만한 개그여야 합니다. 그런 의미에서라면 아재 개그는 언어 감각이 좋아야 할 수 있습니다. 타고난 거라고도 할 수 있습니다. 아재 개그에 천재적인 사람도 있습니다. 그런 사람은 예능계로 나가거나 글을 써야 할 겁니다.

물론 아재 개그는 노력도 필요합니다. 아재 개그를 하는 사람에게 물어보면 생각나는 아재 개그를 다 말하는 게 아닙니다. 고민 끝에 열 개 중 몇 개만 입 밖으로 내 놓는 겁니다. 너무 많이 아재 개그를 하면 사람들의 반응이 차갑습니다. 아재 개그계에서 퇴출될 수도 있습니다. 아재들의 피나는 노력이 아재 개그를 오래 가게 합니다. 치고 빠질 줄도 알아야 합니다.

① 아재 개그는 실없는 농담이나 어느 정도의 파급력도 가지고 있다.
② 아재 개그 중에서는 몇 번 생각해야 웃긴 것들이 있다.
③ 아재 개그를 너무 많이 하는 것은 오히려 분위기를 굳게 만들 수 있다.
④ 아재 개그에는 동음이의어나 발음의 유사성을 활용한 말장난이 많다.
⑤ 아재 개그를 잘하기 위해서는 노력이 중요하지 타고난 능력이 중요하지는 않다.

12 다음 글의 밑줄 친 ⊙~⑩의 수정 방안으로 적절하지 않은 것은?

교열(校閱)을 '남이 써 놓은 글의 오자와 탈자를 바로잡는 작업' 쯤으로 생각하는 사람이 많을 것이다. ⊙ 즉, 교열은 독자들이 쉽게 이해할 수 있도록 눈높이에 맞게 문장을 다듬는 것이다. 아울러 글쓴이가 잘못 알고 있는 지식도 바르게 수정하며 글쓴이 특유의 어조를 지켜 줘야 하고 언어적 습관도 유지해줘야 한다. 이처럼 교열은 폭넓은 상식과 풍부한 언어적 지식으로 '업무'를 처리해야 하는 ⓒ 단순한 과정이다.

교열자에게 가장 필요한 자질은 첫째, 폭넓은 우리말 지식이다. 그것은 기본 중의 기본이다. 둘째, 인문, 과학, 기술, 문화 등에 대한 풍부한 상식이다. 인터넷에도 숱한 거짓 정보가 떠다닌다. 예를 들어 '달에서 볼 수 있는 지구의 유일한 인공 구조물은'이라는 질문에 대부분의 사람은 '만리장성'이라고 답한다. 그러나 실제로 달에서 ⓒ 맨 눈으로 볼 수 있는 지구의 인공 구조물은 없다. 이처럼 교열자는 자기만의 다양한 거름 장치로 이러한 ② 잘못된 오류들을 찾아내 바로잡아 주어야 한다. 셋째, 글쓰기 실력 역시 빼놓을 수 없는 교열자의 자질이다. 교열자의 능력은 글쓴이의 거친 문장, 잔뜩 꼬인 문장을 부드럽고 매끈하게 다듬을 때 빛난다. 그런 일을 하기 위해서는 교열자 스스로가 글을 쓰는 요령을 알고 있어야 한다. 작문 실력이 없으면 거친 문장과 꼬인 문장을 알기 힘들고, 이를 다듬기는 더욱 힘들다.

교열은 힘들고 지겨운 과정이다. 하지만 ⑩ 출간된 책을 접하게 되면 삶의 보람을 느끼게 된다.

① ⊙ : 앞 문장과의 관계를 고려하여 '그러나'로 고친다.

② ⓒ : 문맥에 어울리지 않으므로 '복잡한'으로 고친다.

③ ⓒ : 띄어쓰기가 올바르지 않으므로 '맨눈'으로 고친다.

④ ② : 의미가 중복되므로 '잘못된'을 삭제한다.

⑤ ⑩ : 필요한 문장 성분이 생략되었으므로 앞에 '독자는'을 추가한다.

13 다음 글의 (가) ~ (마) 중 〈보기〉의 문장이 들어갈 위치로 가장 적절한 곳은?

그럼 이제부터 제형에 따른 특징과 복용 시 주의점을 알아보겠습니다. 먼저 산제나 액제는 복용해야 하는 용량에 맞게 미세하게 조절이 가능합니다. 그리고 정제나 캡슐제에 비해 노인이나 소아가 약을 삼키기 쉽고 약효도 빠르게 나타납니다. (가) 캡슐제는 캡슐로 약물을 감싸서 자극이 강한 약물을 복용할 때 생기는 불편을 줄일 수 있고, 정제로 만들면 약효가 떨어질 수 있는 경우에 사용되어 약효를 유지할 수 있습니다. (나) 하지만 캡슐제는 캡슐이 목구멍이나 식도에 달라붙을 수 있기 때문에 충분한 양의 물과 함께 복용해야 합니다. (다)

그리고 정제는 일정한 형태로 압축되어 있어 산제나 액제에 비해 보관이 간편하고 정량을 복용하기 쉽습니다. 정제는 약물의 성분이 빠르게 방출되는 속방정과 서서히 지속적으로 방출되는 서방정으로 구분할 수 있습니다. (라) 서방정은 오랜 시간 일정하게 약의 효과를 유지할 수 있어 복용 횟수를 줄일 수 있습니다. 그런데 서방정은 함부로 쪼개거나 씹어서 먹으면 안 됩니다. 왜냐하면 약물의 방출 속도가 달라져 부작용의 위험이 커질 수 있기 때문입니다.

오늘 강연 내용은 유익하셨나요? 이번 강연이 약에 대한 이해를 높일 수 있는 계기가 되었으면 합니다. 또한 약과 관련해 더 궁금한 내용이 있다면 '온라인 의약 도서관'을 통해 찾아보실 수 있습니다. (마) 마지막으로 상세한 복약 정보는 꼭 의사나 약사에게 확인하시기 바랍니다. 경청해 주셔서 감사합니다.

> **보기**
>
> 하지만 이 둘은 정제에 비해 변질되기 쉬우므로 특히 보관에 주의해야 하고 복용 전 변질 여부를 잘 확인해야 합니다.

① (가) ② (나)
③ (다) ④ (라)
⑤ (마)

14 다음 글에 대한 반론으로 가장 적절한 것은?

> 어떤 모델이든지 상품의 특성에 적합한 이미지를 갖는 인물이어야 광고 효과가 제대로 나타날 수 있다. 예를 들어, 자동차, 카메라, 공기 청정기, 치약과 같은 상품의 경우에는 자체의 성능이나 효능이 중요하므로 대체로 전문성과 신뢰성을 갖춘 모델이 적합하다. 이와 달리 상품이 주는 감성적인 느낌이 중요한 보석, 초콜릿, 여행 등과 같은 상품은 매력성과 친근성을 갖춘 모델이 잘 어울린다. 그런데 유명인이 그들의 이미지에 상관없이 여러 유형의 상품 광고에 출연하면 모델의 이미지와 상품의 특성이 어울리지 않는 경우가 많아 광고 효과가 나타나지 않을 수 있다.
>
> 유명인의 중복 출연이 소비자가 모델을 상품과 연결시켜 기억하기 어렵게 한다는 점도 광고 효과에 부정적인 영향을 미친다. 유명인의 이미지가 여러 상품으로 분산되면 광고 모델과 상품 간의 결합력이 약해질 것이다. 이는 유명인 광고 모델의 긍정적인 이미지를 광고 상품에 전이하여 얻을 수 있는 광고 효과를 기대하기 어렵게 만든다.
>
> 또한 유명인의 중복 출연 광고는 광고 메시지에 대한 신뢰를 얻기 힘들다. 유명인 광고 모델이 여러 광고에 중복하여 출연하면, 그 모델이 경제적인 이익만을 추구한다는 이미지가 소비자에게 강하게 각인된다. 그러면 소비자들은 유명인 광고 모델의 진실성을 의심하게 되어 광고 메시지가 객관성을 결여하고 있다고 생각하게 될 것이다.
>
> 유명인 모델의 광고 효과를 높이기 위해서는 유명인이 자신과 잘 어울리는 한 상품의 광고에만 지속적으로 나오는 것이 좋다. 이렇게 할 경우 상품의 인지도가 높아지고, 상품을 기억하기 쉬워지며, 광고 메시지에 대한 신뢰도가 제고된다. 유명인의 유명세가 상품에 전이되고 소비자가 유명인이 진실하다고 믿게 되기 때문이다.

① 광고 효과를 높이기 위해서는 제품의 이미지와 맞는 모델을 골라야 한다.

② 연예인이 여러 광고의 모델일 경우 소비자들은 광고 브랜드에 대한 신뢰를 잃게 된다.

③ 유명 연예인이 많은 광고에 출연하게 되면 소비자들은 모델과 상품 간의 연관성을 찾지 못한다.

④ 사람들은 특정 인물이 광고에 출연한 것만으로 특정 브랜드를 선택하지 않는다.

⑤ 유명인이 한 광고에만 지속적으로 나올 경우 긍정적인 효과를 기대할 수 있다.

15 '고령화 사회에 대비하자.'라는 주제로 글을 쓰기 위해 (가) 개요를 작성하였다가 (나) 개요로 고쳤다고 할 때, 다음 중 개요를 고친 이유로 가장 적절한 것은?

(가)

Ⅰ. 서론 : 고령화 사회로의 진입
Ⅱ. 본론
    1. 고령화 사회의 실태
        (1) 인구 증가율 마이너스
        (2) 초고속 고령화 사회로의 진입
    2. 고령화 사회의 문제점
        (1) 사회 비용 증가
        (2) 인구 감소로 인한 문제 발생
    3. 고령화 사회 해결 방안
        (1) 노인에게 일자리 제공
        (2) 국민 연금제도의 개편
        (3) 법과 제도의 개선
Ⅲ. 결론 : 고령화 사회 대비 강조

(나)

Ⅰ. 서론 : 고령화 사회의 심각성
Ⅱ. 본론
    1. 고령화 사회의 실태
        (1) 인구 증가율 마이너스
        (2) 초고속 고령화 사회로의 진입
    2. 고령화 사회의 문제점
        (1) 의료·복지 비용 증가
        (2) 노동력 공급 감소
        (3) 노동 생산성 저하
    3. 고령화 사회 해결 방안
        (1) 노인에게 일자리 제공
        (2) 국민연금제도의 개편
        (3) 법과 제도의 개선
Ⅲ. 결론 : 고령화 사회 대비 촉구

---

① 문제 상황을 보는 관점이 다양함을 드러내기 위해서이다.
② 문제 상황을 구체화하여 주제의 설득력을 높이기 위해서이다.
③ 문제 해결과정에 발생할 불필요한 논쟁을 피하기 위해서이다.
④ 논의 대상의 범위를 보다 구체적으로 한정하기 위해서이다.
⑤ 문제 해결책의 범위를 보다 폭넓게 확장하기 위해서이다.

16 다음 선생님과 학생의 대화에서 알 수 있는 올해 선생님의 나이는?

> 학생 : 선생님, 연세가 어떻게 되세요?
> 선생님 : 궁금하니? 알아 맞혀 볼래? 올해 나와 딸의 나이의 합은 53세이고, 14년 후 내 나이는 딸
> 의 나이의 2배가 된단다.

① 37세　　　　　　　　　　　　　　② 38세
③ 39세　　　　　　　　　　　　　　④ 40세
⑤ 41세

17 다음 중 8시와 9시 사이의 시침과 분침이 처음으로 직각을 이루는 시각에서 두 번째로 직각을
이루기까지 걸리는 시간은?

① $\dfrac{180}{11}$ 분　　　　　　　　　　② $\dfrac{240}{11}$ 분

③ $\dfrac{300}{11}$ 분　　　　　　　　　　④ $\dfrac{360}{11}$ 분

⑤ $\dfrac{420}{11}$ 분

18 일정한 속력으로 달리는 한 열차가 길이가 480m인 터널을 완전히 통과하는 데 걸리는 시간이
36초이고 같은 속력으로 길이가 600m인 철교를 완전히 통과하는 데 걸리는 시간은 44초일 때,
다음 중 이 열차의 속력은?

① 15m/s　　　　　　　　　　　　　② 18m/s
③ 20m/s　　　　　　　　　　　　　④ 24m/s
⑤ 25m/s

※ 다음은 우리나라 업종별 근로자 수 및 고령근로자 비율과 국가별 65세 이상 경제활동 참가율 현황에 대한 자료이다. 이어지는 질문에 답하시오. **[19~20]**

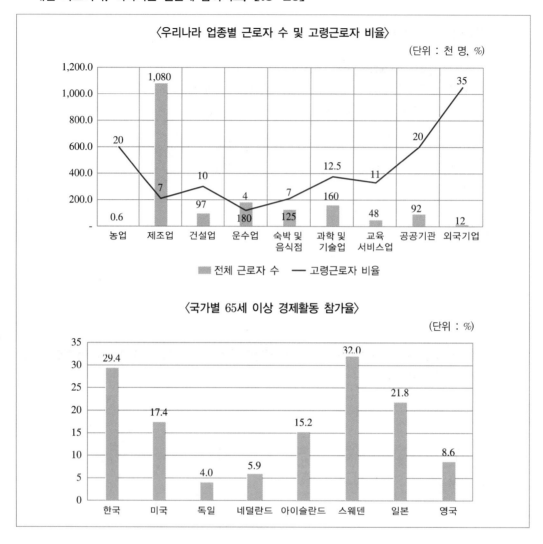

19 다음 중 우리나라 고령근로자 현황과 국가별 경제활동 참가율에 대한 설명으로 옳은 것은?

① 건설업에 종사하는 고령근로자 수는 외국기업에 종사하는 고령근로자 수의 3배 이상이다.

② 국가별 65세 이상 경제활동 조사 인구가 같을 경우 미국의 고령근로자 수는 영국 고령근로자 수의 2배 미만이다.

③ 모든 업종의 전체 근로자 수에서 제조업에 종사하는 전체 근로자 비율은 80% 이상이다.

④ 농업과 교육 서비스업, 공공기관에 종사하는 총 고령근로자 수는 과학 및 기술업에 종사하는 고령근로자 수보다 많다.

⑤ 독일, 네덜란드와 아이슬란드의 65세 이상 경제활동 참가율의 합은 한국의 65세 이상 경제활동 참가율의 90% 이상을 차지한다.

20 국가별 65세 이상 경제활동 참가조사 인구가 아래와 같을 때, 다음 중 빈칸 (가), (나)에 들어갈 수를 순서대로 바르게 나열한 것은?

〈국가별 65세 이상 경제활동 참가조사 인구〉

(단위 : 만 명)

구분	한국	미국	독일	네덜란드	아이슬란드	스웨덴	일본	영국
조사 인구	750	14,200	2,800	3,510	3,560	5,600	15,200	13,800
고령근로자	(가)	2,470.8	112	207.09	541.12	(나)	3,313.6	1,186.8

	(가)	(나)
①	220.5	1,682
②	220.5	1,792
③	230.5	1,792
④	230.5	1,682
⑤	300.5	1,984

21 다음은 Q사진관이 올해 찍은 사진의 용량 및 개수를 나타낸 자료이다. 올해 찍은 사진을 모두 모아서 한 개의 USB에 저장하려고 할 때, USB의 최소 필요 용량은?[단, 1MB=1,000KB, 1GB=1,000MB이며, 합계 파일 용량(GB)은 소수점 첫째 자리에서 버림한다]

〈올해 사진 자료〉

구분	크기(cm)	용량	개수
반명함	3×4	150KB	8,000개
신분증	3.5×4.5	180KB	6,000개
여권	5×5	200KB	7,500개
단체사진	10×10	250KB	5,000개

① 3.0GB
② 3.5GB
③ 4.0GB
④ 4.5GB
⑤ 5.0GB

22 다음은 세계 음악시장의 규모에 대한 자료이다. 〈조건〉에 근거하여 2023년의 음악시장 규모를 구하면?(단, 소수점 둘째 자리에서 반올림한다)

〈세계 음악시장 규모〉

(단위 : 백만 달러)

구분		2018년	2019년	2020년	2021년	2022년
공연음악	후원	5,930	6,008	6,097	6,197	6,305
	티켓 판매	20,240	20,688	21,165	21,703	22,324
	소계	26,170	26,696	27,262	27,900	28,629
음반	디지털	8,719	9,432	10,180	10,905	11,544
	다운로드	5,743	5,986	6,258	6,520	6,755
	스트리밍	1,530	2,148	2,692	3,174	3,557
	모바일	1,447	1,298	1,230	1,212	1,233
	오프라인 음반	12,716	11,287	10,171	9,270	8,551
	소계	30,155	30,151	30,531	31,081	31,640
합계		56,325	56,847	57,793	58,981	60,269

조건

• 2023년에 후원금은 2022년보다 1억 1천 8백만 달러, 티켓 판매는 2022년보다 7억 4천만 달러가 증가할 것으로 예상된다.
• 스트리밍 시장의 경우 빠르게 성장하는 추세로, 2023년의 스트리밍 시장 규모는 2018년의 스트리밍 시장 규모의 2.5배가 될 것으로 예상된다.
• 오프라인 음반 시장은 점점 감소하는 추세로, 2023년의 오프라인 음반 시장의 규모는 2022년 대비 6%의 감소율을 보일 것으로 예상된다.

	공연음악	스트리밍	오프라인 음반
①	29,487백만 달러	3,711백만 달러	8,037.9백만 달러
②	29,487백만 달러	3,825백만 달러	8,037.9백만 달러
③	29,685백만 달러	3,825백만 달러	7,998.4백만 달러
④	29,685백만 달러	4,371백만 달러	7,998.4백만 달러
⑤	29,685백만 달러	3,825백만 달러	8,037.9백만 달러

23 A비커에는 농도가 $x\%$인 설탕물 300g이 들어 있고 B비커에는 농도가 $y\%$인 설탕물 600g이 들어 있다. B비커에서 A비커로 설탕 100g를 부어 골고루 섞은 후 다시 B비커로 옮겨 골고루 섞은 뒤 농도를 측정해 보니 A비커의 설탕물과 B비커의 설탕물의 농도는 각각 5%, 9.5%였다. 이때 $10x + 10y$의 값은?

① 106

② 116

③ 126

④ 136

⑤ 146

24 다음은 연도별 국가지정문화재 현황을 나타낸 자료이다. 이에 대한 설명으로 옳은 것을 〈보기〉에서 모두 고르면?

〈연도별 국가지정문화재 현황〉

(단위 : 건)

구분	2017년	2018년	2019년	2020년	2021년	2022년
합계	3,385	3,459	3,513	3,583	3,622	3,877
국보	314	315	315	315	317	328
보물	1,710	1,758	1,774	1,813	1,842	2,060
사적	479	483	485	488	491	495
명승	82	89	106	109	109	109
천연기념물	422	429	434	454	455	456
국가무형문화재	114	116	119	120	122	135
중요민속문화재	264	269	280	284	286	294

보기

㉠ 2018년에서 2022년 사이 전년 대비 전체 국가지정문화재가 가장 많이 증가한 해는 2022년이다.

㉡ 국보 문화재는 2017년에 비해 2022년에 지정된 건수가 증가했으며, 전체 국가지정문화재에서 차지하는 비중 또한 증가했다.

㉢ 2017년 대비 2022년의 국가지정문화재 건수의 증가율이 가장 높은 문화재 종류는 명승 문화재이다.

㉣ 조사기간 중 사적 문화재 지정 건수는 매해 국가무형문화재 지정 건수의 4배가 넘는 수치를 보이고 있다.

① ㉠, ㉡

② ㉠, ㉢

③ ㉡, ㉢

④ ㉡, ㉣

⑤ ㉢, ㉣

25 A, B 두 종류의 경기를 하여 각각에 대하여 상을 주는데 상을 받은 사람은 모두 30명이다. A종목은 50,000원을 받고 B종목은 30,000원을 받고, A, B 두 종목 모두에서 상을 받은 사람은 10명이다. 또, A종목에서 상을 받은 사람은 B종목에서 상을 받은 사람보다 8명 많다. 이때 A종목에서 상을 받은 사람들이 받은 상금의 합은?

① 1,100,000원 ② 1,200,000원

③ 1,300,000원 ④ 1,400,000원

⑤ 1,500,000원

26 A통신사 대리점에서 근무하는 귀하는 판매율을 높이기 위해 핸드폰을 구매한 고객에게 사은품을 나누어 주는 이벤트를 실시하고자 한다. 본사로부터 할당받은 예산은 총 5백만 원이며, 예산 내에서 고객 1명당 2가지 사은품을 증정하고자 한다. 고객 만족도 대비 비용이 낮은 순으로 상품을 확보하였을 때, 최대 몇 명의 고객에게 사은품을 전달할 수 있는가?

상품명	개당 구매비용(원)	확보 가능한 최대물량(개)	상품 고객 만족도(점)
차량용 방향제	7,000	300	5
식용유 세트	10,000	80	4
유리용기 세트	6,000	200	6
32GB USB	5,000	180	4
머그컵 세트	10,000	80	5
육아 관련 도서	8,800	120	4
핸드폰 충전기	7,500	150	3

① 360명 ② 370명

③ 380명 ④ 390명

⑤ 400명

27 어느 회사 단합대회에서 여사원 13명과 남사원 12명이 다트 게임을 하였다. 여사원과 남사원의 점수의 평균은 7점으로 서로 같고, 편차는 여사원이 3점, 남사원이 4점일 때 전체 사원의 다트 게임 점수의 $(편차)^2$의 합은?

① 305점 ② 307점
③ 309점 ④ 311점
⑤ 313점

28 다음은 A, B국의 에너지원 수입액에 대한 자료이다. 이에 대한 설명으로 옳은 것은?

〈A, B국의 에너지원 수입액〉

(단위 : 달러)

구분	연도	1982년	2002년	2022년
A국	석유	74	49.9	29.5
	석탄	82.4	60.8	28
	LNG	29.2	54.3	79.9
B국	석유	75	39	39
	석탄	44	19.2	7.1
	LNG	30	62	102

① 1982년의 석유 수입액은 A국이 B국보다 많다.
② 2002년의 A국의 석유 및 석탄의 수입액의 합은 LNG 수입액의 2배보다 적다.
③ 2022년의 석탄 수입액은 A국이 B국의 4배보다 적다.
④ 1982년 대비 2022년의 LNG 수입액의 증가율은 A국이 B국보다 크다.
⑤ 1982년 대비 2022년의 석탄 수입액의 감소율은 A국이 B국보다 크다.

※ 다음은 환경지표와 관련된 통계자료이다. 이어지는 질문에 답하시오. [29~30]

〈녹색제품 구매 현황〉

(단위 : 백만 원)

구분	총구매액(A)	녹색제품 구매액(B)	비율
2020년	1,800	1,700	94%
2021년	3,100	2,900	㉠%
2022년	3,000	2,400	80%

※ 지속가능한 소비를 촉진하고 친환경경영 실천을 강화하기 위해 환경표지인증 제품 등의 녹색제품 구매를 적극 실천한다.
※ 비율은 (B/A)×100으로 계산하며, 소수점 첫째 자리에서 반올림한다.

〈온실가스 감축〉

구분	2020년	2021년	2022년
온실가스 배출량(tCO_2eq)	1,604,000	1,546,000	1,542,000
에너지 사용량(TJ)	30,000	29,000	30,000

※ 온실가스 및 에너지 감축을 위한 전사 온실가스 및 에너지 관리 체계를 구축하여 운영하고 있다.

〈수질관리〉

(단위 : m^3)

구분	2020년	2021년	2022년
오수처리량(객차)	70,000	61,000	27,000
폐수처리량	208,000	204,000	207,000

※ 철도차량 등의 수선, 세차, 세척과정에서 발생되는 폐수와 열차 화장실에서 발생되는 오수, 차량검수시설과 역 운영시설 등에서 발생되는 생활하수로 구분되며, 모든 오염원은 처리시설을 통해 기준 이내로 관리한다.

29 다음 중 자료를 이해한 내용으로 옳지 않은 것은?

① ㉠에 들어갈 수치는 94이다.

② 온실가스 배출량은 2020년부터 매년 줄어들었다.

③ 폐수처리량이 가장 적었던 연도에 오수처리량도 가장 적었다.

④ 2020 ~ 2022년 동안 녹색제품 구매액의 평균은 약 23억 3,300만 원이다.

⑤ 에너지 사용량의 전년 대비 증감률의 절댓값은 2021년보다 2022년이 더 크다.

30 다음 〈조건〉은 환경지표점수 산출 기준이다. 가장 점수가 높은 년도와 그해의 환경지표점수를 바르게 짝지은 것은?

> **조건**
> - 녹색제품 구매액 : 20억 원 미만이면 5점, 20억 원 이상이면 10점
> - 에너지 사용량 : 30,000TJ 이상이면 5점, 30,000TJ 미만이면 10점
> - 폐수처리량 : 205,000m³ 초과이면 5점, 205,000m³ 이하이면 10점

① 2020년 – 25점　　　　　　　　② 2021년 – 20점

③ 2021년 – 30점　　　　　　　　④ 2022년 – 25점

⑤ 2022년 – 30점

31 다음은 A ~ F국의 2022년 GDP와 GDP 대비 국가자산총액을 나타낸 자료이다. 이에 대한 〈보기〉의 설명 중 옳은 것을 모두 고르면?

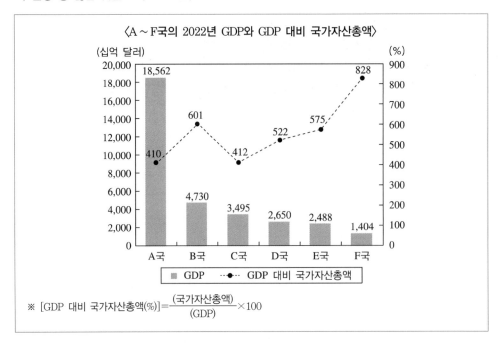

〈A ~ F국의 2022년 GDP와 GDP 대비 국가자산총액〉

※ [GDP 대비 국가자산총액(%)] = $\dfrac{(국가자산총액)}{(GDP)} \times 100$

보기
ㄱ. GDP가 높은 국가일수록 GDP 대비 국가자산총액이 작다.
ㄴ. A국의 GDP는 나머지 5개국 GDP의 합보다 크다.
ㄷ. 국가자산총액은 F국이 D국보다 크다.

① ㄱ
② ㄴ
③ ㄷ
④ ㄱ, ㄴ
⑤ ㄴ, ㄷ

32 한 연예인에 대한 선호도 조사를 실시한 결과 A사이트에서는 평균 4.5점을, B사이트에서는 평균 6.5점을 기록하였다. 전체 평균점수는 5.1점이고 설문에 참여한 총인원이 2,100명일 때, A사이트에서 조사에 참여한 인원은?(단, A, B사이트의 참여자 중 중복 참여자는 없다)

① 1,320명
② 1,370명
③ 1,420명
④ 1,470명
⑤ 1,520명

※ 다음은 S카페의 커피 종류별 하루 평균 판매량 비율과 한 잔당 가격을 나타낸 그래프이다. 이어지는 질문에 답하시오. [33~34]

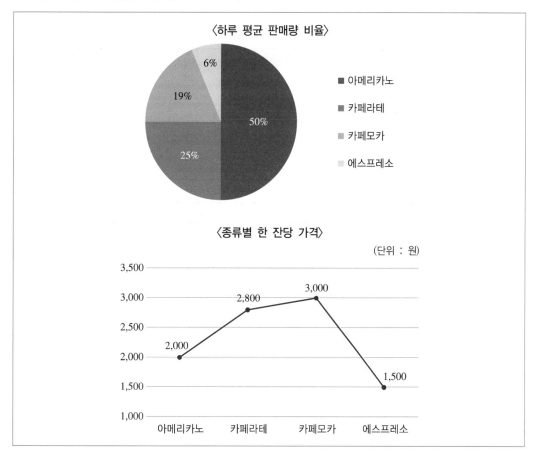

33 S카페가 하루 평균 200잔의 커피를 판매한다고 할 때, 카페라테는 에스프레소보다 하루에 몇 잔이 더 팔리는가?

① 38잔   ② 40잔
③ 41잔   ④ 42잔
⑤ 45잔

34 S카페에서 어느 날 음료를 총 180잔을 팔았다고 할 때, 이날의 아메리카노의 매출은?(단, 매출량은 하루 평균 판매량 비율을 따른다)

① 150,000원   ② 165,000원
③ 180,000원   ④ 200,000원
⑤ 205,000원

35 다음은 A씨의 보유 반찬 및 칼로리 정보와 A씨의 하루 식단에 대한 자료이다. A씨가 하루에 섭취하는 총 열량은?

〈A씨의 보유 반찬 및 칼로리 정보〉

반찬	현미밥	미역국	고등어구이	시금치나물	버섯구이	블루베리
무게(g)	300	500	400	100	150	80
열량(kcal)	540	440	760	25	90	40
반찬	우유식빵	사과잼	된장찌개	갈비찜	깍두기	연근조림
무게(g)	100	40	200	200	50	100
열량(kcal)	350	110	176	597	50	96

〈A씨의 하루 식단〉

구분	식단
아침	우유식빵 80g, 사과잼 40g, 블루베리 60g
점심	현미밥 200g, 갈비찜 200g, 된장찌개 100g, 버섯구이 50g, 시금치나물 20g
저녁	현미밥 100g, 미역국 200g, 고등어구이 150g, 깍두기 50g, 연근조림 50g

① 1,940kcal
③ 2,239kcal
⑤ 2,520kcal
② 2,120kcal
④ 2,352kcal

36 과제안 평가기준을 다음과 같이 나타냈을 때, 빈칸 (가) ~ (다)에 들어갈 말을 순서대로 바르게 나열한 것은?

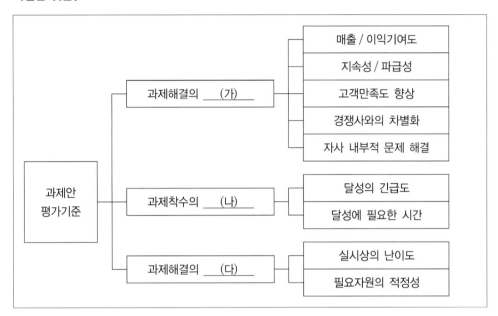

	(가)	(나)	(다)
①	용이성	긴급성	중요성
②	용이성	중요성	긴급성
③	중요성	용이성	긴급성
④	중요성	긴급성	용이성
⑤	긴급성	중요성	용이성

37 다음 글의 빈칸에 들어갈 말로 적절하지 않은 것은?

> 창의적 사고란 당면한 문제를 해결하기 위해 이미 알고 있는 경험지식을 해체하여 새로운 아이디어를 다시 도출하는 것을 말한다. 즉, 창의적 사고는 개인이 가지고 있는 경험과 지식을 통해 새로운 가치가 있는 아이디어로 다시 결합함으로써 참신한 아이디어를 산출하는 힘을 의미하며, _____ 이라는 특징을 지닌다.

① 발산성
② 독창성
③ 가치 지향성
④ 다양성
⑤ 통상성

38 다음 중 빈칸 (가) ~ (다)에 들어갈 내용을 순서대로 바르게 나열한 것은?

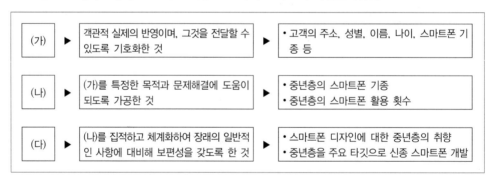

	(가)	(나)	(다)
①	자료	지식	정보
②	정보	자료	지식
③	지식	자료	정보
④	자료	정보	지식
⑤	지식	정보	자료

39 다음 중 문제해결의 방해 요인으로 적절하지 않은 것은?

① 문제를 철저하게 분석하지 않는 경우

② 고정관념에 얽매이는 경우

③ 너무 많은 자료를 수집하려고 노력하는 경우

④ 내부뿐만 아니라 활용할 수 있는 외부의 자원까지 이용하고자 하는 경우

⑤ 쉽게 떠오르는 단순한 정보에 의지하는 경우

40 L공사는 6층 건물의 모든 층을 사용하고 있으며, 건물에는 기획부, 인사교육부, 서비스개선부, 연구·개발부, 해외사업부, 디자인부가 층별로 위치하고 있다. 다음 〈조건〉을 참고할 때 항상 옳은 것은?(단, 6개의 부서는 서로 다른 층에 위치하며, 3층 이하에 위치한 부서의 직원은 출근 시 반드시 계단을 이용해야 한다)

> **조건**
> • 기획부의 문대리는 해외사업부의 이주임보다 높은 층에 근무한다.
> • 인사교육부는 서비스개선부와 해외사업부 사이에 위치한다.
> • 디자인부의 김대리는 오늘 아침 엘리베이터에서 서비스개선부의 조대리를 만났다.
> • 6개의 부서 중 건물의 옥상과 가장 가까이에 위치한 부서는 연구·개발부이다.
> • 연구·개발부의 오사원이 인사교육부 박차장에게 휴가 신청서를 제출하기 위해서는 4개의 층을 내려와야 한다.
> • 건물 1층에는 공사에서 운영하는 커피숍이 함께 있다.

① 출근 시 엘리베이터를 탄 디자인부의 김대리는 5층에서 내린다.

② 디자인부의 김대리가 서비스개선부의 조대리보다 먼저 엘리베이터에서 내린다.

③ 인사교육부와 커피숍은 같은 층에 위치한다.

④ 기획부의 문대리는 출근 시 반드시 계단을 이용해야 한다.

⑤ 인사교육부의 박차장은 출근 시 연구·개발부의 오사원을 계단에서 만날 수 없다.

41 다음 중 퍼실리테이션의 문제해결에 대한 설명으로 적절한 것은?

① 주제에 대한 서로의 공감을 이루기 어렵다.

② 단순한 타협점의 조정에 그치는 것이 아니다.

③ 초기에 생각하지 못했던 창조적인 해결방법을 도출하기는 어렵다.

④ 제3자가 합의점이나 줄거리를 준비해 놓고 예정대로 결론이 도출된다.

⑤ 팀워크가 강화되기는 어렵다.

42 S공사의 A사원은 다음 〈조건〉에 따라 사내 비품을 구매하려고 한다. 작년에 가을이 아닌 같은 계절에 가습기와 에어컨을 구매했다면, 어떠한 경우에도 작년 구매 목록에 대한 설명으로 참이 될 수 없는 것은?(단, 가습기는 10만 원 미만, 에어컨은 50만 원 이상이다)

> **조건**
> • 매년 10만 원 미만, 10만 원 이상, 30만 원 이상, 50만 원 이상의 비품으로 구분지어 구매 목록을 만든다.
> • 계절마다 적어도 구매 목록 중 하나는 구매해야 한다.
> • 매년 최대 6번까지 구매할 수 있다.
> • 한 계절에 같은 가격대의 구매 목록을 2번 이상 구매하지 않는다.
> • 두 계절 연속으로 같은 가격대의 구매 목록을 구매하지 않는다.
> • 50만 원 이상 구매 목록은 매년 2번 구매한다.
> • 30만 원 이상 구매 목록은 봄에 구매한다.

① 가을에 30만 원 이상 구매 목록을 구매하였다.

② 여름에 10만 원 미만 구매 목록을 구매하였다.

③ 봄에 50만 원 이상 구매 목록을 구매하였다.

④ 겨울에 10만 원 이상 구매 목록을 구매하였다.

⑤ 여름에 50만 원 이상 구매 목록을 구매하였다.

43 신도시를 건설 중인 G국 정부는 보행자를 위한 신호등을 건설하려고 하는데, 노인 인구가 많은 도시의 특징을 고려하여 신호등의 점멸 신호 간격을 조정하려고 한다. 이와 관련된 G국의 도로교통법이 다음과 같다고 할 때, 5m와 20m 거리의 횡단보도 신호등 점멸 시간을 바르게 짝지은 것은?

〈도로교통법 시행령〉

- 일반적으로 성인이 걷는 속도인 60cm/초에 기초해 점멸 시간을 정한다.
- 전체 길이가 10m를 넘는 횡단보도의 경우, 초과분에 대해서 1.2m/초의 시간을 추가해 점멸 시간을 정한다.
- 신도시에 새롭게 건설되는 신호등에 대해서는 추가로 3초의 여유시간을 추가해 점멸 시간을 정한다.
- 노인이 많은 지역에서는 일반적인 성인이 걷는 속도를 1.5로 나눈 값에 기초해 점멸 시간을 정한다.

	5m	20m
①	8.3초	53초
②	8.3초	62초
③	15.5초	53초
④	15.5초	62초
⑤	15.5초	65초

44 다음은 H분식점에 대한 SWOT 분석 결과이다. 이에 대한 대응 방안으로 가장 적절한 것은?

강점(Strength)	약점(Weakness)
• 좋은 품질의 재료만 사용 • 청결하고 차별화된 이미지	• 타 분식점에 비해 한정된 메뉴 • 배달서비스를 제공하지 않음
기회(Opportunity)	위협(Threat)
• 분식점 앞에 곧 학교가 들어설 예정 • 최근 TV프로그램 섭외 요청을 받음	• 프랜차이즈 분식점들로 포화상태 • 저렴한 길거리 음식으로 취급하는 경향이 있음

① ST전략 : 비싼 재료들을 사용하여 가격을 올려 저렴한 길거리 음식이라는 인식을 바꾼다.
② WT전략 : 다른 분식점들과 차별화된 전략을 유지하기 위해 배달서비스를 시작한다.
③ SO전략 : TV프로그램에 출연해 좋은 품질의 재료만 사용한다는 점을 부각시킨다.
④ WO전략 : TV프로그램 출연용으로 다양한 메뉴를 일시적으로 개발한다.
⑤ WT전략 : 포화 상태의 시장에서 살아남기 위해 다른 가게보다 저렴한 가격으로 판매한다.

45 C기업은 가전전시회에서 자사의 제품을 출품하기로 하였다. 자사의 제품을 보다 효과적으로 홍보하기 위하여 다음과 같이 행사장의 A~G 중 세 곳에서 홍보판촉물을 배부하기로 하였다. 가장 많은 사람들에게 홍보판촉물을 나눠 줄 수 있는 위치는?

- 전시관은 제1전시관 → 제2전시관 → 제3전시관 → 제4전시관 순서로 배정되어 있다.
- 행사장 출입구는 한 곳이며, 다른 곳으로는 출입이 불가능하다.
- 방문객은 행사장 출입구로 들어와서 시계 반대 방향으로 돌며, 4개의 전시관 중 2개의 전시관만을 골라 관람한다.
- 방문객은 자신이 원하는 2개의 전시관을 모두 관람하면 행사장 출입구를 통해 나가기 때문에 한 바퀴를 초과해서 도는 방문객은 없다.
- 방문객은 전시관 입구로 들어가면 출구로 나오기 때문에 전시관의 입구와 출구 사이에 있는 외부 통로를 동시에 지나치지 않는다.
- 행사장에는 시간당 평균 400명이 방문하며, 각 전시관의 시간당 평균 방문객 수는 다음과 같다.

제1전시관	제2전시관	제3전시관	제4전시관
100명	250명	150명	300명

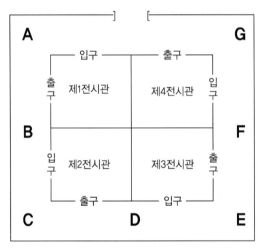

행사장 출입구

① A, B, C
② A, D, G
③ B, C, E
④ B, D, F
⑤ C, D, G

46 K씨는 인터넷뱅킹 사이트에 가입하기 위해 가입절차에 따라 정보를 입력하는데, 패스워드를 만드는 과정이 까다로워 계속 실패하는 중이다. 사이트 가입 시 패스워드를 생성하는 〈조건〉이 다음과 같을 때, 적절한 패스워드는?

> **조건**
> • 패스워드는 7자리이다.
> • 알파벳 대문자와 소문자, 숫자, 특수기호를 적어도 하나씩 포함해야 한다.
> • 숫자 0은 다른 숫자와 연속해서 나열할 수 없다.
> • 알파벳 대문자는 다른 알파벳 대문자와 연속해서 나열할 수 없다.
> • 특수기호를 첫 번째로 사용할 수 없다.

① a?102CB
② 7!z0bT4
③ #38Yup0
④ ssng99&
⑤ 6LI◇234

47 B씨는 1박 2일로 경주 여행을 떠나 불국사, 석굴암, 안압지, 첨성대를 방문했다. 다음 〈조건〉에 따를 때, B씨의 유적지 방문 순서가 될 수 없는 것은?

> **조건**
> • 첫 번째로 방문한 곳은 석굴암, 안압지 중 한 곳이었다.
> • 여행 계획대로라면 첫 번째로 석굴암을 방문했을 때, 두 번째로는 첨성대에 방문하기로 되어 있었다.
> • 두 번째로 방문한 곳이 안압지가 아니라면, 불국사도 아니었다.
> • 세 번째로 방문한 곳은 석굴암이 아니었다.
> • 세 번째로 방문한 곳이 첨성대라면, 첫 번째로 방문한 곳은 불국사였다.
> • 마지막으로 방문한 곳이 불국사라면, 세 번째로 방문한 곳은 안압지였다.

① 안압지 – 첨성대 – 불국사 – 석굴암
② 안압지 – 석굴암 – 첨성대 – 불국사
③ 안압지 – 석굴암 – 불국사 – 첨성대
④ 석굴암 – 첨성대 – 안압지 – 불국사
⑤ 석굴암 – 첨성대 – 불국사 – 안압지

48 갑은 효율적인 월급 관리를 위해 펀드에 가입하고자 한다. A ~ D펀드 중에 하나를 골라 가입하려고 하는데, 안정적이고 우수한 펀드에 가입하기 위해 〈조건〉에 따라 비교하여 다음과 같은 결과를 얻었다. 〈보기〉에서 옳은 것을 모두 고르면?

> **조건**
> • 두 펀드를 비교하여 우열을 가릴 수 있으면 우수한 쪽에는 5점, 아닌 쪽에는 2점을 부여한다.
> • 두 펀드를 비교하여 어느 한 쪽이 우수하다고 말할 수 없는 경우에는 둘 다 0점을 부여한다.
> • 각 펀드는 다른 펀드 중 두 개를 골라 총 4번의 비교를 했다.
> • 총합의 점수로는 우열을 가릴 수 없으며 각 펀드와의 비교를 통해서만 우열을 가릴 수 있다.

〈결과〉

A펀드	B펀드	C펀드	D펀드
7점	7점	4점	10점

> **보기**
> ㄱ. D펀드는 C펀드보다 우수하다.
> ㄴ. B펀드가 D펀드보다 우수하다고 말할 수 없다.
> ㄷ. A펀드와 B펀드의 우열을 가릴 수 있으면 A ~ D까지의 우열순위를 매길 수 있다.

① ㄱ
② ㄱ, ㄴ
③ ㄱ, ㄷ
④ ㄴ, ㄷ
⑤ ㄱ, ㄴ, ㄷ

49 B공사에 근무하는 A대리는 국내 자율주행자동차 산업에 대한 SWOT 분석 결과에 따라 국내 자율주행자동차 산업 발달을 위한 방안을 고안하는 중이다. A대리가 SWOT 분석에 의한 경영전략에 따라 판단하였다고 할 때, 다음 〈보기〉의 설명 중 SWOT 분석에 의한 경영전략에 맞춘 판단으로 적절하지 않은 것을 모두 고르면?

〈국내 자율주행자동차 산업에 대한 SWOT 분석 결과〉

구분	분석 결과
강점(Strength)	• 민간 자율주행기술 R&D지원을 위한 대규모 예산 확보 • 국내외에서 우수한 평가를 받는 국내 자동차기업 존재
약점(Weakness)	• 국내 민간기업의 자율주행기술 투자 미비 • 기술적 안전성 확보 미비
기회(Opportunity)	• 국가의 지속적 자율주행자동차 R&D 지원법안 본회의 통과 • 완성도 있는 자율주행기술을 갖춘 외국 기업들의 등장
위협(Threat)	• 자율주행차에 대한 국민들의 심리적 거부감 • 자율주행차에 대한 국가의 과도한 규제

〈SWOT 분석에 의한 경영전략〉

• SO전략 : 기회를 이용해 강점을 활용하는 전략
• ST전략 : 강점을 활용하여 위협을 최소화하거나 극복하는 전략
• WO전략 : 기회를 활용하여 약점을 보완하는 전략
• WT전략 : 약점을 최소화하고 위협을 회피하는 전략

보기

ㄱ. 자율주행기술 수준이 우수한 외국 기업과의 기술이전협약을 통해 국내 우수 자동차기업들의 자율주행기술 연구 및 상용화 수준을 향상시키려는 전략은 SO전략에 해당한다.
ㄴ. 민간의 자율주행기술 R&D를 적극 지원하여 자율주행기술의 안전성을 높이려는 전략은 ST전략에 해당한다.
ㄷ. 자율주행자동차 R&D를 지원하는 법률을 토대로 국내 기업의 기술개발을 적극 지원하여 안전성을 확보하려는 전략은 WO전략에 해당한다.
ㄹ. 자율주행기술개발에 대한 국내기업의 투자가 부족하므로 국가기관이 주도하여 기술개발을 추진하는 전략은 WT전략에 해당한다.

① ㄱ, ㄴ
② ㄱ, ㄷ
③ ㄴ, ㄷ
④ ㄴ, ㄹ
⑤ ㄱ, ㄴ, ㄷ

50 A ~ G 6명은 각각 차례대로 바이올린, 첼로, 콘트라베이스, 플루트, 클라리넷, 바순, 심벌즈를 연주하고 악기 연습을 위해 연습실 1, 2, 3을 빌렸다. 6명의 연습실 이용이 다음 〈조건〉을 만족한다고 할 때, 연습 장소와 시간을 확정하기 위해 추가로 필요한 조건은?

> **조건**
> - 연습실은 오전 9시에서 오후 6시까지 운영하고 모든 시간에 연습이 이루어진다.
> - 각각 적어도 3시간 이상, 한 번 연습을 한다.
> - 연습실 1에서는 현악기를 연습할 수 없다.
> - 연습실 2에서 D가 두 번째로 5시간 동안 연습을 한다.
> - 연습실 3에서 처음 연습하는 사람이 연습하는 시간은 연습실 2에서 D가 연습하는 시간과 2시간이 겹친다.
> - 연습실 3에서 두 번째로 연습하는 사람은 첼로를 켜고, 타악기 연습시간과 겹치면 안 된다.

① E는 연습실 운영시간이 끝날 때까지 연습한다.
② C는 A보다 오래 연습한다.
③ A와 E는 같은 시간에 연습 시간이 끝난다.
④ A와 F의 연습 시간은 3시간이 겹친다.
⑤ A는 연습실 2를 사용한다.

01   의사소통능력

01 다음은 의사표현의 말하기 중 '쉼'에 대한 설명이다. 빈칸에 들어갈 내용으로 적절하지 않은 것은?

> '쉼'이란 대화 도중 잠시 침묵하는 것으로 의도적인 경우도 있고 비의도적인 경우도 있으며, 의도적으로 할 경우 쉼을 활용하여 논리성, 감성제고, 동질감 등을 얻을 수 있다. 듣기에 좋은 말의 속도는 이야기 전체에서 35 ~ 40%가 적당하다는 주장이 있으며, 일반적으로 대화를 할 때 '쉼'을 하는 경우는 ＿＿＿＿＿＿＿＿＿ 등이 있다.

① 이야기가 전이될 경우   ② 양해, 동조의 경우

③ 생략, 암시의 경우   ④ 분노, 화냄의 경우

⑤ 여운을 남길 경우

02 다음 중 문서의 종류에 대한 설명으로 적절하지 않은 것은?

① 공문서는 정부 행정기관에서 대내적 혹은 대외적 공무를 집행하기 위해 작성하는 문서이다.

② 비즈니스 레터는 적극적으로 아이디어를 내고 기획한 하나의 프로젝트를 문서형태로 만들어, 상대방에게 그 내용을 전달하여 기획을 시행하도록 설득하는 문서이다.

③ 기안서는 회사의 업무에 대한 협조를 구하거나 의견을 전달할 때 작성하며 흔히 사내 공문서로 불린다.

④ 보도 자료는 정부 기관이나 기업체, 각종 단체 등이 언론을 상대로 자신들의 정보가 기사로 보도되도록 하기 위해 보내는 자료이다.

⑤ 보고서는 특정한 일에 관한 현황이나 그 진행 상황 또는 연구·검토 결과 등을 보고하고자 할 때 작성하는 문서이다.

03 다음 글의 내용으로 적절하지 않은 것은?

> 1930년대 대공황 상황에서 케인즈는 당시 영국과 미국에 만연한 실업의 원인을 총수요의 부족이라고 보았다. 그는 총수요가 증가하면 기업의 생산과 고용이 촉진되고 가계의 소득이 늘어 경기를 부양할 수 있다고 주장했다. 따라서 정부의 재정정책을 통해 총수요를 증가시킬 필요성을 제기하였다. 케인즈는 총수요를 늘리기 위해서 총수요 중 많은 부분을 차지하는 가계의 소비에 주목하였고, 소비는 소득과 밀접한 관련이 있다고 생각하였다. 케인즈는 절대소득가설을 내세워, 소비를 결정하는 요인들 중에서 가장 중요한 것은 현재의 소득이라고 하였다. 그리고 소득이 없더라도 생존을 위해 꼭 필요한 소비인 기초소비가 존재하며, 소득이 증가함에 따라 일정 비율로 소비도 증가한다고 주장하였다. 이러한 절대소득가설은 1950년대까지 대표적인 소비결정이론으로 사용되었다.
>
> 그러나 쿠즈네츠는 절대소득가설로는 설명하기 어려운 소비 행위가 이루어지고 있음에 주목하였다. 쿠즈네츠가 미국에서 장기간에 걸쳐 일어난 각 가계의 실제 소비 행위를 분석한 결과는 절대소득가설로는 명확히 설명하기 어려운 것이었다.
>
> 이러한 현상을 설명하기 위해 프리드만은 장기적인 기대소득으로서의 항상소득에 의존한다는 항상소득가설을 내세웠다. 프리드만은 실제로 측정되는 소득을 실제소득이라 하고, 실제소득은 항상소득과 임시소득으로 구성된다고 보았다. 항상소득이란 평생 동안 벌어들일 것으로 기대되는 소득의 매기 평균 또는 장기적 평균 소득이다. 임시소득은 장기적으로 예견되지 않은 일시적인 소득으로서 양(+)일 수도, 음(-)일 수도 있다. 프리드만은 소비가 임시소득과는 아무런 상관관계가 없고 오직 항상소득에만 의존한다고 보았으며, 임시소득의 대부분은 저축된다고 설명했다. 사람들은 월급과 같이 자신이 평균적으로 벌어들이는 돈을 고려하여 소비를 하지, 예상치 못한 복권 당첨이나 주가 하락에 의한 손실을 고려하여 소비하지는 않는다는 것이다.
>
> 항상소득가설을 바탕으로 프리드만은 쿠즈네츠가 발견한 현상을, 단기적인 소득의 증가는 임시소득이 증가한 것에 해당하므로 소비가 늘어나지 않은 것이라고 설명하였다. 항상소득가설에 따른다면 소비를 늘리기 위해서는 단기적인 재정정책보다 장기적인 재정정책을 펴는 것이 바람직하다. 가령 정부가 일시적으로 세금을 줄여 가계의 소득을 증가시키고 그에 따른 소비 진작을 기대한다 해도 가계는 일시적인 소득의 증가를 항상소득의 증가로 받아들이지 않아 소비를 늘리지 않기 때문이다.

① 케인즈는 소득이 없어도 기초소비가 발생한다고 보았다.

② 케인즈는 대공황 상황에서 총수요를 늘릴 것을 제안했다.

③ 쿠즈네츠는 미국에서 실제로 일어난 소비 행위를 분석하였다.

④ 프리드만은 쿠즈네츠의 연구 결과를 설명하는 가설을 내놓았다.

⑤ 케인즈는 가계가 미래의 소득을 예측하여 소비를 결정한다고 주장했다.

식물명에는 몇 가지 작명 원리가 있다. 가장 흔한 건 생김새를 보고 짓는 것이다. 그중 동물에 비유해서 지어진 이름이 많다. 강아지 꼬리를 닮은 풀이면 강아지풀, 호랑이 꼬리를 닮으면 범꼬리, 잎에 털이 부숭한 모양이 노루의 귀 같아서 노루귀, 열매가 매의 발톱처럼 뽀족해서 매발톱, 마디가 소의 무릎처럼 굵어져서 쇠무릎, 호랑이 눈을 닮은 버드나무라 해서 호랑버들이라고 부르는 것들이 그렇다.

물건에 비유해 붙이기도 한다. 혼례식 때 켜는 초롱을 닮았다 하여 초롱꽃, 조롱조롱 매달린 꽃이 은방울을 닮아서 은방울꽃, 꽃이 피기 전의 꽃봉오리가 붓 같아서 붓꽃, 꽃대가 한 줄기로 올라오는 모습이 홀아비처럼 외로워 보여서 홀아비꽃대로 불리는 것이 그렇다.

생김새나 쓰임새가 아닌 다른 특징에 의해 짓기도 한다. 애기똥풀이나 피나물은 잎을 자르면 나오는 액을 보고 지은 이름이다. 식물명에 '애기'가 들어가면 대개 기본종에 비해 작거나 앙증맞은 경우를 일컫는다. 애기나리, 애기중의무릇, 애기부들, 애기메꽃처럼 말이다. 그와 달리 애기똥풀의 '애기'는 진짜 애기를 가리킨다. 자르면 나오는 노란 액이 애기의 똥 같아서 붙여진 이름인 것이다. 피나물은 잎을 자르면 정말로 핏빛 액이 나온다.

향기가 이름이 된 경우도 있다. 오이풀을 비벼 보면 싱그러운 오이 향이 손에 묻어난다. 생강나무에서는 알싸한 생강 향기가 난다. 분꽃나무의 꽃에서는 여자의 화장품처럼 분내가 풍겨 온다. 누리장나무는 고기의 누린내가 나서 붙여진 이름이다.

소리 때문에 지어진 경우도 있다. 한지를 만드는 데 썼던 닥나무는 가지를 꺾으면 딱 하는 소리가 나서 딱나무로 불리다가 닥나무가 됐다. 꽝꽝나무는 불 속에 던져 넣으면 "꽝꽝" 하는 소리가 난다고 해서 붙여졌다. 나무에서 정말로 그런 소리가 나는지는 몰라도 잎을 태워 보면 "빵" 하는 소리가 난다. 자작나무도 소리로 인해 붙여진 이름이다. 자작나무의 껍질에는 지방분이 많아 불을 붙이면 "자자자작" 하는 소리를 내면서 탄다. 기름이 귀했던 옛날에는 자작나무 기름으로 신방의 불을 밝혔다.

① 다양한 관점들을 제시한 뒤 예를 들어 설명하고 있다.
② 대상들을 분류한 뒤 예를 들어 설명하고 있다.
③ 여러 가지 대상들의 원리에 대해 설명하고 있다.
④ 현상에 대한 해결방안에 대해 제시하고 있다.
⑤ 대상에 대한 옳은 예와 옳지 않은 예를 제시하고 있다.

모르모트(Marmotte)는 신약 등의 생체실험 시 사람 대신 동물실험에 쓰이는 쥐와 같은 설치류의 통칭이다. 흔히 '모르모트'라는 말을 들으면 실험체 이미지가 떠오르는 이유가 이 때문이며, 각 계층에서 실험적으로 쓰이는 모습을 비유적으로 표현할 때 '실험쥐', '모르모트' 등을 사용한다.

모르모트는 '마멋(Marmot)'에서 유래된 말이다. 더 정확하게 말하면 네덜란드에서 기니피그를 마멋이란 동물로 착각하여 마멋이라 불렀고, 일본으로 전파되어 국내로 들어오며 모르모트는 기니피그를 칭하는 말이 되었다. 즉, 모르모트는 기니피그를 칭하는 말이지만 모르모트의 어원인 마멋과는 다른 동물이라 다소 혼동의 여지가 있는 상황이 된 것이다.

기니피그는 이름만 들어서는 돼지의 일종으로 생각될 수 있으나 실제로 기니피그는 돼지보다 쥐에 가까운 설치류이며 애완용 쥐로 잘 알려진 햄스터와는 다른 독특한 매력으로 햄스터와 더불어 애완용으로 키우는 사람들도 있으며 쥐에 가깝다는 특성상 실험용으로 쓰이기도 한다.

기니피그와 같은 쥐가 동물실험에 쓰이는 비율은 원숭이, 돼지 등에 비해 압도적으로 높다. 그렇다면 동물실험에서 인간과 유사하다고 알려진 원숭이나 침팬지 등의 영장류를 쓰지 않고 외형부터 인간과 동떨어져 있으며 더러움의 상징 중 하나인 쥐를 동물실험으로 쓰는 이유는 무엇일까? 의외로 쥐는 인간의 유전자와 매우 흡사하다고 한다. 쥐와 인간은 약 99% 정도 유사한 유전자를 가졌으며 약 300개의 유전자만이 다르다는 연구 결과도 있다. 심지어 인간과 쥐의 유전자 지도를 대조하여 새로 발견한 사람의 유전자가 1,000개 이상이라는 자료도 있다.

뛰어난 번식력 또한 실험용으로 쓰이는 이유 중 하나이다. 쥐는 한 번 새끼를 낳을 때 적게는 5마리에서 많게는 15마리도 넘게 새끼를 낳을 수 있으며 임신 기간 또한 30일 미만으로 짧고 새끼를 낳은 후에도 바로 임신이 가능한 생물로 알려져 있다. 또한 한 세대가 2 ~ 3년으로 짧아 어떤 약물이 세대 간에 미치는 영향을 빠르게 조사할 수 있다는 점 또한 실험 대상으로서 적합한 조건이다.

_____㉠_____ 동물윤리적인 관점에서 동물실험은 반갑지 않은 면이다. 신약 개발을 위한 동물실험은 꽤 오랫동안 동물보호단체들이 끊임없이 던져 온 문제이며, 시민의식도 성장하면서 동물실험의 필요성에 대한 시민들의 생각 또한 달라졌다. 2021년 농림축산검역본부의 동물실험윤리위원회 운영 및 동물실험 실태조사에 따르면 동물실험에 쓰인 동물의 수는 쥐만 하더라도 연 약 347만 마리이며 이는 전체 동물실험의 약 71%이며 실험에 쓰였던 다른 동물의 수까지 합치면 그 수는 결코 무시할 수 없다. 이에 농림축산검역본부는 동물실험에 대한 지침을 발표하였다. 동물실험 진행 시 규정에 따른 동물실험계획서를 먼저 제출하여 승인 후에 비로소 동물실험을 진행할 수 있도록 한 것이다. 게다가 최근 2022년 12월 미국 FDA는 신약 개발 시 동물실험 의무조항을 폐지하기까지 하였다.

단순 동물을 향한 연민만으로 동물실험을 반대하는 사람이 있는 것은 아니다. 아무리 인간과 유사한 동물로 안정성을 검증했다 하더라도 인간과 동물은 엄연히 다른 종이므로 예상치 못한 위험요인이 도사릴 수 있다는 것이다. 실제로 1950년대 독일에서는 '㉡ 탈리도마이드'라는 약품이 쥐를 통한 동물실험으로 안정성이 입증되어 약으로서 대중들에게 시판되었다. 하지만 판매 후 유통된 5년간 전 세계에서 약 12,000명의 기형아를 출산하게 된 원인으로 지목되었고 임산부 복용이 금지되었으며 현재 매우 제한적으로 사용되고 있다. 이는 인류 역사상 손에 꼽을 만한 약물 부작용 사건으로 남게 되었다.

05 다음 중 빈칸 ㉠에 들어갈 접속사로 가장 적절한 것은?

① 예를 들면   ② 그랬더니

③ 또한   ④ 왜냐하면

⑤ 하지만

06 윗글을 읽고 이해한 내용으로 적절하지 않은 것은?

① 실험실에서 동물실험에 쓰이는 설치류의 통칭은 '모르모트'이다.

② 기니피그와 마멋은 다른 종이다.

③ 쥐와 인류의 유전자는 300여 개의 유전자가 같을 정도로 매우 유사하다.

④ 2022년 상반기까지는 미국 FDA에서도 동물실험을 통해 안정성을 검증해야만 했다.

⑤ 동물실험을 거쳐 안정성을 입증한 약물도 사람에게 치명적일 수 있다.

07 다음 중 밑줄 친 ㉡과 유사한 사례로 적절하지 않은 것은?

① 불에 잘 타지 않고 내마모성과 내부식성이 강한 석면은 오랫동안 쓰인 건축자재였으나 그 위험성이 알려지며 발암물질로 지정되고 2009년부터 사용이 금지되었다.

② 1950년대 미국에서는 방사성 물질을 이용한 원자력 실험 장난감을 출시하였으나 소아백혈병 발병률이 크게 늘면서 해당 장난감 판매가 금지되었다.

③ 카페인이 청소년에게 부정적인 영향을 끼친다는 연구 결과가 나오면서 교내 매점에서는 고카페인 음료를 판매할 수 없게 되었다.

④ 수은의 유해성이 끊임없이 지적되어 2020년 이후로 모든 제품의 수은 사용이 단계적으로 금지되었다.

⑤ A패스트푸드점은 자재관리 비용 절약을 위해 매출 실적이 저조한 햄버거 5개의 판매를 중단하였다.

08 다음 글의 빈칸에 들어갈 내용으로 가장 적절한 것은?

소독이란 물체의 표면 및 그 내부에 있는 병원균을 죽여 전파력 또는 감염력을 없애는 것이다. 이때, 소독의 가장 안전한 형태로는 멸균이 있다. 멸균이란 대상으로 하는 물체의 표면 또는 그 내부에 분포하는 모든 세균을 완전히 죽여 무균의 상태로 만드는 조작으로, 살아있는 세포뿐만 아니라 포자, 박테리아, 바이러스 등을 완전히 파괴하거나 제거하는 것이다.

물리적 멸균법은 열, 햇빛, 자외선, 초단파 따위를 이용하여 균을 죽여 없애는 방법이다. 열(Heat)에 의한 멸균에는 건열 방식과 습열 방식이 있는데, 건열 방식은 소각과 건식오븐을 사용하여 멸균하는 방식이다. 건열 방식이 활용되는 예로는 미생물 실험실에서 사용하는 많은 종류의 기구를 물 없이 멸균하는 것이 있다. 이는 습열 방식을 활용했을 때 유리를 포함하는 기구가 파손되거나 금속 재질로 이루어진 기구가 습기에 의해 부식할 가능성을 보완한 방법이다. 그러나 건열 방식은 습열 방식에 비해 멸균 속도가 느리고 효율이 떨어지며, 열에 약한 플라스틱이나 고무제품은 대상물의 변성이 이루어져 사용할 수 없다. 예를 들어 많은 세균의 내생포자는 습열 멸균 온도 조건(121℃)에서는 5분 이내에 사멸되나, 건열 방식을 활용할 경우 이보다 더 높은 온도(160℃)에서도 약 2시간 정도가 지나야 사멸되는 양상을 나타낸다. 반면, 습열 방식은 바이러스, 세균, 진균 등의 미생물들을 손쉽게 사멸시킨다. 습열은 효소 및 구조단백질 등의 필수 단백질의 변성을 유발하고, 핵산을 분해하며 세포막을 파괴하여 미생물을 사멸시킨다. 끓는 물에 약 10분간 노출하면 대개의 영양세포나 진핵포자를 충분히 죽일 수 있으나, 100℃의 끓는 물에서는 세균의 내생포자를 사멸시키지는 못한다. 따라서 물을 끓여서 하는 열처리는 _____ 멸균을 시키기 위해서는 100℃가 넘는 온도(일반적으로 121℃)에서 압력(약 1.1kg/cm²)을 가해 주는 고압증기멸균기를 이용한다. 고압증기멸균기는 **물을 끓여 증기를 발생시키고 발생한 증기와 압력에 의해 멸균을 시키는 장치**이다. 고압증기멸균기 내부가 적정 온도와 압력(121℃, 약 1.1kg/cm²)에 이를 때까지 뜨거운 포화 증기를 계속 유입시킨다. 해당 온도에서 포화 증기는 15분 이내에 모든 영양세포와 내생포자를 사멸시킨다. 고압증기멸균기에 의해 사멸되는 미생물은 고압에 의해서라기보다는 고압하에서 수증기가 얻을 수 있는 높은 온도에 의해 사멸되는 것이다.

① 더 많은 세균을 사멸시킬 수 있다.
② 멸균 과정에서 더 많은 비용이 소요된다.
③ 멸균 과정에서 더 많은 시간이 소요된다.
④ 소독을 시킬 수는 있으나, 멸균을 시킬 수는 없다.
⑤ 멸균을 시킬 수는 있으나, 소독을 시킬 수는 없다.

09 다음 (가) ~ (아) 문장을 논리적 순서대로 바르게 나열한 것은?

> (가) 이어 경제위기로 인한 경색이 나타나기도 했으나, 1991년에는 거의 모든 산업 분야를 아울러 단일시장을 지향하는 유럽연합(EU) 조약이 체결되었다.
>
> (나) 그 후 이 세 공동체가 통합하여 공동시장을 목표로 하는 유럽공동체(EC)로 발전하였다.
>
> (다) 유럽 석탄철강공동체(ECSC)는 당시 가장 중요한 자원의 하나였던 석탄과 철강이 국제 분쟁의 주요 요인이 되면서 자유로운 교류의 필요성이 대두됨에 따라 관련 국가들이 체결한 관세동맹이었다.
>
> (라) 지향하는 바에 따라 국가를 대체하게 될 새로운 단일 정치체제를 수립하려던 시도는 일부 회원국 내에서의 비준 반대로 실패로 돌아갔다.
>
> (마) 유럽연합(EU)의 기원은 1951년 독일, 프랑스, 이탈리아 및 베네룩스 3국이 창설한 유럽 석탄철강공동체(ECSC)이다.
>
> (바) 이러한 과정과 효과가 비경제적 부문으로 확산되어 암스테르담 조약과 니스 조약 체결을 통해 유럽은 정치적 공동체를 지향하게 되었다.
>
> (사) 그러나 상당수의 전문가들은 장기적으로는 유럽지역이 하나의 연방체제를 구성하는 정치 공동체가 될 것이라고 예측하고 있다.
>
> (아) 이 관세동맹을 통해 다른 산업분야에서도 상호의존이 심화되었으며, 그에 따라 원자력 교류 동맹체인 유럽원자력공동체(EURATOM)와 여러 산업 부문들을 포괄하는 유럽경제공동체(EEC)가 설립되었다.

① (가) – (라) – (다) – (아) – (나) – (사) – (마) – (바)

② (다) – (라) – (아) – (가) – (마) – (나) – (바) – (사)

③ (마) – (다) – (아) – (나) – (가) – (바) – (라) – (사)

④ (마) – (아) – (가) – (나) – (다) – (사) – (바) – (라)

⑤ (바) – (나) – (아) – (가) – (마) – (사) – (다) – (라)

10 다음 글에서 추론한 내용으로 적절하지 않은 것은?

헤로도토스의 앤드로파기(식인종)나 신화적·전설적 존재들인 반인반양, 켄타우루스, 미노타우로스 등은 아무래도 역사적인 구체성이 크게 결여된 편이다. 반면에 르네상스의 야만인 담론에 등장하는 야만인들은 서구의 전통 야만인관에 의해 각색되는 것은 여전하지만 이전과는 달리 현실적 구체성을 띠고 나타난다. 하지만 이때도 문명의 시각이 작동하기는 마찬가지이며 야만인이 저질 인간으로 인식되는 것도 마찬가지다. 다만 이제 이런 인식은 서구 중심의 세계체제 형성과 관련을 맺는다. 르네상스 야만인 상은 서구인의 문명건설 과업과 관련하여 만들어진 것이다. '신대륙 발견'과 더불어 '문명'과 '야만'의 접촉이 빈번해지자 야만인은 더는 신화적·상징적·문화적 이해 대상이 아니었다. 이제 야만인은 실제 경험의 대상으로서 서구인의 일상생활에까지 모습을 드러내는 존재였다.

특히 주목해야 할 점은 콜럼버스의 '신대륙 발견' 이후로 야만인 담론은 유럽인이 '발견'한 지역의 원주민들과 직접, 그리고 집단으로 만나는 실제 체험과 관련되어 있다는 사실이다. 르네상스 이전이라고 해서 이방의 원주민들을 만나지 않았을 리 없겠지만 그때에는 원주민에 관한 정보가 직접 경험에 의한 것이라기보다는 뜬소문에 근거하거나 아니면 순전히 상상의 산물인 경우가 많았다. 반면에 르네상스 시대 야만인은 그냥 원주민이 아니다. 이때 원주민은 식인종이며 바로 이 점 때문에 문명인의 교화를 받거나 정복과 절멸의 대상이 된다. 이 점은 코르테스가 정복한 아스테카 제국인 멕시코를 생각하면 쉽게 이해할 수 있다. 멕시코는 당시 거대한 제국으로서 유럽에서도 유례를 찾아보기 힘들 정도로 거대한 인구 25만의 도시를 건설한 '문명국'이었지만 코르테스를 수행하여 멕시코 정벌에 참여하고 나중에 이 경험에 관한 회고록으로 『뉴스페인 정복사』를 쓴 베르날 디아즈에 따르면 지독한 식인습관을 가진 것으로 매도된다. 멕시코 원주민들이 식인종으로 규정되고 나면 그들이 아무리 스페인 정복군이 눈이 휘둥그레질 정도로 발달된 문화를 가지고 있어도 소용이 없다. '식인' 야만인 집단으로 규정됨으로써 정복의 대상이 되고 또 이로 말미암아 세계사의 흐름에 큰 변화가 오게 된다. 거대한 대륙의 주인이 바뀌는 것이다.

① 고대에 형성된 야만인 이미지들은 경험에 의한 것이기보다 허구의 산물이었다.
② 르네상스 이후 서구인의 야만인 담론은 전통적인 야만인관과 단절을 이루었다.
③ 르네상스 이후 야만인은 서구의 세계 제패 전략의 관점에서 인식되고 평가되었다.
④ 스페인 정복군에 의한 아스테카 문명의 정복은 서구 야만인 담론을 통해 합리화되었다.
⑤ 콜럼버스 신대륙 발견 이후 야만인은 문명에 의해 교화되거나 정복되어야 할 잔인한 존재로 매도되었다.

11 다음 글의 제목으로 가장 적절한 것은?

> 20세기 한국 사회는 내부 노동시장에 의존한 평생직장 개념을 갖고 있었으나, 1997년 외환 위기 이후 인력 관리의 유연성이 향상되면서 그것은 사라지기 시작하였다. 기업은 필요한 우수 인력을 외부 노동시장에서 적기에 채용하고, 저숙련 인력은 주변화하여 비정규직을 계속 늘려간다는 전략을 구사하고 있다. 이러한 기업의 인력 관리 방식에 따라서 실업률은 계속 하락하는 동시에 주당 18시간 미만으로 일하는 불완전 취업자가 많이 증가하고 있다.
>
> 이러한 현상은 우리나라의 경제가 지식 기반 산업 위주로 점차 바뀌고 있음을 말해 준다. 지식 기반 산업이 주도하는 경제 체제에서는 고급 지식을 갖거나 숙련된 노동자는 더욱 높은 임금을 받게 된다. 다시 말해, 지식 기반 경제로의 이행은 지식 격차에 의한 소득 불평등의 심화를 의미한다. 우수한 기술과 능력을 갖춘 핵심 인력은 능력 개발 기회를 얻게 되어 '고급 기술 → 높은 임금 → 양질의 능력 개발 기회'의 선순환 구조를 갖지만, 비정규직·장기 실업자 등 주변 인력은 악순환을 겪을 수밖에 없다. 이러한 '양극화' 현상을 국가가 적절히 통제하지 못할 경우, 사회 계급 간의 간극은 더욱 확대될 것이다. 결국 고도 기술 사회가 온다고 해도 자본주의 사회 체제가 지속되는 한, 사회 불평등 현상은 여전히 계급 간 균열선을 따라 존재하게 될 것이다. 국가가 포괄적 범위에서 강력하게 사회 정책적 개입을 추진하면 계급 간 차이를 현재보다는 축소시킬 수 있겠지만 아주 없어지지는 못할 것이다.
>
> 사회 불평등 현상은 나라들 사이에서도 발견된다. 각국 간 발전 격차가 지속 확대되면서 전 지구적 생산의 재배치는 이미 20세기 중엽부터 진행됐다. 정보통신 기술은 지구의 자전 주기와 공간적 거리를 '장애물'에서 '이점'으로 변모시켰다. 그 결과, 전 지구적 노동시장이 탄생하였다. 기업을 비롯한 각 사회 조직은 국경을 넘어 인력을 충원하고, 재화와 용역을 구매하고 있다. 개인들도 인터넷을 통해 이러한 흐름에 동참하고 있다. 생산 기능은 저개발국으로 이전되고, 연구·개발·마케팅 기능은 선진국으로 모여드는 경향이 지속·강화되어, 나라 간 정보 격차가 확대되고 있다. 유비쿼터스 컴퓨팅 기술에 의거하여 전 지구 사회를 잇는 지역 간 분업은 앞으로 더욱 활발해질 것이다. 나라 간의 경제적 불평등 현상은 국제 자본 이동과 국제 노동 이동으로 표출되고 있다. 노동 집약적 부문의 국내 기업이 해외로 생산 기지를 옮기는 현상에서 나아가, 초국적 기업화 현상이 본격적으로 대두되고 있다. 전 지구에 걸친 외부 용역 대치가 이루어지고, 콜센터를 외국으로 옮기는 현상도 보편화될 것이다.

① 국가 간 노동 인력의 이동이 가져오는 폐해
② 사회 계급 간 불평등 심화 현상의 해소 방안
③ 지식 기반 산업 사회에서의 노동시장의 변화
④ 선진국과 저개발국 간의 격차 축소 정책의 필요성
⑤ 저개발국에서 나타나는 사회 불평등 현상

12 다음 중 밑줄 친 부분이 맞춤법상 옳지 않은 것은?

① 바리스타로서 자부심을 가지고 커피를 내렸다.

② 어제는 왠지 피곤한 하루였다.

③ 용감한 시민의 제보로 진실이 드러났다.

④ 점심을 먹은 뒤 바로 설겆이를 했다.

⑤ 그 나무는 밑동만 남아 있었다.

13 다음은 '전기 에너지 부족 문제'에 대한 글을 쓰기 위해 작성한 개요이다. ㉠~㉤ 중 개요의 수정·보완 및 자료 제시 방안으로 적절하지 않은 것은?

> Ⅰ. 서론 : 우리나라 전기 에너지 부족 현황 .... ㉠
> Ⅱ. 본론
>   1. 문제의 원인 분석
>   가. 전기 에너지 생산 시설의 부족과 노후화
>   나. 기업의 과도한 전기 에너지 사용 .... ㉡
>   다. 가정의 무분별한 전기 에너지 사용
>   2. 문제의 해결 방안 .... ㉢
>   가. 기업의 과도한 전기 에너지 사용 규제
>   나. 홍보를 통한 가정의 절전 실천 유도 .... ㉣
> Ⅲ. 결론 : 전기 에너지 부족 문제의 심각성 강조 .... ㉤

① ㉠ : 전기 에너지의 공급량과 사용량을 구체적으로 제시하여 수요 대비 공급이 부족한 현황을 나타낸다.

② ㉡ : 기업이 저렴한 가격의 산업용 전기를 사용함으로써 얻을 수 있는 연간 이익을 근거로 제시한다.

③ ㉢ : 'Ⅱ-1-가'를 고려하여 '전기 에너지 생산 시설의 확충과 노후 시설 개선'을 하위 항목으로 추가한다.

④ ㉣ : 전기 에너지 절약을 위한 캠페인 활동 등을 사례로 제시한다.

⑤ ㉤ : 전기 에너지 부족 문제의 심각성을 강조하기보다는 이를 해결하기 위해 정부, 기업, 가정이 함께 노력해야 함을 강조한다.

14 다음 빈칸 ㉠ ~ ㉢에 들어갈 단어를 순서대로 바르게 나열한 것은?

> • A씨는 작년에 이어 올해에도 사장직을 ___㉠___ 하였다.
> • 수입품에 대한 고율의 관세를 ___㉡___ 할 방침이다.
> • 은행 돈을 빌려 사무실을 ___㉢___ 하였다.

	㉠	㉡	㉢
①	역임	부여	임대
②	역임	부과	임차
③	연임	부과	임차
④	역임	부여	임대
⑤	연임	부과	임대

15 다음 글에 대한 평가로 가장 적절한 것은?

> 대중문화는 매스미디어의 급속한 발전과 더불어 급속히 대중 속에 파고든, 젊은 세대를 중심으로 이루어진 문화를 의미한다. 그들은 TV 속에서 그들의 우상을 찾아 이를 모방하는 것으로 대리 만족을 느끼고자 한다. 그러나 대중문화라고 해서 반드시 젊은 사람을 중심으로 이루어지는 것은 아니다. 넓은 의미에서의 대중문화는 사실 남녀노소 누구나가 느낄 수 있는 우리 문화의 대부분을 의미할 수 있다. 따라서 대중문화가 우리 생활에서 차지하는 비중은 가히 상상을 초월하며 우리의 사고 하나하나가 대중문화와 떼어 놓고 생각할 수 없는 것이다.

① 앞, 뒤에서 서로 모순되는 내용을 설명하고 있다.
② 충분한 사례를 들어 자신의 주장을 뒷받침하고 있다.
③ 사실과 다른 내용을 사실인 것처럼 논거로 삼고 있다.
④ 말하려는 내용 없이 지나치게 기교를 부리려고 하였다.
⑤ 적절한 비유를 들어 중심 생각을 효과적으로 전달했다.

16 C기업에서는 사회 나눔 사업의 일환으로 마케팅부에서 5팀, 총무부에서 2팀을 구성해 어느 요양 시설에서 7팀 모두가 하루에 한 팀씩 7일 동안 봉사활동을 하려고 한다. 7팀의 봉사활동 순번을 임의로 정할 때, 첫 번째 날 또는 일곱 번째 날에 총무부 소속 팀이 봉사활동을 하게 될 확률은 $\dfrac{b}{a}$ 이다. 다음 중 $a-b$의 값은?(단, a와 b는 서로소이다)

① 4

② 6

③ 8

④ 10

⑤ 12

17 다음은 A제철소에서 생산한 철강의 출하량을 분야별로 기록한 표이다. 2022년도에 세 번째로 많은 생산을 했던 분야에서 2020년 대비 2021년의 변화율에 대한 설명으로 옳은 것은?

〈A제철소 철강 출하량〉

(단위 : 천 톤)

구분	자동차	선박	토목 / 건설	일반기계	기타
2020년	5,230	3,210	6,720	4,370	3,280
2021년	6,140	2,390	5,370	4,020	4,590
2022년	7,570	2,450	6,350	5,730	4,650

① 약 10%p 증가하였다.

② 약 10%p 감소하였다.

③ 약 8%p 증가하였다.

④ 약 8%p 감소하였다.

⑤ 변화하지 않았다.

18 K회사는 신입사원들을 대상으로 3개월 동안 의무적으로 강연을 듣게 하였다. 강연은 월요일과 수요일에 1회씩 열리고 금요일에는 격주로 1회씩 열리고 8월 1일이 월요일이라고 할 때, 처음 강연을 들은 신입사원들이 13번째 강연을 듣는 날은?(단, 강연을 시작한 첫 주의 금요일에는 강연이 열리지 않았다)

① 8월 31일   ② 9월 2일

③ 9월 5일   ④ 9월 7일

⑤ 9월 9일

19 다음은 전 산업 노동생산성을 비교한 자료이다. 이에 대한 설명으로 옳지 않은 것은?

〈전 산업 노동생산성 비교〉

(단위 : US$/PPP)

구분		2018년	2019년	2020년	2021년	2022년
한국	노동생산성	44,103	45,787	47,536	48,333	48,627
	노동생산성 지수	92.78	96.32	100.0	101.68	102.30
일본	노동생산성	54,251	55,116	56,209	55,749	53,017
	노동생산성 지수	96.52	98.06	100.0	99.18	94.32
독일	노동생산성	56,570	58,116	58,686	58,454	55,702
	노동생산성 지수	96.39	99.03	100.0	99.60	94.92
미국	노동생산성	77,444	78,052	78,700	79,032	79,876
	노동생산성 지수	98.40	99.18	100.0	100.42	101.49
중국	노동생산성	6,514	7,276	8,247	N/A	9,733
	노동생산성 지수	78.99	88.23	100.0	N/A	118.02

※ N/A(Not Available) – 참고 예상 수치 없음
※ 노동생산성 지수는 2018년을 기준으로 한다.

① 우리나라의 전 산업 노동생산성 지수는 소폭의 상승세이나, 중국은 상대적으로 큰 폭으로 상승하는 추세이다.

② 독일, 일본의 노동생산성은 2020년을 기점으로 하향 추세를 보이고 있다.

③ 2018년에 비해 2022년에 노동생산성이 4,000포인트 이상 변동된 나라는 1개뿐이다.

④ 2019년의 각 나라의 노동생산성 지수가 전년에 비해 가장 크게 변한 나라와 가장 적게 변한 나라의 증감량의 차이는 8포인트 이상이다.

⑤ 2020년을 기점으로 볼 때, 2018년 독일의 노동생산성 지수는 일본보다 약간 앞서 있었다.

20 다음은 2023년 A ~ E 테니스 팀의 선수 인원수 및 총연봉과 각각의 전년 대비 증가율을 나타낸 자료이다. 이에 대한 설명으로 옳지 <u>않은</u> 것은?

〈2023년 테니스 팀 A ~ E의 선수 인원수 및 총연봉〉

(단위 : 명, 억 원)

테니스 팀	선수 인원수	총연봉
A	5	15
B	10	25
C	10	24
D	6	30
E	6	24

※ (팀 선수 평균 연봉) = $\dfrac{(총연봉)}{(선수\ 인원수)}$

〈2023년 테니스 팀 A ~ E의 선수 인원수 및 총연봉의 전년 대비 증가율〉

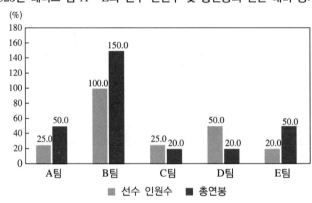

① 2023년의 테니스 팀 선수당 평균 연봉은 D팀이 가장 많다.
② 2023년의 C팀과 D팀의 전년 대비 증가한 선수 인원수는 동일하다.
③ 2023년의 A팀의 팀 선수 평균 연봉은 전년 대비 증가하였다.
④ 2023년의 선수 인원수가 전년 대비 가장 많이 증가한 팀은 총연봉도 가장 많이 증가하였다.
⑤ 2022년의 총연봉은 A팀이 E팀보다 많다.

21 20층 건물에서 층마다 기압을 측정하려고 한다. 1층의 계기판기압에 표시된 값은 200kPa이며, 한 층씩 높아질 때마다 0.2kPa의 기압이 떨어진다고 할 때, 다음 중 이 건물의 16층의 기압은?

① 184kPa   ② 187kPa

③ 194kPa   ④ 197kPa

⑤ 200kPa

22 표준 업무시간이 80시간인 업무를 각 부서에 할당해 본 결과가 다음과 같을 때, 업무효율이 가장 높은 부서는?

<부서별 업무시간 분석결과>

구분		A	B	C	D	E
투입 인원(명)		2	3	4	3	5
개인별 업무시간(시간)		41	30	22	27	17
회의	횟수(회)	3	2	1	2	3
	소요시간(시간/회)	1	2	4	1	2

- (업무효율)=$\dfrac{(표준\ 업무시간)}{(총\ 투입시간)}$
- (총 투입시간)=(개인별 투입시간)×(투입 인원)
  ※ 개인별 투입시간 : (개인별 업무시간)+(회의 횟수)×(회의 소요시간)
- 부서원은 업무를 분담하여 동시에 수행할 수 있음
- 투입된 인원의 개인별 업무능력과 인원당 소요시간은 동일함

① A부서   ② B부서

③ C부서   ④ D부서

⑤ E부서

23 다음은 대형마트 이용자를 대상으로 소비자 만족도를 조사한 결과이다. 이에 대한 설명으로 옳은 것은?(단, 소수점 둘째 자리에서 반올림한다)

〈대형마트 업체별 소비자 만족도〉

(단위 : 점 / 5점 만점)

업체명	종합만족도	서비스 품질					서비스 쇼핑 체험
		쇼핑 체험 편리성	상품경쟁력	매장환경 / 시설	고객접점 직원	고객관리	
A마트	3.72	3.97	3.83	3.94	3.70	3.64	3.48
B마트	3.53	3.84	3.54	3.72	3.57	3.58	3.37
C마트	3.64	3.96	3.73	3.87	3.63	3.66	3.45
D마트	3.56	3.77	3.75	3.44	3.61	3.42	3.33

〈대형마트 인터넷 / 모바일쇼핑 소비자 만족도〉

(단위 : %, 점 / 5점 만점)

분야별 이용 만족도	이용률	A마트	B마트	C마트	D마트
인터넷쇼핑	65.4	3.88	3.80	3.88	3.64
모바일쇼핑	34.6	3.95	3.83	3.91	3.69

① 종합만족도는 5점 만점에 평균 3.61점이며, 업체별로는 A마트가 가장 높고, C마트, B마트, D마트 순서로 나타났다.

② 인터넷쇼핑과 모바일쇼핑의 소비자 만족도가 가장 큰 차이를 보이는 곳은 D마트이다.

③ 서비스 품질 부문에 있어 대형마트는 평균적으로 쇼핑 체험 편리성에 대한 만족도가 상대적으로 가장 높게 평가되었으며, 반대로 고객접점직원 서비스가 가장 낮게 평가되었다.

④ 대형마트를 이용하면서 느낀 감정이나 기분을 반영한 서비스 쇼핑 체험 부문의 만족도는 평균 3.41점으로, 서비스 품질 부문들보다 낮았다.

⑤ 대형마트 인터넷쇼핑 이용률이 65.4%로 모바일쇼핑에 비해 높으나, 만족도에서는 모바일쇼핑이 평균 0.1점 더 높게 평가되었다.

24 출장을 가는 K사원은 오후 2시에 출발하는 KTX를 타기 위해 오후 12시 30분에 역에 도착하였다. K사원은 남은 시간을 이용하여 음식을 포장해 오려고 하는데, 역에서 음식점까지의 거리는 아래와 같으며, 음식을 포장하는 데 15분이 걸린다고 한다. K사원이 시속 3km로 걸어서 갔다 올 때, 구입할 수 있는 음식의 종류는?

음식점	G김밥	P빵집	N버거	M만두	B도시락
거리	2km	1.9km	1.8km	1.95km	1.7km

① 김밥, 빵
② 김밥, 햄버거
③ 빵, 만두
④ 만두, 도시락
⑤ 햄버거, 도시락

25 다음은 연도별 평균 기온 추이를 나타낸 자료이다. 이에 대한 설명으로 옳지 않은 것은?(단, 각 계절의 날짜 수는 모두 같다고 가정한다)

〈연도별 평균 기온 추이〉

(단위 : ℃)

구분	2018년	2019년	2020년	2021년	2022년
연평균	13.3	12.9	12.5	12.4	12.4
봄	12.5	12.6	10.8	10.7	12.2
여름	23.7	23.3	24.9	24.0	24.7
가을	15.2	14.8	14.5	15.3	13.7
겨울	1.9	0.7	−0.4		−1.0

① 2022년의 봄의 평균 기온은 2020년보다 1.4℃ 상승했다.
② 2022년에 가을의 평균 기온이 전년 대비 감소한 정도는 여름의 평균 기온이 전년 대비 상승한 정도를 초과한다.
③ 연평균 기온은 2021년까지 감소하는 추이를 보이고 있다.
④ 가을의 평균 기온은 계속해서 감소하고 있다.
⑤ 2021년의 겨울의 평균 기온은 −0.4℃이다.

26 다음 중 명제에 대한 설명으로 옳지 않은 것은?

① 명제란 참 또는 거짓을 판단할 수 있는 문장을 의미한다.

② 명제는 참일 수도 있고 거짓일 수도 있으며, 가정과 결론의 형식으로 구성되어 있다.

③ 명제의 가정과 결론을 모두 부정문으로 바꾸어 놓은 것을 '명제의 역'이라고 한다.

④ 명제가 참이라도, 명제의 역은 참이 아닐 수 있다.

⑤ '드라마는 허구이다.'라는 문장은 명제로 볼 수 있으나, '드라마는 재밌다.'라는 문장은 명제로 볼 수 없다.

27 다음 〈보기〉 중 강제연상법에 해당하는 것을 모두 고르면?

> **보기**
>
> ㄱ. 생각나는 대로 자유롭게 발상함으로써 다양한 아이디어를 창출한다.
> ㄴ. 각종 힌트를 통해 사고 방향을 미리 정하고, 그와 연결 지어 아이디어를 발상한다.
> ㄷ. 주제의 본질과 닮은 것을 힌트로 하여 아이디어를 발상한다.
> ㄹ. 대상과 비슷한 것을 찾아내어 그것을 힌트로 새로운 아이디어를 창출한다.
> ㅁ. 실제로는 관련이 없어 보이는 것들을 조합하여 새로운 아이디어를 도출한다.
> ㅂ. 집단의 효과를 통해 아이디어의 연쇄반응을 일으켜 다양한 아이디어를 창출한다.
> ㅅ. 찾고자 하는 내용을 표로 정리해 차례대로 그와 관련된 아이디어를 도출한다.

① ㄱ, ㅂ

② ㄴ, ㅅ

③ ㄴ, ㅁ, ㅅ

④ ㄱ, ㅂ, ㅅ

⑤ ㄷ, ㄹ, ㅁ

28 다음은 의류 생산공장의 생산 코드 부여 방식에 대한 자료이다. 이를 참고할 때 〈보기〉에 해당하지 않는 생산 코드는?

〈의류 생산 코드〉

- 생산 코드 부여 방식

  [종류] – [색상] – [제조일] – [공장지역] – [수량] 순으로 16자리이다.

- 종류

티셔츠	스커트	청바지	원피스
OT	OH	OJ	OP

- 색상

검정색	붉은색	푸른색	노란색	흰색	회색
BK	RD	BL	YL	WH	GR

- 제조일

해당연도	월	일
마지막 두 자리 숫자 예 2023 → 23	01 ~ 12	01 ~ 31

- 공장지역

서울	수원	전주	창원
475	869	935	753

- 수량

100벌 이상 150벌 미만	150장 이상 200벌 미만	200장 이상 250벌 미만	250장 이상	50벌 추가 생산
aaa	aab	aba	baa	ccc

〈예시〉

– 2023년 5월 16일에 수원 공장에서 검정 청바지 170벌을 생산하였다.
– 청바지 생산 코드 : OJBK – 230516 – 869aab

보기

㉠ 2022년 12월 4일에 붉은색 스커트를 창원 공장에서 120벌 생산했다.
㉡ 회색 티셔츠를 추가로 50벌을 서울 공장에서 2023년 1월 24일에 생산했다.
㉢ 생산날짜가 2022년 7월 5일인 푸른색 원피스는 창원 공장에서 227벌 생산되었다.
㉣ 흰색 청바지를 전주 공장에서 265벌을 납품일(2023년 7월 23일) 전날에 생산했다.
㉤ 티셔츠와 스커트를 노란색으로 178벌씩 수원 공장에서 2023년 4월 30일에 생산했다.

① OPGR – 230124 – 475ccc
② OJWH – 230722 – 935baa
③ OHRD – 221204 – 753aaa
④ OHYL – 230430 – 869aab
⑤ OPBL – 220705 – 753aba

29 A공장에서 제조하는 볼트의 일련번호는 다음과 같이 구성된다. 일련번호는 형태 – 허용압력 – 직경 – 재질 – 용도 순으로 표시할 때, 다음 중 직경이 14mm이고, 자동차에 쓰이는 스테인리스 볼트의 일련번호로 적절한 것은?

형태	나사형	육각	팔각	별
	SC	HX	OT	ST
허용압력(kg/cm²)	10 ~ 20	21 ~ 40	41~60	61 이상
	L	M	H	P
직경(mm)	8	10	12	14
	008	010	012	014
재질	플라스틱	크롬 도금	스테인리스	티타늄
	P	CP	SS	Ti
용도	항공기	선박	자동차	일반
	A001	S010	M110	E100

① SCP014TiE100
② OTH014SSS010
③ STM012CPM110
④ HXL014SSM110
⑤ SCM012TiM110

30 컨설팅 회사에 근무 중인 A사원은 최근 컨설팅 의뢰를 받은 B사진관에 대해 SWOT 분석을 진행하기로 하였다. 다음 ㄱ ~ ㅁ 중 SWOT 분석에 들어갈 내용으로 적절하지 않은 것은?

〈B사진관 SWOT 분석 결과〉

강점(Strength)	• ㉠ 넓은 촬영 공간(야외 촬영장 보유) • 백화점 인근의 높은 접근성 • ㉡ 다양한 채널을 통한 홍보로 높은 인지도 확보
약점(Weakness)	• ㉢ 직원들의 높은 이직률 • 회원 관리 능력 부족 • 내부 회계 능력 부족
기회(Opportunity)	• 사진 시장의 규모 확대 • 오프라인 사진 인화 시장의 성장 • ㉣ 전문가용 카메라의 일반화
위협(Threat)	• 저가 전략 위주의 경쟁 업체 증가 • ㉤ 온라인 사진 저장 서비스에 대한 수요 증가

① ㉠
② ㉡
③ ㉢
④ ㉣
⑤ ㉤

31 다음 〈조건〉에 따라 A ~ D 4명이 각각 빨간색, 파란색, 노란색, 초록색의 모자, 티셔츠, 바지를 입고 있을 때, 추론으로 가장 적절한 것은?

> **조건**
> • 한 사람이 입고 있는 모자, 티셔츠, 바지의 색깔은 서로 겹치지 않는다.
> • 네 가지 색깔의 의상들은 한 벌씩밖에 없다.
> • A는 빨간색 옷을 입지 않았다.
> • C는 초록색 옷을 입지 않았다.
> • D는 노란색 티셔츠를 입었다.
> • C는 빨간색 바지를 입었다.

① A의 티셔츠는 노란색이다.
② B의 바지는 초록색이다.
③ D의 바지는 빨간색이다.
④ B의 모자와 D의 바지의 색상은 서로 같다.
⑤ A의 티셔츠와 C의 모자의 색상은 서로 같다.

32 C공사에서는 냉방 효율을 위하여 층별 에어컨 수와 종류를 조정하려고 한다. 판매하는 구형 에어컨과 구입하는 신형 에어컨의 수를 최소화하고자 할 때, 다음 중 에어컨을 사고팔 때 드는 비용으로 옳은 것은?

〈냉방 효율 조정 방안〉

구분	조건	조건 미충족 시 조정 방안
1	층별 전기료 월 75만 원 미만	구형 에어컨을 판매
2	층별 구형 에어컨 대비 신형 에어컨 비율 $\frac{1}{2}$ 이상 유지	신형 에어컨을 구입

※ 구형 에어컨 1대 전기료는 월 5만 원이고, 신형 에어컨 1대 전기료는 월 3만 원이다.
※ 구형 에어컨 1대 중고 판매가는 10만 원이고, 신형 에어컨 1대 가격은 50만 원이다.
※ 조건과 조정 방안은 1번부터 적용하며 2번 적용 후 1번 조정 방안을 다시 적용하지 않는다.

〈층별 냉방시설 현황〉

(단위 : 대)

구분	1층	2층	3층	4층	5층
구형	10	13	15	11	12
신형	4	5	7	6	5

① 50만 원　　　　　　　　　② 55만 원
③ 60만 원　　　　　　　　　④ 65만 원
⑤ 70만 원

33 다음은 S은행에 대한 SWOT 분석 결과이다. 빈칸 ㉠~㉢에 들어갈 내용으로 적절하지 않은 것은?

〈S은행 SWOT 분석 결과〉

구분	분석 결과
강점 (Strength)	• 안정적 경영상태 및 자금흐름 • 풍부한 오프라인 인프라
약점 (Weakness)	• 담보 중심의 방어적 대출운영으로 인한 혁신기업 발굴 및 투자 가능성 저조 • 은행업계의 저조한 디지털 전환 적응력
기회 (Opportunity)	• 테크핀 기업들의 성장으로 인해 협업 기회 풍부
위협 (Threat)	• 핀테크 및 테크핀 기업들의 금융업 점유율 확대

〈S은행 SWOT 대응 전략〉

구분	강점(Strength)	약점(Weakness)
기회 (Opportunity)	• 안정적 자금상태를 기반으로 혁신적 기술을 갖춘 테크핀과의 협업을 통해 실적을 증대시킨다. • _____	• 테크핀 기업과의 협업을 통해 혁신적 문화를 학습하여 디지털 전환을 위한 문화적 개선을 추진한다. • _____㉠
위협 (Threat)	• _____㉡	• 전당포식 대출운영 기조를 변경하여 혁신 금융기업으로부터 점유율을 방어한다. • _____㉢

① ㉠ : 테크핀 기업의 기업운영 방식을 벤치마킹 후 현재 운영방식에 융합하여 디지털 전환에 필요한 혁신동력을 배양한다.

② ㉠ : 금융혁신 기업과의 협업을 통해 혁신기업의 특성을 파악하고, 이를 조기에 파악할 수 있는 안목을 키워 도전적 대출 운영에 반영한다.

③ ㉡ : 신생 금융기업에 비해 풍부한 오프라인 인프라를 바탕으로, 아직 오프라인 채널을 주로 이용하는 고령층 고객에 대한 점유율 우위를 선점한다.

④ ㉢ : 조직문화를 개방적으로 혁신하여 디지털 전환에의 적응력을 제고해 급성장하는 금융업 신생기업으로부터 점유율 우위를 확보한다.

⑤ ㉢ : 풍부한 자본을 토대로 한 온라인 채널 투자를 통해 핀테크 및 테크핀 기업의 점유율 확보로부터 방어한다.

34 다음 주어진 자료를 토대로 계산하였을 때, 하루 동안 고용할 수 있는 최대 인원은?

총예산	본예산	500,000원
	예비비	100,000원
고용비	1인당 수당	50,000원
	산재보험료	(수당)×0.504%
	고용보험료	(수당)×1.3%

① 10명 ② 11명
③ 12명 ④ 13명
⑤ 14명

35 H카드사는 신규 카드의 출시를 앞두고 카드 사용 시 고객에게 혜택을 제공하는 제휴 업체를 선정하기 위해 A ~ E업체에 대해 다음과 같이 평가하였다고 할 때, A ~ E업체의 평가 결과에 대한 설명으로 옳은 것은?

〈신규 카드 제휴 후보 업체 평가 결과〉

기준\업체	제공 혜택	혜택 제공 기간 (카드 사용일로부터)	선호도 점수	동일 혜택을 제공하는 카드 수
A마트	배송 요청 시 배송비 면제	12개월	7.5	7
B서점	서적 구매 시 10% 할인	36개월	8.2	11
C통신사	매월 통신요금 10% 할인	24개월	9.1	13
D주유소	주유 금액의 10% 포인트 적립	12개월	4.5	4
E카페	음료 구매 시 15% 할인	24개월	7.6	16

• 선호도 점수 : 기존 이용 고객들이 혜택별 선호도에 따라 부여한 점수의 평균값으로, 높은 점수일수록 선호도가 높음을 의미한다.
• 동일 혜택을 제공하는 카드 수 : H카드사의 기존 카드를 포함한 국내 카드사의 카드 중 동일한 혜택을 제공하는 카드의 수를 의미하며, 카드 수가 많을수록 시장 내 경쟁이 치열하다.

① 동일 혜택을 제공하는 카드 수가 많은 업체일수록 혜택 제공 기간이 길다.
② 기존 이용 고객들이 가장 선호하는 혜택은 서적 구매 시 적용되는 요금 할인 혜택이다.
③ 매월 모든 업체가 부담해야 하는 혜택 비용이 동일하다면, 혜택에 대한 총 부담 비용이 가장 큰 업체는 D주유소이다.
④ 혜택 제공 기간이 가장 긴 업체는 선호도 점수도 가장 높다.
⑤ 시장 내 경쟁이 가장 치열한 업체와 제휴할 경우 해당 혜택을 2년간 제공한다.

36 K씨는 로봇청소기를 합리적으로 구매하기 위해 모델별로 성능을 비교·분석하였다. 다음 〈보기〉에 따라 K씨가 선택할 로봇청소기 모델로 옳은 것은?

〈로봇청소기 모델별 성능 분석표〉

모델	청소 성능		주행 성능			소음 방지	자동 복귀	안전성	내구성	경제성
	바닥	카펫	자율 주행 성능	문턱 넘김	추락 방지					
A	★★★	★	★★	★★	★★	★★★	★★★	★★★	★★★	★★
B	★★	★★★	★★★	★★★	★	★★★	★★	★★★	★★★	★★
C	★★★	★★★	★★★	★	★★★	★★★	★★★	★★★	★★★	★
D	★★	★★	★★★	★★	★	★★	★★	★★★	★★	★★
E	★★★	★★★	★★	★★★	★★	★★★	★★	★★★	★★★	★★★

※ ★★★ : 적합, ★★ : 보통, ★ : 미흡

보기

K씨 : 로봇청소기는 내구성과 안전성이 1순위이고 집에 카펫은 없으니 바닥에 대한 청소 성능이 2순위야. 글을 쓰는 아내를 위해서 소음도 중요하겠지, 문턱이나 추락할 만한 공간은 없으니 자율주행성능만 좋은 것으로 살펴보면 되겠네. 나머지 기준은 크게 신경 안 써도 될 것 같아.

① A모델
② B모델
③ C모델
④ D모델
⑤ E모델

37 다음은 콘크리트 유형별 기준강도 및 시험체 강도 판정결과에 대한 자료이다. 빈칸 (가) ~ (다)에 해당하는 강도 판정결과를 순서대로 바르게 나열한 것은?

〈콘크리트 유형별 기준강도 및 시험체 강도 판정결과〉

(단위 : MPa)

구분 / 콘크리트 유형	기준강도	시험체 강도				강도 판정결과
		시험체 1	시험체 2	시험체 3	평균	
A	24	22.8	29.0	20.8		(가)
B	27	26.1	25.0	28.1		불합격
C	35	36.9	36.8	31.6		(나)
D	40	36.4	36.3	47.6	40.1	합격
E	45	40.3	49.4	46.8		(다)

※ 강도 판정결과는 '합격'과 '불합격'으로 구분된다.

〈판정기준〉

다음 조건을 모두 만족하는 경우에만 강도 판정결과가 '합격'이다.
• 시험체 강도의 평균은 기준강도 이상이어야 한다.
• 기준강도가 35MPa 초과인 경우에는 각 시험체 강도가 모두 기준강도의 90% 이상이어야 한다.
• 기준강도가 35MPa 이하인 경우에는 각 시험체 강도가 모두 기준강도에서 3.5MPa을 뺀 값 이상이어야 한다.

	(가)	(나)	(다)
①	합격	합격	합격
②	합격	합격	불합격
③	합격	불합격	불합격
④	불합격	합격	합격
⑤	불합격	합격	불합격

※ P공사는 신입사원 채용 안내를 위한 현수막을 설치하려고 한다. 다음 자료를 보고 이어지는 질문에 답하시오. [38~39]

- 현수막 설치 일자 : 3월 28일 월요일 ~ 4월 5일 화요일
- 현수막 설치 후보 장소

구분		공사 본관	A고등학교	B대학교	C마트	D주유소
게시 가능 기간		4월 내	3월 내	평일	4월 내 평일	4월 3일 이전
하루 평균 유동인구		200명	240명	280명	300명	250명
1일 게시비용	평일	8만 원	10만 원	12만 원	26만 원	9만 원
	주말	13만 원	7만 원	10만 원	20만 원	11만 원
설치비용		250만 원	280만 원	240만 원	200만 원	220만 원

- 장소 선정 기준
1) 하루 평균 유동인구가 가장 많은 곳
2) 게시 가능한 기간이 제일 긴 곳
3) 총비용[(총 게시비용)+(설치비용)+(철거비용)]이 가장 적게 드는 곳
※ 선정 기준에 따라 장소마다 1개씩 총 3개의 현수막을 설치하되, 장소가 중복될 경우 설치 현수막 수가 줄어들 수 있다(예 하루 평균 유동인구가 가장 많은 곳과 게시 가능 기간이 제일 긴 곳, 총 비용이 가장 적게 드는 곳이 모두 동일 장소일 경우 1개의 현수막만 설치한다).
※ 설치비용은 한 번만 지불하며, 설치비용의 20%인 철거비용을 별도로 지불해야 한다.

38 다음 중 현수막이 설치될 장소를 모두 고르면?

① 공사 본관, C마트
② 공사 본관, D주유소
③ 공사 본관, B대학교
④ B대학교, C마트
⑤ B대학교, C마트, D주유소

39 현수막 게시 지침이 변경됨에 따라 4월 1일부터 4월 5일까지 하루 평균 유동인구가 상대적으로 많은 2곳에 현수막을 설치하기로 결정하였다. 다음 중 현수막 설치 과정에 필요한 총비용은?

① 588만 원
② 642만 원
③ 668만 원
④ 702만 원
⑤ 748만 원

40 다음 글과 상황을 근거로 판단할 때, A복지관에 채용될 2명의 후보자는?

A복지관은 청소년업무 담당자 2명을 채용하고자 한다. 청소년업무 담당자들은 심리상담, 위기청소년지원, 진학지도, 지역안전망구축 등 4가지 업무를 수행해야 한다. 채용되는 2명은 서로 다른 업무를 맡아 4가지 업무를 빠짐없이 분담해야 한다.

4가지 업무에 관련된 직무역량으로는 의사소통역량, 대인관계역량, 문제해결역량, 정보수집역량, 자원관리역량 등 5가지가 있다. 각 업무를 수행하기 위해서는 반드시 해당 업무에 필요한 직무역량을 모두 갖춰야 한다. 아래는 이를 표로 정리한 것이다.

업무	필요 직무역량
심리상담	의사소통역량, 대인관계역량
위기청소년지원	의사소통역량, 문제해결역량
진학지도	문제해결역량, 정보수집역량
지역안전망구축	대인관계역량, 자원관리역량

〈상황〉

- A복지관의 채용후보자는 4명(갑, 을, 병, 정)이며, 각 채용후보자는 5가지 직무역량 중 3가지씩을 갖추고 있다.
- 자원관리역량은 병을 제외한 모든 채용후보자가 갖추고 있다.
- 정이 진학지도업무를 제외한 모든 업무를 수행하려면, 의사소통역량만 추가로 갖추면 된다.
- 갑은 심리상담업무를 수행할 수 있고, 을과 병은 진학지도업무를 수행할 수 있다.
- 대인관계역량을 갖춘 채용후보자는 2명이다.

① 갑, 을

② 갑, 병

③ 을, 병

④ 을, 정

⑤ 병, 정

41 다음 중 자원의 낭비요인인 (가) ~ (라)에 해당하는 〈보기〉의 사례를 순서대로 바르게 나열한 것은?

〈자원의 낭비요인〉

(가) 비계획적 행동 : 자원을 어떻게 활용할 것인가에 대한 계획 없이 충동적이고 즉흥적으로 행동하여 자원을 낭비하게 된다.

(나) 편리성 추구 : 자원을 편한 방향으로만 활용하는 것을 의미하며, 물적자원뿐만 아니라 시간, 돈의 낭비를 초래할 수 있다.

(다) 자원에 대한 인식 부재 : 자신이 가지고 있는 중요한 자원을 인식하지 못하는 것으로, 무의식적으로 중요한 자원을 낭비하게 된다.

(라) 노하우 부족 : 자원관리의 중요성을 인식하면서도 자원관리에 대한 경험이나 노하우가 부족한 경우를 말한다.

보기

㉠ A는 가까운 거리에 있는 패스트푸드점을 직접 방문하지 않고 배달 앱을 통해 배달료를 지불하고 음식을 주문한다.

㉡ B는 의자를 만들어 달라는 고객의 주문에 공방에 남은 재료와 주문할 재료를 떠올리고는 일주일 안으로 완료될 것이라고 이야기하였지만, 생각지 못하게 재료의 배송 기간이 길어져 제작 시간이 부족해 약속된 기한을 지키지 못하였다.

㉢ 현재 수습사원인 C는 처음으로 프로젝트를 담당하게 되면서 나름대로 계획을 세우고 열심히 수행했지만, 예상치 못한 상황이 발생하자 당황하여 처음 계획했던 대로 진행할 수 없었고 결국 아쉬움을 남긴 채 프로젝트를 완성하였다.

㉣ D는 TV에서 홈쇼핑 채널을 시청하면서 품절이 임박했다는 쇼호스트의 말을 듣고는 무작정 유럽여행 상품을 구매하였다.

	(가)	(나)	(다)	(라)
①	㉡	㉣	㉠	㉢
②	㉢	㉣	㉡	㉠
③	㉢	㉠	㉡	㉣
④	㉣	㉠	㉡	㉢
⑤	㉣	㉢	㉡	㉠

42 다음 〈보기〉의 물적자원 ⊙ ~ ⊚을 자연자원과 인공자원으로 바르게 분류한 것은?

> **보기**
>
> ⊙ 석탄   ⓛ 햇빛
> ⓒ 구리   ⓔ 댐
> ⓜ 인공위성   ⓗ 컴퓨터
> ⓢ 철광석   ⊚ 나무

	자연자원	인공자원
①	⊙, ⓒ, ⊚	ⓛ, ⓔ, ⓜ, ⓗ, ⓢ
②	⊙, ⓛ, ⓒ, ⊚	ⓔ, ⓜ, ⓗ, ⓢ
③	⊙, ⓒ, ⓢ, ⊚	ⓛ, ⓔ, ⓜ, ⓗ
④	⊙, ⓛ, ⓒ, ⓢ, ⊚	ⓔ, ⓜ, ⓗ
⑤	⊙, ⓒ, ⓔ, ⓢ, ⊚	ⓛ, ⓜ, ⓗ

43 다음 글의 밑줄 친 '이것'에 대해 바르게 이해한 사람을 〈보기〉에서 모두 고르면?

> <u>이것</u>은 과제를 수행하기 위해 소비된 비용 중 생산에 직접 관련되지 않은 비용을 말한다. 과제에 따라 매우 다양하게 발생하며, 과제가 수행되는 상황에 따라서도 다양하게 나타날 수 있다. 여기에는 보험료, 건물관리비, 광고비, 각종 공과금 등이 포함되며, 이러한 비용을 적절히 예측하여 계획을 세우고 관리하는 것이 중요하다.

> **보기**
>
> 창수 : '이것'의 구성은 과제를 위해 활동이나 과업을 수행하는 사람들에게 지급되는 비용도 포함이군.
> 장원 : '이것'은 직접비용에 상대되는 비용을 뜻해.
> 휘동 : 기업의 사무비품비가 '이것'에 포함되겠군.
> 경원 : 개인의 보험료도 '이것'에 포함돼.

① 창수, 장원   ② 창수, 휘동
③ 장원, 휘동   ④ 창수, 장원, 경원
⑤ 장원, 휘동, 경원

44 최대리는 노트북을 사고자 A전자제품 홈페이지에 방문하였다. 노트북 5개를 최종 후보로 선정 후 〈조건〉에 따라 점수를 부여하여 점수가 가장 높은 제품을 고를 때, 최대리가 고른 노트북은?

〈노트북 최종 후보〉

구분	A노트북	B노트북	C노트북	D노트북	E노트북
저장용량 / 저장매체	512GB / HDD	128GB / SDD	1,024GB / HDD	128GB / SDD	256GB / SDD
배터리 지속시간	최장 10시간	최장 14시간	최장 8시간	최장 13시간	최장 12시간
무게	2kg	1.2kg	2.3kg	1.5kg	1.8kg
가격	120만 원	70만 원	135만 원	90만 원	85만 원

조건

- 항목별 만점은 5점이며 그다음 순위에는 4점, 3점, 2점, 1점을 부여한다.
- 순위가 같으면 같은 점수를 부여하며, 그다음 순위는 더 낮은 점수를 부여한다. 예를 들어, 4위가 두 개면 두 개 모두 4점을 부여하고 그다음은 2점을 부여한다.
- 저장용량이 가장 많은 노트북에 만점을 부여한다.
- 배터리 지속시간이 가장 긴 노트북에 만점을 부여한다.
- 무게가 가장 가벼운 노트북에 만점을 부여한다.
- 가격이 가장 저렴한 노트북에 만점을 부여한다.
- 저장매체가 SDD일 경우 3점을 추가로 부여한다.

① A노트북
② B노트북
③ C노트북
④ D노트북
⑤ E노트북

45 다음은 주중과 주말 교통상황을 나타낸 자료이다. 이에 대한 〈보기〉의 설명으로 옳은 것을 모두 고르면?

〈주중 · 주말 예상 교통량〉

(단위 : 만 대)

구분	전국	수도권 → 지방	지방 → 수도권
주말 교통량	490	50	51
주중 교통량	380	42	35

〈대도시 간 예상 최대 소요시간〉

구분	서울 – 대전	서울 – 부산	서울 – 광주	서울 – 강릉	남양주 – 양양
주말	2시간 40분	5시간 40분	4시간 20분	3시간 20분	2시간 20분
주중	1시간 40분	4시간 30분	3시간 20분	2시간 40분	1시간 50분

보기

ㄱ. 대도시 간 예상 최대 소요시간은 모든 구간에서 주중이 주말보다 적게 걸린다.
ㄴ. 주중 전국 교통량 중 수도권에서 지방으로 가는 교통량의 비율은 10% 이상이다.
ㄷ. 지방에서 수도권으로 가는 주말 예상 교통량은 주중 예상 교통량보다 30% 미만으로 많다.
ㄹ. 서울 – 광주 구간 주중 예상 최대 소요시간은 서울 – 강릉 구간 주말 예상 최대 소요시간과 같다.

① ㄱ, ㄴ
② ㄴ, ㄷ
③ ㄴ, ㄷ, ㄹ
④ ㄱ, ㄴ, ㄹ
⑤ ㄷ, ㄹ

46 다음은 A공사에 근무하는 K사원의 급여명세서이다. K사원이 시간외근무를 10시간 했을 때 시간외수당으로 받는 금액은?

〈급여지급명세서〉

사번	A26	성명	K
소속	회계팀	직급	사원

• 지급 내역

지급항목(원)		공제항목(원)	
기본급여	1,800,000	주민세	4,500
시간외수당		고용보험	14,400
직책수당	0	건강보험	58,140
상여금	0	국민연금	81,000
특별수당	100,000	장기요양	49,470
교통비	150,000	–	–
교육지원	0	–	–
식대	100,000	–	–
–	–	–	–
급여 총액	2,150,000	공제 총액	207,510

※ (시간외수당)=(기본급)× $\dfrac{\text{(시간외근무 시간)}}{200}$ ×150%

① 135,000원 ② 148,000원
③ 167,000원 ④ 195,000원
⑤ 205,000원

47 서울에 사는 A씨는 결혼기념일을 맞이하여 가족과 함께 KTX를 타고 부산으로 여행을 다녀왔다. A씨의 가족이 이번 여행에서 지불한 총 교통비는?

> • A씨 부부에게는 만 6세인 아들, 만 3세인 딸이 있다.
> • 갈 때는 딸을 무릎에 앉혀 갔고, 돌아올 때는 좌석을 구입했다.
> • A씨의 가족은 일반석을 이용하였다.

〈KTX 좌석별 요금〉

구분	일반석	특실
가격	59,800원	87,500원

※ 만 4세 이상 13세 미만 어린이는 운임의 50%를 할인합니다.
※ 만 4세 미만의 유아는 보호자 1명당 2명까지 운임의 75%를 할인합니다.
　(단, 유아의 좌석을 지정하지 않을 시 보호자 1명당 유아 1명의 운임을 받지 않습니다)

① 299,000원　　　　　　　　　② 301,050원
③ 307,000원　　　　　　　　　④ 313,850원
⑤ 313,950원

48 X공사에서 승진 대상자 후보 중 2명을 승진시키려고 한다. 승진의 조건은 동료평가에서 '하'를 받지 않고 합산점수가 높은 순이다. 합산점수는 100점 만점의 점수로 환산한 승진시험 성적, 영어 성적, 성과 평가의 수치를 합산한다. 승진시험의 만점은 100점, 영어 성적의 만점은 500점, 성과 평가의 만점은 200점이라고 할 때, 승진 대상자 2명은?

〈X공사 승진 대상자 후보 평가 현황〉

구분	승진시험 성적	영어 성적	동료 평가	성과 평가
A	80	400	중	120
B	80	350	상	150
C	65	500	상	120
D	70	400	중	100
E	95	450	하	185
F	75	400	중	160
G	80	350	중	190
H	70	300	상	180
I	100	400	하	160
J	75	400	상	140
K	90	250	중	180

① A, C　　　　　　　　　　　② B, K
③ E, I　　　　　　　　　　　④ F, G
⑤ H, D

49 신입사원 J씨는 A ~ E업무 중 어떤 업무를 먼저 수행하여야 하는지를 결정하기 위해 평가표를 작성하였다. 다음 자료를 근거로 할 때 가장 먼저 수행할 업무는?(단, 평가 항목의 최종 합산 점수가 가장 높은 업무부터 수행한다)

〈업무별 평가표〉

(단위 : 점)

구분	A업무	B업무	C업무	D업무	E업무
중요도	84	82	95	90	94
긴급도	92	90	85	83	92
적용도	96	90	91	95	83

※ 업무당 다음과 같은 가중치를 별도 부여하여 계산한다.
　[(중요도)×0.3]+[(긴급도)×0.2]+[(적용도)×0.1]
※ 항목당 최하위 점수에 해당하는 업무는 선정하지 않는다.

① A업무　　　　　　　　　② B업무
③ C업무　　　　　　　　　④ D업무
⑤ E업무

50 S공사에서는 투자 대안을 마련하기 위해 투자대상을 검토할 때, 기대수익률(Expected Profit Rate)과 표준편차(Standard Deviation)를 이용한다. 특히, 표준편차는 투자 대안의 위험수준을 평가하는 데 활용된다. 바람직한 투자 대안을 평가하는 데 있어서는 지배원리를 적용하며, 위험한 단위당 기대수익률이 높은 투자 대안을 선호한다. 다음에 제시된 S공사의 투자 대안에 대한 설명으로 옳은 것은?

〈S공사 투자 대안〉

투자 대안	A	B	C	D	E	F	G
기대수익률(%)	8	10	6	5	8	6	12
표준편차(%)	5	5	4	2	4	3	7

※ 지배원리란 동일한 기대수익률이면 최소의 위험을, 동일한 위험이면 최대의 수익률을 가지는 포트폴리오를 선택하는 원리를 말한다.

① 투자 대안 A와 E, C와 F는 동일한 기대수익률이 예상되기 때문에 서로 우열을 가릴 수 없다.
② 투자 대안 A, B, C, D 중에서 어느 것이 낫다고 평가할 수는 없다.
③ 투자 대안 G가 기대수익률이 가장 높기 때문에 가장 바람직한 대안이다.
④ 위험 한 단위당 기대수익률이 같은 투자 대안은 E와 F이다.
⑤ 투자 대안 E는 B와 G에 비해 우월하다.

---

01 의사소통능력

01 다음 〈보기〉에서 문서의 종류와 설명이 바르게 짝지어진 것을 모두 고르면?

> **보기**
>
> ㄱ. 설명서 : 상품의 특성, 작동방법이나 과정을 소비자에게 설명하는 것을 목적으로 작성한 문서이다.
> ㄴ. 결산보고서 : 진행됐던 사안의 수입과 지출결과를 보고하는 문서이다.
> ㄷ. 비즈니스 레터 : 사업상의 이유로 고객이나 단체에 쓰는 편지이다.
> ㄹ. 회의보고서 : 회사 업무 외부의 이슈에 대하여 주요 내용을 요약한 문서이다.

① ㄱ, ㄹ   ② ㄱ, ㄴ, ㄷ
③ ㄱ, ㄴ, ㄹ   ④ ㄱ, ㄷ, ㄹ
⑤ ㄴ, ㄷ, ㄹ

02 L사원은 사람들 앞에 나설 생각만 하면 불안감이 엄습하면서 땀이 난다. 심지어 지난번 프레젠테이션에서는 너무 떨린 나머지 자신이 말해야 하는 것을 잊어버리기도 하였다. 주요 기획안 프레젠테이션을 앞둔 L사원은 같은 실수를 반복하지 않기 위해 상사인 K대리에게 조언을 구하기로 하였다. 다음 중 K대리가 L사원에게 해 줄 조언으로 적절하지 않은 것은?

① 발표에 필요한 것을 미리 준비하고 점검하는 것이 좋다.
② 완벽하게 준비하려 하기보다는 자신의 순발력으로 대처할 수 있을 정도로 준비하는 것이 좋다.
③ 듣는 사람들을 자신과 똑같은 위치의 사람이라고 생각하면서 발표하는 것도 좋은 방법이다.
④ 듣는 사람의 눈을 보기 어렵다면 그 사람의 코를 보면서 발표하는 것도 좋은 방법이다.
⑤ 듣는 사람들의 관심사는 무엇인지, 어떤 입장을 가지고 있는지 등 그들을 철저하게 분석하는 것이 좋다.

03 다음 글의 내용으로 가장 적절한 것은?

많은 것들이 글로 이루어진 세상에서 읽지 못한다는 것은 생활하는 데에 큰 불편함을 준다. 난독증이 바로 그 예이다. 난독증(Dyslexia)은 그리스어로 불충분, 미성숙을 뜻하는 접두어 'dys-'에 말과 언어를 뜻하는 'lexis'가 합쳐져 만들어진 단어이다.

난독증은 지능에는 문제가 없으며, 단지 언어활동에만 문제가 있는 질환이다. 특히 영어권에서 많이 나타나는데, 비교적 복잡한 발음체계 때문이다. 인구의 5 ~ 10% 정도가 난독증이 있으며, 피카소, 톰 크루즈, 아인슈타인 등이 난독증을 극복하고 자신의 분야에서 성공한 사례이다.

난독증은 단순히 읽지 못하는 것뿐만이 아니라, 여러 가지 증상으로 나타난다. 단어의 의미를 다른 것으로 바꾸어 해석하거나 글자를 섞어서 보는 경우가 있다. 또한 문자열을 전체로는 처리하지 못하고 하나씩 취급하여 전체 문맥을 이해하지 못하기도 한다.

지금까지 난독증의 원인은 흔히 두뇌의 역기능이나 신경장애와 연관된 것이라고 여겨졌으며, 유전적인 원인이나 청각의 왜곡 등이 거론되기도 하였다. 우리나라에서는 실제 아동의 2 ~ 8% 정도가 난독증을 경험하는 것으로 알려져 있으며, 지능과 시각, 청각이 모두 정상임에도 경험하는 경우가 있다.

난독증을 유발하는 원인은 많이 있지만 그중 하나는 바로 '얼렌 증후군'이다. 미국의 교육심리학자 얼렌(Helen L. lrlen)이 먼저 발견했다고 해서 붙여진 이름으로, 광과민 증후군으로도 알려져 있다. 이는 시신경 세포와 관련이 있는 난독증 유발 원인이다.

얼렌 증후군은 시신경 세포가 정상인보다 작거나 미성숙해서 망막으로 들어오는 정보를 뇌에 제대로 전달하지 못하는 질환이다. 얼렌 증후군이 생기는 이유는 유전인 경우가 많다. 이로 인해 집중력이 떨어지기 때문에 능률이 저하되며, 독서의 경우에는 속독이 어렵디.

사물이 흐릿해지면서 두세 개로 보이는 것과 같은 시각적 왜곡이 생기기 때문이다. 그래서 책을 보고 있으면 눈이 쉽게 충혈되고, 두통이나 어지럼증 등 신체에 다른 영향을 미치기도 한다. 그래서 얼렌 증후군 환자들은 어두운 곳에서 책을 보고 싶어 하는 경우가 많다.

얼렌 증후군의 치료를 위해서는 원인이 되는 색조합을 찾아서 얼렌필터 렌즈를 착용하는 것이 일반적이다. 특정 빛의 파장을 걸러 주면서 이 질환을 교정하는 것이다. 얼렌 증후군은 교정이 된 후에 글씨가 뚜렷하게 보여 읽기가 편해지고 난독증이 어느 정도 치유되기 때문에, 증상을 보이면 안과를 찾아 정확한 검사를 받는 것이 중요하다.

① 난독증은 주로 지능에 문제가 있는 사람들에게서 나타난다.
② 단순히 전체 문맥을 이해하지 못하는 것은 난독증에 해당하지 않는다.
③ 시각과 청각이 모두 정상이라면 난독증을 경험하지 않는다.
④ 시신경 세포가 적어서 생기는 난독증의 경우 환경의 요인을 많이 받는다.
⑤ 얼렌 증후군 환자들은 밝은 곳에서 난독증을 호소하는 경우가 더 많다.

04 다음 글을 토대로 〈보기〉를 바르게 해석한 것은?

> 제2차 세계대전이 끝나고 나서 미국과 소련 및 그 동맹국들 사이에서 공공연하게 전개된 제한적 대결 상태를 냉전이라고 한다. 냉전의 기원에 관한 논의는 냉전이 시작된 직후부터 최근까지 계속 진행되었다. 이는 단순히 냉전의 발발 시기와 이유에 대한 논의만이 아니라, 그 책임 소재를 묻는 것이기도 하다. 그 연구의 결과를 편의상 세 가지로 나누어 볼 수 있다.
>
> 가장 먼저 나타난 전통주의는 냉전을 유발한 근본적 책임이 소련의 팽창주의에 있다고 보았다. 소련은 세계를 공산화하기 위한 계획을 수립했고, 이 계획을 실행하기 위해 특히 동유럽 지역을 시작으로 적극적인 팽창 정책을 수행하였다. 그리고 미국이 자유 민주주의 세계를 지켜야 한다는 도덕적 책임감에 기초하여 그에 대한 봉쇄 정책을 추구하는 와중에 냉전이 발생했다고 본다. 그리고 미국의 봉쇄 정책이 성공적으로 수행된 결과 냉전이 종식되었다는 것이 이들의 입장이다.
>
> 여기에 비판을 가한 수정주의는 기본적으로 냉전의 책임이 미국 쪽에 있고, 미국의 정책은 경제적 동기에서 비롯했다고 주장했다. 즉, 미국은 전후 세계를 자신들이 주도해 나가야 한다고 생각했고, 전쟁 중에 급증한 생산력을 유지할 수 있는 시장을 얻기 위해 세계를 개방 경제 체제로 만들고자 했다. 그러므로 미국 정책 수립의 기저에 깔린 것은 이념이 아니라는 것이다. 무엇보다 소련은 미국에 비해 국력이 미약했으므로 적극적 팽창 정책을 수행할 능력이 없었다는 것이 수정주의의 기본적 입장이었다. 오히려 미국이 유럽에서 공격적인 정책을 수행했고, 소련은 이에 대응했다는 것이다.

보기

> 탈수정주의는 냉전의 책임을 일방적으로 어느 한쪽에 부과해서는 안 된다고 보았다. 즉, 냉전은 양국이 추진한 정책의 '상호 작용'에 의해 발생했다는 것이다. 또 경제를 중심으로만 냉전을 보아서는 안 되며 안보 문제 등도 같이 고려하여 파악해야 한다고 보았다. 소련의 목적은 주로 안보 면에서 제한적으로 추구되었는데, 미국은 소련의 행동에 과잉 반응했고, 이것이 상황을 악화시켰다는 것이다. 이로 인해 냉전책임론은 크게 후퇴하고 구체적인 정책 형성에 대한 연구가 부각되었다.

① 탈수정주의는 전통주의와 마찬가지로 냉전의 책임을 소련에게 부여하고 있다.
② 탈수정주의는 수정주의와 마찬가지로 냉전의 책임을 미국에게 부여하고 있다.
③ 탈수정주의와 달리 전통주의는 미국의 봉쇄 정책으로 인해 냉전이 발생했다고 본다.
④ 탈수정주의와 달리 수정주의는 소련의 적극적인 팽창 정책을 냉전의 원인으로 본다.
⑤ 수정주의와 탈수정주의 모두 냉전을 파악하는 데 있어 경제적인 측면을 고려한다.

05 다음 (가) ~ (라) 문단을 논리적 순서대로 바르게 나열한 것은?

> (가) 그런데 '의사, 변호사, 사장' 등은 그 직업이나 직책에 있는 모든 사람을 가리키는 것이어야 함에도 불구하고, 실제로는 남성을 가리키는 데 주로 사용되고, 여성을 가리킬 때는 '여의사, 여변호사, 여사장' 등이 따로 사용되고 있다. 즉, 여성을 예외적인 경우로 취급함으로써 남녀차별의 가치관을 이 말들에 반영하고 있는 것이다.
>
> (나) 언어에는 사회상의 다양한 측면이 반영되어 있다. 그렇기 때문에 남성과 여성의 차이도 언어에 반영되어 있다. 한편 우리 사회는 꾸준히 양성평등을 향해서 변화하고 있지만, 언어의 변화 속도는 사회의 변화 속도를 따라가지 못한다. 따라서 국어에는 남녀차별의 사회상을 알게 해 주는 증거들이 있다.
>
> (다) 오늘날 남녀의 사회적 위치가 과거와 다르고 지금 이 순간에도 계속 변하고 있다. 여성의 사회적 지위 향상의 결과가 앞으로 언어에 반영되겠지만, 현재 언어에 남아 있는 과거의 흔적은 우리 스스로의 노력으로 지워감으로써 남녀의 '차이'가 더 이상 '차별'이 되지 않도록 노력을 기울여야 하겠다.
>
> (라) 우리말에는 그 자체에 성별을 구분해 주는 문법적 요소가 없다. 따라서 남성을 지칭하는 말과 여성을 지칭하는 말, 통틀어 지칭하는 말이 따로 존재해야 하지만, 국어에는 그런 경우도 있고 그렇지 않은 경우도 있다. 예를 들어 '아버지'와 '어머니'는 서로 대등하게 사용되고, '어린이'도 남녀를 구별하지 않고 가리킬 때 쓰인다.

① (나) - (가) - (라) - (다)   ② (나) - (라) - (가) - (다)

③ (다) - (가) - (라) - (나)   ④ (다) - (나) - (라) - (가)

⑤ (다) - (라) - (나) - (가)

06 다음 글의 주장에 대한 반박으로 적절하지 않은 것은?

프랑크푸르트학파는 대중문화의 정치적 기능을 중요하게 본다. 20세기 들어 서구 자본주의 사회에서 혁명이 불가능하게 된 이유 가운데 하나는 바로 대중문화가 대중들을 사회의 권위에 순응하게 함으로써 사회를 유지하는 기능을 하고 있기 때문이라는 것이다. 이 순응의 기능은 두 방향으로 진행된다. 한편으로 대중문화는 대중들에게 자극적인 오락거리를 제공함으로써 정신적인 도피를 유도하여 정치에 무관심하도록 만든다는 것이다. 유명한 3S(Sex, Screen, Sports)는 바로 현실도피와 마취를 일으키는 대표적인 도구들이다. 다른 한편으로 대중문화는 자본주의적 가치관과 이데올로기를 은연 중에 대중들이 받아들이게 하는 적극적인 세뇌 작용을 한다는 것이다. 영화나 드라마, 광고나 대중음악의 내용이 규격화되어 현재의 지배적인 가치관을 지속해서 주입함으로써, 대중은 현재의 문제를 인식하고 더 나은 상태로 생각할 수 있는 부정의 능력을 상실한 일차원적 인간으로 살아가게 된다는 것이다. 프랑크푸르트학파의 대표자 가운데 한 사람인 아도르노(Adorno)는 특별히 「대중음악에 대하여」라는 글에서 대중음악이 어떻게 이러한 기능을 수행하는지 분석했다. 그의 분석에 따르면, 대중음악은 우선 규격화되어 누구나 쉽고 익숙하게 들을 수 있는 특징을 가진다. 그리고 이런 익숙함은 어려움 없는 수동적인 청취를 조장하여, 자본주의 안에서의 지루한 노동의 피난처 구실을 한다. 그리고 나아가 대중 음악의 소비자들이 기존 질서에 심리적으로 적응하게 함으로써 사회적 접착제의 역할을 한다.

① 대중문화의 영역은 지배계급이 헤게모니를 얻고자 하는 시도와 이에 대한 반대 움직임이 서로 얽혀 있는 곳으로 보아야 한다.

② 대중문화를 소비하는 대중이 문화 산물을 생산한 사람이 의도하는 그대로 문화 산물을 소비하는 존재에 불과하다는 생각은 현실과 맞지 않는다.

③ 발표되는 음악의 80%가 인기를 얻는 데 실패하고, 80% 이상의 영화가 엄청난 광고에도 불구하고 흥행에 실패한다는 사실은 대중이 단순히 수동적인 존재가 아니라는 것을 단적으로 드러내 보여주는 예이다.

④ 대중의 평균적 취향에 맞추어 높은 질을 유지하는 것이 어렵다 하더라도 19세기까지의 대중이 즐겼던 문화에 비하면 현대의 대중문화는 훨씬 수준 높고 진보된 것으로 평가할 수 있다.

⑤ 대중문화는 지배 이데올로기를 강요하는 지배문화로만 구성되는 것도 아니고, 이에 저항하여 자발적으로 발생한 저항문화로만 구성되는 것도 아니다.

07 다음 글의 논증을 약화하는 것을 〈보기〉에서 모두 고르면?

인간 본성은 기나긴 진화 과정의 결과로 생긴 복잡한 전체다. 여기서 '복잡한 전체'란 그 전체가 단순한 부분들의 합보다 더 크다는 의미이다. 인간을 인간답게 만드는 것, 즉 인간에게 존엄성을 부여하는 것은 인간이 갖고 있는 개별적인 요소들이 아니라 이것들이 모여 만들어 내는 복잡한 전체이다. 또한 인간 본성이라는 복잡한 전체를 구성하고 있는 하부 체계들은 상호 간에 극단적으로 밀접하게 연관되어 있다. 따라서 그중 일부라도 인위적으로 변경하면, 이는 불가피하게 전체의 통일성을 무너지게 한다. 이 때문에 과학기술을 이용해 인간 본성을 인위적으로 변경하여 지금의 인간을 보다 향상된 인간으로 만들려는 시도는 금지되어야 한다. 이런 시도를 하는 사람들은 인간이 가져야 할 훌륭함이 무엇인지 스스로 잘 안다고 생각하며, 거기에 부합하지 않는 특성들을 선택해 이를 개선하고자 한다. 그러나 인간 본성의 '좋은' 특성은 '나쁜' 특성과 밀접하게 연결되어 있기 때문에, 후자를 개선하려는 시도는 전자에 대해서도 영향을 미칠 수밖에 없다. 예를 들어, 우리가 질투심을 느끼지 못한다면 사랑 또한 느끼지 못하게 된다는 것이다. 사랑을 느끼지 못하는 인간들이 살아가는 사회에서 어떤 불행이 펼쳐질지 우리는 가늠조차 할 수 없다. 즉, 인간 본성을 선별적으로 개선하려 들면, 복잡한 전체를 무너뜨리는 위험성이 불가피하게 발생하게 된다. 따라서 우리는 인간 본성을 구성하는 어떠한 특성에 대해서도 그것을 인위적으로 개선하려는 시도에 반대해야 한다.

보기

㉠ 인간 본성은 인간이 갖는 도덕적 지위와 존엄성의 궁극적 근거이다.
㉡ 모든 인간은 자신을 포함하여 인간 본성을 지닌 모든 존재가 지금의 상태보다 더 훌륭하게 되길 희망한다.
㉢ 인간 본성의 하부 체계는 상호 분리된 모듈들로 구성되어 있기 때문에 인간 본성의 특정 부분을 인위적으로 변경하더라도 그 변화는 모듈 내로 제한된다.

① ㉠
② ㉢
③ ㉠, ㉡
④ ㉡, ㉢
⑤ ㉠, ㉡, ㉢

기존 암 치료법은 암세포의 증식을 막는 데 초점이 맞춰져 있으나, 컴퓨터 설명 모형이 새로 나와 이와는 다른 암 치료법이 개발될 수 있다는 가능성이 제시되었다. W교수의 연구에 따르면, 종전의 모형인 공간 모형은 종양의 3차원 공간 구조를 잘 설명하지만 암세포들 간 유전 변이를 잘 설명하지는 못한다. 또 다른 종전 모형인 비공간 모형은 암세포들 간 유전 변이를 잘 설명해 종양의 진화 과정은 정교하게 그려 냈지만, 종양의 3차원 공간 구조는 잡아내지 못했다. 그러나 종양의 성장과 진화를 이해하려면 종양의 3차원 공간 구조뿐만 아니라 유전 변이를 잘 설명할 수 있어야 한다. 새로 개발된 컴퓨터 설명 모형은 왜 모든 암세포들이 그토록 많은 유전 변이를 갖고 있으며, 그 가운데 약제 내성을 갖는 '주동자 변이'가 어떻게 전체 종양에 퍼지게 되는지를 잘 설명해 준다. 이 설명의 열쇠는 암세포들이 이곳저곳으로 옮겨 다닐 수 있는 능력을 갖고 있다는 데 있다. W교수는 "사실상 환자를 죽게 만드는 암의 전이는 암세포의 자체 이동 능력 때문"이라고 말한다. 종전의 공간 모형에 따르면 암세포는 빈 곳이 있을 때만 분열할 수 있고 다른 세포를 올라타고서만 다른 곳으로 옮겨 갈 수 있다. 그래서 공간 모형의 설명에서 암세포는 분열할 수 있는 곳은 제한되어 있다. 하지만 새 모형에 따르면 암세포가 다른 세포의 도움 없이 빈 곳으로 이동할 수 있다. 이런 식으로 암세포는 여러 곳으로 이동하여 그곳에서 증식함으로써 새로운 유전 변이를 얻게 된다. 바로 이 때문에 종양은 종전 공간 모형의 예상보다 더 빨리 자랄 수 있고 이상할 정도로 많은 유전 변이를 가질 수 있다는 것이다.

> **보기**
> ㄱ. 컴퓨터 설명 모형은 종전의 공간 모형보다 암세포의 유전 변이를 더 잘 설명한다.
> ㄴ. 종전의 공간 모형은 컴퓨터 설명 모형보다 암세포의 3차원 공간 구조를 더 잘 설명한다.
> ㄷ. 종전의 공간 모형과 비공간 모형은 암세포의 자체 이동 능력을 인정하지만, 이를 설명할 수 없다.

① ㄱ
② ㄴ
③ ㄱ, ㄷ
④ ㄴ, ㄷ
⑤ ㄱ, ㄴ, ㄷ

※ 다음 글을 읽고 이어지는 질문에 답하시오. [9~10]

특허권은 발명에 대한 정보의 소유자가 특허 출원 및 담당관청의 심사를 통하여 획득한 특허를 일정 기간 독점적으로 사용할 수 있는 법률상 권리를 말한다. 한편 영업 비밀은 생산 방법, 판매 방법, 그 밖에 영업 활동에 유용한 기술상 또는 경영상의 정보 등으로, 일정 조건을 갖추면 법으로 보호받을 수 있다. 법으로 보호되는 특허권과 영업 비밀은 모두 지식 재산인데, 정보 통신 기술(ICT) 산업은 이 같은 지식 재산을 기반으로 창출된다. 지식 재산 보호 문제와 더불어 최근에는 ICT 다국적 기업이 지식 재산으로 거두는 수입에 대한 과세 문제가 불거지고 있다.

일부 국가에서는 ICT 다국적 기업에 대해 디지털세 도입을 진행 중이다. ㉠ 디지털세는 이를 도입한 국가에서 ICT 다국적 기업이 거둔 수입에 대해 부과하는 세금이다. 디지털세의 배경에는 법인세 감소에 대한 각국의 우려가 있다. 법인세는 국가가 기업으로부터 걷는 세금 중 가장 중요한 것으로, 재화나 서비스의 판매 등을 통해 거둔 수입에서 제반 비용을 제외하고 남은 이윤에 대해 부과하는 세금이라 할 수 있다.

많은 ICT 다국적 기업이 법인세율이 현저하게 낮은 국가에 자회사를 설립하고 그 자회사에 이윤을 몰아 주는 방식으로 법인세를 회피한다는 비판이 있었다. 예를 들면 ICT 다국적 기업 Z사는 법인세율이 매우 낮은 A국에 자회사를 세워 특허의 사용 권한을 부여한다. 그리고 법인세율이 A국보다 높은 B국에 설립된 Z사의 자회사에서 특허 사용으로 수입이 발생하면 Z사는 B국의 자회사로 하여금 A국의 자회사에 특허 사용에 대한 수수료인 로열티를 지출하도록 한다. 그 결과 Z사는 B국의 자회사에 법인세가 부과될 이윤을 최소화한다. ICT 다국적 기업의 본사를 많이 보유한 국가에서도 해당 기업에 대한 법인세 징수는 문제가 된다. 그러나 그중 어떤 국가들은 ICT 다국적 기업의 활동이 해당 산업에서 자국이 주도권을 유지하는 데 중요하기 때문에라도 디지털세 도입에는 방어적이다.

ICT 산업을 주도하는 국가에서 더 중요한 문제는 ICT 지식 재산 보호의 국제적 강화일 수 있다. 이론적으로 봤을 때 지식 재산의 보호가 약할수록 유용한 지식 창출의 유인이 저해되어 지식의 진보가 정체되고, 지식 재산의 보호가 강할수록 해당 지식에 대한 접근을 막아 소수의 사람만이 혜택을 보게 된다. 전자로 발생한 손해를 유인 비용, 후자로 발생한 손해를 접근 비용이라고 한다면, 지식 재산 보호의 최적 수준은 두 비용의 합이 최소가 될 때일 것이다. 각국은 그 수준에서 자국의 지식 재산 보호 수준을 설정한다. 특허 보호 정도와 국민 소득의 관계를 보여 주는 한 연구에서는 국민 소득이 일정 수준 이상인 상태에서는 국민 소득이 증가할수록 특허 보호 정도가 강해지는 경향이 있지만, 가장 낮은 소득 수준을 벗어난 국가들은 그들보다 소득 수준이 낮은 국가들보다 오히려 특허 보호가 약한 것으로 나타났다. 이는 지식 재산 보호의 최적 수준에 대해서도 국가별 입장이 다름을 시사한다.

09 다음 중 윗글에서 언급하지 않은 것은?

① 영업 비밀의 범위

② 디지털세를 도입하게 된 배경

③ 법으로 보호되는 특허권과 영업 비밀의 공통점

④ 영업 비밀이 법적 보호 대상으로 인정받기 위한 절차

⑤ 이론적으로 지식 재산 보호의 최적 수준을 설정하는 기준

10 다음 중 밑줄 친 ㉠에 대한 설명으로 적절하지 않은 것은?

① ICT 다국적 기업이 여러 국가에 자회사를 설립하는 것과 관련이 있다.

② 도입된 국가에서 ICT 다국적 기업이 거둔 수입에 대해 부과된다.

③ 지식 재산 보호와는 관련이 없다.

④ 법인세 감소에 대한 우려가 디지털세를 도입하게 된 배경이다.

⑤ ICT 다국적 기업의 본사를 많이 보유한 국가 중에는 디지털세 도입에 방어적인 곳이 있다.

11 고등학생 A는 13세 동생, 40대 부모님, 65세 할머니와 함께 박물관에 가려고 한다. 주말에 입장할 때와 주중에 입장할 때의 요금 차이는?

〈박물관 입장료〉

구분	주말	주중
어른	20,000원	18,000원
중·고등학생	15,000원	13,000원
어린이	11,000원	10,000원

※ 어린이 : 3세 이상 13세 이하
※ 경로 : 65세 이상은 50% 할인

① 8,000원   ② 9,000원
③ 10,000원   ④ 11,000원
⑤ 12,000원

12 다음은 A국의 2018 ~ 2022년 부양인구비를 나타낸 자료이다. 2022년의 15세 미만 인구 대비 65세 이상 인구의 비율은?(단, 비율은 소수점 둘째 자리에서 반올림한다)

〈부양인구비〉

구분	2018년	2019년	2020년	2021년	2022년
부양비	37.3	36.9	36.8	36.8	36.9
유소년부양비	22.2	21.4	20.7	20.1	19.5
노년부양비	15.2	15.6	16.1	16.7	17.3

※ $(\text{유소년부양비}) = \dfrac{(15\text{세 미만 인구})}{(15 \sim 64\text{세 인구})} \times 100$

※ $(\text{노년부양비}) = \dfrac{(65\text{세 이상 인구})}{(15 \sim 64\text{세 인구})} \times 100$

① 72.4%   ② 77.6%
③ 81.5%   ④ 88.7%
⑤ 90.1%

13 A회사는 회사 신제품 광고 브로마이드를 중앙 기둥에 부착하려고 한다. 높이 3m에 반지름이 0.5m인 원기둥의 기둥면에 딱 맞게 브로마이드를 부착하였을 때, 브로마이드의 크기는?(단, $\pi = 3.14$이다)

① 6.16m^2

② 9.42m^2

③ 9.84m^2

④ 10.50m^2

⑤ 11.52m^2

14 A와 B는 가위바위보 게임을 하기로 했다. 게임에서 이긴 사람에게는 C가 10만 원을 주고, 진 사람은 C에게 7만 원을 주기로 했다. 게임이 끝난 후, A는 49만 원, B는 15만 원을 가지고 있다면, A가 게임에서 이긴 횟수는?(단, A와 B는 각각 20만 원을 가진 채로 게임을 시작했다)

① 4회

② 5회

③ 6회

④ 7회

⑤ 8회

15 다음은 2018 ~ 2022년 4종목의 스포츠에 대한 경기 수를 나타낸 자료이다. 이에 대한 설명으로 옳지 않은 것은?

〈국내 연도별 스포츠 경기 수〉

(단위 : 회)

구분	2018년	2019년	2020년	2021년	2022년
농구	413	403	403	403	410
야구	432	442	425	433	432
배구	226	226	227	230	230
축구	228	230	231	233	233

① 농구의 경기 수는 2019년의 전년 대비 감소율이 2022년의 전년 대비 증가율보다 높다.

② 2018년의 농구와 배구의 경기 수 차이는 야구와 축구의 경기 수 차이의 90% 이상이다.

③ 2018년부터 2022년까지의 야구의 평균 경기 수는 축구 평균 경기 수의 2배 이하이다.

④ 2019년부터 2021년까지 경기 수가 증가하는 스포츠는 1종목이다.

⑤ 2022년의 경기 수가 5년 동안의 종목별 평균 경기 수보다 적은 스포츠는 1종목이다.

16 다음은 C그룹 직원 250명을 대상으로 조사한 자료이다. 이에 대한 설명으로 옳은 것은?(단, 소수점 첫째 자리에서 버림한다)

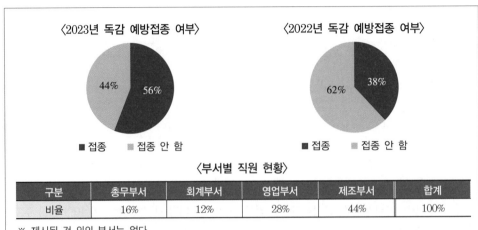

〈2023년 독감 예방접종 여부〉 44% 56%
〈2022년 독감 예방접종 여부〉 62% 38%

■ 접종   ■ 접종 안 함

〈부서별 직원 현황〉

구분	총무부서	회계부서	영업부서	제조부서	합계
비율	16%	12%	28%	44%	100%

※ 제시된 것 외의 부서는 없다.
※ 2022년과 2023년 부서별 직원 현황은 변동이 없다.

① 2022년의 독감 예방접종자가 2023년에도 예방접종을 했다면, 2022년에는 예방접종을 하지 않았지만 2023년에 예방접종을 한 직원은 총 54명이다.

② 2022년 대비 2023년에 예방접종을 한 직원의 수는 49% 이상 증가했다.

③ 2022년에 예방접종을 하지 않은 직원들을 대상으로 2023년의 독감 예방접종 여부를 조사한 자료라고 한다면, 2022년과 2023년 모두 예방접종을 하지 않은 직원은 총 65명이다.

④ 2022년과 2023년의 독감 예방접종 여부가 총무부서에 대한 자료라고 할 때, 총무부서 직원 중 예방접종을 한 직원은 2022년 대비 2023년에 약 7명 증가했다.

⑤ 제조부서를 제외한 모든 부서 직원들이 2023년에 예방접종을 했다고 할 때, 제조부서 중 예방접종을 한 직원의 비율은 2%이다.

17 다음은 지역별 이혼건수 현황이다. 이에 대한 설명으로 옳은 것은?

〈지역별 이혼건수 현황〉

(단위 : 천 건)

구분	2018년	2019년	2020년	2021년	2022년
서울	28	29	34	33	38
인천	22	24	35	32	39
경기	19	21	22	28	33
대전	11	13	12	11	10
광주	8	9	9	12	7
대구	15	13	14	17	18
부산	18	19	20	19	21
울산	7	8	8	5	7
제주	4	5	7	6	5
전체	132	141	161	163	178

※ 수도권은 서울, 인천, 경기이다.

① 2020년 이후 인천의 이혼건수는 서울의 이혼건수보다 높다.

② 2018 ~ 2022년까지 전체 이혼건수가 가장 적은 해는 2022년이다.

③ 2018 ~ 2022년까지 수도권의 이혼건수가 가장 많은 해는 2021년이다.

④ 전체 이혼건수 대비 수도권의 이혼건수 비중은 2018년에 50% 이하, 2022년에 60% 이상을 차지한다.

⑤ 2018 ~ 2022년까지 전체 이혼건수와 증감추이가 같은 지역은 한 곳뿐이다.

※ 다음은 교육부에서 발표한 고등학생의 졸업 후 진로 계획에 대한 자료이다. 이어지는 질문에 답하시오 (단, 소수점 둘째 자리에서 반올림한다). [18~19]

〈고등학생의 졸업 후 진로 계획〉

진로 \ 학교유형	일반고 빈도(명)	일반고 비율(%)	과학고·외고·국제고 빈도(명)	과학고·외고·국제고 비율(%)	예술·체육고 빈도(명)	예술·체육고 비율(%)	마이스터고 빈도(명)	마이스터고 비율(%)	특성화고 빈도(명)	특성화고 비율(%)
대학 진학	6,773	80.7	164	84.3	80	82.1	3	3.7	512	31.1
취업	457	5.4	11	5.7	3	3.3	64	80.2	752	45.6
창업	118	1.4	5	2.6	5	5.6	1	1.4	37	2.2
기타 (군 입대, 해외 유학)	297	3.5	5	2.4	3	2.7	6	8.1	86	5.3
진로 미결정	749	9.0	10	5.0	6	6.3	5	6.6	260	15.8

18 다음 중 고등학생의 졸업 후 진로 계획에 대한 설명으로 옳은 것은?

① 일반고 졸업생 중 졸업 후 대학에 진학하는 졸업생의 수는 특성화고 졸업생 중 대학에 진학하는 졸업생 수의 14배 이상이다.

② 졸업 후 군 입대를 하거나 해외 유학을 가는 졸업생들 중 과학고·외고·국제고와 마이스터고 졸업생들이 차지하는 비율은 5% 이상이다.

③ 진로를 결정하지 않은 졸업생 수가 가장 많은 학교유형은 예술·체육고이다.

④ 졸업 후 창업하는 졸업생들 중 특성화고 졸업생이 차지하는 비율은 20% 이상이다.

⑤ 졸업생들 중 대학 진학률이 가장 높은 학교유형과 창업률이 가장 높은 학교유형은 동일하다.

19 다음은 고등학생의 졸업 후 진로 계획에 대한 보고서의 일부이다. 밑줄 친 내용 중 옳은 것을 모두 고르면?

> 지난 8일, 진학점검부는 일반고, 과학고·외고·국제고, 예술·체육고, 마이스터고, 특성화고 졸업생들의 졸업 후 진로 계획에 대한 조사결과를 발표하였다. 진학점검부는 졸업생들의 졸업 후 진로를 크게 대학 진학, 취업, 창업, 기타(군 입대, 해외 유학), 진로 미결정으로 구분하여 조사하였다. 이에 따르면, ⊙ 모든 유형의 학교에서 졸업 후 대학에 진학한 졸업생 수가 가장 많았다. 진로를 결정하지 않은 학생들도 모든 유형의 학교를 통틀어 1,000명이 넘는 등 상당히 많았고, ⓒ 졸업 후 취업한 인원은 모든 유형의 학교를 통틀어 총 1,200명이 넘었다. 창업에 뛰어든 졸업생들은 비교적 적은 숫자였다.
>
> 학교유형별로 보면, ⓒ 일반고의 경우 졸업 후 취업한 졸업생 수는 창업한 졸업생 수의 4배가 넘었다. 반면, 예술·체육고의 경우 창업한 졸업생 수가 취업한 졸업생 수보다 많았다. ⓔ 특성화고의 경우 진로를 결정하지 않은 졸업생 수가 대학에 진학한 졸업생 수의 40% 이상이었다. 과학고·외고·국제고 졸업생들의 경우 4/5 이상이 대학으로 진학하였다.

① ⊙, ⓒ　　　　　　　　　　　② ⊙, ⓒ

③ ⓒ, ⓒ　　　　　　　　　　　④ ⓒ, ⓔ

⑤ ⓒ, ⓔ

20 다음 중 자료를 판단한 내용으로 옳지 않은 것은?(단, 증감률은 전년 대비 수치이다)

〈천연가스 생산·내수·수출 현황〉

(단위 : TOE, %)

구분		2018년	2019년	2020년	2021년	2022년
생산	생산량	4,086,308	3,826,682	3,512,926	4,271,741	4,657,094
	증감률	6.4	−6.4	−8.2	21.6	9.0
내수	생산량	1,219,335	1,154,483	1,394,000	1,465,426	1,474,637
	증감률	4.7	−5.3	20.7	5.1	0.6
수출	생산량	2,847,138	2,683,965	2,148,862	2,772,107	3,151,708
	증감률	7.5	−5.7	−19.9	29.0	13.7

① 2018년에는 전년 대비 생산, 내수, 수출이 모두 증가했다.
② 내수가 가장 큰 폭으로 증가한 해에는 생산과 수출이 모두 감소했다.
③ 수출이 증가했던 해는 생산과 내수도 증가했다.
④ 생산이 증가한 해에도 내수나 수출이 감소한 해가 있다.
⑤ 수출이 가장 큰 폭으로 증가한 해에는 생산도 가장 큰 폭으로 증가했다.

다음은 A패스트푸드점의 메인·스낵·음료 메뉴의 영양성분표이다. 이에 대한 설명으로 옳은 것은?(단, 소수점 둘째 자리에서 반올림한다)

〈메인 메뉴 단위당 영양성분표〉

구분 메뉴	중량(g)	열량(kcal)	성분함량			
			당(g)	단백질(g)	포화지방(g)	나트륨(mg)
치즈버거	114	297	7	15	7	758
햄버거	100	248	6	13	5	500
새우버거	197	395	9	15	5	882
치킨버거	163	374	6	15	5	719
불고기버거	155	399	13	16	2	760
칠리버거	228	443	7	22	5	972
베이컨버거	242	513	15	26	13	1,200
스페셜버거	213	505	8	26	12	1,059

〈스낵 메뉴 단위당 영양성분표〉

구분 메뉴	중량(g)	열량(kcal)	성분함량			
			당(g)	단백질(g)	포화지방(g)	나트륨(mg)
감자튀김	114	352	0	4	4	181
조각치킨	68	165	0	10	3	313
치즈스틱	47	172	0	6	6	267

〈음료 메뉴 단위당 영양성분표〉

구분 메뉴	중량(g)	열량(kcal)	성분함량			
			당(g)	단백질(g)	포화지방(g)	나트륨(mg)
콜라	425	143	34	0	0	19
커피	400	10	0	0	0	0
우유	200	130	9	6	5	100
오렌지주스	175	84	18	0	0	5

① 중량 대비 열량의 비율이 가장 낮은 메인 메뉴는 새우버거이다.
② 모든 메인 메뉴는 나트륨 함량이 당 함량의 50배 이상이다.
③ 서로 다른 두 메인 메뉴를 한 단위씩 주문한다면, 총 단백질 함량은 항상 총 포화지방 함량의 2배 이상이다.
④ 메인 메뉴 각각의 단위당 중량은 모든 스낵 메뉴의 단위당 중량 합보다 작다.
⑤ 메인 메뉴, 스낵 메뉴 및 음료 메뉴에서 한 단위씩 주문하여 총 열량이 500kcal 이하가 되도록 할 때 주문할 수 있는 음료 메뉴는 커피뿐이다.

22 다음은 상업용 무인기 국내 시장 판매량 및 수출입량과 매출액을 나타낸 자료이다. 이에 대한 〈보기〉의 설명 중 옳은 것을 모두 고르면?

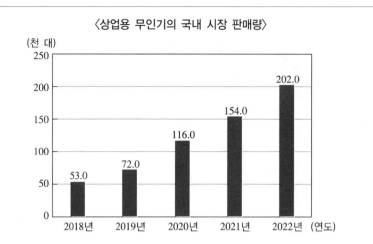

〈상업용 무인기의 국내 시장 판매량〉

〈상업용 무인기 수출입량〉

(단위 : 천 대)

구분	2018년	2019년	2020년	2021년	2022년
수출량	1.2	2.5	18.0	67.0	240.0
수입량	1.1	2.0	3.5	4.2	5.0

※ 수출량은 국내 시장 판매량에 포함되지 않음
※ 수입량은 당해 연도 국내 시장에서 모두 판매됨

〈A사의 상업용 무인기 매출액〉

(단위 : 백만 달러)

구분	2018년	2019년	2020년	2021년	2022년
매출액	4.3	43.0	304.4	1,203.1	4,348.4

보기

ㄱ. 2022년의 상업용 무인기의 국내 시장 판매량 대비 수입량의 비율은 3.0% 이하이다.

ㄴ. 2019 ~ 2022년 동안 상업용 무인기 국내 시장 판매량의 전년 대비 증가율이 가장 큰 해는 2020년이다.

ㄷ. 2019 ~ 2022년 동안 상업용 무인기 수입량의 전년 대비 증가율이 가장 작은 해에는 상업용 무인기 수출량의 전년 대비 증가율이 가장 크다.

ㄹ. 2020년의 상업용 무인기 수출량의 전년 대비 증가율과 2020년의 A사의 상업용 무인기 매출액의 전년 대비 증가율의 차이는 30% 이하이다.

① ㄱ, ㄴ 　　　　　　　　② ㄷ, ㄹ

③ ㄱ, ㄴ, ㄷ 　　　　　　④ ㄱ, ㄴ, ㄹ

⑤ ㄴ, ㄷ, ㄹ

23 S국 정부에서는 지나친 음주와 흡연으로 인한 사회문제의 발생을 막기 위해 술과 담배에 세금을 부과하려고 한다. 이때 부과할 수 있는 세금에는 종가세와 정액세가 있다. 술과 담배를 즐기는 A씨의 소비량과 술, 담배 예상 세금 부과량이 아래와 같을 때, 조세 수입 극대화를 위해서 술과 담배에 부과해야 하는 세금의 종류와 이때의 조세 총수입을 순서대로 바르게 나열한 것은?

〈술, 담배 가격 및 A씨의 술, 담배 소비량〉

구분	가격	현재 소비량	세금 부과 후 예상 소비량
술	2,000원	50병	20병
담배	4,500원	100갑	100갑

〈술, 담배 예상 세금 부과량〉

구분	종가세하의 예상 세율	정액세하의 예상 개당 세액
술	20%	300원
담배		800원

※ 종가세 : 가격의 일정 비율을 세금으로 부과하는 제도
※ 정액세 : 가격과 상관없이 판매될 때마다 일정한 액수의 세금을 부과하는 제도

	술	담배	조세 총수입
①	정액세	종가세	99,000원
②	정액세	종가세	96,000원
③	정액세	정액세	86,000원
④	종가세	정액세	88,000원
⑤	종가세	종가세	98,000원

A공사는 NCS 기반 능력중심채용을 진행하고 있으며, 오늘 마지막 단계인 NCS 기반 면접평가가 치러졌다. 추후 면접 결과를 토대로 상위득점자 20명에게 합격통지서를 보낼 예정이다. 면접 결과는 다음과 같은 표로 정리되었는데, 담당자의 실수로 일부 알아볼 수 없게 되었다. 최종 합격자가 받은 최소 점수로 옳은 것은?

면접 점수(점)	인원(명)	백분위(%)
30	1	100.00
29	( )	98.75
28	2	( )
27	( )	92.50
26	2	( )
25	( )	85.00
24	6	75.00
23	3	67.50
22	( )	63.75
15	6	22.50
14	8	( )
13	2	5.00
12	( )	2.50
11	0	1.25
10	( )	1.25

※ 백분위 수는 해당 면접 점수 이하에 전체 면접 참가자의 몇 퍼센트가 분포되어 있는가를 나타내는 수치이다.
※ 면접 점수의 최저는 10점이고, 최고는 30점이다.

① 22점 ② 23점
③ 24점 ④ 25점
⑤ 26점

25 다음은 2018년부터 2022년까지의 전국 주택보급률을 나타낸 자료이다. 이에 대한 설명으로 옳지 않은 것은?

〈전국 주택보급률〉

(단위 : 천 호, 천 가구, %)

구분		2018년	2019년	2020년	2021년	2022년
전국	가구 수	19,111	19,368	19,674	19,979	20,343
	주택수	19,559	19,877	20,313	20,818	21,310
	주택보급률	102.3	102.6	103.3	104.2	104.8
서울	가구 수	3,785	3,785	3,813	3,840	3,896
	주택 수	3,633	3,644	3,672	3,682	3,739
	주택보급률	96	96.3	96.3	95.9	96
부산	가구 수	1,336	1,344	1,354	1,364	1,377
	주택 수	1,370	1,376	1,396	1,413	1,439
	주택보급률	102.6	102.3	103.1	103.6	104.5
대구	가구 수	929	936	948	958	969
	주택 수	943	966	988	996	1,001
	주택보급률	101.6	103.3	104.3	104	103.3
인천	가구 수	1,045	1,063	1,080	1,095	1,121
	주택 수	1,055	1,073	1,084	1,108	1,123
	주택보급률	101	100.9	100.4	101.2	100.2
광주	가구 수	567	569	576	579	587
	주택 수	587	595	606	617	628
	주택보급률	103.5	104.5	105.3	106.6	107
대전	가구 수	583	591	598	602	609
	주택 수	595	601	605	612	618
	주택보급률	102.2	101.7	101.2	101.6	101.4

① 5년간 서울을 제외한 5개 도시 중 가구 수가 가장 많이 증가한 도시는 인천이다.
② 5년간 가구 수보다 주택 수가 더 많이 늘어난 도시는 부산, 광주이다.
③ 2020년의 서울의 가구 수는 대구, 인천, 광주, 대전 가구 수를 합친 것보다 많다.
④ 2021년의 서울과 부산 그리고 대구의 가구 수는 전국 가구 수의 30% 이상이다.
⑤ 5년간 6개 주요 도시의 가구 수와 주택 수는 모두 증가하는 추세이다.

26 다음 글에 나타난 문제 유형을 바르게 설명한 것은?

> 도색이 완전히 벗겨진 차선과 지워지기 직전의 흐릿한 차선이 서울 강남의 도로 여기저기서 발견되고 있다. 알고 보니 규격 미달의 불량 도료 때문이었다. 시공 능력이 없는 업체들이 서울시가 발주한 도색 공사를 따낸 뒤, 브로커를 통해 전문 업체에 공사를 넘겼고, 이 과정에서 수수료를 떼인 전문 업체들은 손해를 만회하기 위해 값싼 도료를 사용한 것이다. 차선용 도료에 값싼 일반용 도료를 섞다 보니 야간에 차선이 잘 보이도록 하는 유리알이 제대로 붙어 있지 못해 차선 마모는 더욱 심해졌다. 지난 4년간 서울 전역에서는 74건의 부실시공이 이뤄졌고, 총 공사 대금은 183억 원에 달하는 것으로 밝혀졌다.

① 발생형 문제로, 일탈 문제에 해당한다.
② 발생형 문제로, 미달 문제에 해당한다.
③ 탐색형 문제로, 잠재 문제에 해당한다.
④ 탐색형 문제로, 예측 문제에 해당한다.
⑤ 탐색형 문제로, 발견 문제에 해당한다.

27 이웃해 있는 10개의 건물에 초밥가게, 옷가게, 신발가게, 편의점, 약국, 카페가 있다. 카페가 3번째 건물에 있을 때, 다음 〈조건〉에 따라 항상 옳은 것은?(단, 한 건물에 한 가지 업종만 들어갈 수 있다)

> **조건**
> • 초밥가게는 카페보다 앞에 있다.
> • 초밥가게와 신발가게 사이에 건물이 6개 있다.
> • 옷가게와 편의점은 인접해 있지 않으며, 옷가게와 신발가게는 인접해 있다.
> • 신발가게 뒤에 아무것도 없는 건물이 2개 있다.
> • 2번째와 4번째 건물은 아무것도 없는 건물이다.
> • 편의점과 약국은 인접해 있다.

① 카페와 옷가게는 인접해 있다.
② 초밥가게와 약국 사이에 2개의 건물이 있다.
③ 편의점은 6번째 건물에 있다.
④ 신발가게는 8번째 건물에 있다.
⑤ 옷가게는 5번째 건물에 있다.

28 면접시험에서 순서대로 면접을 진행한 응시자들이 다음 〈조건〉에 따라 평가 점수가 가장 높은 6명이 합격할 때, 합격자를 높은 점수의 순서대로 바르게 나열한 것은?(단, 동점인 경우 먼저 면접시험을 진행한 응시자를 우선으로 한다)

> **조건**
> - 면접관 5명이 부여한 점수 중 최고점과 최저점을 제외한 나머지 면접관 3명이 부여한 점수의 평균과 보훈 가점의 합으로 평가한다.
> - 최고점과 최저점이 1개 이상일 때는 1명의 점수만 제외한다.
> - 소수점 셋째 자리에서 반올림한다.
> - 면접은 알파벳 순서대로 진행하였다.

〈지원자 면접 점수〉

(단위 : 점)

구분	면접관 1	면접관 2	면접관 3	면접관 4	면접관 5	보훈 가점
A	80	85	70	75	90	−
B	75	90	85	75	100	5
C	70	95	85	85	85	−
D	75	80	90	85	80	−
E	80	90	95	100	85	5
F	85	75	95	90	80	−
G	80	75	95	90	95	10
H	90	80	80	85	100	−
I	70	80	80	75	85	5
J	85	80	100	75	85	−
K	85	100	70	75	75	5
L	75	90	70	100	70	−

① G − A − C − F − E − L
② D − A − F − L − H − I
③ E − G − B − C − F − H
④ G − E − B − C − F − H
⑤ G − A − B − F − E − L

29 H가스공사에 대한 SWOT 분석 결과가 다음과 같을 때, 〈보기〉 중 SWOT 대응 전략으로 적절한 것을 모두 고르면?

〈H가스공사 SWOT 분석 결과〉

구분	분석 결과
강점(Strength)	• 해외 가스공급기관 대비 높은 LNG 구매력 • 세계적으로 우수한 배관 인프라
약점(Weakness)	• 타 연료 대비 높은 단가
기회(Opportunity)	• 북아시아 가스관 사업 추진 논의 지속 • 수소 자원 개발 고도화 추진중
위협(Threat)	• 천연가스에 대한 수요 감소 추세 • 원전 재가동 확대 전망에 따른 에너지 점유율 감소 가능성

보기

ㄱ. 해외 기관 대비 LNG 확보가 용이하다는 점을 근거로 북아시아 가스관 사업 추진 시 우수한 효율을 이용하는 것은 SO전략에 해당한다.

ㄴ. 지속적으로 감소할 것으로 전망되는 천연가스 수요를 북아시아 가스관 사업을 통해 확보하는 것은 ST전략에 해당한다.

ㄷ. 수소 자원 개발을 고도화하여 다른 연료 대비 상대적으로 높았던 공급단가를 낮추려는 R&D 사업 추진은 WO전략에 해당한다.

ㄹ. 높은 LNG 확보 능력을 이용해 상대적으로 높은 가스 공급단가가 더욱 상승하는 깃을 방지하는 것은 WT전략에 해당한다.

① ㄱ, ㄴ 　　　　　　　② ㄱ, ㄷ

③ ㄴ, ㄷ 　　　　　　　④ ㄴ, ㄹ

⑤ ㄷ, ㄹ

30 다음은 A공단이 공개한 부패공직자 사건 및 징계 현황이다. 이에 대한 설명으로 옳지 않은 것을 〈보기〉에서 모두 고르면?

〈부패공직자 사건 및 징계 현황〉

구분	부패행위 유형	부패금액	징계종류	처분일	고발 여부
1	이권개입 및 직위의 사적사용	23만 원	감봉 1월	2018.06.19.	미고발
2	직무관련자로부터 금품 및 향응 수수	75만 원	해임	2019.05.20.	미고발
3	직무관련자로푸터 향응 수수	6만 원	견책	2020.12.22.	미고발
4	직무관련자로부터 금품 및 향응 수수	11만 원	감봉 1개월	2021.02.04.	미고발
5	직무관련자로부터 금품 수수	40만 원가량	경고 (무혐의 처분, 징계시효 말소)	2022.03.06.	미고발
6	직권남용(직위의 사적이용)	–	해임	2022.05.24.	고발
7	직무관련자로부터 금품 수수	526만 원	해임	2022.09.17.	고발
8	직무관련자로부터 금품 수수 등	300만 원	해임	2023.05.18.	고발

보기

ㄱ. A공단에서 해당 사건의 부패금액이 일정 수준 이상인 경우 고발한 것으로 해석할 수 있다.

ㄴ. 해임당한 공직자들은 모두 고발되었다.

ㄷ. 직무관련자로부터 금품을 수수한 사건은 총 5건 있었다.

ㄹ. 동일한 부패행위 유형에 해당하더라도 다른 징계처분을 받을 수 있다.

① ㄱ, ㄴ

② ㄱ, ㄷ

③ ㄴ, ㄷ

④ ㄴ, ㄹ

⑤ ㄷ, ㄹ

31 R공사의 평가지원팀 A팀장, B대리, C대리, D주임, E주임, F주임, G사원, H사원 8명은 기차를 이용해 대전으로 출장을 가려고 한다. 아래 〈조건〉에 따라 직원들의 좌석이 배정될 때, 〈보기〉의 설명 중 팀원들이 앉을 좌석에 대한 설명으로 옳지 않은 것을 모두 고르면?(단, 이웃하여 앉는다는 것은 두 사람 사이에 복도를 두지 않고 양옆으로 붙어 앉는 것을 의미한다)

〈기차 좌석표〉

앞

창가	1(가)	1(나)	복도	1(다)	1(라)	창가
	2(가)	2(나)		2(다)	2(라)	

뒤

조건
- 팀장은 반드시 두 번째 줄에 앉는다.
- D주임은 2(다) 석에 앉는다.
- 주임끼리는 이웃하여 앉지 않는다.
- 사원은 (나) 열 혹은 (다) 열에만 앉을 수 있다.
- 팀장은 대리와 이웃하여 앉는다.
- F주임은 업무상 지시를 위해 H사원과 이웃하여 앉아야 한다.
- B대리는 창가 쪽 자리에 앉는다.

보기
ㄱ. E주임은 1(가) 석에 앉는다.
ㄴ. C대리는 (라) 열에 앉는다.
ㄷ. G사원은 E주임과 이웃하여 앉는다.
ㄹ. A팀장의 앞 좌석에는 G사원 혹은 H사원이 앉는다.

① ㄱ
② ㄱ, ㄹ
③ ㄴ, ㄷ
④ ㄱ, ㄴ, ㄹ
⑤ ㄷ, ㄹ

※ G공사의 별관 신축을 위한 건설업체 입찰에 A ~ F업체가 참여하였다. 다음은 입찰기준에 따른 업체별 점수와 업체별 입찰 비용을 나타낸 자료이다. 이어지는 질문에 답하시오. [32~33]

〈업체별 입찰기준 점수〉

입찰업체	경영평가 점수	시공실적 점수	친환경소재 점수
A	18점	11점	15점
B	14점	15점	17점
C	17점	13점	13점
D	16점	12점	14점
E	13점	10점	17점
F	16점	14점	16점

〈업체별 입찰 비용〉

(단위 : 억 원)

A	B	C	D	E	F
16.9	17.4	17.1	12.9	14.5	15.2

32 G공사는 비용이 17억 원 이하인 업체 중, 경영평가 점수와 시공실적 점수의 반영비율을 1 : 2의 가중치로 합산한 값이 가장 높은 3개 업체를 1차로 선정한다. 1차 선정업체 중 친환경소재 점수가 가장 높은 곳을 최종 선정한다고 할 때, 최종 선정될 업체는?

① A업체
② B업체
③ D업체
④ E업체
⑤ F업체

33 G공사가 외부 권고로 인해 선정방식을 변경하였다. 새로운 방식에 따르면, 비용이 17억 2천만 원 이하인 업체 중, 시공실적 점수와 친환경소재 점수의 반영비율을 3 : 2의 가중치로 합산한 값이 가장 높은 2개 업체를 1차로 선정한다. 1차 선정업체 중 입찰 비용이 가장 낮은 곳을 최종 선정한다고 할 때, 최종 선정될 업체는?

① A업체
② C업체
③ D업체
④ E업체
⑤ F업체

34 H공단의 D과장은 우리나라 사람들의 해외취업을 돕기 위해 박람회를 열고자 한다. 제시된 〈조건〉이 다음과 같을 때, D과장이 박람회 장소로 선택할 나라는?

> **조건**
> • H공단의 해외 EPS센터가 있는 나라여야 한다.
> – 해외 EPS센터(15개국) : 필리핀, 태국, 인도네시아, 베트남, 스리랑카, 몽골, 우즈베키스탄, 파키스탄, 캄보디아, 중국, 방글라데시, 키르기스스탄, 네팔, 미얀마, 동티모르
> • 100개 이상의 한국 기업이 진출해 있어야 한다.

〈국가별 상황〉

국가	경쟁력	비고
인도네시아	한국 기업이 100개 이상 진출해 있으며, 안정적인 정치 및 경제 구조를 가지고 있다.	두 번의 박람회를 열었으나 실제 취업까지 연결되는 성과가 미미하였다.
아랍에미리트	아랍에미리트 자유무역지역에 다양한 다국적 기업이 진출해 있다.	석유가스산업, 금융산업에는 외국 기업의 진출이 불가하다.
중국	한국 기업이 170개 이상 진출해 있으며, 현지 기업의 80% 이상이 우리나라 사람의 고용을 원한다.	중국 청년의 실업률이 높아 사회문제가 되고 있다.
미얀마	많은 수의 한인이 거주 중이며, 한류 열풍이 거세게 불고 있다.	쿠데타와 내전으로 우리나라 사람들의 치안이 보장되지 않는다.
베트남	여성의 사회진출이 높고 정치, 경제, 사회 각 분야에서 많은 여성이 활약 중이다.	한국 기업 진출을 위한 인프라 구축이 잘 되어 있다.

① 인도네시아 ② 아랍에미리트
③ 중국   ④ 미얀마
⑤ 베트남

35 Y프랜차이즈 카페에서는 디저트로 빵, 케이크, 마카롱, 쿠키를 판매하고 있다. 최근 각 지점에서 디저트를 섭취하고 땅콩 알레르기가 발생했다는 민원이 제기되었다. 해당 디저트에는 모두 땅콩이 들어가지 않으며, 땅콩을 사용한 제품과 인접한 시설에서 제조하고 있다. 다음 자료를 참고할 때, 반드시 거짓인 경우는?

- 땅콩 알레르기 유발 원인이 된 디저트는 빵, 케이크, 마카롱, 쿠키 중 하나이다.
- 각 지점에서 땅콩 알레르기가 있는 손님이 섭취한 디저트와 알레르기 유무는 다음과 같다.

A지점	빵과 케이크를 먹고, 마카롱과 쿠키를 먹지 않은 경우, 알레르기가 발생했다.
B지점	빵과 마카롱을 먹고, 케이크와 쿠키를 먹지 않은 경우, 알레르기가 발생하지 않았다.
C지점	빵과 쿠키를 먹고, 케이크와 마카롱을 먹지 않은 경우, 알레르기가 발생했다.
D지점	케이크와 마카롱을 먹고, 빵과 쿠키를 먹지 않은 경우, 알레르기가 발생했다.
E지점	케이크와 쿠키를 먹고, 빵과 마카롱을 먹지 않은 경우, 알레르기가 발생하지 않았다.
F지점	마카롱과 쿠키를 먹고, 빵과 케이크를 먹지 않은 경우, 알레르기가 발생하지 않았다.

① A, B, D지점의 사례만을 고려하면, 케이크가 알레르기 발생 원인이다.
② A, C, E지점의 사례만을 고려하면, 빵이 알레르기 발생 원인이다.
③ B, D, F지점의 사례만을 고려하면, 케이크가 알레르기 발생 원인이다.
④ C, D, F지점의 사례만을 고려하면, 마카롱이 알레르기 발생 원인이다.
⑤ D, E, F지점의 사례만을 고려하면, 쿠키는 알레르기 발생 원인이 아니다.

36 다음 글을 근거로 판단할 때, 〈보기〉에서 옳은 것을 모두 고르면?

사슴은 맹수에게 계속 괴롭힘을 당하자 자신을 맹수로 바꾸어 달라고 산신령에게 빌었다. 사슴을 불쌍하게 여긴 산신령은 사슴에게 남은 수명 중 n년(n은 자연수)을 포기하면 여생을 아래 5가지의 맹수 중 하나로 살 수 있게 해 주겠다고 했다.

사슴으로 살 경우의 1년당 효용은 40이며, 다른 맹수로 살 경우의 1년당 효용과 그 맹수로 살기 위해 사슴이 포기해야 하는 수명은 아래의 표와 같다. 예를 들어 사슴의 남은 수명이 12년일 경우 사슴으로 계속 산다면 $12 \times 40 = 480$의 총효용을 얻지만, 독수리로 사는 것을 선택한다면 $(12-5) \times 50 = 350$의 총효용을 얻는다.

사슴은 여생의 총효용이 줄어드는 선택은 하지 않으며, 포기해야 하는 수명이 사슴의 남은 수명 이상인 맹수는 선택할 수 없다. 1년당 효용이 큰 맹수일수록, 사슴은 그 맹수가 되기 위해 더 많은 수명을 포기해야 한다. 사슴은 자신의 남은 수명과 호랑이로 살 경우, 악어로 살 경우의 포기해야 하는 수명을 알고 있다.

맹수	1년당 효용	포기해야 하는 수명(년)
사자	250	14
호랑이	200	?
곰	170	11
악어	70	?
독수리	50	5

보기

ㄱ. 사슴의 남은 수명이 13년이라면, 사슴은 곰을 선택할 것이다.

ㄴ. 사슴의 남은 수명이 20년이라면, 사슴은 독수리를 선택하지 않을 것이다.

ㄷ. 호랑이로 살기 위해 포기해야 하는 수명이 13년이라면, 사슴의 남은 수명에 따라 사자를 선택했을 때와 호랑이를 선택했을 때의 여생의 총효용이 같은 경우가 있다.

① ㄴ
② ㄷ
③ ㄱ, ㄴ
④ ㄴ, ㄷ
⑤ ㄱ, ㄴ, ㄷ

37 H공사 인재개발원에서 근무하는 L사원은 IT전략실의 K주임에게 대관 문의를 받았다. 문의내용과 인재개발원 대관안내 자료를 참고해 계산한 대관료로 옳은 것은?

> K주임 : 안녕하세요. IT전략실 IT운영처에서 근무하는 K주임입니다. 다름이 아니라 다음달 첫째 주 토요일에 인재개발원에서 IT전략실 세미나 행사를 진행하려고 하는데, 대관료 안내를 받으려고 연락드렸습니다. IT기획처와 IT개발처는 같은 곳에서 세미나를 진행하고, IT전략실은 별도로 진행하려고 하는데, 면적이 가장 큰 교육시설과 면적이 2번째로 작은 교육시설을 3시간씩 대관하고 싶습니다. 세미나가 끝난 후 친목도모를 위한 레크리에이션 행사를 3시간 진행하려고 하는데, 다목적홀, 이벤트홀, 체육관 중 가장 저렴한 가격으로 이용할 수 있는 곳을 대관했으면 좋겠습니다. 이렇게 했을 때 대관료는 얼마일까요?

〈H공사 인재개발원 대관안내〉

구분		면적	대관료(원)		비고
			기본 사용료	추가 1시간당 사용료	
교육시설	강의실 (대)	177.81m^2	129,000	64,500	• 기본 사용 시간 : 2시간 • 토, 일, 공휴일 10% 할증
	강의실 (중)	89.27m^2	65,000	32,500	
	강의실 (소)	59.48m^2	44,000	22,000	
	세미나실	132.51m^2	110,000	55,000	
다목적홀		492.25m^2	585,000	195,000	• 기본 사용 시간 : 3시간 • 토, 일, 공휴일 10% 할증 • 토, 일, 공휴일 이벤트홀 휴관
이벤트홀		273.42m^2	330,000	110,000	
체육관(5층)		479.95m^2	122,000	61,000	• 기본 사용 시간 : 2시간

① 463,810원
② 473,630원
③ 483,450원
④ 493,270원
⑤ 503,100원

38 A ~ F 6명의 학생이 아침, 점심, 저녁을 먹는데, 메뉴는 김치찌개와 된장찌개뿐이다. 주어진 〈조건〉이 모두 참일 때, 다음 중 옳지 않은 것은?

> **조건**
> • 아침과 저녁은 다른 메뉴를 먹는다.
> • 점심과 저녁에 같은 메뉴를 먹은 사람은 4명이다.
> • 아침에 된장찌개를 먹은 사람은 3명이다.
> • 하루에 된장찌개를 한 번만 먹은 사람은 3명이다.

① 아침에 된장찌개를 먹은 사람은 모두 저녁에 김치찌개를 먹었다.
② 된장찌개는 총 9그릇이 필요하다.
③ 저녁에 된장찌개를 먹은 사람들은 모두 아침에 김치찌개를 먹었다.
④ 점심에 된장찌개를 먹은 사람은 아침이나 저녁 중 한 번은 된장찌개를 먹었다.
⑤ 김치찌개는 총 10그릇이 필요하다.

39 다음 문장이 모두 참이라고 가정할 때, 〈보기〉에서 반드시 참인 것을 모두 고르면?

> • A, B, C, D 중 한 명의 근무지는 서울이다.
> • A, B, C, D는 각기 다른 한 도시에서 근무한다.
> • 갑, 을, 병 각각의 두 진술 중 하나는 참이고, 다른 하나는 거짓이다.
> • 갑은 "A의 근무지는 광주이다."와 "D의 근무지는 서울이다."라고 진술했다.
> • 을은 "B의 근무지는 광주이다."와 "C의 근무지는 세종이다."라고 진술했다.
> • 병은 "C의 근무지는 광주이다."와 "D의 근무지는 부산이다."라고 진술했다.

> **보기**
> ㄱ. A의 근무지는 광주이다.
> ㄴ. B의 근무지는 서울이다.
> ㄷ. C의 근무지는 세종이다.

① ㄱ   ② ㄷ
③ ㄱ, ㄴ   ④ ㄴ, ㄷ
⑤ ㄱ, ㄴ, ㄷ

40 A제약회사에 근무하는 B대리는 의약품 특허출원과 관련하여 다음과 같이 보고서를 작성하였다. B대리가 상사에게 보고서를 제출하기 전에 최종 검토를 하고자 할 때, 보고서의 밑줄 친 (가) ~ (라) 중 수정이 필요한 부분은?

〈보고서 내용 일부〉

2020년부터 2022년까지 의약품의 특허출원은 (가) 매년 감소하였다. 그러나 기타 의약품이 전체 의약품 특허출원에서 차지하는 비중은 매년 증가하여 2022년에는 전체 의약품 특허출원의 (나) 25% 이상을 차지하였다. 다국적기업의 의약품별 특허출원 현황을 살펴보면, 원료 의약품에서 다국적기업 특허출원이 차지하는 비중은 다른 의약품에 비해 매년 그 비중이 높아져 2022년에는 (다) 20% 이상을 차지하게 되었다. 한편 2022년의 다국적기업에서 출원한 완제 의약품 특허출원 중 다이어트제 출원은 (라) 11%였다.

〈의약품별 특허출원 현황〉

(단위 : 건)

구분 \ 연도	2020년	2021년	2022년
완제 의약품	7,137	4,394	2,999
원료 의약품	1,757	797	500
기타 의약품	2,236	1,517	1,220
합계	11,130	6,708	4,719

〈의약품별 특허출원 중 다국적기업 출원 현황〉

(단위 : 건)

구분 \ 연도	2020년	2021년	2022년
완제 의약품	404	284	200
원료 의약품	274	149	103
기타 의약품	215	170	141
합계	893	603	444

〈완제 의약품 특허출원 중 다이어트제 출원 현황〉

(단위 : 건)

구분	2020년	2021년	2022년
출원건수	53	32	22

① (가)
② (나)
③ (다)
④ (라)
⑤ 없음

41 다음 중 시간을 관리하는 방법의 성격이 다른 것은?

① 시험시간마다 OMR카드 오기입 등 실수를 자주 하는 현수는 수능 때 검토시간을 만들어 보고자 시험 종료 15분 전까지 모든 문제를 푸는 연습을 하였다.

② 다음 달에 첫 출근을 하는 희수는 집으로부터 45분 거리에 있으나 출근 정시로부터 1시간 20분 전에 출발하기로 하였다.

③ 이마누엘 칸트는 매일 똑같은 시간에 똑같은 장소에서 산책하였다고 한다.

④ 집에서 30분 거리에 있는 곳에서 친구와 만나기로 한 기현이는 약속시간보다 30분 일찍 출발했다.

⑤ S사 고객지원팀에 근무하는 예서는 어제 쌓인 고객 문의를 확인하고자 평소보다 1시간 일찍 도착하였다.

42 다음 글에서 나타나는 A씨의 문제 상황에 대한 이유로 적절하지 않은 것은?

> A씨는 홈쇼핑이나 SNS 광고를 보다가 혹하여 구매를 자주 하는데, 이는 지금 당장은 필요 없지만 추후에 필요할 경우가 반드시 생길 것이라 생각하기 때문이다. 이렇다 보니 쇼핑 중독 수준에 이르러 집에는 포장도 뜯지 않은 박스들이 널브러져 있었다. 이에 A씨는 오늘 모든 물품들을 정리하였는데, 지금 당장 필요한 것만 빼놓고 나머지를 창고에 마구잡이로 올려놓는 식이었다. 며칠 뒤 A씨는 전에 샀던 물건이 필요하게 되어 창고를 들어갔지만, 물건이 순서 없이 쌓여져 있는 탓에 찾다가 포기하고 돌아서 나오다가 옆에 있던 커피머신을 떨어뜨려 고장 내었다.

① 물품을 정리하지 않고 보관한 경우

② 물품의 보관 장소를 파악하지 못하는 경우

③ 물품이 훼손된 경우

④ 물품을 분실한 경우

⑤ 물품을 목적 없이 구입한 경우

43 J공사는 직원용 컴퓨터를 교체하려고 한다. 다음 중 〈조건〉을 만족하는 컴퓨터로 옳은 것은?

〈컴퓨터별 가격 현황〉

구분	A컴퓨터	B컴퓨터	C컴퓨터	D컴퓨터	E컴퓨터
모니터	20만 원	23만 원	20만 원	19만 원	18만 원
본체	70만 원	64만 원	60만 원	54만 원	52만 원
SET	80만 원	75만 원	70만 원	66만 원	65만 원
성능평가	중	상	중	중	하
할인혜택	–	SET로 15대 이상 구매 시 총금액에서 100만 원 할인	모니터 10대 초과 구매 시 초과 대수 15% 할인	–	–

조건

- 예산은 1,000만 원이다.
- 교체할 직원용 컴퓨터는 모니터와 본체 각각 15대이다.
- 성능평가에서 '중' 이상을 받은 컴퓨터로 교체한다.
- 컴퓨터 구매는 SET 또는 모니터와 본체 따로 구매할 수 있다.

① A컴퓨터
② B컴퓨터
③ C컴퓨터
④ D컴퓨터
⑤ E컴퓨터

44 다음은 직원들의 이번 주 추가근무 계획표이다. 하루에 5명 이상 추가근무를 할 수 없고, 직원들은 일주일에 10시간을 초과하여 추가근무를 할 수 없다고 한다. 한 사람만 추가근무 일정을 수정할 수 있을 때, 규칙에 어긋난 요일과 그 날에 속한 사람 중 변경해야 할 직원을 순서대로 바르게 나열한 것은?(단, 주말은 1시간당 1.5시간으로 계산한다)

〈추가근무 계획표〉

성명	추가근무 일정	성명	추가근무 일정
김혜정	월요일 3시간, 금요일 3시간	김재건	수요일 1시간
이설희	토요일 6시간	신혜선	수요일 4시간, 목요일 3시간
임유진	토요일 3시간, 일요일 1시간	한예리	일요일 6시간
박주환	목요일 2시간	정지원	월요일 6시간, 목요일 4시간
이지호	화요일 4시간	최명진	화요일 5시간
김유미	금요일 6시간, 토요일 2시간	김우석	목요일 1시간
이승기	화요일 1시간	차지수	금요일 6시간
정해리	월요일 5시간	이상엽	목요일 6시간, 일요일 3시간

	요일	직원
①	월요일	김혜정
②	화요일	정지원
③	화요일	신혜선
④	목요일	이상엽
⑤	토요일	임유진

45 S공사의 A사원은 법인카드를 사용하여 부장 3명과 대리 2명의 제주 출장을 위해 왕복항공권을 구입하려고 한다. 다음은 항공사별 좌석에 따른 편도 비용에 대한 자료이다. 부장은 비즈니스석, 대리는 이코노미석을 이용한다고 할 때, 가장 저렴하게 항공권을 구입할 수 있는 항공사는?

〈항공사별 좌석 편도 비용 현황〉

항공사	비즈니스석	이코노미석	비고
A항공사	120,000원	85,000원	-
B항공사	130,000원	70,000원	-
C항공사	150,000원	80,000원	왕복권 구매 시 10% 할인
D항공사	130,000원	75,000원	-
E항공사	150,000원	95,000원	법인카드 사용 시 20% 할인

① A항공사 ② B항공사
③ C항공사 ④ D항공사
⑤ E항공사

46 갑과 을은 0점, 4점, 9점 구간이 구분된 과녁을 놓고 양궁 게임을 하고 있다. 둘은 각각 20발의 화살을 쏘아 0점을 맞힌 개수만 점수표에 기록하였다. 〈조건〉에 근거하여 점수를 추론할 때, 갑과 을의 최종 점수로 가능한 것은?

〈점수표〉

(단위 : 발)

구분	갑	을
0점	6	8
4점		
9점		

조건
• 최종 점수는 각 화살이 맞힌 점수의 합으로 한다.
• 둘이 쏜 화살 중 과녁 밖으로 날아간 것은 하나도 없다.
• 갑과 을이 4점을 맞힌 화살의 개수는 동일하다.

```
      갑       을
①   51점    62점
②   74점    62점
③   74점    68점
④   86점    68점
⑤   88점    68점
```

47 다음 자료를 보고 계산한 A고객과 B고객이 내야 할 총액으로 옳은 것은?

구분	금액(원)	비고
전복(1kg)	50,000	–
블루베리(100g)	1,200	–
고구마(100g)	5,000	–
사과(5개)	10,000	–
오렌지(8개)	12,000	–
우유(1L)	3,000	S우유 구매 시 200원 할인
소갈비(600g)	20,000	LA갈비 18,000원
생닭(1마리)	9,000	손질 요청 시 1,000원 추가
배송	3,000	12만 원 이상 구매 시 무료
신선포장	1,500	–
봉투	100	배송 시 무료 제공

※ S카드 결제 시 5% 할인 적용

고객	품목	비고
A	전복(1kg), 블루베리(600g), 고구마(200g), 사과(10개), 오렌지(8개), 우유(1L)	배송, 신선포장, 봉투 1개 필요, 현금 결제
B	블루베리(200g), 오렌지(8개), S우유(1L), 소갈비(600g), 생닭(1마리)	생닭 손질, 봉투 2개 필요, S카드 결제

	A	B
①	106,500원	45,030원
②	105,600원	44,080원
③	105,600원	45,030원
④	106,700원	45,030원
⑤	106,700원	44,080원

48 Q회사는 해외지사와 화상 회의를 1시간 동안 하기로 하였다. 모든 지사의 업무시간은 오전 9시부터 오후 6시까지이며, 점심시간은 낮 12시부터 오후 1시까지이다. 〈조건〉이 다음과 같을 때, 회의가 가능한 시간은?(단, 회의가 가능한 시간은 서울 기준이다)

> **조건**
> • 헝가리는 서울보다 7시간 느리고, 현지시간으로 오전 10시부터 2시간 동안 외부출장이 있다.
> • 호주는 서울보다 1시간 빠르고, 현지시간으로 오후 2시부터 3시간 동안 회의가 있다.
> • 베이징은 서울보다 1시간 느리다.
> • 헝가리와 호주는 서머타임 +1시간을 적용한다.

① 오전 10시 ~ 오전 11시 ② 오전 11시 ~ 낮 12시
③ 오후 1시 ~ 오후 2시 ④ 오후 2시 ~ 오후 3시
⑤ 오후 3시 ~ 오후 4시

49 대구에서 광주까지 편도운송을 하는 A사는 다음과 같이 화물차량을 운용한다. 수송비 절감을 통해 경영에 필요한 예산을 확보하기 위하여 적재효율을 기존 1,000상자에서 1,200상자로 높여 운행횟수를 줄인다면, A사가 얻을 수 있는 월 수송비 절감액은?

〈A사의 화물차량 운용 정보〉
• 차량 운행대수 : 4대
• 1대당 1일 운행횟수 : 3회
• 1대당 1회 수송비 : 100,000원
• 월 운행일수 : 20일

① 3,500,000원 ② 4,000,000원
③ 4,500,000원 ④ 5,000,000원
⑤ 5,500,000원

50 S공사에서는 약 2개월 동안 근무할 인턴사원을 선발하고자 다음과 같은 공고를 게시하였다. 이에 지원한 A ~ E 중에서 S공사의 인턴사원으로 가장 적절한 지원자는?

〈인턴 모집 공고〉

- 근무기간 : 약 2개월(6 ~ 8월)
- 자격 요건
  - 1개월 이상 경력자
  - 포토샵 가능자
  - 근무 시간(9시 ~ 18시) 이후에도 근무가 가능한 자
- 기타사항
  - 경우에 따라서 인턴 기간이 연장될 수 있음

A지원자	• 경력사항 : 출판사 3개월 근무 • 컴퓨터 활용 능력 中(포토샵, 워드 프로세서) • 대학 휴학 중(9월 복학 예정)
B지원자	• 경력 사항 : 없음 • 포토샵 능력 우수 • 전문대학 졸업
C지원자	• 경력 사항 : 마케팅 회사 1개월 근무 • 컴퓨터 활용 능력 上(포토샵, 워드 프로세서, 파워포인트) • 4년제 대학 졸업
D지원자	• 경력 사항 : 제약 회사 3개월 근무 • 포토샵 가능 • 저녁 근무 불가
E지원자	• 경력 사항 : 마케팅 회사 1개월 근무 • 컴퓨터 활용 능력 中(워드 프로세서, 파워포인트) • 대학 졸업

① A지원자 ② B지원자
③ C지원자 ④ D지원자
⑤ E지원자

01 다음 글의 핵심 내용으로 가장 적절한 것은?

> 1948년에 제정된 대한민국 헌법은 공동체의 정치적 문제는 기본적으로 국민의 의사에 의해 결정된다는 점을 구체적인 조문으로 명시하고 있다. 그러나 이러한 공화제적 원리는 1948년에 이르러 갑작스럽게 등장한 것이 아니다. 이미 19세기 후반부터 한반도에서는 이와 같은 원리가 공공 영역의 담론 및 정치적 실천 차원에서 표명되고 있었다.
>
> 공화제적 원리는 1885년부터 발행되기 시작한 근대적 신문인『한성주보』에서도 어느 정도 언급된 바 있지만 특히 1898년에 출현한 만민 공동회에서 그 내용이 명확하게 드러난다. 독립협회를 중심으로 촉발되었던 만민 공동회는 민회를 통해 공론을 형성하고 이를 국정에 반영하고자 했던 완전히 새로운 형태의 정치운동이었다. 이것은 전통적인 집단상소나 민란과는 전혀 달랐다. 이 민회는 자치에 대한 국민의 자각을 기반으로 공동생활의 문제들을 협의하고 함께 행동해 나가려 하였다. 이것은 자신들이 속한 정치공동체에 대한 소속감과 연대감을 갖지 않고서는 불가능한 현상이었다. 즉, 만민 공동회는 국민이 스스로 정치적 주체가 되고자 했던 시도였다. 전제적인 정부가 법을 통해 제한하려고 했던 정치참여를 국민이 스스로 쟁취하여 정치체제를 변화시키고자 하였던 것이다.
>
> 19세기 후반부터 한반도에 공화제적 원리가 표명되고 있었다는 사례는 이뿐만이 아니다. 당시 독립협회가 정부와 함께 개최한 관민 공동회에서 발표한「헌의 6조」를 살펴보면 제3조에 "예산과 결산은 국민에게 공표할 일"이라고 명시하고 있는 것을 확인할 수 있다. 이것은 오늘날의 재정운용의 기본원칙으로 여겨지는 예산공개의 원칙과 정확하게 일치하는 것으로 국민과 함께 협의하여 정치를 하여야 한다는 공화주의 원리를 보여 주고 있다.

① 만민 공동회는 전제 정부의 법적 제한에 맞서 국민의 정치 참여를 쟁취하고자 했다.
② 한반도에서 예산공개의 원칙은 19세기 후반 관민 공동회에서 처음으로 표명되었다.
③ 예산과 결산이라는 용어는 관민 공동회가 열렸던 19세기 후반에 이미 소개되어 있었다.
④ 만민 공동회를 통해 대한민국 헌법에 공화제적 원리를 포함시키는 것이 결정되었다.
⑤ 한반도에서 공화제적 원리는 이미 19세기 후반부터 담론 및 실천의 차원에서 표명되고 있었다.

02 다음 글의 빈칸 (가) ~ (다)에 들어갈 말을 〈보기〉에서 골라 순서대로 바르게 나열한 것은?

『정의론』을 통해 현대 영미 윤리학계에 정의에 대한 화두를 던진 사회철학자 '롤즈'는 전형적인 절차주의적 정의론자이다. 그는 정의로운 사회 체제에 대한 논의를 주도해 온 공리주의가 소수자 및 개인의 권리를 고려하지 못한다는 점에 주목하여 사회계약론적 토대하에 대안적 정의론을 정립하고자 하였다.

롤즈는 개인이 정의로운 제도하에서 자유롭게 자신들의 욕구를 추구하기 위해서는 ___(가)___ 등이 필요하며 이는 사회의 기본 구조를 통해서 최대한 공정하게 분배되어야 한다고 생각했다. 그리고 이를 실현할 수 있는 사회 체제에 대한 논의가, 자유롭고 평등하며 합리적인 개인들이 모두 동의할 수 있는 원리들을 탐구하는 데에서 출발해야 한다고 보고 '원초적 상황'의 개념을 제시하였다.

'원초적 상황'은 정의로운 사회 체제의 기본 원칙들을 선택하는 합의 당사자들로 구성된 가설적 상황으로, 이들은 향후 헌법과 하위 규범들이 따라야 하는 가장 근본적인 원리들을 합의한다. '원초적 상황'에서 합의 당사자들은 ___(나)___ 등에 대한 정보를 모르는 상태에 놓이게 되는데 이를 '무지의 베일'이라고 한다. 단, 합의 당사자들은 ___(다)___ 와/과 같은 사회에 대한 일반적 지식을 알고 있으며, 공적으로 합의된 규칙을 준수하고, 합리적인 욕구를 추구할 수 있는 존재로 간주된다. 롤즈는 이러한 '무지의 베일' 상태에서 사회 체제의 기본 원칙들에 만장일치로 합의하는 것이 보장된다고 생각하였다. 또한 무지의 베일을 벗은 후에 겪을지 모를 피해를 우려하여 합의 당사자들이 자신의 피해를 최소화할 수 있는 내용을 계약에 포함시킬 것으로 보았다.

위와 같은 원초적 상황을 전제로 합의 당사자들은 정의의 원칙들을 선택하게 된다. 제1원칙은 모든 사람이 다른 개인들의 자유와 양립 가능한 한도 내에서 '기본적 자유'에 대한 평등한 권리를 갖는다는 것인데, 이를 '자유의 원칙'이라고 한다. 여기서 롤즈기 말하는 '기본적 자유'는 양심과 시고 표현의 자유, 정치적 자유 등을 포함한다.

보기

㉠ 자신들의 사회적 계층, 성, 인종, 타고난 재능, 취향
㉡ 자유와 권리, 임금과 재산, 권한과 기회
㉢ 인간의 본성, 제도의 영향력

	(가)	(나)	(다)
①	㉠	㉡	㉢
②	㉠	㉢	㉡
③	㉡	㉢	㉠
④	㉡	㉠	㉢
⑤	㉢	㉠	㉡

03 다음 (가) ~ (마) 문단을 논리적 순서대로 바르게 나열한 것은?

(가) 동아시아의 문명 형성에 가장 큰 영향력을 끼친 책을 꼽을 때, 그 중에 『논어』가 빠질 수 없다. 『논어』는 공자(B.C. 551 ~ 479)가 제자와 정치인 등을 만나서 나눈 이야기를 담고 있다. 공자의 활동기간으로 따져 보면 『논어』는 지금으로부터 대략 2,500년 전에 쓰인 것이다. 지금의 우리는 한나절에 지구 반대편으로 날아다니고, 여름에 겨울 과일을 먹는 그야말로 공자는 상상할 수도 없는 세상에 살고 있다.

(나) 2,500년 전의 공자와 그가 대화한 사람 역시 우리와 마찬가지로 '호모 사피엔스'이기 때문이다. 2,500년 전의 사람도 배고프면 먹고, 졸리면 자고, 좋은 일이 있으면 기뻐하고, 나쁜 일이 있으면 화를 내는 오늘날의 사람과 다름없었다. 불의를 보면 공분하고, 전쟁보다 평화가 지속되기를 바라고, 예술을 보고 들으며 즐거워했는데, 오늘날의 사람도 마찬가지이다.

(다) 물론 2,500년의 시간으로 인해 달라진 점도 많고 시대와 문화에 따라 '사람다움이 무엇인가?'에 대한 답은 다를 수 있지만, 사람은 돌도 아니고 개도 아니고 사자도 아니라 여전히 사람일 뿐인 것이다. 즉 현재의 인간이 과거보다 자연의 힘을 두려워하지 않고 자연을 합리적으로 설명할 수는 있지만, 인간적 약점을 극복하고 신적인 존재가 될 수는 없는 그저 인간일 뿐인 것이다.

(라) 『논어』의 일부는 여성과 아동, 이민족에 대한 당시의 편견을 드러내고 있어 이처럼 달라진 시대의 흐름에 따라 폐기될 수밖에 없지만, 이를 제외한 부분은 '오래된 미래'로서 읽을 가치가 있는 것이다.

(마) 이론의 생명 주기가 짧은 학문의 경우, 2,500년 전의 책은 역사적 가치가 있을지언정 이론으로서는 폐기 처분이 당연시된다. 그런데 왜 21세기의 우리가 2,500년 전의 『논어』를 지금까지도 읽고, 또 읽어야 할 책으로 간주하고 있는 것일까?

① (가) – (마) – (나) – (라) – (다)
② (가) – (마) – (다) – (나) – (라)
③ (가) – (마) – (나) – (다) – (라)
④ (나) – (다) – (가) – (마) – (라)
⑤ (마) – (가) – (나) – (다) – (라)

우리가 어떤 개체의 행동이나 상태 변화를 설명하고 예측하고자 할 때는 물리적 태세, 목적론적 태세, 지향적 태세라는 전략을 활용할 수 있다. 소금을 물에 넣고, 물속의 소금에 어떤 변화가 일어날지 예측하기 위해서는 소금과 물 그리고 그것을 지배하는 물리적 법칙이 필요하다. 이는 대상의 물리적 구성 요소와 그것을 지배하는 법칙을 통해 그 변화를 예측하는 것을 의미한다. 이와 같은 전략을 '물리적 태세'라 한다.

'목적론적 태세'는 개체의 설계 목적이나 기능을 파악하여 그 행동을 설명하고 예측하는 전략이다. 가령 컴퓨터의 〈F8〉 키가 어떤 기능을 하는지 알기만 하면 〈F8〉 키를 누를 때 컴퓨터가 어떤 반응을 보일지 예측할 수 있다. 즉, 〈F8〉 키를 누르면 컴퓨터가 맞춤법을 검사할 것이라고 충분히 예측할 수 있다.

마지막으로 '지향적 태세'는 지향성의 개념을 사용하여 개체의 행동을 설명하고 예측하는 전략이다. 여기서 '지향성'이란 어떤 대상을 향한 개체의 의식, 신념, 욕망 등을 가리킨다. 가령 쥐의 왼쪽에 고양이가 나타났을 경우를 가정해 보자. 쥐의 행동을 예측하기 위해서는 어떤 전략을 사용해야 할까? 물리적 태세를 취해 쥐의 물리적 구성 요소나 쥐의 행동 양식을 지배하는 물리적 법칙을 파악할 수는 없다. 또한, 쥐가 어떤 기능이나 목적을 수행하도록 설계된 개체로 보기도 어려우므로 목적론적 태세도 취할 수 없다. 따라서 우리는 쥐가 살고자 하는 지향성을 지닌 개체라고 전제하고, 그 행동을 예측하는 것이 타당할 것이다. 즉, 쥐는 생존 욕구 때문에 '왼쪽에 고양이가 있으니, 그쪽으로 가면 잡아먹힐 위험이 있다. 그러니 왼쪽으로는 가지 말아야지.'라는 믿음을 가질 것이다. 우리는 쥐가 고양이가 있는 왼쪽으로 가는 행동을 하지 않을 것으로 예측할 수 있다. 그런데 예측 과정에서 선행되어야 하는 것은 쥐가 살아남기 위해 합리적으로 행동하는 개체라는 점을 인식해야 한다는 것이다. 따라서 지향적 태세를 취한다는 것은 예측 대상이 합리적으로 행동하는 개체임을 가정하는 것이다.

유기체는 생존과 번성의 욕구를 성취하기 위한 지향성을 지닌다. 그리고 환경에 성공적으로 적응하기 위해 정보를 수집하고, 축적된 정보에 새로운 정보를 결합하여 가장 합리적이라고 판단되는 행동을 선택한다. 이처럼 대부분의 유기체는 외부 세계와의 관계 속에서 지향성을 지니며 진화해 왔다. 지향적 태세는 우리가 대상을 바라보는 새로운 자세와 관점을 제공했다는 점에서 의의를 찾을 수 있다.

① 구체적 사례를 통해 추상적인 개념을 설명하고 있다.
② 다양한 관점을 소개하면서 이를 서로 절충하고 있다.
③ 전문가의 견해를 토대로 현상의 원인을 분석하고 있다.
④ 기존 이론의 문제점을 밝히고 새로운 이론을 제시하고 있다.
⑤ 시대적 흐름에 따른 핵심 개념의 변화 과정을 규명하고 있다.

05 다음 중 민속문화와 대중문화의 차이로 적절하지 않은 것은?

> 문화는 하나의 집단을 이루는 사람들의 독특한 전통을 구성하는 관습적 믿음, 사회적 형태, 물질적
> 특성으로 나타나는 일종의 실체이다. 문화는 모든 사람들의 일상생활에서의 생존활동, 즉 의식주와
> 관련된 활동들로부터 형성된다. 지리학자들은 특정 사회관습의 기원과 확산, 그리고 특정 사회관습
> 과 다른 사회적 특성들의 통합을 연구하는데, 크게 고립된 촌락 지역에 거주하는, 규모가 작고 동질
> 적인 집단에 의해 전통적으로 공유되는 민속문화(Folk Culture)와, 특정 관습을 공유하는, 규모가
> 크고 이질적인 사회에서 나타나는 대중문화(Popular Culture)로 구분된다.
> 다수의 민속문화에 의해 지배되는 경관은 시간의 흐름에 따라 거의 변화하지 않는다. 이에 비해 현
> 대의 통신매체는 대중적 관습이 자주 변화하도록 촉진시킨다. 결과적으로, 민속문화는 특정 시기에
> 장소마다 다양하게 나타나는 경향이 있지만 대중문화는 특정 장소에서 시기에 따라 달라지는 경향
> 이 크다.
> 사회적 관습은 문화의 중심지역, 즉 혁신의 발상지에서 유래한다. 민속문화는 흔히 확인되지 않은
> 기원자를 통해서, 잘 알려지지 않은 시기에, 출처가 밝혀지지 않은 미상의 발상지로부터 발생한다.
> 민속문화는 고립된 장소로부터 독립적으로 기원하여 여러 개의 발상지를 가질 수 있다. 예를 들어,
> 민속 노래는 보통 익명으로 작곡되며, 구두로 전파된다. 노래는 환경 조건의 변화에 따라 다음 세대
> 로 전달되며 변형되지만, 그 소재는 대다수 사람들에게 익숙한 일상생활의 사건들로부터 빈번하게
> 얻어진다.
> 민속문화와 달리 대중문화는 대부분이 선진국, 특히 북아메리카, 서부 유럽, 일본의 산물이다. 대중
> 음악과 패스트푸드가 대중문화의 좋은 예이다. 대중문화는 산업기술의 진보와 증가된 여가시간이
> 결합하면서 발생한 것이다. 오늘날 우리가 알고 있는 대중음악은 1900년경에 시작되었다. 그 당시
> 미국과 서부 유럽에서 대중음악에 의한 엔터테인먼트는 영국에서 뮤직 홀(Music Hall)로 불리고,
> 미국에서 보드빌(Vaudeville)이라고 불린 버라이어티쇼였다. 음악 산업은 뮤직홀과 보드빌에 노래
> 를 제공하기 위해 뉴욕의 틴 팬 앨리(Tin Pan Alley)라고 알려진 구역에서 발달하였다. 틴 팬 앨리
> 라는 명칭은 송 플러거(Song Plugger : 뉴욕의 파퓰러 송 악보 출판사가 고용한 선전 담당의 피아
> 니스트)라고 불린 사람들이 악보 출판인들에게 음악의 곡조를 들려주기 위해 격렬하게 연타한 피아
> 노 소리로부터 유래하였다.
> 많은 스포츠가 고립된 민속문화로 시작되었으며, 다른 민속문화처럼 개인의 이동을 통해 확산되었
> 다. 그러나 현대의 조직된 스포츠의 확산은 대중문화의 특징을 보여 준다. 축구는 11세기 잉글랜드
> 에서 민속문화로 시작되었으며, 19세기 전 세계 대중문화의 일부가 되었다. 축구의 기원은 명확하
> 지 않다. 1863년 다수의 영국 축구 클럽들이 경기 규칙을 표준화하고, 프로 리그를 조직하기 위해
> 풋볼협회(Football Association)를 결성하였다. 풋볼 협회의 'Association'이라는 단어가 축약되어
> 'Assoc'으로, 그리고 조금 변형되어 마침내 'Soccer'라는 용어가 만들어졌다. 여가시간 동안 조직된
> 위락 활동을 공장 노동자들에게 제공하기 위해 클럽들은 교회에 의해 조직되었다. 영국에서 스포츠
> 가 공식적인 조직으로 만들어진 것은 축구가 민속문화에서 대중문화로 전환된 것을 나타낸다.

① 민속문화는 규모가 작고, 동질적인 집단에 의해 전통적으로 공유된다.

② 대중문화는 서부 유럽이나 북아메리카 등 선진국에서 발생하였다.

③ 민속문화는 출처가 밝혀지지 않은 미상의 발상지로부터 발생한다.

④ 민속문화는 대중문화로 변하기도 한다.

⑤ 민속문화는 특정 장소에서 시기마다 달라지는 경향이 있지만, 대중문화는 특정 시기에서 장소에
　따라 다양해지는 경향이 크다.

06 다음 글의 중심내용으로 가장 적절한 것은?

> 그리스 철학의 집대성자라고도 불리는 철학자 아리스토텔레스는 자연의 모든 물체는 '자연의 사다리'에 의해 계급화되어 있다고 생각했다. 자연의 사다리는 아래에서부터 무생물, 식물, 동물, 인간, 그리고 신으로 이루어지는데, 이러한 계급에 맞춰 각각에 일정한 기준이 부여된다. 18세기 유럽 철학계와 과학계에서는 이러한 자연의 사다리 사상이 크게 유행을 했으며 사다리의 상층인 신과 인간에게는 높은 이성과 가치가 있고, 그 아래인 동물과 식물에게는 인간보다 낮은 가치가 있다고 보기 시작했다.
>
> 이처럼 서양의 자연관은 인간과 자연을 동일시하던 고대에서 벗어나 인간만이 영혼이 있으며, 이에 따라 인간만이 자연을 지배할 수 있다고 믿는 기독교 중심의 중세시대를 지나, 여러 철학자들을 거쳐 점차 인간이 자연보다 우월한 자연지배관으로 모습이 바뀌기 시작했다. 이러한 자연관을 토대로 서양에서는 자연스럽게 산업혁명 등을 통한 대량소비와 대량생산의 경제성장 구조와 가치체계가 발전되어 왔다.
>
> 동양의 자연관 역시 동양철학과 불교 등의 이념과 함께 고대에서 중세세대를 지나게 되었다. 하지만 서양의 인간중심 철학과 달리 동양철학과 불교에서는 자연과 인간을 동일선상에 놓거나 둘의 조화를 중요시하는 합일론을 주장했다. 이들의 사상은 노자와 장자의 무위자연의 도, 불교의 윤회사상 등에서 살펴볼 수 있다. 대량소비와 대량생산으로 대표되는 자본주의의 한계와 함께 지구온난화, 자원고갈, 생태계 파괴가 대두되는 요즘, 동양의 자연관이 주목받고 있다.

① 서양철학에서 나타나는 부작용
② 자연의 사다리와 산업혁명
③ 철학과 지구온난화의 상관관계
④ 서양의 자연관과 동양의 자연관의 차이
⑤ 서양철학의 문제점과 동양철학을 통한 해결법

최근 사물인터넷에 대한 사람들의 관심이 부쩍 늘고 있다. 사물인터넷은 '인터넷을 기반으로 모든 사물을 연결하여 사람과 사물, 사물과 사물 간에 정보를 소통하는 지능형 기술 및 서비스'를 말한다. 통계에 따르면 사물인터넷은 전 세계적으로 민간 부문 14조 4,000억 달러, 공공 부문 4조 6,000억 달러에 달하는 경제적 가치를 창출할 것으로 ⓛ 예상되며 그 가치는 더욱 커질 것으로 기대된다. 그래서 사물인터넷 사업은 국가 경쟁력을 확보할 수 있는 미래 산업으로서 그 중요성 ⑦ 이 강조되고 있으며, 이에 선진국들은 에너지, 교통, 의료, 안전 등 다양한 분야에 걸쳐 투자를 진행하고 있다. 그러나 우리나라는 정부 차원의 경제적 지원이 부족하여 사물인터넷 산업이 활성화되는 데 어려움이 있다. 또한 국내의 기업들은 사물인터넷 시장의 불확실성 때문에 적극적으로 투자에 나서지 못하고 있으며, 사물인터넷 관련 기술을 확보하지 못하고 있는 실정이다. ⓒ 그 결과 우리나라의 사물인터넷 시장은 선진국에 비해 확대되지 못하고 있다.

그렇다면 국내 사물인터넷 산업을 활성화하기 위한 방안은 무엇일까? 우선 정부에서는 사물인터넷 산업의 기반을 구축하는 데 필요한 정책과 제도를 정비하고, 관련 기업에 경제적 지원책을 마련해야 한다. 또한 수익성이 불투명하다고 느끼는 기업으로 하여금 투자를 하도록 유도하여 사물인터넷 산업이 발전할 수 있도록 해야 한다. 그리고 기업들은 이동 통신 기술 및 차세대 빅데이터 기술 개발에 집중하여 사물인터넷으로 인해 발생하는 대용량의 데이터를 원활하게 수집하고 분석할 수 있는 기술력을 ⓔ 확증해야 할 것이다.

ⓜ 사물인터넷은 세상을 연결하여 소통하게 하는 끈이다. 이런 사물인터넷은 우리에게 편리한 삶을 약속할 뿐만 아니라 경제적 가치를 창출할 미래 산업으로 자리매김할 것이다.

① ⑦ : 서로 다른 내용을 다루고 있는 부분이 있으므로 문단을 두 개로 나눈다.

② ⓛ : 불필요한 피동 표현에 해당하므로 '예상하며'로 수정한다.

③ ⓒ : 앞 문장의 결과라기보다는 원인이므로 '그 이유는 우리나라의 사물인터넷 시장은 선진국에 비해 확대되지 못하고 있기 때문이다.'로 수정한다.

④ ⓔ : 문맥상 어울리지 않는 단어이므로 '확인'으로 바꾼다.

⑤ ⓜ : 글과 상관없는 내용이므로 삭제한다.

08 다음 글의 가설을 강화하는 사례가 아닌 것을 〈보기〉에서 모두 고르면?

성염색체만이 개체의 성(性)을 결정하는 요소는 아니다. 일부 파충류의 경우에는 알이 부화되는 동안의 주변 온도에 의해 개체의 성이 결정된다. 예를 들어, 낮은 온도에서는 일부 종은 수컷으로만 발달하고, 일부 종은 암컷으로만 발달한다. 또한, 어떤 종에서는 낮은 온도와 높은 온도에서 모든 개체가 암컷으로만 발달하는 경우도 있다. 그 사이의 온도에서는 특정 온도에 가까워질수록 수컷으로 발달하는 개체의 비율이 증가하다가 결국 그 특정 온도에 이르러서는 모든 개체가 수컷으로 발달하기도 한다.

다음은 온도와 성 결정 간의 상관관계를 설명하기 위해 제시된 가설이다.

〈가설〉

파충류의 성 결정은 B물질을 필요로 한다. B물질은 단백질 '가'에 의해 A물질로, 단백질 '나'에 의해 C물질로 바뀐다. 이때 A물질과 C물질의 비율은 단백질 '가'와 단백질 '나'의 비율과 동일하다. 파충류의 알은 단백질 '가'와 '나' 모두를 가지고 있지만 온도에 따라 각각의 양이 달라진다. 암컷을 생산하는 온도에서 배양된 알에서는 A물질의 농도가 더 높고, 수컷을 생산하는 온도에서 배양된 알에서는 C물질의 농도가 더 높다. 온도의 차에 의해 알의 내부에 A물질과 C물질의 상대적 농도 차이가 발생하고, 이것이 파충류의 성을 결정하는 것이다.

보기

ㄱ. 수컷만 생산하는 온두에서 부화되고 있는 알은 단백질 '가'보다 훨씬 많은 양의 단백질 '나'를 가지고 있다.

ㄴ. B물질의 농도는 수컷만 생산하는 온도에서 부화되고 있는 알보다 암컷만 생산하는 온도에서 부화되고 있는 알에서 더 높다.

ㄷ. 수컷만 생산하는 온도에서 부화되고 있는 알에 고농도의 A물질을 투여하여 C물질보다 그 농도를 높였더니 암컷이 생산되었다.

① ㄱ   ② ㄴ
③ ㄷ   ④ ㄱ, ㄷ
⑤ ㄴ, ㄷ

상업적 농업이란 전통적인 자급자족 형태의 농업과 달리 ㉠ 판매를 위해 경작하는 농업을 일컫는다. 농업이 상업화된다는 것은 산출할 수 있는 최대의 수익을 얻기 위해 경작이 이루어짐을 뜻한다. 이를 위해 쟁기질, 제초작업 등과 같은 생산 과정의 일부를 인간보다 효율이 높은 기계로 작업하게 되고, 농장에서 일하는 노동자도 다른 산업 분야처럼 경영상의 이유에 따라 쉽게 고용되고 해고된다. 이처럼 상업적 농업의 도입은 근대 사회의 상업화를 촉진한 측면이 있다.

홉스봄은 18세기 유럽에 상업적 농업이 도입되면서 일어난 몇 가지 변화에 주목했다. 중세 말기 장원의 해체로 인해 지주와 소작인 간의 인간적이었던 관계가 사라진 것처럼, ㉡ 농장주와 농장 노동자의 친밀하고 가까웠던 관계가 상업적 농업의 도입으로 인해 사라졌다. 토지는 삶의 터전이라기보다는 수익의 원천으로 여겨지게 되었고, 농장 노동자는 시세대로 고용되어 임금을 받는 존재로 변화하였다. 결국 대량 판매 시장을 위한 ㉢ 대규모 생산이 점점 더 강조되면서 기계가 인간을 대체하기 시작했다.

또한 상업적 농업의 도입은 중요한 사회적 결과를 가져왔다. 점차적으로 ㉣ 중간 계급으로의 수렴현상이 나타난 것이다. 저임금 구조의 고착화로 농장주와 농장 노동자 간의 소득 격차는 갈수록 벌어졌고, 농장 노동자의 처지는 위생과 복지라는 양 측면에서 이전보다 더욱 열악해졌다.

나아가 상업화로 인해 그동안 호혜성의 원리가 적용되어 왔던 대상들의 성격이 변화하였는데, 특히 돈과 관련된 것, 즉 재산권이 그러했다. 수익을 얻기 위한 토지 매매가 본격화되면서 ㉤ 재산권은 공유되기보다는 개별화되었다. 이에 따라 이전에 평등주의 가치관이 우세했던 일부 유럽 국가에서조차 자원의 불평등한 분배와 사회적 양극화가 심화되었다.

① ㉠ : '개인적인 소비를 위해 경작하는 농업'으로 고친다.

② ㉡ : '농장주와 농장 노동자의 이질적이고 사용 관계에 가까웠던 관계'로 고친다.

③ ㉢ : '기술적 전문성이 점점 더 강조되면서 인간이 기계를 대체'로 고친다.

④ ㉣ : '계급의 양극화가 나타난 것이다.'로 고친다.

⑤ ㉤ : '재산권은 개별화되기보다는 사회 구성원 내에서 공유되었다.'로 고친다.

10 다음 글을 통해 알 수 있는 내용으로 가장 적절한 것은?

> 네트워크란 구성원들이 위계적이지 않으며 독자적인 의사소통망을 통해 서로 활발히 연결되어 있는 구조라고 할 수 있다. 마약밀매 조직 등에 나타나는 점조직은 기초적인 형태의 네트워크이며, 정교한 형태의 네트워크로는 행위자들이 하나의 행위자에 개별적으로 연결되어 있는 '허브' 조직이나 모든 행위자들이 서로 연결되어 있는 '모든 채널' 조직이 있다. 네트워크가 복잡해질수록 이를 유지하기 위해 의사소통 체계를 구축하는 비용이 커지지만, 정부를 비롯한 외부 세력이 와해시키기도 어렵게 된다. 특정한 지도자가 없고 핵심 기능들이 여러 구성원에 중복 분산되어 있어, 조직 내의 한 지점을 공격해도 전체적인 기능이 조만간 복구되기 때문이다. 이런 네트워크의 구성원들이 이념과 목표를 공유하고 실현하는 데 필요한 것들을 직접 행동에 옮긴다면, 이러한 조직을 상대하기는 더욱 힘들어진다.
>
> 네트워크가 반드시 첨단 기술을 전제로 하는 것은 아니며, 서로 연결되어 있기만 하면 그것은 네트워크라 할 수 있다. 그렇지만 인터넷과 통신 기술과 같은 첨단 기술의 발달은 정교한 형태의 네트워크 유지에 필요한 비용을 크게 줄여 놓았다. 이 때문에 세계의 수많은 시민 단체, 범죄 조직, 그리고 테러 단체들이 과거에는 상상할 수 없었던 힘을 발휘하게 되었으며, 정치, 외교, 환경, 범죄에 이르기까지 사회의 모든 부문에 영향력을 미치고 있다. 이렇듯 네트워크를 활용하는 비국가행위자들의 영향력이 확대되면서 국가가 사회에서 차지하는 역할의 비중이 축소되었다. 반면 비국가행위자들은 정보통신 기술의 힘을 얻은 네트워크를 통해 그동안 억눌렸던 자신들의 목소리를 낼 수 있게 되었다. 이러한 변화는 두 얼굴을 가진 야누스이다. 인권과 민주주의, 그리고 평화의 확산을 위해 애쓰는 시민사회 단체들은 네트워크의 힘을 바탕으로 기존의 국가 조직이 손대지 못한 영역에서 긍정적인 변화를 이끌어낼 것이다. 반면 테러 및 범죄 조직 역시 네트워크를 통해 국가의 추격을 피해 기며 전 세계로 그 활동 범위를 넓혀 나갈 것이다. 정보통신 기술의 발달과 네트워크의 등장으로 양쪽 모두 전례 없는 기회를 얻었다. 시민사회 단체들의 긍정적인 측면을 최대한 끌어내 정부의 기능을 보완, 견제하고 테러 및 범죄 조직의 발흥을 막을 수 있는 시스템을 구축하는 것이 시대의 과제가 될 것이다.

① 여러 형태의 네트워크 중 점조직의 결집력이 가장 강하다.

② 네트워크의 확산은 인류 미래에 부정적인 영향보다 긍정적인 영향을 더 크게 미칠 것이다.

③ 네트워크의 외부 공격에 대한 대응력은 조직의 정교성이나 복잡성과는 관계가 없을 것이다.

④ 기초적인 형태의 네트워크는 구성원의 수가 적어질수록 정교한 형태의 네트워크로 발전할 가능성이 크다.

⑤ 정교한 형태의 네트워크 유지에 들어가는 비용이 낮아진 것은 국가가 사회에 미치는 영향력이 약화된 결과를 낳았다.

11 다음 글의 내용으로 적절하지 않은 것은?

종종 독버섯이나 복어 등을 먹고 사망했다는 소식을 접한다. 그럼에도 우리는 흔히 천연물은 안전하다고 생각한다. 자연에 존재하는 독성분이 천연화합물이라는 것을 쉽게 인지하지 못하는 것이다. 이처럼 외부에 존재하는 물질 외에 우리 몸 안에도 여러 천연화합물이 있는데, 부신에서 생성되는 아드레날린이라는 호르몬이 그 예이다.

아드레날린은 1895년 폴란드의 시불스키(Napoleon Cybulski)가 처음으로 순수하게 분리했고, 1897년 미국 존스홉킨스 대학의 아벨(John Jacob Abel)이 그 화학 조성을 밝혔다.

처음에는 동물의 부신에서 추출한 아드레날린을 판매하였으나, 1906년, 합성 아드레날린이 시판되고부터 현재는 모두 합성 제품이 사용되고 있다.

우리가 경계하거나 위험한 상황에 처하면, 가슴이 두근거리면서 심박과 순환하는 혈액의 양이 늘어나게 되는데 이는 아드레날린 때문이다. 아드레날린은 뇌의 신경 자극을 받은 부신에서 생성되어 혈액으로 들어가 빠르게 수용체를 활성화시킨다. 이처럼 아드레날린은 위험을 경계하고 그에 대응해야 함을 알리는 호르몬으로 '경계, 탈출의 호르몬'이라고도 불린다. 또한 아드레날린은 심장마비, 과민성 쇼크, 심한 천식, 알레르기 등에 처방되고 있으며, 안구 수술 전 안압 저하를 위한 안약으로 쓰이는 등 의학용으로 널리 쓰이고 있다.

그러나 아드레날린은 우리 몸에서 생산되는 천연물임에도 독성이 매우 커 LD50(50%가 생존 또는 사망하는 양)이 체중 킬로그램당 4mg이다. 이처럼 아드레날린은 생명을 구하는 약인 동시에, 심장이 약한 사람이나 환자에게는 치명적인 독이 된다. 그러므로 모든 천연물이 무독하거나 무해하다는 생각은 버려야 한다.

① 아드레날린은 우리 몸속에 존재한다.
② 우리가 놀랄 때 가슴이 두근거리는 것은 아드레날린 때문이다.
③ 현재는 합성 아드레날린을 사용하고 있다.
④ 천연 아드레날린은 합성 아드레날린과는 다른 물질이다.
⑤ 독버섯 등에 포함된 독성분은 천연화합물이다.

※ 다음 글을 읽고 이어지는 질문에 답하시오. [12~13]

신문이나 잡지는 대부분 유료로 판매된다. 반면, 인터넷 뉴스 사이트는 신문이나 잡지의 기사와 같거나 비슷한 내용을 무료로 제공한다. 왜 이런 현상이 발생하는 것일까?

이 현상 속에는 경제학적 배경이 숨어 있다. 대체로 상품의 가격은 그 상품을 생산하는 데 드는 비용의 언저리에서 결정된다. 생산 비용이 많이 들수록 상품의 가격이 상승하는 것이다. 그런데 인터넷에 게재되는 기사를 생산하는 데 드는 비용은 0원에 가깝다. 기자가 컴퓨터로 작성한 기사를 신문사 편집실로 보내 종이 신문에 게재하고, 그 기사를 그대로 재활용하여 인터넷 뉴스 사이트에 올리기 때문이다. 또한, 인터넷 뉴스 사이트 방문자 수가 증가하면 사이트에 걸어 놓은 광고에 대한 수입도 증가하게 된다. 이러한 이유로 신문사들은 경쟁적으로 인터넷 뉴스 사이트를 개설하여 무료로 운영했던 것이다.

그런데 이렇게 무료로 인터넷 뉴스 사이트를 이용하는 사람들이 폭발적으로 늘어나면서 돈을 지불하고 신문이나 잡지를 구독하는 사람들이 점점 줄어들기 시작했다. 그 결과 언론사들의 수익률이 감소하여 재정이 악화되었다. 문제는 여기서 그치지 않는다. 언론사들의 재정적 악화는 깊이 있고 정확한 뉴스를 생산하는 그들의 능력을 저하시키거나 사라지게 할 수도 있다. 결국 그로 인한 피해는 뉴스를 이용하는 소비자에게로 되돌아올 것이다.

그래서 점차 언론사들, 특히 신문사들의 재정악화 개선을 위해 인터넷 뉴스를 유료화해야 한다는 의견이 나타나고 있다. 하지만 그러한 주장을 현실화하는 것은 그리 간단하지 않다. 소비자들은 어떤 상품을 구매할 때 그 상품의 가격이 얼마 정도면 구입할 것이고, 얼마 이상이면 구입하지 않겠다는 마음의 선을 긋는다. 이 선의 최대치가 바로 최대 지불의사(Willingness to Pay)이다. 소비자들의 머릿속에 한번 각인된 최대 지불의사는 좀처럼 변하지 않는 특성이 있다. 인터넷 뉴스의 경우 오랫동안 소비자에게 무료로 제공되었고, 그러는 사이 인터넷 뉴스에 대한 소비자들의 최대 지불의사도 0원으로 굳어진 것이다. 그런데 이제 와서 무료로 이용하던 정보를 유료화한다면 소비자들은 여러 이유를 들어 불만을 토로할 것이다.

해외 신문 중 일부 경제 전문지는 이러한 문제를 성공적으로 해결했다. 그들은 매우 전문화되고 깊이 있는 기사를 작성하여 소비자에게 제공하는 대신 인터넷 뉴스 사이트를 유료화했다. 그럼에도 불구하고 많은 소비자들이 기꺼이 돈을 지불하고 이들 사이트의 기사를 이용하고 있다. 전문화되고 맞춤화된 뉴스일수록 유료화 잠재력이 높은 것이다. 이처럼 제대로 된 뉴스를 만드는 공급자와 정당한 값을 내고 제대로 된 뉴스를 소비하는 수요자가 만나는 순간 문제해결의 실마리를 찾을 수 있을 것이다.

12 다음 중 윗글의 내용에 바탕이 되는 경제관으로 적절하지 않은 것은?

① 경제적 이해관계는 사회현상의 변화를 초래한다.

② 상품의 가격이 상승할수록 소비자의 수요가 증가한다.

③ 소비자들의 최대 지불의사는 상품의 구매 결정과 밀접한 관련이 있다.

④ 일반적으로 상품의 가격은 상품 생산의 비용과 가까운 수준에서 결정된다.

⑤ 적정 수준의 상품가격이 형성될 때 소비자의 권익과 생산자의 이익이 보장된다.

13 다음 중 윗글을 읽고 보이는 반응으로 적절하지 않은 것은?

① 정보를 이용할 때 정보의 가치에 상응하는 이용료를 지불하는 것은 당연한 것이다.

② 현재 무료인 인터넷 뉴스 사이트를 유료화하려면 먼저 전문적이고 깊이 있는 기사를 제공해야만
한다.

③ 인터넷 뉴스가 광고를 통해 수익을 내는 경우도 있으니 신문사의 재정을 악화시키는 것만은 아니다.

④ 인터넷 뉴스 사이트 유료화가 정확하고 공정한 기사를 양산하는 결과에 직결되는 것은 아니다.

⑤ 인터넷 뉴스만 보는 독자들의 행위가 품질이 나쁜 뉴스를 생산하게 만드는 근본적인 원인이므로
종이 신문을 많이 구독해야 한다.

14 다음 글의 빈칸 (가) ~ (다)에 들어갈 문장을 〈보기〉에서 골라 논리적 순서대로 바르게 나열한 것은?

_____(가)_____ 다시 말해서 현상학적 측면에서 볼 때 철학도 지식의 내용이 존재하는 어떤 것이라는 점에서는 과학적 지식의 구조와 다를 바가 없다. 존재하는 것과 그 존재하는 무엇으로 의식되는 것과의 사이에는 근본적인 구별이 선다. 백두산의 금덩어리는 누가 그것을 의식하든 말든 그대로 있고, 화성에서 일어나는 여러 가지 물리적 현상도 누가 의식하든 말든 그대로 존재한다. 존재와 의식과의 위와 같은 관계를 우리는 존재차원과 의미차원이란 말로 구별할 수 있을 것이다. 여기서 차원이란 말을 붙인 까닭은 의식 이전의 백두산과 의식 이후의 백두산은 순전히 관점의 문제, 즉 백두산을 생각할 수 있는 차원의 문제이기 때문이다.

현상학적 사고를 존재차원에서 이루어지는 것이라고 말할 수 있다면 분석철학에서 주장하는 사고는 의미차원에서 이루어진다. 바꿔 말하자면 현상학적 측면에서 볼 때 철학은 아무래도 어떤 존재를 인식하는 데 그 근본적인 기능이 있다고 보아야 하는 데 반해서, 분석철학의 측면에서 볼 때 철학은 존재와는 아무런 직접적인 관계가 없이 존재에 대한 이야기, 서술을 대상으로 한다. 구체적으로 말해서 철학은 그것이 서술할 존재의 대상을 갖고 있지 않고, 오직 어떤 존재를 서술한 언어만을 갖고 있다. 그러나 철학이 언어를 사고의 대상으로 삼는다고 말하지만, 철학은 언어학과 다르다.

_____(나)_____ 그래서 언어학은 한 언어의 기원이라든지, 한 언어가 왜 그러한 특정한 기호, 발음 혹은 문법을 갖게 되었는가, 또는 그것들이 각기 어떻게 체계화되는가 등을 알려고 한다.

이에 반해서 분석철학은 언어를 대상으로 하되, 그 언어의 구체적인 면에는 근본적인 관심을 두지 않고 그와 같은 구체적인 언어가 가진 의미를 밝히고자 한다. 여기시 철학의 기능온 한 언어가 가진 개념을 해명하고 이해하는 데 있다. 바꿔 말해서, 철학의 기능은 언어가 서술하는 어떤 존재를 인식하는 데 있지 않고, 그와는 관계없이 한 언어가 무엇인가를 서술하는 경우, 무엇인가의 느낌을 표현하는 경우 또는 그 밖의 경우에 그 언어가 정확히 어떻게 의미가 있는가를 이해하는 데 있다.

_____(다)_____ 개념은 어떤 존재하는 대상을 표상(表象)하는 경우도 많으므로 존재와 그것을 의미하는 개념과는 언뜻 보아서 어떤 인과적 관계가 있는 듯하다.

> **보기**
>
> ⊙ 과학에서 말하는 현상과 현상학에서 말하는 현상은 다른 내용을 가지고 있지만, 그러나 그것들은 다 같이 어떤 존재, 즉 우주 안에서 일어나는 사건을 가리킨다.
> ⓒ 언어학은 과학의 한 분야로서 그 연구의 대상을 하나의 구체적 사물로 취급한다.
> ⓒ 따라서 분석철학자들은 흔히 말하기를, 철학은 개념의 분석에 지나지 않는다는 주장을 하게 되는 것이다.

① ⊙, ⓒ, ⓒ 　　　　　② ⊙, ⓒ, ⓒ
③ ⓒ, ⓒ, ⊙ 　　　　　④ ⓒ, ⊙, ⓒ
⑤ ⓒ, ⓒ, ⊙

15 다음 공고문을 보고 나눈 대화 내용 중 적절하지 않은 것은?

〈제6회 우리 농산물로 만드는 UCC 공모전〉

우리 농산물로 만드는 나만의 요리 레시피를 공개하세요!
우리 땅에서 자란 제철 농산물로 더 건강한 대한민국 만들기!

◇ 접수기간 : 2023년 9월 18일(월) ~ 9월 22일(금)
◇ 참가대상 : 우리 농산물을 사랑하는 누구나 참여 가능(개인 혹은 2인 1팀으로만 응모 가능)
◇ 대상품목 : 오이, 토마토, 호박, 가지, 풋고추, 파프리카, 참외, 딸기(8개 품목)
   ※ 대상품목을 주재료로 한 요리 레시피를 추천해 주세요.
◇ 작품규격 : avi, mkv, wmv, mp4, mpg, mpeg, flv, mov 형태의 3분 이내(50MB 이하의 동영상)
◇ 접수방법 : UCC 공모전 홈페이지(www.ucc-contest.com)에서 UCC 업로드
◇ 선발방법 : 1차 예선(온라인) 20팀 내외 선발 → 2차 현장(오프라인) 시연 → 수상자 선발 및
   시상식
◇ 2차 심사 : (현장 요리 시연) 2023년 10월 23일(월)
◇ 시상내역
  • 최우수상(농협중앙회장상, 1점) : 100만 원 상당 농촌사랑 상품권
  • 우수상(대한영양사협회 / 한국식생활개발연구회, 각 1점) : 각 70만 원 상당 농촌사랑 상품권
  • 특별상(현장 평가 시 협의 후 선정, 3점) : 각 50만 원 상당 농촌사랑 상품권
  • 입상(15점 내외) : 각 30만 원 상당 농촌사랑 상품권
◇ 기타사항
  • 수상작은 추후 주최기관의 다양한 홍보 콘텐츠에 활용될 수 있습니다(단, 이 경우 수상자와 별
    도로 약정하여 정함).
  • 타 공모전 수상작, 기존 작품, 모방 작품의 경우 수상 취소 및 경품이 반환될 수 있습니다.
  • 수상작 선정은 전문심사단의 평가로 진행되며 1인 중복 수상은 불가합니다.
  • 수상자의 경품 제세공과금은 주최 측 부담입니다.
  • 기타 자세한 내용은 UCC 공모전 홈페이지를 참고하시기 바랍니다.
◇ 문의처
  농협 요리 UCC 공모전 운영사무국
  02 - 2000 - 6300, 02 - 555 - 0001(내선번호 : 125)
  ※ 주관 : 농협품목별전국협의회 · 농협중앙회
  ※ 후원 : 대한영양사협회 · 한국식생활개발연구회

---

① A : UCC로 만들 수 있는 대상품목은 오이, 토마토, 호박, 가지, 풋고추, 파프리카, 참외, 딸기
    등 총 8개 품목이야.
② B : 1차 예선 발표는 접수 마감일 일주일 후인 9월 29일이야.
③ C : 혹시 모를 2차 현장 시연을 위해서 요리 연습을 미리 해 둬야겠어.
④ D : 현장 요리 시연은 10월 23일 월요일이야.
⑤ E : UCC 내용은 대상품목을 주재료로 한 추천 요리 레시피야.

〈석유 제품별 소비〉

(단위 : 천 배럴)

구분	2018년	2019년	2020년	2021년	2022년
합계	856,247	924,200	940,083	934,802	931,947
휘발유	76,570	78,926	79,616	79,683	82,750
등유	16,227	19,060	19,006	18,875	17,127
경유	156,367	166,560	168,862	167,039	171,795
경질중유	1,569	1,642	1,574	1,467	1,617
중유	787	840	722	634	431
벙커C유	35,996	45,000	33,522	31,620	21,949
나프타	410,809	430,091	458,350	451,158	438,614
용제	1,388	1,633	1,742	1,614	1,728
항공유	34,358	36,998	38,209	39,856	38,833
LPG	89,866	108,961	105,145	109,780	122,138
아스팔트	10,195	11,461	11,637	10,658	10,540
윤활유	3,945	4,000	4,893	4,675	4,764
부생연료유	2,425	2,531	1,728	1,604	1,551
기타제품	15,745	16,497	15,077	16,139	18,111

16 다음 중 석유 제품별 소비 현황에 대한 설명으로 옳지 않은 것은?

① 휘발유는 2018년부터 2022년까지 소비가 지속 증가 중이다.

② 전체 소비량에서 휘발유가 차지하는 비율은 매년 8% 이상이다.

③ 전체 소비량에서 LPG가 차지하는 비율은 매년 10% 미만이다.

④ 2019년에는 전 제품의 소비량이 전년 대비 증가하였다.

⑤ 5년간 총 소비량은 부생연료유가 경질중유보다 많다.

17 다음 중 석유 제품별 소비 현황에 대한 설명으로 옳지 않은 것을 〈보기〉에서 모두 고르면?

> **보기**
> ㄱ. 경유의 전년 대비 소비량이 가장 많이 증가한 해는 2019년이다.
> ㄴ. 전체 소비량 중 나프타가 차지하는 비율은 매년 50% 이상이다.
> ㄷ. 전체 소비량 중 벙커C유가 차지하는 비율은 지속 감소 중이다.
> ㄹ. 5년간 소비된 경질중유의 양은 5년간 소비된 용제보다 적다.

① ㄱ, ㄴ   ② ㄱ, ㄷ

③ ㄴ, ㄷ   ④ ㄴ, ㄹ

⑤ ㄷ, ㄹ

18 K공사에서 환경미화를 위해 올해에도 실내공기 정화식물을 구입하기로 하였다. 작년에 구입한 식물 수는 올해 구입할 식물 수보다 2.5배 많으며 16%가 시들었다. 작년에 시든 실내공기 정화식물이 20그루라고 할 때, 올해 구입할 실내공기 정화식물의 수는?

① 45그루
② 50그루
③ 55그루
④ 60그루
⑤ 65그루

19 농도 20%의 소금물 100g이 있다. 이 소금물에서 소금물 xg을 덜어내고, 덜어낸 양만큼의 소금을 첨가하였다. 거기에 농도 11%의 소금물 yg을 섞었더니 농도 26%의 소금물 300g이 되었다. 이때 $x+y$의 값은?

① 195
② 213
③ 235
④ 245
⑤ 315

20 다음은 동북아시아 3개국 수도의 30년간의 인구변화를 나타낸 자료이다. 이에 대한 설명으로 옳지 않은 것은?

〈동북아시아 3개국 수도 인구수〉

(단위 : 천 명)

구분	1992년	2002년	2012년	2022년
서울	9,725	10,342	10,011	9,860
베이징	6,017	8,305	12,813	20,384
도쿄	30,304	33,587	35,622	38,001

① 2012년을 기점으로 인구수가 2번째로 많은 도시가 바뀐다.
② 세 도시 중 해당 기간 동안 인구가 감소한 도시가 있다.
③ 베이징은 해당 기간 동안 언제나 세 도시 중 가장 높은 인구 증가율을 보인다.
④ 연도별 인구가 최소인 도시의 인구수 대비 인구가 최대인 도시의 인구수의 비는 계속 감소한다.
⑤ 해당 기간 동안 인구가 최대인 도시와 인구가 최소인 도시의 인구의 차는 지속적으로 증가한다.

21 다음은 수송부문 대기 중 온실가스 배출량을 나타낸 자료이다. 이에 대한 설명으로 옳지 않은 것은?

〈수송부문 대기 중 온실가스 배출량〉

(단위 : ppm)

연도	구분	합계	이산화탄소	아산화질소	메탄
2018년	합계	83,617.9	82,917.7	197.6	502.6
	산업 부문	58,168.8	57,702.5	138	328.3
	가계 부문	25,449.1	25,215.2	59.6	174.3
2019년	합계	85,343	84,626.3	202.8	513.9
	산업 부문	59,160.2	58,686.7	141.4	332.1
	가계 부문	26,182.8	25,939.6	61.4	181.8
2020년	합계	85,014.3	84,306.8	203.1	504.4
	산업 부문	60,030	59,553.9	144.4	331.7
	가계 부문	24,984.3	24,752.9	58.7	172.7
2021년	합계	86,338.3	85,632.1	205.1	501.1
	산업 부문	64,462.4	63,936.9	151.5	374
	가계 부문	21,875.9	21,695.2	53.6	127.1
2022년	합계	88,261.37	87,547.49	210.98	502.9
	산업 부문	65,491.52	64,973.29	155.87	362.36
	가계 부문	22,769.85	22,574.2	55.11	140.54

① 이산화탄소의 비중은 어느 시기든 상관없이 가장 크다.

② 연도별 가계와 산업 부문의 배출량 차이의 값은 2022년에 가장 크다.

③ 연도별 가계와 산업 부문의 배출량 차이의 값은 해가 지날수록 지속적으로 증가한다.

④ 해당기간 동안 온실가스 총 배출량은 지속적으로 증가하고 있다.

⑤ 모든 시기에서 아산화질소보다 메탄은 항상 많은 양이 배출되고 있다.

22 다음은 현 정부에 대한 남녀의 만족도를 조사한 자료이다. 이에 대한 설명으로 옳지 않은 것을 〈보기〉에서 모두 고르면?

〈현 정부에 대한 남녀의 만족도 결과〉

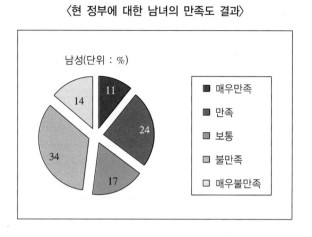

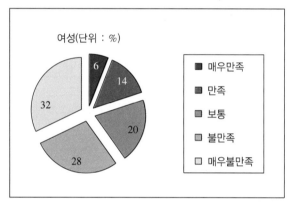

※ 긍정적인 답변 : 매우만족, 만족
※ 부정적인 답변 : 불만족, 매우불만족

> **보기**
> ㉠ 남성이 여성보다 긍정적인 답변율이 더 높다.
> ㉡ 여성의 부정적인 답변율은 남성의 1.25배이다.
> ㉢ 답변 중 '보통'에 응답한 비율은 남성이 여성의 80%이다.
> ㉣ 남성 200명과 여성 350명이 조사에 응답했다면, '매우만족'이라고 응답한 인원은 남성이 여성보다 더 많다.

① ㉢
② ㉣
③ ㉠, ㉡
④ ㉡, ㉢
⑤ ㉢, ㉣

※ 다음은 대학 평판도에 대한 자료이다. 이어지는 질문에 답하시오. [23~24]

〈대학 평판도 지표별 가중치〉

지표	지표 설명	가중치
(가)	향후 발전 가능성이 높은 대학	10
(나)	학생 교육이 우수한 대학	5
(다)	입학을 추천하고 싶은 대학	10
(라)	기부하고 싶은 대학	5
(마)	기업의 채용 선호도가 높은 대학	10
(바)	국가·사회 전반에 기여가 큰 대학	5
(사)	지역사회에 기여가 큰 대학	5
가중치 합계		50

〈A ~ H대학의 평판도 지표점수 및 대학 평판도 총점〉

(단위 : 점)

지표＼대학	A대학	B대학	C대학	D대학	E대학	F대학	G대학	H대학
(가)	9	8	7	3	6	4	5	8
(나)	6	8	5	8	7	7	8	8
(다)	10	9	10	9		9	10	9
(라)	4	6	6	6				6
(마)	4	6	6	6			8	6
(바)	10	9	10	3	6	4	5	9
(사)	8	6	4		7	8	9	5
대학 평판도 총점					410	365	375	

※ 1) 지표점수는 여론조사 결과를 바탕으로 지표별로 0 ~ 10 사이의 점수를 1점 단위로 부여한다.
　 2) [지표환산점수(점)]=(지표별 가중치)×(지표점수)
　 3) 대학 평판도 총점은 해당 대학 지표환산점수의 총합이다.

23 다음 중 A ~ D대학을 대학 평판도 총점이 높은 대학부터 순서대로 바르게 나열한 것은?

① A대학 – B대학 – C대학 – D대학　　　② A대학 – B대학 – D대학 – C대학

③ B대학 – A대학 – C대학 – D대학　　　④ B대학 – A대학 – D대학 – C대학

⑤ C대학 – A대학 – B대학 – D대학

24 E ~ H대학의 평판도에 대한 다음 〈보기〉의 설명 중 옳은 것을 모두 고르면?

보기

ㄱ. E대학은 지표 (다), (라), (마)의 지표점수가 동일하다.
ㄴ. 지표 (라)의 지표점수는 F대학이 G대학보다 높다.
ㄷ. H대학은 지표 (나)의 지표환산점수가 지표 (마)의 지표환산점수보다 대학 평판도 총점에서 더 큰 비중을 차지한다.

① ㄴ
② ㄱ, ㄴ
③ ㄱ, ㄷ
④ ㄴ, ㄷ
⑤ ㄱ, ㄴ, ㄷ

25 다음은 어느 도시의 버스노선 변동사항에 대한 자료이다. 〈조건〉을 참고하여 A ~ D에 들어갈 노선을 순서대로 바르게 나열한 것은?

〈버스노선 변동사항〉

구분	기존 요금	변동 요금	노선 변동사항
A	1,800원	2,100원	-
B	2,400원	2,400원	-
C	1,600원	1,800원	연장운행
D	2,100원	2,600원	-

조건

• 노선 A, B, C, D는 6번, 42번, 2000번, 3100번 중 하나이다.
• 변동 후 요금이 가장 비싼 노선은 2000번이다.
• 요금 변동이 없는 노선은 42번이다.
• 연장운행을 하기로 결정한 노선은 6번이다.

	A	B	C	D
①	6	42	2000	3100
②	6	42	3100	200
③	3100	6	42	2000
④	3100	42	6	2000
⑤	3100	42	2000	6

26 다음 지역별 지역총생산에 대한 〈보기〉의 설명 중 옳지 않은 것을 모두 고르면?

〈지역별 지역총생산〉

(단위 : 십억 원, %)

구분	2018년	2019년	2020년	2021년	2022년
전국	869,305	912,926	983,030	1,028,500	1,065,665
서울	208,899	220,135	236,517	248,383	257,598
	(2.2)	(4.3)	(4.4)	(3.0)	(1.7)
부산	48,069	49,434	52,680	56,182	55,526
	(3.0)	(3.4)	(4.6)	(1.0)	(−3.0)
대구	28,756	30,244	32,261	32,714	32,797
	(0.6)	(3.9)	(4.5)	(1.5)	(−4.4)
인천	40,398	43,311	47,780	47,827	50,256
	(3.7)	(6.8)	(7.4)	(1.7)	(0.8)
광주	18,896	20,299	21,281	21,745	22,066
	(6.5)	(6.5)	(3.7)	(−0.6)	(0.3)
대전	20,030	20,802	22,186	23,218	24,211
	(2.6)	(3.4)	(3.2)	(1.5)	(0.5)
울산	41,697	43,214	48,059	52,408	51,271
	(4.6)	(1.9)	(4.6)	(0.2)	(−2.9)
경기	169,315	180,852	193,658	198,948	208,296
	(11.0)	(7.7)	(6.1)	(4.0)	(0.8)

※ ( )은 성장률이다.

보기

㉠ 2018년부터 2022년까지 지역총생산이 가장 많은 곳은 서울이고, 두 번째는 경기이다.
㉡ 2022년 성장률이 감소한 지역의 수는 3개이다.
㉢ 2018년 성장률이 가장 높은 지역은 광주로, 이때의 성장률은 6.5%이다.
㉣ 2020년 인천은 성장률이 가장 높았기 때문에, 전년 대비 총생산 증가량도 가장 많다.

① ㉠, ㉡
② ㉢, ㉣
③ ㉠, ㉡, ㉣
④ ㉡, ㉢, ㉣
⑤ ㉠, ㉡, ㉢, ㉣

27 서로 다른 소설책 7권과 시집 5권이 있다고 할 때, 이 중에서 소설책 3권과 시집 2권을 선택하는 경우의 수는?

① 350가지   ② 360가지

③ 370가지   ④ 380가지

⑤ 390가지

28 물속에서 A금속은 실제 질량의 $\frac{4}{5}$, B금속은 실제 질량의 $\frac{2}{3}$ 가 된다. (A+B)합금의 실제 질량은 58g이고, 물속에선 42g일 때, 합금에 포함된 A금속의 실제 질량은?[단, (A+B)합금은 A금속과 B금속으로만 이루어져 있고, 질량은 보존된다]

① 17g   ② 22g

③ 25g   ④ 30g

⑤ 32g

29 다음은 연령대별 골다공증 진료현황을 나타낸 자료이다. 이에 대한 해석으로 옳지 않은 것은?(단, 소수점 첫째 자리에서 반올림한다)

〈연령대별 골다공증 진료현황〉

(단위 : 명)

구분	전체	9세 이하	10대	20대	30대	40대	50대	60대	70대	80대 이상
합계	855,975	44	181	1,666	6,548	21,654	155,029	294,553	275,719	100,581
남성	53,741	21	96	305	1,000	2,747	7,677	12,504	20,780	8,611
여성	802,234	23	85	1,361	5,548	18,907	147,352	282,049	254,939	91,970

① 골다공증 발병이 항상 진료로 이어진다면 여성의 발병률이 남성의 발병률보다 높다.

② 전체 진료인원 중 40대 이하가 차지하는 비율은 약 3.5%이다.

③ 전체 진료인원 중 골다공증 진료인원이 가장 많은 연령은 60대로, 그 비율은 약 34.4%이다.

④ 연령별 골다공증 진료인원이 많은 순서는 남성과 여성 모두 같다.

⑤ 전체 진료인원 중 80대 이상이 차지하는 비율은 약 11.8%이다.

30 다음은 2022년 국가기록원의 비공개기록물 공개 재분류 사업 결과 및 현황이다. 이에 대한 설명으로 옳지 않은 것은?

〈비공개기록물 공개 재분류 사업 결과〉

(단위 : 건)

구분	합계	재분류 결과			
		공개			비공개
		소계	전부공개	부분공개	
합계	2,702,653	1,298,570	169,646	1,128,924	1,404,083
30년 경과 비공개기록물	1,199,421	1,079,690	33,012	1,046,678	119,731
30년 미경과 비공개기록물	1,503,232	218,880	136,634	82,246	1,284,352

〈30년 경과 비공개기록물 중 비공개로 재분류된 기록물의 비공개 사유별 현황〉

(단위 : 건)

합계	비공개 사유						
	법령상 비밀	국방 등 국익침해	국민의 생명 등 공익침해	재판 관련 정보	공정한 업무 수행 지장	개인 사생활 침해	특정인의 이익침해
119,731	619	313	54,329	18,091	24	46,298	57

① 2022년의 비공개기록물 공개 재분류 사업 대상 전체 기록물 중 절반 이상이 다시 비공개로 재분류되었다.

② 30년 경과 비공개기록물 중 전부공개로 재분류된 기록물 건수가 30년 경과 비공개기록물 중 개인 사생활 침해 사유에 해당하여 비공개로 재분류된 기록물 건수보다 적다.

③ 30년 경과 비공개기록물 중 공개로 재분류된 기록물의 비율이 30년 미경과 비공개기록물 중 비공개로 재분류된 기록물의 비율보다 낮다.

④ 재분류 건수가 많은 것부터 순서대로 나열하면, 30년 경과 비공개기록물은 부분공개, 비공개, 전부공개 순서이고 30년 미경과 비공개기록물은 비공개, 전부공개, 부분공개 순서이다.

⑤ 30년 경과 비공개기록물 중 국민의 생명 등 공익침해와 개인 사생활 침해 사유에 해당하여 비공개로 재분류된 기록물 건수의 합은 2022년의 비공개기록물 공개 재분류 사업 대상 전체 기록물의 5% 이하이다.

31 이벤트에 당첨된 A, B, C에게 〈조건〉에 따라 경품을 지급하였다고 할 때, 다음 중 옳은 진술을 〈보기〉에서 모두 고르면?

조건

- 지급된 경품은 냉장고, 세탁기, 에어컨, 청소기가 프리미엄형과 일반형 1대씩이었고, 전자레인지는 1대였다.
- 당첨자 중 1등은 A, 2등은 B, 3등은 C였으며, 이 순서대로 경품을 3개씩 가져갔다.
- A는 프리미엄형 경품을 총 2대 골랐는데, 청소기 프리미엄형은 가져가지 않았다.
- B는 청소기를 고르지 않았다.
- C가 가져간 경품 중 A와 겹치는 종류가 1개 있다.
- B와 C가 가져간 경품 중 겹치는 종류가 1개 있다.
- 한 사람이 같은 종류의 경품을 2개 이상 가져가지 않았다.

보기

㉠ C는 반드시 전자레인지를 가져갔을 것이다.
㉡ A는 청소기를 가져갔을 수도, 그렇지 않을 수도 있다.
㉢ B가 가져간 프리미엄형 경품은 최대 1개이다.
㉣ C는 프리미엄형 경품을 가져가지 못했을 것이다.

---

① ㉠, ㉡
② ㉢, ㉣
③ ㉠, ㉢
④ ㉡, ㉣
⑤ ㉠, ㉣

32 K공사 총무팀 7명이 중국집에 점심식사를 하러 가서 짜장면 2개, 짬뽕 3개, 볶음밥 2개를 주문했다. 직원들이 제시된 〈조건〉과 같이 주문하였을 때, 다음 중 옳지 않은 것은?

> **조건**
> • 팀원은 A팀장, K과장, S과장, N대리, J대리, D사원, P사원이다.
> • 1인 1메뉴를 시켰는데, 좋아하는 메뉴는 반드시 시키고, 싫어하는 메뉴는 반드시 시키지 않았으며, 같은 직급끼리는 같은 메뉴를 시키지 않았다.
> • A팀장은 볶음밥을 좋아한다.
> • J대리는 짜장면을 싫어한다.
> • D사원은 대리와 같은 메뉴를 시키지 않았다.
> • S과장은 짬뽕을 싫어한다.
> • K과장은 사원과 같은 메뉴를 시켰다.
> • N대리는 볶음밥을 싫어한다.

① S과장은 반드시 짜장면을 시킨다.
② K과장은 반드시 짬뽕을 시킨다.
③ J대리가 볶음밥을 시키면 N대리는 짬뽕을 시킨다.
④ A팀장은 모든 직급의 팀원들과 같은 메뉴를 시킬 수 있다.
⑤ D사원은 짬뽕을 시킬 수 없다.

33 다음은 국내 금융기관에 대한 SWOT 분석 자료이다. 이를 통해 SWOT 전략을 세운다고 할 때, 〈보기〉 중 분석 결과에 대응하는 전략과 그 내용이 바르게 짝지어진 것은?

국내 대부분의 예금과 대출을 국내 은행이 차지하고 있을 정도로 국내 금융기관에 대한 우리나라 국민들의 충성도는 높은 편이다. 또한 국내 금융기관은 철저한 신용 리스크 관리로 해외 금융기관과 비교해 자산건전성 지표가 매우 우수한 편이다. 시장 리스크 관리도 해외 선진 금융기관 수준에 도달한 것으로 평가받는다. 국내 금융기관은 외환위기와 글로벌 금융위기 등을 거치며 꾸준히 자산건전성을 강화해 왔기 때문이다.

그러나 은행과 이자 이익에 수익이 편중돼 있다는 점은 국내 금융기관의 가장 큰 약점이 된다. 대부분 예금과 대출 거래 중심의 영업구조로 되어 있기 때문이다. 취약한 해외 비즈니스도 문제로 들수 있다. 최근 동남아 시장을 중심으로 해외 진출에 박차를 가하고 있지만, 아직은 눈에 띄는 성과가 많지 않은 상황이다.

많은 어려움에도 불구하고 국내 금융기관의 발전 가능성은 아직 무궁무진하다. 우선 해외 시장으로 눈을 돌리면 다양한 기회가 열려 있다. 전 세계 신용·단기 자금 확대, 글로벌 무역 회복세로 국내 금융기관의 해외 진출 여건은 양호한 편이다. 따라서 해외 시장 개척을 통해 어떻게 신규 수익원을 확보하느냐가 성장의 새로운 기회로 작용할 전망이다. IT 기술 발달에 따른 핀테크의 등장도 새로운 기회가 될 수 있다. 국내의 발달된 인터넷과 모바일뱅킹 서비스, IT 인프라를 활용한 새로운 수익 창출 가능성이 열려 있는 것이다.

역설적으로 핀테크의 등장은 오히려 국내 금융기관의 발목을 잡을 수 있다. 블록체인 기술에 기반한 암호화폐, 간편결제와 송금, 로보어드바이저, 인터넷 은행, P2P 대출 등 다양한 핀테크 분야의 새로운 서비스들이 기존 금융 서비스의 대체재로서 출현하고 있기 때문이다. 금융시장 개방에 따른 글로벌 금융기관과의 경쟁 심화도 넘어야 할 산이다. 특히 중국 은행을 비롯한 중국 금융이 급성장하고 있어 이에 대한 대비책 마련이 시급하다.

> **보기**
> ㉠ SO전략 – 높은 국내 시장점유율을 기반으로 국내 핀테크 사업에 진출한다.
> ㉡ WO전략 – 위기관리 역량을 강화하여 해외 금융시장에 진출한다.
> ㉢ ST전략 – 해외 금융기관과 비교해 우수한 자산건전성을 강조하여 글로벌 금융기관과의 경쟁에서 우위를 차지한다.
> ㉣ WT전략 – 해외 비즈니스 역량을 강화하여 해외 금융시장에 진출한다.

① ㉠, ㉡
② ㉠, ㉢
③ ㉡, ㉢
④ ㉡, ㉣
⑤ ㉢, ㉣

34 다음은 연구원들의 성과급 지급 체계에 대한 자료이다. 이에 따라 포장재연구팀 연구원들에게 성과급을 지급할 때, 가장 많은 성과급을 지급받을 연구원은?

〈연구원 성과급 지급 기준〉

- 성과급은 전년도 연구 종합기여도에 따른 지급률에 기본급을 곱한 금액을 지급한다.

종합기여도	A등급	B등급	C등급	D등급
지급률	40%	35%	25%	20%

- 연구원 학위별 기본급은 다음과 같다.

학위	학사	석사	박사
성과급	200만 원	240만 원	300만 원

- 전년도 종합기여도는 성과점수 구간에 따라 다음과 같이 산정된다.

성과점수	90점 이상 100점 이하	80점 이상 90점 미만	72점 이상 80점 미만	72점 미만
종합기여도	A등급	B등급	C등급	D등급

- 성과점수는 개인연구점수, 팀연구점수, 전략기여점수 가점 및 벌점을 합산하여 산정한다.
  - 개인연구점수, 팀연구점수는 각각 100점 만점으로 산정된다.
- 전략기여점수는 참여한 중점전략프로젝트의 개수에 3을 곱하여 산정한다.
  - 성과점수는 '(개인연구점수)×60%+(팀연구점수)×40%+(전략기여점수)+(가점)-(벌점)'이다.
- 가점 및 벌점 부여기준
  - 전년도 수상내역 1회, 신규획득 자격증 1개당 가점 2점 부여
  - 전년도 징계내역 1회당 다음에 따른 벌점 부여

징계	경고	감봉	정직
벌점	1점	2점	4점

〈포장재연구팀 성과평가〉

구분	학위	개인연구점수	팀연구점수	중점점략프로젝트 참여개수	전년도 상·벌
A연구원	석사	75	85	2	경고 1회
B연구원	박사	80	80	1	-
C연구원	석사	65	85	-	자격증 1개
D연구원	학사	90	75	-	-
E연구원	학사	75	60	3	수상 1개

① A연구원
② B연구원
③ C연구원
④ D연구원
⑤ E연구원

35 다음 글과 상황을 근거로 판단할 때, 출장을 함께 갈 수 있는 직원들의 조합으로 가능한 것은?

A공사 B지사의 회계팀은 11월 13일 회계감사 관련 서류 제출을 위해 본사로 출장을 가야 한다. 오전 8시 정각 출발이 확정되어 있으며, 출발 후 복귀하기까지 총 8시간이 소요된다. 단, 비가 오는 경우 1시간이 추가로 소요된다.
- 출장인원 중 한 명이 직접 운전하여야 하며, '1종 보통 운전면허' 소지자만 운전할 수 있다.
- 출장시간에 사내 업무가 겹치는 경우에는 출장을 갈 수 없다.
- 출장인원 중 부상자가 포함되어 있는 경우, 서류 박스 운반 지연으로 인해 30분이 추가로 소요된다.
- 차장은 책임자로서 출장인원에 적어도 한 명은 포함되어야 한다.
- 주어진 조건 외에는 고려하지 않는다.

〈상황〉

- 11월 13일은 하루 종일 비가 온다.
- 11월 13일 당직 근무는 17시 10분에 시작한다.

직원	직급	운전면허	건강상태	출장 당일 사내 업무
갑	차장	1종 보통	부상	없음
을	차장	2종 보통	건강	17시 15분 협력업체 면담
병	과장	없음	건강	17시 35분 영업팀과 회의
정	과장	1종 보통	건강	당직 근무
무	대리	2종 보통	건강	없음

① 갑, 을, 병
② 갑, 병, 정
③ 을, 병, 무
④ 을, 정, 무
⑤ 병, 정, 무

36 K회사에서는 영업용 차량을 구매하고자 한다. 영업용 차량의 연평균 주행거리는 30,000km이고 향후 5년간 사용할 계획이다. 다음 A ~ E자동차 중 경비가 가장 적게 들 것으로 예상되는 차는?

〈자동차 리스트〉

구분	사용연료	연비(km/L)	연료탱크 용량(L)	신차구매가(만 원)
A자동차	휘발유	12	60	2,000
B자동차	LPG	8	60	2,200
C자동차	경유	15	50	2,700
D자동차	경유	20	60	3,300
E자동차	휘발유	15	80	2,600

〈연료 종류별 가격〉

종류	리터당 가격(원/L)
휘발유	1,400
LPG	900
경유	1,150

※ (경비)=(신차구매가)+(연료비)
※ 신차구매 결제는 일시불로 함
※ 향후 5년간 연료 가격은 변동이 없는 것으로 가정함

① A자동차   ② B자동차
③ C자동차   ④ D자동차
⑤ E자동차

※ K공사에서는 동절기 근무복을 구매하려고 한다. 다음 자료를 참고하여 이어지는 질문에 답하시오.
 [37~38]

<표>

구분	가격	디자인	보온성	실용성	내구성
A업체	★★★★	★★★	★★★★	★★	★★★★
B업체	★★★★★	★	★★★	★★★★	★
C업체	★★★	★★	★★★	★★★	★★
D업체	★★	★★★★	★★★★★	★★	★
E업체	★★★	★	★★	★	★★

〈동절기 근무복 업체별 평가점수〉

※ ★의 개수가 많을수록 높은 평가점수이다.

37 K공사 임직원은 근무복의 가격과 보온성을 중요시한다. 임직원의 선호를 고려한다면, 어떤 업체의 근무복을 구매하겠는가?(단, 가격과 보온성을 고려한 별 개수가 같을 경우 모든 부문의 별 개수 합계를 비교한다)

① A업체　　　　　　　　　　　　② B업체
③ C업체　　　　　　　　　　　　④ D업체
⑤ E업체

38 각 업체의 한 벌당 구매가격이 다음과 같을 때, 예산 100만 원 내에서 어떤 업체의 근무복을 구매하겠는가?(단, 지급될 동절기 근무복은 총 15벌이며, 가격과 보온성을 고려하여 구매한다)

〈업체별 근무복 가격〉

(단위 : 원)

A업체	B업체	C업체	D업체	E업체
63,000원	60,000원	75,000	80,000	70,000

※ 평가점수 총점이 같을 경우, 가격이 저렴한 업체를 선정한다.

① A업체　　　　　　　　　　　　② B업체
③ C업체　　　　　　　　　　　　④ D업체
⑤ E업체

K공사는 현재 신입사원을 채용하고 있다. 서류전형과 면접전형을 마치고 다음의 평가지표 결과를 얻었다. K공사 내 평가지표별 가중치를 이용하여 각 지원자의 최종 점수를 계산하고, 점수가 가장 높은 두 지원자를 채용하려고 할 때, K공사에 채용되는 두 지원자를 바르게 짝지은 것은?

〈지원자별 평가지표 결과〉

(단위 : 점)

구분	면접 점수	영어 실력	팀내 친화력	직무 적합도	발전 가능성	비고
A지원자	3	3	5	4	4	군필자
B지원자	5	5	2	3	4	군필자
C지원자	5	3	3	3	5	–
D지원자	4	3	3	5	4	군필자
E지원자	4	4	2	5	5	군 면제자

※ 군필자(만기제대)에게는 5점의 가산점을 부여한다.

〈평가지표별 가중치〉

구분	면접 점수	영어 실력	팀내 친화력	직무 적합도	발전 가능성
가중치	3	3	5	4	5

※ 가중치는 해당 평가지표 결과 점수에 곱한다.

① A, D지원자   ② B, C지원자
③ B, E지원자   ④ C, D지원자
⑤ D, E지원자

40 형준, 연재, 영호, 소정이가 언어영역, 수리영역, 외국어영역으로 구성된 시험을 본 뒤 채점을 해 보니 〈조건〉과 같은 결과가 나타났다. 다음 중 항상 참인 것은?

> **조건**
>
> ⊙ 형준이는 언어영역에서 1위이고, 수리영역에서는 연재보다 잘했다.
> ⓒ 연재는 수리영역 4위가 아니다.
> ⓒ 소정이는 외국어영역에서 형준이보다 못했다.
> ⓔ 형준이는 외국어영역에서 영호와 연재에게 뒤처졌다.
> ⓜ 영호는 언어영역에서 4위를 했고, 수리영역은 연재보다 못했다.
> ⓗ 동점자는 존재하지 않는다.
> ⓢ 형준이는 수리영역에서 소정이보다 못했다.
> ⊙ 소정이의 외국어영역 순위는 연재의 수리영역 순위에 1을 더한 것과 같다.
> ⓩ 평소에 소정이의 언어영역 점수는 연재의 언어영역 점수보다 좋지 않은 편이었다.

① 언어영역 2위는 영호이다.
② 외국어영역 3위는 형준이다.
③ 영호는 세 과목에서 모두 4위이다.
④ 연재의 언어영역 순위에 1을 더한 값은 소정이의 외국어영역 순위와 같다.
⑤ 소정이는 영호보다 모든 과목에서 순위가 높다.

41 다음은 K공사의 불법하도급 신고 보상 기준에 대한 자료이다. S사원은 이를 통해 불법하도급 신고 보상금의 사례를 제시하고자 한다. 다음 중 S사원이 계산한 불법하도급 공사 계약금액과 그에 대한 보상금을 바르게 짝지은 것은?

〈불법하도급 신고 보상 기준〉

• 송 · 변전공사 이외 모든 공사(배전공사, 통신공사 등)

불법하도급 공사 계약금액	보상금 지급 기준
5천만 원 이하	5%
5천만 원 초과 3억 원 이하	250만 원+5천만 원 초과금액의 3%
3억 원 초과 10억 원 이하	1,000만 원+3억 원 초과금액의 0.5%
10억 원 초과 20억 원 이하	1,350만 원+10억 원 초과금액의 0.4%
20억 원 초과	1,750만 원+20억 원 초과금액의 0.2%

• 송 · 변전공사(관련 토건공사 포함)

불법하도급 공사 계약금액	보상금 지급 기준
5천만 원 이하	5%
5천만 원 초과 3억 원 이하	250만 원+5천만 원 초과금액의 3%(한도 1,000만 원)
3억 원 초과 10억 원 이하	1,000만 원+3억 원 초과금액의 0.5%(한도 1,350만 원)
10억 원 초과 100억 원 이하	1,350만 원+10억 원 초과금액의 0.4%(한도 1,750만 원)

	불법하도급 공사 계약금액	보상금
①	배전공사 6천만 원	280만 원
②	송전공사 12억 원	1,750만 원
③	변전공사 5억 원	1,250만 원
④	통신공사 23억 원	2,220만 원
⑤	송전공사 64억 원	3,510만 원

42 우유도매업자인 A씨는 소매업체에 납품하기 위해 (가로) 3m× (세로) 2m× (높이) 2m인 냉동 창고에 우유를 가득 채우려고 한다. 다음 〈조건〉을 참고할 때, 냉동 창고를 가득 채우기 위해 드는 비용은?

조건
- 우유의 1개당 단가는 700원이다.
- 우유 한 궤짝에 우유가 총 40개가 들어간다.
- 우유 한 궤짝의 크기는 (가로) 40cm× (세로) 40cm× (높이) 50cm이다.
- 냉동창고에 우유를 낱개로 채울 수 없다.

① 약 300만 원   ② 약 400만 원
③ 약 500만 원   ④ 약 600만 원
⑤ 약 700만 원

43 S공사는 한국 현지 시각 기준으로 오후 4시부터 5시까지 외국 지사와 화상 회의를 진행하려고 한다. 모든 지사는 각국 현지 시각으로 오전 8시부터 오후 6시까지 근무한다고 때, 다음 중 회의에 참석할 수 없는 지사는?(단, 서머타임을 시행하는 국가는 ＋1:00을 반영한다)

국가	시차	국가	시차
파키스탄	−4:00	불가리아	−6:00
호주	+1:00	영국	−9:00
싱가포르	−1:00	−	−

※ 오후 12시부터 1시까지는 점심시간이므로 회의를 진행하지 않는다.
※ 서머타임 시행 국가 : 영국

① 파키스탄 지사   ② 호주 지사
③ 싱가포르 지사   ④ 불가리아 지사
⑤ 영국 지사

44 S사에서는 A ~ N직원 중 면접위원을 선발하고자 한다. 면접위원의 구성 조건이 다음과 같을 때, 적절하지 않은 것은?

〈면접위원 구성 조건〉

- 면접관은 총 6명으로 구성한다.
- 이사 이상의 직급으로 50% 이상 구성해야 한다.
- 인사팀을 제외한 모든 부서는 두 명 이상 선출할 수 없고, 인사팀은 반드시 두 명을 포함한다.
- 모든 면접위원의 입사 후 경력은 3년 이상으로 한다.

직원	직급	부서	입사 후 경력
A	대리	인사팀	2년
B	과장	경영지원팀	5년
C	이사	인사팀	8년
D	과장	인사팀	3년
E	사원	홍보팀	6개월
F	과장	홍보팀	2년
G	이사	고객지원팀	13년
H	사원	경영지원	5개월
I	이사	고객지원팀	2년
J	과장	영업팀	4년
K	대리	홍보팀	4년
L	사원	홍보팀	2년
M	과장	개발팀	3년
N	이사	개발팀	8년

① L사원은 면접위원으로 선출될 수 없다.
② N이사는 반드시 면접위원으로 선출된다.
③ B과장이 면접위원으로 선출됐다면 K대리도 선출된다.
④ 과장은 두 명 이상 선출되었다.
⑤ 모든 부서에서 면접위원이 선출될 수는 없다.

45 해외지사에서 근무 중인 직원들 중 업무성과가 우수한 직원을 선발하여 국내로 초청하고자 한다. 다음의 자료를 토대로 할 때, 각국 직원들을 국내에 도착하는 순서대로 바르게 나열한 것은?

〈해외지사별 직원들의 비행 스케줄〉

출발지	출발지 기준 이륙시각	비행시간 (출발지 → 대한민국)
독일(뮌헨)	2023년 10월 25일(수) 오후 04:20	11시간 30분
인도(뉴델리)	2023년 10월 25일(수) 오후 10:10	8시간 30분
미국(뉴욕)	2023년 10월 25일(수) 오전 07:40	14시간

〈동일 시점에서의 국가별 현지시각〉

국가(도시)	현지시각
대한민국(서울)	2023년 10월 25일(수) 오전 06:20
독일(뮌헨)	2023년 10월 24일(화) 오후 11:20
인도(뉴델리)	2023년 10월 25일(수) 오전 03:50
미국(뉴욕)	2023년 10월 24일(화) 오후 05:20

① 인도 – 독일 – 미국
② 인도 – 미국 – 독일
③ 미국 – 독일 – 인도
④ 미국 – 인도 – 독일
⑤ 독일 – 미국 – 인도

46 A도시락 전문점은 요일별 도시락 할인 이벤트를 진행하고 있다. K공사가 지난 한 주간 A도시락 전문점에서 구매한 내역이 〈보기〉와 같을 때, K공사의 지난주 도시락 구매비용은?

〈A도시락 요일별 할인 이벤트〉

요일	월		화		수		목		금	
할인품목	치킨마요		동백		돈까스		새치고기		진달래	
구분	원가	할인가	원가	할인가	원가	할인가	원가	할인가	원가	할인가
가격(원)	3,400	2,900	5,000	3,900	3,900	3,000	6,000	4,500	7,000	5,500

요일	토		일				매일			
할인품목	치킨제육		육개장		김치찌개		치킨(대)		치킨(중)	
구분	원가	할인가	원가	할인가	원가	할인가	원가	할인가	원가	할인가
가격(원)	4,300	3,400	4,500	3,700	4,300	3,500	10,000	7,900	5,000	3,900

※ 요일별 할인품목이 아닌 품목들은 원가로 계산한다.

보기

〈K공사의 A도시락 구매내역〉

요일	월	화	수	목	금	토	일
구매 내역	동백 3개 치킨마요 10개	동백 10개 김치찌개 3개	돈까스 8개 치킨(중) 2개	새치고기 4개 치킨(대) 2개	진달래 4개 김치찌개 7개	돈까스 2개 치킨제육 10개	육개장 10개 새치고기 4개

① 316,400원

② 326,800원

③ 352,400원

④ 375,300원

⑤ 392,600원

47 다음 평가기준과 실적 건수를 바탕으로 평가대상기관 A ~ D 중 최종순위 최상위기관과 최하위기관을 바르게 짝지은 것은?

〈공공시설물 내진보강대책 추진실적 평가기준〉

- 평가요소 및 점수부여

  - (내진성능평가 지수) $= \dfrac{(\text{내진성능평가 실적 건수})}{(\text{내진보강대상 건수})} \times 100$

  - (내진보강공사 지수) $= \dfrac{(\text{내진보강공사 실적 건수})}{(\text{내진보강대상 건수})} \times 100$

  - 산출된 지수 값에 따른 점수는 아래 표와 같이 부여한다.

구분	지수 값 최상위 1개 기관	지수 값 중위 2개 기관	지수 값 최하위 1개 기관
내진성능평가 점수	5점	3점	1점
내진보강공사 점수	5점	3점	1점

- 최종순위 결정
  - 내진성능평가 점수와 내진보강공사 점수의 합이 큰 기관에 높은 순위를 부여한다.
  - 합산 점수가 동점인 경우에는 내진보강대상 건수가 많은 기관을 높은 순위로 정한다.

〈평가대상기관의 실적 건수〉

(단위 : 건)

구분	A기관	B기관	C기관	D기관
내진성능평가	82	72	72	83
내진보강공사	91	76	81	96
내진보강대상	100	80	90	100

	최상위기관	최하위기관
①	A기관	B기관
②	B기관	C기관
③	B기관	D기관
④	C기관	D기관
⑤	D기관	C기관

S구청은 주민들의 정보화 교육을 위해 정보화 교실을 동별로 시행하고 있고, 주민들은 각자 일정에 맞춰 정보화 교육을 수강하려고 한다. 다음 중 개인 일정상 신청과목을 수강할 수 없는 사람은?(단, 하루라도 수강을 빠진다면 수강이 불가능하다)

〈정보화 교육 일정표〉

교육날짜	교육시간	장소	과정명	장소	과정명
화, 목	09:30 ~ 12:00	A동	인터넷 활용하기	C동	스마트한 클라우드 활용
	13:00 ~ 15:30		그래픽 초급 픽슬러 에디터		스마트폰 SNS 활용
	15:40 ~ 18:10		ITQ한글2010(실전반)		–
수, 금	09:30 ~ 12:00		한글 문서 활용하기		Windows10 활용하기
	13:00 ~ 15:30		스마트폰 / 탭 / 패드(기본앱)		스마트한 클라우드 활용
	15:40 ~ 18:10		컴퓨터 기초(윈도우 및 인터넷)		–
월	09:30 ~ 15:30		포토샵 기초		사진 편집하기
화~금	09:30 ~ 12:00	B동	그래픽 편집 달인되기	D동	한글 시작하기
	13:00 ~ 15:30		한글 활용 작품 만들기		사진 편집하기
	15:40 ~ 18:10		–		엑셀 시작하기
월	09:30 ~ 15:30		Windows10 활용하기		스마트폰 사진 편집 & 앱 배우기

〈개인 일정 및 신청과목〉

구분	개인일정	신청과목
D동의 홍길동 씨	• 매주 월 ~ 금 08:00 ~ 15:00 편의점 아르바이트 • 매주 월요일 16:00 ~ 18:00 음악학원 수강	엑셀 시작하기
A동의 이몽룡 씨	• 매주 화, 수, 목 09:00 ~ 18:00 학원 강의 • 매주 월 16:00 ~ 20:00 배드민턴 동호회 활동	포토샵 기초
C동의 성춘향 씨	• 매주 수, 금 17:00 ~ 22:00 호프집 아르바이트 • 매주 월 10:00 ~ 12:00 과외	스마트한 클라우드 활용
B동의 변학도 씨	• 매주 월, 화 08:00 ~ 15:00 카페 아르바이트 • 매주 수, 목 18:00 ~ 20:00 요리학원 수강	그래픽 편집 달인되기

① 홍길동 씨
③ 성춘향 씨
⑤ 없음

② 이몽룡 씨
④ 변학도 씨

49 다음은 6개 광종의 위험도와 경제성 점수에 대한 자료이다. 분류기준을 이용하여 광종을 분류할 때, 〈보기〉의 설명으로 옳은 것을 모두 고르면?

〈6개 광종의 위험도와 경제성 점수〉

(단위 : 점)

구분	금광	은광	동광	연광	아연광	철광
위험도	2.5	4.0	2.5	2.7	3.0	3.5
경제성	3.0	3.5	2.5	2.7	3.5	4.0

〈분류기준〉

위험도와 경제성 점수가 모두 3.0점을 초과하면 비축필요광종으로 분류하고, 위험도와 경제성 점수 중 하나는 3.0점 초과, 다른 하나는 2.5점 초과 3.0점 이하인 경우에는 주시광종으로 분류하며, 그 외는 비축제외광종으로 분류한다.

보기

㉠ 주시광종으로 분류되는 광종은 1종류이다.
㉡ 비축필요광종으로 분류되는 광종은 은광, 아연광, 철광이다.
㉢ 모든 광종의 위험도와 경제성 점수가 현재보다 각각 20% 증가하면, 비축필요광종으로 분류되는 광종은 4종류가 된다.
㉣ 주시광종 분류기준을 위험도와 경제성 점수 중 하나는 3.0점 초과, 다른 하나는 2.5점 이상 3.0점 이하로 변경한다면, 금광과 아연광은 주시광종으로 분류된다.

① ㉠, ㉢
② ㉠, ㉣
③ ㉢, ㉣
④ ㉠, ㉡, ㉢
⑤ ㉡, ㉢, ㉣

H공사는 직원들의 여가를 위해 하반기 동안 다양한 프로그램을 운영하고자 한다. 운영할 프로그램은 후보들을 대상으로 한 수요도 조사 결과를 통해 결정된다. 다음 〈조건〉에 따라 프로그램을 선정할 때, 운영될 프로그램들을 바르게 짝지은 것은?

〈프로그램 후보〉

구분	프로그램명	인기 점수	필요성 점수
운동	강변 자전거 타기	6	5
진로	나만의 책 쓰기	5	7
여가	자수교실	4	2
운동	필라테스	7	6
교양	독서토론	6	4
여가	볼링모임	8	3

※ 수요도 조사에는 전 직원이 참여하였다.

조건

• 수요도는 인기 점수와 필요성 점수에 가점을 적용한 후, 2 : 1의 가중치에 따라 합산하여 판단한다.
• 각 프로그램의 인기 점수와 필요성 점수는 10점 만점으로 하여 전 직원들이 부여한 점수의 평균값이다.
• 단일 분야에 하나의 프로그램만 있는 경우, 그 프로그램의 필요성 점수에 2점을 가산한다.
• 단일 분야에 복수의 프로그램이 있는 경우, 분야별로 필요성 점수가 가장 낮은 프로그램은 후보에서 탈락한다.
• 수요도 점수가 동점일 경우, 인기 점수가 높은 프로그램을 우선시한다.
• 수요도 점수가 가장 높은 2개의 프로그램을 선정한다.

① 강변 자전거 타기, 볼링모임
② 나만의 책 쓰기, 필라테스
③ 자수교실, 독서토론
④ 필라테스, 볼링모임
⑤ 독서토론, 볼링모임

51 다음 글을 읽고 A사원에게 필요한 능력으로 가장 적절한 것은?

> 신입사원인 A사원은 최근 고민이 생겼다. 충분히 해낼 수 있을 것으로 예상한 업무를 익숙하지 않은 업무조건으로 인해 제시간에 완료하지 못했고, 이로 인해 B과장으로부터 문책을 당했기 때문이다. 이 사건 이후 A사원은 크게 위축되어 자신의 능력에 회의감을 가지게 되었고, 주어진 업무를 완수할 수 없을 것 같다는 불안감에 업무효율이 떨어지게 되었다.

① 자기관리
② 자아존중감
③ 경력개발
④ 강인성
⑤ 낙관주의

52 다음 중 C사원이 계획 수행에 성공하지 못한 이유로 적절하지 않은 것은?

> A공사의 신입사원 C는 회사 일도 잘하고 싶고 업무 외의 자기개발에도 욕심이 많다. 그래서 업무와 관련한 자격증을 따기 위해서 3개의 인터넷 강의도 등록하였고, 체력관리를 위해 피트니스 센터에도 등록하였으며, 친목을 다지기 위해 본인이 동호회도 만들었다. 그러나 의욕에 비해 첫 주부터 자격증 강의도 반밖에 듣지 못했고, 피트니스 센터에는 2번밖에 가지 못했다. 동호회는 자신이 만들었기 때문에 빠질 수가 없어서 참석했지만 수행하지 못한 다른 일 때문에 C사원은 기분이 좋지 않다. 단순히 귀찮아서가 아니라 회사 회식도 빠지기 난감했고 감기에 걸려 몸도 좋지 않았기 때문인데, 계획이 문제인지 본인이 문제인지 C사원은 고민이 많아졌다.

① 자기실현에 대한 욕구보다 다른 욕구가 더 강하기 때문이다.
② 자기합리화를 하려는 인간의 제한적인 사고 때문이다.
③ 자기개발에 대한 구체적인 방법을 모르기 때문이다.
④ 내·외부 요인 때문이다.
⑤ 투자할 수 있는 시간에 비해 계획이 과하기 때문이다.

53 다음 중 정의에 따른 경력개발 방법으로 적절하지 않은 것을 〈보기〉에서 모두 고르면?

〈정의〉

경력개발이란 개인이 경력목표와 전략을 수립하고 실행하며 피드백하는 과정으로 직업인이 한 조직의 구성원으로서 조직과 상호작용하며, 자신의 경력을 개발해 나가는 것이다.

보기

㉠ 영업직에 필요한 것은 사교성일 수도 있지만, 무엇보다 사람에 대한 믿음과 성실함이 기본이어야 한다고 생각한다. 영업팀에서 10년째 근무 중인 나는 인맥을 쌓기 위해 오랜 기간 인연을 지속한 사람들을 놓치지 않으려고 노력하였다.

㉡ 전략기획팀에서 근무하고 있는 나는 앞으로 회사가 나아갈 방향을 설정하는 업무를 주로 하고 있다. 따라서 시대의 흐름을 놓쳐서는 안 된다. 나의 이러한 감각을 배양하기 위해 전문 서적을 탐독하고, 경영환경 변화에 대한 공부를 끊임없이 하고 있다. 그리고 시대에 뒤떨어지지 않기 위해 최신 IT 기기 및 기술을 습득하고 있다.

㉢ 나는 지난달부터 체력단련을 위해 헬스를 하고 있다. 자동차 동호회 활동을 통해 취미활동도 게을리 하지 않는다.

㉣ 직장 생활도 중요하지만, 개인적인 삶을 풍요롭게 할 필요가 있다. 회사는 내가 필요한 것과 내 삶을 윤택하게 하는 데 도움을 주는 요소이다. 그러므로 회사 내의 활동이나 모임 등에 집중하기보다는 나를 위한 투자(운동, 개인학습 등)에 소홀하지 않아야 한다.

① ㉠, ㉡
② ㉠, ㉢
③ ㉡, ㉢
④ ㉡, ㉣
⑤ ㉢, ㉣

54 다음 시트에서 [A2:A4] 영역의 데이터를 이용하여 [C2:C4] 영역처럼 표시하려고 할 때, [C2] 셀에 입력할 수식으로 옳은 것은?

	A	B	C
1	주소	사원 수	출신지
2	서귀포시	10	서귀포
3	여의도동	90	여의도
4	김포시	50	김포

① $=LEFT(A2, LEN(A2)-1)$

② $=RIGHT(A2, LENGTH(A2))-1$

③ $=MID(A2, 1, VALUE(A2))$

④ $=LEFT(A2, TRIM(A2))-1$

⑤ $=MID(A2, LENGTH(A3))$

55 다음 시트에서 판매수량과 추가판매의 합계를 구하기 위해서 [B6] 셀에 입력할 수식으로 옳은 것은?

	A	B	C
1	일자	판매수량	추가판매
2	11월19일	30	8
3	11월20일	48	
4	11월21일	44	
5	11월22일	42	12
6	합계	184	

① $=SUM(B2, C2, C5)$

② $=LEN(B2:B5, 3)$

③ $=COUNTIF(B2:B5, "\geq=12")$

④ $=SUM(B2:B5)$

⑤ $=SUM(B2:B5, C2, C5)$

56 다음 시트에서 [E2:E7] 영역처럼 표시하려고 할 때, [E2] 셀에 입력할 수식으로 옳은 것은?

	A	B	C	D	E
1	순번	이름	주민등록번호	생년월일	백넘버
2	1	박민석 11	831121-1092823	831121	11
3	2	최성영 20	890213-1928432	890213	20
4	3	이형범 21	911219-1223457	911219	21
5	4	임정호 26	870211-1098432	870211	26
6	5	박준영 28	850923-1212121	850923	28
7	6	김민욱 44	880429-1984323	880429	44

① =MID(B2,5,2) ② =LEFT(B2,2)

③ =RIGHT(B2,5,2) ④ =MID(B2,5)

⑤ =LEFT(B2,5,2)

57 G공사 인사부에 근무하는 김대리는 신입사원들의 교육점수를 다음과 같이 정리한 후 VLOOKUP 함수를 이용해 교육점수별 등급을 입력하려고 한다. [E2:F8]의 데이터 값을 이용해 (A) 셀에 함수 식을 입력한 후 자동 채우기 핸들로 사원들의 교육점수별 등급을 입력할 때, (A) 셀에 입력해야 할 함수식으로 옳은 것은?

	A	B	C	D	E	F
1	사원	교육점수	등급		교육점수	등급
2	최덕철	100	(A)		100	A
3	이만강	95			95	B
4	김주상	95			90	C
5	장황배	70			85	D
6	정동렬	75			80	E
7	소광팔	90			75	F
8	신용만	85			70	G
9	구본탁	80				

① =VLOOKUP(B2,E2:F8,2,1)

② =VLOOKUP(B2,E2:F8,2,0)

③ =VLOOKUP(B2,$E$2:$F$8,2,0)

④ =VLOOKUP(B2,$E$2:$F$8,1,0)

⑤ =VLOOKUP(B2,$E$2:$F$8,1,1)

※ PC방에서 아르바이트를 하는 P군은 모니터에 이상이 있다는 손님의 문의에 대응할 수 있도록 모니터 설명서를 찾아보았다. 다음 모니터 설명서를 보고 이어지는 질문에 답하시오. **[58~59]**

〈고장신고 전 확인사항〉

고장내용	확인사항
화면이 나오지 않아요.	• 모니터 전원 코드가 전원과 바르게 연결되어 있는지 확인해 주세요. • 전원 버튼이 꺼져 있는지 확인해 주세요. • [입력] 설정이 바르게 되어 있는지 확인해 주세요. • PC와 모니터가 바르게 연결되어 있는지 확인해 주세요. • 모니터가 절전모드로 전환되어 있는지 확인해 주세요.
"UNKNOWN DEVICE" 문구가 뜹니다.	• 자사 홈페이지의 모니터 드라이브를 설치해 주세요. (http://www.*******.**.**)
화면이 흐려요.	• 권장 해상도로 설정되어 있는지 확인해 주세요. • 그래픽카드 성능에 따라 권장 해상도 지원이 불가능할 수 있으니 그래픽카드 제조사에 문의해 주세요.
화면에 잔상이 남아 있어요.	• 모니터를 꺼도 잔상이 남으면 고장신고로 접수해 주세요. (고정된 특정 화면을 장기간 사용하면 모니터에 손상을 줄 수 있습니다) • 몇 개의 빨간색, 파란색, 초록색, 흰색, 검은색 점이 보이는 것은 정상이므로 안심하고 사용하셔도 됩니다.
소리가 나오지 않아요.	• 모니터가 스피커 단자와 바르게 연결되어 있는지 확인해 주세요. • 볼륨 설정이 낮거나 음소거 모드로 되어 있는지 확인해 주세요.
모니터 기능이 잠겨 있어요.	• [메뉴] – [잠금 해제]를 통해 잠금을 해제해 주세요.

58 다음 중 화면이 나오지 않는다는 손님의 문의를 받았을 때의 대응 방안으로 적절하지 않은 것은?

① 모니터 전원이 켜져 있는지 확인한다.
② 모니터 드라이브를 설치한다.
③ 모니터와 PC가 바르게 연결되어 있는지 확인한다.
④ 모니터가 전원에 연결되어 있는지 확인한다.
⑤ 모니터 입력 설정이 바르게 설정되어 있는지 확인한다.

59 다음 중 고장신고를 접수해야 하는 상황은?

① 특정 소프트웨어에서 소리가 나오지 않는다.
② 화면에 몇 개의 반점이 보인다.
③ 화면이 흐리게 보인다.
④ 모니터 일부 기능을 사용할 수 없다.
⑤ 모니터를 꺼도 잔상이 남아 있다.

60 산업재해를 예방하기 위해 제시되고 있는 하인리히의 법칙을 고려할 때, 다음 중 산업재해의 예방을 위해 조치를 취해야 하는 단계는?

> 1931년 미국의 한 보험회사에서 근무하던 하인리히는 회사에서 접한 수많은 사고를 분석하여 하나의 통계적 법칙을 발견하였다. '1 : 29 : 300 법칙'이라고도 부르는 이 법칙은 큰 사고로 인해 산업재해가 발생하면 이 사고가 발생하기 이전에 같은 원인으로 발생한 작은 사고 29번, 잠재적 사고 징후가 300번이 있었다는 것을 나타낸다.
> 하인리히는 이처럼 심각한 산업재해의 발생 전에 여러 단계의 사건이 도미노처럼 발생하기 때문에 앞 단계에서 적절히 대처한다면 산업재해를 예방할 수 있다고 주장했다.

① 사회 환경적 문제가 발생한 단계
② 개인의 능력 부족이 보이는 단계
③ 기술적 결함이 나타난 단계
④ 불안전한 행동 및 상태가 나타난 단계
⑤ 작업 관리상 문제가 나타난 단계

IT기술을 개발하는 S회사의 글로벌 전략부 이과장은 새로운 기술을 도입하기 위해 기술선택을 하려고 한다. 이과장은 ⊙ 기술경영진과 기술기획담당자들에 의한 체계적인 분석을 통해 기업이 획득해야 하는 대상기술과 목표기술 수준을 결정한다. 이과장의 기술선택 과정에서의 진행상황은 다음과 같다. 먼저 수요변화 및 경쟁자 변화, 기술 변화 등을 분석하고 기업의 장기 비전, 중장기 매출 목표 및 이익 목표를 설정했다. 다음으로 기술능력, 생산능력, 마케팅 및 영업능력, 재무능력 등을 분석하였다. 그리고 최근의 사업영역을 결정하고 경쟁 우위 확보 방안을 수립했다.

61 윗글의 밑줄 친 ⊙이 설명하는 기술선택 방식에 대한 내용으로 옳은 것은?

① 확장적 기술선택   ② 상향식 기술선택

③ 하향식 기술선택   ④ 복합적 기술선택

⑤ 통합적 기술선택

62 다음 중 이과장이 기술선택 과정에서 진행할 절차로 옳지 않은 것은?

① 핵심기술 선택   ② 기술전략 수립

③ 제품 생산공정 분석   ④ 내부역량 분석

⑤ 기술 획득 방법 결정

63 다음 중 조직에서 갈등을 증폭시키는 행위로 적절하지 않은 것은?

① 팀원 간에 서로 상대보다 더 높은 인사고과를 얻기 위해 경쟁한다.
② 팀의 공동목표 달성보다는 본인의 승진이 더 중요하다고 생각한다.
③ 갈등이 발견되면 갈등 문제를 즉각적으로 다루려고 한다.
④ 혼자 돋보이려고 지시받은 업무를 다른 팀원에게 전달하지 않는다.
⑤ 다른 팀원이 중요한 프로젝트를 맡은 경우에 그 프로젝트에 대해 자신이 알고 있는 노하우를 알려주지 않는다.

64 다음 글에서 알 수 있는 J씨의 잘못된 고객응대 자세로 적절한 것은?

> 직원 J씨는 규모가 큰 대형 마트에서 육류제품의 유통 업무를 담당하고 있다. 전화벨이 울리고 신속하게 인사와 함께 전화를 받았는데 전화는 채소류에 관련된 업무 문의로 직원 J씨는 고객에게 자신은 채소류에 관련된 담당자가 아니라고 설명하고, "지금 거신 전화는 육류에 관련된 부서로 연결되어 있습니다. 채소류 관련 부서로 전화를 연결해드릴 테니 잠시만 기다려 주십시오."라고 말하고 다른 부서로 전화를 돌렸다.

① 신속하게 전화를 받지 않았다.
② 기다려 주신 데 대한 인사를 하지 않았다.
③ 고객의 기다림에 대해 양해를 구하지 않았다.
④ 전화를 다른 부서로 돌려도 괜찮은지 묻지 않았다.
⑤ 자신의 직위를 밝히지 않았다.

65 다음 중 직장생활에서 인간관계를 잘하는 방법에 대한 설명으로 적절하지 않은 것은?

① 상사나 동료의 의견에 일단 수긍을 하는 자세를 보인다.
② 업무능력보다는 인간관계가 더 중요하다는 점을 명심한다.
③ 적극적인 마인드를 가지고 업무에 임하고 자신을 강하게 어필할 수 있도록 한다.
④ 상대방에게 호감을 줄 수 있도록 항상 웃는 얼굴로 대한다.
⑤ 동료가 일이 많으면 내 일이 아니더라도 도와준다.

최근 H기업의 강천 생산공장의 생산 실적이 하락하고, 불량품 발생률이 급증하자 본사에서는 김일동 이사를 강천 생산공장으로 긴급 파견하였다. 김일동 이사는 강천 공장에서 20년 이상 근무한 베테랑으로, 현재는 본사의 생산혁신본부를 총괄하고 있다. 김일동 이사는 강천 공장에 있는 2개월 동안 공장 직원들의 역량을 강화하여 생산량을 늘리고 불량품은 줄일 것이라고 포부를 밝혔다. 생산량과 불량품 발생률 등 구체적인 수치의 목표는 공장 상황을 명확하게 파악하고 결정할 계획이다. 이를 위해서 김일동 이사는 본인의 노하우를 공유하면서도, 최우선적으로 직원들의 의견을 적극 경청하여 현장의 문제점과 작업 시 애로사항을 도출하고, 이를 통해 작업 개선 방안을 수립할 계획이다. 작업 개선 방안이 성공적으로 현장에 정착하기 위해서 개선 방안의 수립과 더불어 고도화 과정 중 직원 스스로 해결책을 찾도록 유도하고, 일부 권한을 위임하는 등 직원 스스로가 작업 개선에 책임의식을 갖도록 할 것이다.

66 윗글에서 나타난 김일동 이사의 리더십 역량 강화에 대한 설명으로 가장 적절한 것은?

① 리더가 지식이나 정보를 하달하며 의사결정의 권한을 가지고 있는 전통적인 커뮤니케이션 접근법을 사용하는 리더십이다.
② 직원들이 안전지대에서 벗어나 더욱 높은 목표를 향해 나아가도록 격려하는 리더십이다.
③ 지침보다는 질문과 논의를 통해, 통제보다는 경청과 지원을 통해 상황의 발전과 좋은 결과를 이끌어낸다.
④ 높은 성과를 달성한 조직원에게는 곧바로 보상을 부여하는 동기부여 방법의 리더십이다.
⑤ 불량품 발생률을 줄이기 위해 실수를 불허하며, 저항하는 직원을 과감하게 해고하려고 한다.

67 윗글에서 나타난 리더십 역량 강화 방법을 통해 얻을 수 있는 혜택으로 적절하지 않은 것은?

① 개인이 문제 해결 과정에 적극적으로 노력하도록 유도할 수 있다.
② 직원들의 반발심을 줄일 수 있다.
③ 높은 품질의 제품을 생산할 수 있다.
④ 효율성 및 생산성의 전반적인 상승을 기대할 수 있다.
⑤ 동기를 부여받은 직원들이 책임감을 갖고 자신감 있게 업무에 임하게 된다.

68 다음 중 대인관계능력을 향상시키는 방법으로 옳은 것을 〈보기〉에서 모두 고르면?

> **보기**
>
> ㉠ 상대방에 대한 이해심
> ㉡ 사소한 일까지 관심을 두지 않는 것
> ㉢ 약속을 이행하는 것
> ㉣ 처음부터 너무 기대하지 않는 것
> ㉤ 진지하게 사과하는 것

① ㉠, ㉡, ㉣
② ㉠, ㉡, ㉢
③ ㉠, ㉢, ㉤
④ ㉠, ㉢, ㉣, ㉤
⑤ ㉠, ㉡, ㉣, ㉤

69 다음 글에서 설명하는 의사결정 방법으로 가장 적절한 것은?

> 조직에서 의사결정을 하는 대표적인 방법으로 여러 명이 한 가지 문제를 놓고 아이디어를 비판 없이 제시하여 그중에서 최선책을 찾아내는 방법이다. 다른 사람이 아이디어를 제시할 때 비판하지 않고, 아이디어를 최대한 많이 공유하고 이를 결합하여 해결책을 마련한다.

① 만장일치
② 다수결
③ 브레인스토밍
④ 의사결정나무
⑤ 델파이 기법

70 다음 중 조직 내의 업무 종류에 대한 설명으로 적절하지 않은 것은?

① 총무부 : 주주총회 및 이사회개최 관련 업무, 의전 및 비서업무, 집기비품 및 소모품의 구매와 관리, 사무실 임차 및 관리 등

② 인사부 : 조직기구의 개편 및 조정, 업무분장 및 조정, 인력수급계획 및 관리, 직무 및 정원의 조정 종합, 노사관리 등

③ 기획부 : 교육체계 수립 및 관리, 임금제도, 복리후생제도 및 지원업무, 복무 관리, 퇴직 관리 등

④ 회계부 : 재무상태 및 경영실적 보고, 결산 관련 업무, 재무제표 분석 및 보고 등

⑤ 영업부 : 판매계획, 판매예산의 편성, 시장조사, 광고·선전, 견적 및 계약 등

71 다음 중 국제동향을 파악하기 위한 행동으로 적절하지 않은 것은?

① 해외사이트를 방문하여 최신이슈를 확인한다.

② 매일 아침 신문의 국제면을 읽는다.

③ 업무와 관련된 분야의 국제잡지를 정기 구독한다.

④ 업무와 관련된 국내의 법률, 법규 등을 공부한다.

⑤ 업무와 관련된 주요 용어의 외국어를 공부한다.

※ 다음은 H공사의 부서별 업무소개 자료이다. 이어지는 질문에 답하시오. [72~73]

1. ___㉠___ 의 직무 특성 및 소개

시설투자 · 공사지원 · 유지관리로 회사의 자산 가치를 극대화하고 임직원과의 소통과 원활한 경영활동 지원을 위한 업무를 수행합니다. 효율적인 공간 활용 및 쾌적한 사무환경 구축, 임직원 복지 증진으로 업무 효율성을 높이는 등 총체적인 업무지원 제반 활동을 진행합니다. 세부적으로 본사 및 사업장 부동산 자산관리, 임대차 자산 계약관리 등을 담당하는 관재업무, 설비 총괄 관리 및 시설물 관리로 쾌적한 근무 환경 조성 업무, 주주총회 기획 · 운영 · 관리 업무, 임직원 복리후생 제도 기획 · 운영 및 사회공헌 프로그램을 진행하는 복지 관련 업무, 경영진 및 VIP 의전 및 대민 · 대관 관련 업무 등을 수행합니다.

2. ㉡ 구매 직무 주요 업무 내용

- 시장조사 : 환율, 원부자재 가격 변동 등 트렌드 조사 및 분석
- 업체발굴 : TCO관점에서 QCD 만족시키는 협력사 검토
- 협상 / 계약 : 가격 협상 및 납기 조율
- 자재관리 : 시스템상 재고와 실 창고 재고 일치화 및 재고 수량 조사
- 협력사 관리 및 협력사 기술 / 품질지원 : SRM시스템 구축 및 운영
- 원가절감 활동 : 통합구매, 구매방식 다양화, 구매 시기 조정

72 다음 중 빈칸 ㉠에 들어갈 업무로 옳은 것은?

① 총무 업무　　　　　　　② 인사 업무
③ 회계 업무　　　　　　　④ 생산 업무
⑤ 기획 업무

73 다음 중 밑줄 친 ㉡의 직무를 수행하기 위해 필요한 능력으로 옳지 않은 것은?

① 원가에 대한 이해력
② 데이터 분석 및 가공능력
③ 협상 및 설득능력
④ 생산 제품에 대한 지식
⑤ 협력사 검토 및 관리력

74 다음 대학생 지수의 일과를 통해 알 수 있는 사실로 옳은 것은?

> 지수는 화요일에 학교 수업, 아르바이트, 스터디, 봉사활동 등을 한다.
> 다음은 지수의 화요일 일과이다.
> • 지수는 오전 11시부터 오후 4시까지 수업이 있다.
> • 수업이 끝나고 학교 앞 프랜차이즈 카페에서 아르바이트를 3시간 동안 한다.
> • 아르바이트를 마친 후, NCS 공부를 하기 위해 스터디를 2시간 동안 한다.

① 비공식적인 소규모조직에서 3시간 동안 있었다.
② 하루 중 공식조직에서 9시간 동안 있었다.
③ 비영리조직인 대규모조직에서 5시간 동안 있었다.
④ 영리조직에서 2시간 동안 있었다.
⑤ 비공식적인 비영리조직에서 3시간 동안 있었다.

75 다음의 대화에 나타나는 조직목표의 기능과 특징으로 적절하지 않은 것은?

> 이대리 : 박부장님께서 우리 회사의 목표가 무엇인지 생각해 본 적 있냐고 하셨을 때 당황했어. 평소에 딱히 생각하고 지내지 않았던 것 같아.
> 김대리 : 응, 그러기 쉽지. 개인에게 목표가 있어야 그것을 위해서 무언가를 하는 것처럼 당연히 조직에도 목표가 있어야 하는데 조직에 속해 있으면 당연히 알아 두어야 한다고 생각해.

① 조직이 존재하는 정당성을 제공한다.
② 의사 결정을 할 때뿐만 아니라 하고 나서의 기준으로도 작용한다.
③ 공식적 목표와 실제적 목표는 다를 수 있다.
④ 동시에 여러 개를 추구하는 것보다 하나씩 순차적으로 처리해야 한다.
⑤ 목표 간에는 위계 관계와 상호 관계가 공존한다.

A과장은 성격이 활달하고 사교적이다. 회사 일뿐만 아니라 사회 활동에도 무척 적극적이다. 그래서 가끔 지인들이 회사 앞으로 찾아오곤 하는데, 이때 A과장은 인근 식당에서 지인들에게 식사를 대접하며 본인 이름으로 결제를 하고는 했다.

그러던 어느 날 A과장은 경영지원팀 C팀장에게 한 가지 지적을 받게 되었다. 회사 인근 식당에서 지나치게 많은 식대가 A과장 이름으로 결제가 되었는데, 도대체 회사 직원 몇 명과 같이 저녁 식사를 했기에 그렇게 많은 비용이 나왔냐는 것이었다. A과장은 본부원 30명에 가까운 인원이 그날 야근을 해서 식대가 많이 나온 거라며 거짓으로 둘러댔다.

그리고 얼마 후 회사 감사팀에서 출퇴근 명부와 식대를 비교해 보니 A과장의 말이 거짓임이 밝혀졌다. A과장은 징계를 면할 수 없었고, 결국 견책의 징계를 받게 되었다.

76 다음 중 징계를 피하기 위해 'A과장'에게 요구됐던 태도로 가장 옳은 것은?

① 매사에 심사숙고하려는 태도
② 늘 정직하게 임하려는 태도
③ 단호하게 의사결정을 내리는 태도
④ 공사 구분을 명확히 하는 태도
⑤ 항상 최선을 다하는 태도

77 다음 중 A과장에게 요구됐던 태도에 대한 설명으로 옳지 않은 것은?

① 사람은 혼자서는 살아갈 수 없으므로, 다른 사람과의 신뢰가 필요하다.
② 정직한 것은 성공을 이루게 되는 기본 조건이 된다.
③ 말이나 행동이 사실과 부합된다는 신뢰가 없어도 사회생활을 하는 데 별로 지장이 없다.
④ 신뢰를 형성하기 위해 필요한 규범이 정직이다.
⑤ 바른 사회생활은 정직에 기반을 둔 신뢰가 있어야 한다.

78 다음 중 책임감이 결여된 경우로 가장 적절한 것은?

① 건우 : 회사에 입사한 이후로 정해진 퇴근시간을 넘긴 경우는 있어도 출근시간을 넘긴 적은 없어.
② 미선 : 업무 완성을 위해서는 야근을 할 수 있어.
③ 윤희 : 자신의 일은 자신이 해결해야 하기 때문에 옆 동료의 일에 간여하지 않아.
④ 예현 : 지난번 나 혼자 해결하기 힘든 업무를 동료의 도움을 받아 해결해서 감사의 뜻을 표했어.
⑤ 경오 : 오전 내로 빠르게 해야 될 일이 있다면 일찍 출근해서 일할 수 있어.

> 김사원 : 팀장님, 시간 괜찮으시면 이번에 새로 거래를 하게 된 A물산 박대표님이 오셨는데 함께 미팅하시 겠습니까?
> (김사원과 이팀장 모두 박대표와 처음 만나 미팅을 진행하는 경우이다.)
> 이팀장 : 어, 그러지. 회의실로 모셔와.
> (이팀장보다 연배가 훨씬 위인 반백의 거래처 대표, 박대표가 회의실로 김사원과 함께 들어온다.)
> 김사원 : 팀장님, A물산 박한우 대표님이십니다. 박한우 대표님, 여기는 저희 구매팀장님을 맡고 계신 이철환 팀장님입니다.
> 이팀장 : (악수를 청하며) 처음 뵙겠습니다. 이대로입니다. 먼 길 와 주셔서 감사합니다. 김사원에게 말씀 많이 들었습니다. 함께 일하게 되어 기쁩니다. 앞으로 좋은 파트너로 서로 도움이 되면 좋겠습니 다. 많이 도와주십시오.
> 박대표 : 처음 뵙겠습니다. 박한우입니다. 기회 주셔서 감사합니다. 열심히 하겠습니다. 과거부터 영업본부 장이신 성전무님과 인연이 있어 이팀장님 말씀은 많이 들었습니다. 말씀대로 유능하신 분이라는 생각이 듭니다.
> (박대표는 이팀장과 악수를 한 후 김사원과도 악수를 한다. 왼손잡이인 김사원은 자연스럽게 왼손을 내밀어 미소를 지으며 손을 가볍게 흔들며 '김철수입니다. 잘 부탁드리겠습니다.'라는 인사를 건넨다.)
> 이팀장 : 과찬이십니다. 그럼 잠시 이번 포워딩 건에 대해 말씀 나누죠.
> 이팀장 : (미팅이 끝난 후) 김철수 씨, 나랑 잠깐 이야기 좀 할까?

79 다음 중 소개예절에서 김사원이 한 실수로 볼 수 없는 것은?

① 나이 어린 사람을 연장자에게 먼저 소개하지 않았다.

② 자신이 속해 있는 회사의 관계자를 타 회사의 관계자에게 먼저 소개하지 않았다.

③ 소개하는 사람에 대해 성과 이름을 함께 말하지 않았다.

④ 동료임원을 고객에게 먼저 소개하지 않았다.

⑤ 소개할 때 나이를 고려하지 않았다.

80 다음 중 악수예절에서 김사원이 한 실수로 가장 적절한 것은?

① 악수를 할 때 상대를 바라보며 가벼운 미소를 지었다.

② 악수를 할 때 간단한 인사 몇 마디를 주고받았다.

③ 악수를 할 때 너무 강하게 쥐어짜듯이 손을 잡지 않았다.

④ 악수를 할 때 왼손잡이라서 왼손으로 악수를 했다.

⑤ 악수를 할 때 이름을 말하며 인사를 했다.

01 '재래시장의 활성화 방안'에 대한 글을 쓰기 위해 다음과 같이 개요를 작성하였다. 개요 수정 및 자료 제시 방안으로 적절하지 않은 것은?

Ⅰ. 서론 : 재래시장의 침체 실태 …………… ㉠

Ⅱ. 본론

　1. 재래시장 침체의 원인 ………………… ㉡
　　(1) 대형 유통점 및 전자상거래 중심으로의 유통 구조 변화
　　(2) 상인들의 서비스 의식 미흡
　　(3) 편의시설 미비 ………………………… ㉢
　　(4) 매출액 감소 및 빈 점포의 증가 …… ㉣
　2. 재래시장 활성화 방안
　　(1) 접근성과 편의성을 살려 구조 및 시설 재정비
　　(2) 시장 상인들을 대상으로 한 서비스 교육 실시
　　(3) 지역 특산물 육성 및 지원

Ⅲ. 결론 : 재래시장 활성화를 위한 공동체 의식의 촉구 …… ㉤

---

① ㉠ : Ⅰ의 보충자료로 최근 10년간 재래시장 매출 및 점포 수를 그래프로 제시한다.

② ㉡ : Ⅱ－2－(3)과의 호응을 고려하여 '소비자를 유인할 만한 특성화 상품의 부재'를 하위항목으로 추가한다.

③ ㉢ : Ⅱ－1－(1)과 내용이 중복되고 Ⅱ－2에 대응하는 항목도 없으므로 삭제한다.

④ ㉣ : 상위 항목과 일치하지 않으므로 Ⅰ의 하위항목으로 옮긴다.

⑤ ㉤ : 'Ⅱ－2'와의 논리적 일관성을 고려해야 하므로 '재래시장의 가치 강조 및 활성화 대책 촉구'로 변경한다.

02 다음 글의 제목으로 가장 적절한 것은?

맥주의 주원료는 양조용수·보리·홉 등이다. 맥주를 양조하기 위해서는 일반적으로 맥주생산량의 10 ~ 20배 정도 되는 물이 필요하며, 이것을 양조용수라고 한다. 양조용수는 맥주의 종류와 품질을 좌우하며, 무색·무취·투명해야 한다. 보리를 싹틔워 맥아로 만든 것을 사용하여 맥주를 제조하는데, 맥주용 보리로는 곡립이 고르고 녹말질이 많으며 단백질이 적은 것, 그리고 곡피(穀皮)가 얇으며 발아력이 왕성한 것이 좋다. 홉은 맥주 특유의 쌉쌀한 향과 쓴맛을 만들어 내는 주요 첨가물이며, 맥주를 맑게 하고 잡균의 번식을 막아주는 역할을 한다.

맥주의 제조공정을 살펴보면 맥아제조, 담금, 발효, 저장, 여과의 다섯 단계로 나눌 수 있다. 이 중 발효공정은 맥즙이 발효되어 술이 되는 과정을 말하는데, 효모가 발효탱크 속에서 맥즙에 있는 당분을 알코올과 탄산가스로 분해한다. 이 공정은 1주일간 이어지며, 그동안 맥즙 안에 있던 당분은 점점 줄어들고 알코올과 탄산가스가 늘어나 맥주가 되는 것이다. 이때 발효 중 맥즙의 온도 상승을 막기 위해 탱크를 냉각 코일로 감고 그 표면을 하얀 폴리우레탄으로 단열시키는데, 그 모습이 마치 남극의 이글루처럼 보이기도 한다.

발효의 방법에 따라 하면발효 맥주와 상면발효 맥주로 구분되는데, 이는 어떤 온도에서 발효시키느냐에 달려있다. 세계 맥주 생산량의 70%를 차지하는 하면발효 맥주는 발효 중 밑으로 가라앉는 효모를 사용해 저온에서 발효시킨 맥주를 말한다. 요즘 유행하는 드래프트비어가 바로 여기에 속한다. 반면, 상면발효 맥주는 주로 영국, 미국, 캐나다, 벨기에 등에서 생산되며 발효 중 표면에 떠오르는 효모로 비교적 높은 온도에서 발효시킨 맥주를 말한다. 에일, 스타우트 등이 상면발효 맥주에 포함된다.

① 홉과 발효 방법의 종류에 따른 맥주 구분법
② 주원료에 따른 맥주의 발효 방법 분류
③ 맥주의 주원료와 발효 방법에 따른 맥주의 종류
④ 맥주의 제조공정
⑤ 맥주의 발효 과정

※ 다음 글을 읽고 이어지는 질문에 답하시오. [3~4]

아도르노는 문화산업론을 통해서 대중문화의 이데올로기를 비판하였다. 그는 지배 관계를 은폐하거나 정당화하는 허위의식을 이데올로기로 보고, 대중문화를 지배 계급의 이데올로기를 전파하는 대중 조작 수단으로, 대중을 이에 기만당하는 문화적 바보로 평가하였다. 또한 그는 대중문화 산물의 내용과 형식이 표준화·도식화되어 더 이상 예술인 척할 필요조차 없게 되었다고 주장했다.

그러나 그의 이론은 구체적 비평 방법론의 결여와 대중문화에 대한 극단적 부정이라는 한계를 보여 주었고, 이후의 연구는 대중문화 텍스트의 의미화 방식을 규명하거나 대중문화의 새로운 가능성을 찾는 두 방향으로 발전하였다. 전자는 알튀세를 수용한 스크린 학파이며, 후자는 수용자로 초점을 전환한 피스크이다.

초기 스크린 학파는 주체가 이데올로기 효과로 구성된다는 알튀세의 관점에서 허위의식으로서의 이데올로기 개념을 비판하고 어떻게 특정 이데올로기가 대중문화 텍스트를 통해 주체 구성에 관여하는지를 분석했다. 이들은 이데올로기를 개인들이 자신의 물질적 상황을 해석하고 경험하는 개념틀로 규정하고, 그것이 개인을 자율적 행위자로 오인하게 하여 지배적 가치를 스스로 내면화하는 주체로 만든다고 했다. 특히 그들은 텍스트의 특정 형식이나 장치를 통해 대중문화 텍스트의 관점을 자명한 진리와 동일시하게 하는 이데올로기 효과를 분석했다. 그러나 그 분석은 텍스트의 지배적 의미가 수용되는 기제의 해명에 집중되어, 텍스트가 규정하는 의미에 반하는 수용자의 다양한 해석 가능성은 충분히 설명하지 못했다.

이 맥락에서 피스크의 수용자 중심적 대중문화 연구가 등장한다. 그는 수용자의 의미 생산을 강조하여 정치 미학에서 대중 미학으로 초점을 전환했다. 그는 대중을 사회적 이해관계에 따라 다양한 주체 위치에서 유동하는 행위자로 본다. 상업적으로 제작된 대중문화 텍스트는 그 자체로 대중문화가 아니라 그것을 이루는 자원일 뿐이며, 그 자원의 소비 과정에서 대중이 자신의 이해에 따라 새로운 의미와 저항적·도피적 쾌락을 생산할 때 비로소 대중문화가 완성된다. 피스크는 지배적·교섭적·대항적 해석의 구분을 통해 대안적 의미의 해석 가능성을 시사했던 홀을 비판하면서, 그조차 텍스트의 지배적 의미를 그대로 수용하는 선호된 해석을 인정했다고 지적한다. 그 대신 그는 텍스트가 규정한 의미를 벗어나는 대중들의 게릴라 전술을 강조했던 드 세르토에 의거하여, 대중문화는 제공된 자원을 활용하는 과정에서 그 힘에 복종하지 않는 약자의 창조성을 특징으로 한다고 주장한다.

피스크는 대중문화를 판별하는 대중의 행위를 아도르노식의 미학적 판별과 구별한다. 텍스트 자체의 특질에 집중하는 미학적 판별과 달리, 대중적 판별은 일상에서의 적절성과 기호학적 생산성, 소비 양식의 유연성을 중시한다. 대중문화 텍스트는 대중들 각자의 상황에 적절하게 기능하는 다양한 의미 생산 가능성이 중요하다. 따라서 텍스트의 구조에서 텍스트를 읽어 내는 실천 행위로, "무엇을 읽고 있는가?"에서 "어떻게 읽고 있는가?"로 문제의식을 전환해야 한다는 것이다. 피스크는 대중문화가 일상의 진보적 변화를 위한 것이지만, 이를 토대로 이후의 급진적 정치 변혁도 가능해진다고 주장한다.

그러나 피스크는 대중적 쾌락의 가치를 지나치게 높이 평가하고 사회적 생산 체계를 간과했다는 비판을 받았다. 켈러에 따르면, 수용자 중심주의는 일면적인 텍스트 결정주의를 극복했지만 대중적 쾌락과 대중문화를 찬양하는 문화적 대중주의로 전락했다.

03 다음 중 윗글에 대한 이해로 가장 적절한 것은?

① 아도르노는 대중문화 산물에 대한 질적 가치 판단을 통해 그것이 예술로서의 지위를 가지지 않는 다고 간주했다.

② 알튀세의 이데올로기론을 수용한 대중문화 연구는 텍스트가 수용자에게 미치는 일면적 규정을 강조하는 시각을 지양하였다.

③ 피스크는 대중문화의 긍정적 의미가 대중 스스로 자신의 문화 자원을 직접 만들어 낸다는 점에 있다고 생각했다.

④ 홀은 텍스트의 내적 의미가 선호된 해석을 가능하게 한다고 주장함으로써 수용자 중심적 연구의 관점을 보여 주었다.

⑤ 정치 미학에서 대중 미학으로의 발전은 대중문화를 이른바 게릴라 전술로 보는 시각을 극복할 수 있었다.

04 다음 중 윗글을 토대로 〈보기〉에 대한 각 입장을 평가할 때, 적절하지 않은 것은?

> **보기**
>
> 큰 인기를 얻었던 뮤직 비디오 「Open Your Heart」에서 마돈나는 통상의 피프 쇼무대에서 춤추는 스트립 댄서 역할로 등장하였다. 그러나 그녀는 유혹적인 춤을 추는 대신에 카메라를 정면으로 응시 하며 힘이 넘치는 춤을 추면서 남성의 훔쳐보는 시선을 조롱한다. 이 비디오는 몇몇 남성에게는 관 음증적 쾌락의 대상으로, 소녀 팬들에게는 자신의 섹슈얼리티를 적극적으로 표출하는 강한 여성의 이미지로, 일부 페미니스트들에게는 여성 신체를 상품화하는 성차별적 이미지로 받아들여졌다.

① 아도르노는 마돈나의 뮤직 비디오에서 수용자가 얻는 쾌락이 현실의 문제를 회피하게 만드는 기만적인 즐거움이라고 설명했을 것이다.

② 초기 스크린 학파는 마돈나의 뮤직 비디오에서 텍스트의 형식이 다층적인 기호학적 의미를 생산 한다는 점을 높게 평가했을 것이다.

③ 피스크는 모순적 이미지들로 구성된 마돈나의 뮤직 비디오가 서로 다른 사회적 위치에 있는 수용 자들에게 다른 의미로 해석된다는 점에 주목했을 것이다.

④ 피스크는 마돈나의 뮤직 비디오가 갖는 의의를 수용자가 대중문화 자원의 지배적 이데올로기로부 터 벗어날 수 있는 가능성에서 찾았을 것이다.

⑤ 켈러는 마돈나의 뮤직 비디오에서 수용자들이 느끼는 쾌락이 대중문화에 대한 경험과 문화 산업 의 기획에 의해 만들어진 결과라고 분석했을 것이다.

05 다음 중 빈칸 ㉠~㉢에 들어갈 단어들을 순서대로 바르게 나열한 것은?

> • 지나치게 빠른 변화는 가치관의 ___㉠___ 을 초래한다.
> • 어려운 질문은 나를 ___㉡___ 에 빠뜨렸다.
> • 적대적인 노사 갈등을 ___㉢___ 하고 상호존중의 문화를 이루자.

	㉠	㉡	㉢
①	혼동	곤욕	지향
②	혼동	곤욕	지양
③	혼란	곤욕	지양
④	혼란	곤경	지향
⑤	혼란	곤경	지양

06 다음 밑줄 친 부분에 들어갈 말로 가장 적절한 것은?

> 준식은 앉았던 자리에서 머뭇거리지도 아니하고 벌떡 일어나 바깥으로 나왔다.
> 이때 방안에서는
> "얘, 그렇게 경거망동을 하지 말고 깊이 생각해서 마음을 고쳐먹어라."
> 밖에서는
> "나더러 깊이 생각하라지 말고 형님이나 깊이 생각해서 말하시오."
> "에이, 그런 미친 소리는 두 번도 하지 말아라."
> "어디 형님은 미치지 않은 소리를 며칠이나 하고 들어앉으셨나 두고 봅시다."
> 준석은 아내와 마지막 담판을 하려고 안으로 활발스럽게 기어들어 가고, 그의 형은 방안에 질서 없이 벌려있는 주판과 치부책을 열심히 정리하고 있다.
> 준식은 앞마당을 지나 자기의 방이 있는 뒤채로 쏜살같이 걸어갔다. 사면이 _____. 다만 자기 방에서 희미한 광선이 뒷마당을 비출 뿐이다. 방문을 열었다. 방안에는 아내 홀로 앉았다가 벌떡 일어나 미소를 띠며 반가이 맞아들인다. 준식은 모자만 벗고 두루마기는 입은 채 그대로 한구석에 기대앉았다.
>
> — 윤기정, 「딴 길을 걷는 사람들」

① 해사하다   ② 탐탐하다
③ 서름하다   ④ 대근하다
⑤ 컴컴하다

이슬람사회에서 결혼은 계약관계로 간주된다. 따라서 부부관계는 계약사항이 위반될 때 해제될 수 있다. 결혼식 전 신랑 측과 신부 측이 서로 합의하에 결혼계약서를 작성하며, 결혼식에서 신랑과 신부 집안의 가장(家長), 양가의 중재자, 양쪽 집안에서 정한 증인이 결혼계약서에 각각 서명해야 하는 점은 이를 반영한다. 결혼계약서에 서명이 없거나, 이슬람의 관습에 따라 결혼식이 진행되지 않았거나, 서명이 끝난 결혼계약서가 정부에 등록되지 않으면 결혼은 무효로 간주되어 법적 효력이 없다.

결혼식은 아랍어로 '시가'라고 하는 결혼서약으로 시작된다. 이는 결혼식 날 주례로서 결혼을 주관하는 '마우준'이 신랑 측과 신부 측에 결혼 의사를 묻고 동의 의사를 듣는 것으로 이루어진다. 이슬람사회의 관습에 따르면 결혼식에서 직접 동의 의사를 공표하는 신랑과 달리, 신부는 스스로 자신의 결혼 의사를 공표할 수 없다. 신부의 후견인인 '왈리'가 신부를 대신해 신부의 결혼 의사를 밝힌다. 보통 아버지가 그 역할을 담당하지만 아버지의 부재 시 삼촌이나 오빠가 대신한다. 당사자 혹은 대리인의 동의가 없는 결혼서약은 무효로 간주된다.

결혼에 대한 양가의 의사 이외에도 이슬람사회에서 결혼이 성립되기 위한 필수조건으로 '마흐르'라고 불리는 혼납금이 있어야 한다. 이슬람사회의 관습에 따르면 혼납금은 신부의 개인 재산으로 간주된다. 혼납금은 결혼계약서를 작성하면서 신랑이 신부에게 지급해야 한다.

증인 또한 중요하다. 결혼식의 증인으로는 믿을 만한 양가 친척이나 부모의 친구가 선택된다. 양가를 대표하는 두 명의 증인은 결혼계약서에 서명함으로써 결혼에 거짓이 없음을 증명한다. 결혼식에서 증인이 확인하는 내용은 신랑이나 신부가 친남매간이나 수양남매 관계가 아니라는 것, 양가의 사회적 지위가 비슷하며 종교가 같다는 것, 이전에 다른 결혼관계가 있었는지 여부, 신부가 '잇다' 기간에 있지 않다는 것 등이다. 이때 '잇다' 기간이란 여성이 이전 결혼관계가 해제된 후 다음 결혼 전까지 두어야 하는 결혼 대기 기간으로, 이 기간 동안 전 결혼에서 발생했을지 모를 임신 여부를 확인한다.

① 이슬람사회에서 남성은 전처의 잇다 기간에는 재혼할 수 없다.

② 이슬람사회에서 결혼은 계약관계로 간주되기 때문에 결혼의 당사자가 직접 결혼계약서에 서명해야 법적 효력이 있다.

③ 이슬람 사회의 결혼계약서에는 신랑과 신부의 가족관계, 양가의 사회적 배경, 양가의 결합에 대한 정부의 승인 등의 내용이 들어 있다.

④ 이슬람사회에서 남녀의 결혼이 합법적으로 인정받기 위해서는 결혼 중재자와 결혼식 주례, 결혼계약서, 혼납금, 증인, 결혼식 하객이 필수적이다.

⑤ 이슬람사회에서 대리인을 통하지 않고 법적으로 유효하게 결혼 동의 의사를 밝힌 결혼 당사자는 상대방에게 혼납금을 지급하였을 것이다.

※ 다음 글을 읽고 이어지는 질문에 답하시오. [8~9]

영화의 역사는 신기한 눈요깃거리라는 출발점을 지나 예술적 가능성을 실험하며 고유의 표현 수단을 발굴해 온 과정이었다. 그 과정에서 미학적 차원의 논쟁과 실천이 거듭되었다. 그중 리얼리즘 미학의 확립에 큰 역할을 한 인물로 프랑스 영화 비평가 바쟁이 있다.

바쟁은 '미라(Mirra) 콤플렉스'와 관련하여 조형 예술의 역사를 설명한다. 고대 이집트인이 만든 미라에는 죽음을 넘어서 생명을 길이 보존하고자 하는 욕망이 깃들어 있으며, 그러한 '복제의 욕망'은 회화를 비롯한 조형 예술에도 강력한 힘으로 작용해 왔다고 한다. 그 욕망은 르네상스 시대 이전까지 작가의 자기표현 의지와 일정한 균형을 이루어 왔다. 하지만 원근법이 등장하여 대상의 사실적 재현에 성큼 다가서면서 회화의 관심은 복제의 욕망 쪽으로 기울게 되었다. 그 상황은 사진이 발명되면서 다시 한번 크게 바뀌었다. 인간의 주관성을 배제한 채 대상을 기계적으로 재현하는 사진이 발휘하는 모사의 신뢰도는 회화에 비할 바가 아니었다. 사진으로 인해 조형 예술은 비로소 복제의 욕망으로부터 자유롭게 되었다.

영화의 등장은 대상의 재현에 또 다른 획을 그었다. 바쟁은 영화를 사진의 기술적 객관성을 시간 속에서 완성함으로써 대상의 살아 숨 쉬는 재현을 가능케 한 진일보한 예술로 본다. 시간의 흐름에 따른 재현이 가능해진 결과, 더욱 닮은 지문(指紋) 같은 현실을 제공하게 되었다. 바쟁에 의하면 영화와 현실은 본질적으로 친화력을 지닌다. 영화는 현실을 시간적으로 구현한다는 점에서 현실의 연장이며, 현실의 숨은 의미를 드러내고 현실에 밀도를 제공한다는 점에서 현실의 정수이다. 영화의 이러한 리얼리즘적 본질은 그 자체로 심리적·기술적·미학적으로 완전하다는 것이 그의 시각이다.

또한, 바쟁은 형식주의적 기교가 현실의 복잡성과 모호성을 침해하여 현실을 왜곡할 수 있다고 본다. 그는 현실의 참모습을 변조하는 과도한 편집 기법보다는 단일한 숏(Shot)을 길게 촬영하는 롱 테이크 기법을 지지한다. 그것이 사건의 공간적 단일성을 존중하고 현실적 사건으로서의 가치를 보장하기 때문이다. 또한 그는 전경에서 배경에 이르기까지 공간적 깊이를 제공하는 촬영을 지지한다. 화면 속에 여러 층을 형성하여 모든 요소를 균등하게 드러냄으로써 현실을 진실하게 반영할 수 있으며, 관객의 시선에도 자유를 부여할 수 있다는 것이다.

영화는 현실을 겸손한 자세로 따라가면서 해석의 개방성을 담보해야 한다는 믿음, 이것이 바쟁이 내건 영화관의 핵심에 놓여 있다. 그 관점은 수많은 형식적 기교가 발달한 오늘날에도 많은 지지를 얻으며 영화적 실천의 한 축을 이루고 있다.

※ 숏 : 카메라가 한 번 촬영하기 시작해서 끝날 때까지의 연속된 한 화면 단위

08 다음 중 바쟁의 생각으로 적절하지 않은 것은?

① 조형 예술의 역사에는 '미라 콤플렉스'가 내재되어 있다.
② 영화는 회화나 사진보다 재현의 완성도가 높은 예술이다.
③ 영화는 현실을 의도적으로 변형하고 재구성하는 예술이다.
④ 영화는 현실의 풍부함과 진실을 드러낼 수 있는 예술이다.
⑤ 사진은 회화가 표현의 자율성을 확보하는 데 영향을 미쳤다.

09 다음 중 바쟁의 영화관(映畵觀)에 동조하는 감독이 영화를 제작했다고 할 때, 이 영화에 대한 반응으로 적절하지 않은 것은?

① 불가피한 경우를 제외하고는 편집을 자제하고 있다.

② 현실을 대하는 것 같은 공간적 깊이감을 보여 준다.

③ 대상을 왜곡할 수 있는 기교를 배제하려고 노력한다.

④ 숏의 길이를 길게 하여 현실의 시간과 유사한 느낌을 준다.

⑤ 화면 속의 중심 요소에 주목하게 하여 관객의 시선을 고정하고 있다.

10 다음 글의 빈칸에 들어갈 말로 가장 적절한 것은?

기분관리 이론은 사람들의 기분과 선택 행동의 관계에 대해 설명하기 위한 이론이다. 이 이론의 핵심은 사람들이 현재의 기분을 최적 상태로 유지하려고 한다는 것이다. 따라서 기분관리 이론은 흥분 수준이 최적 상태보다 높을 때는 사람들이 이를 낮출 수 있는 수단을 선택한다고 예측한다. 반면에 흥분 수준이 낮을 때는 이를 회복시킬 수 있는 수단을 선택한다고 예측한다. 예를 들어, 음악 선택의 상황에서 전자의 경우에는 차분한 음악을 선택하고 후자의 경우에는 흥겨운 음악을 선택한다는 것이다. 기분조정 이론은 기분관리 이론이 현재 시점에만 초점을 맞추고 있다는 점을 지적하고 이를 보완하고자 한다. 기분조정 이론을 음악 선택의 상황에 적용하면, '_____'고 예측할 수 있다.

연구자 A는 음악 선택 상황을 통해 기분조정 이론을 검증하기 위한 실험을 했다. 그는 실험 참가자들을 두 집단으로 나누고 집단 1에게는 한 시간 후 재미있는 놀이를 하게 된다고 말했고, 집단 2에게는 한 시간 후 심각한 과제를 하게 된다고 말했다. 집단 1은 최적 상태 수준에서 즐거워했고, 집단 2는 최적 상태 수준을 벗어날 정도로 기분이 가라앉았다. 이때 연구자 A는 참가자들에게 기다리는 동안 음악을 선택하게 했다. 그랬더니 집단 1은 다소 즐거운 음악을 선택한 반면, 집단 2는 과도하게 흥겨운 음악을 선택했다. 그런데 30분이 지나고 각 집단이 기대하는 일을 하게 될 시간이 다가오자 두 집단 사이에는 뚜렷한 차이가 나타났다. 집단 1의 선택에는 큰 변화가 없었으나, 집단 2는 기분을 가라앉히는 차분한 음악을 선택하는 쪽으로 변하는 경향을 보인 것이다. 이러한 선택의 변화는 기분조정 이론을 뒷받침하는 것으로 간주되었다.

① 사람들은 현재의 기분을 지속하는 데 도움이 되는 음악을 선택한다.

② 사람들은 다음에 올 상황을 고려해 흥분을 유발할 수 있는 음악을 선택한다.

③ 사람들은 다음에 올 상황에 맞추어 현재의 기분을 조정하는 음악을 선택한다.

④ 사람들은 현재의 기분과는 상관없이 자신이 평소 선호하는 음악을 선택한다.

⑤ 사람들은 현재의 기분이 즐거운 경우에는 그것을 조정하기 위해 그와 반대되는 기분을 자아내는 음악을 선택한다.

11 다음 중 밑줄 친 ㉠에 대한 설명으로 가장 적절한 것은?

> 오늘날 유전 과학자들은 유전자의 발현에 관한 ㉠ 물음에 관심을 갖고 있다. 맥길 대학의 연구팀은 이 물음에 답하려고 연구를 수행하였다. 어미 쥐가 새끼를 핥아 주는 성향에는 편차가 있다. 어떤 어미는 다른 어미보다 더 많이 핥아 주었다. 많이 핥아 주는 어미가 돌본 새끼들은 인색하게 핥아 주는 어미가 돌본 새끼들보다 외부 스트레스에 무디게 반응했다. 게다가 인색하게 핥아 주는 친어미에게서 새끼를 떼어 내어 많이 핥아 주는 양어미에게 두어 핥게 하면, 새끼의 스트레스 반응 정도는 양어미의 새끼 수준과 비슷해졌다.
>
> 연구팀은 어미가 누구든 많이 핥은 새끼는 그렇지 않은 새끼보다 뇌의 특정 부분, 특히 해마에서 글루코코르티코이드 수용체들, 곧 GR들이 더 많이 생겨났다는 것을 발견했다. 이렇게 생긴 GR의 수는 성체가 되어도 크게 바뀌지 않았다. GR의 수는 GR 유전자의 발현에 달려 있다. 이 쥐들의 GR 유전자는 차이는 없지만 그 발현 정도에는 차이가 있을 수 있다. 이 발현을 촉진하는 인자 중 하나가 NGF 단백질인데, 많이 핥은 새끼는 그렇지 못한 새끼에 비해 NGF 수치가 더 높다.
>
> 스트레스 반응 정도는 코르티솔 민감성에 따라 결정되는데 GR이 많으면 코르티솔 민감성이 낮아지게 하는 되먹임 회로가 강화된다. 이 때문에 똑같은 스트레스를 받아도 많이 핥은 새끼는 그렇지 않은 새끼보다 더 무디게 반응한다.

① 코르티솔 유전자는 어떻게 발현되는가?
② 유전자는 어떻게 발현하여 단백질을 만드는가?
③ 핥아 주는 성향의 유전자는 어떻게 발현되는가?
④ 후천 요소가 유전자의 발현에 영향을 미칠 수 있는가?
⑤ 유전자 발현에 영향을 미치는 유전 요인에는 무엇이 있는가?

12 다음 글을 근거로 판단할 때 가장 적절한 것은?

> 파스타(Pasta)는 밀가루와 물을 주재료로 하여 만든 반죽을 소금물에 넣고 삶아 만드는 이탈리아 요리를 총칭하는데, 파스타 요리의 가장 중요한 재료인 면을 의미하기도 한다.
>
> 파스타는 350여 가지가 넘는 다양한 종류가 있는데, 형태에 따라 크게 롱(Long) 파스타와 쇼트(Short) 파스타로 나눌 수 있다. 롱 파스타의 예로는 가늘고 기다란 원통형인 스파게티, 넓적하고 얇은 면 형태인 라자냐를 들 수 있고, 쇼트 파스타로는 속이 빈 원통형인 마카로니, 나선 모양인 푸실리를 예로 들 수 있다.
>
> 역사를 살펴보면, 기원전 1세기경에 고대 로마시대의 이탈리아 지역에서 라자냐를 먹었다는 기록이 전해진다. 이후 9 ~ 11세기에는 이탈리아 남부의 시칠리아에서 아랍인들로부터 제조 방법을 전수받아 건파스타(Dried Pasta)의 생산이 처음으로 이루어졌다고 한다. 건파스타는 밀가루에 물만 섞은 반죽으로 만든 면을 말린 것인데, 이는 시칠리아에서 재배된 듀럼(Durum) 밀이 곰팡이나 해충에 취약해 장기 보관이 어려웠기 때문에 저장기간을 늘리고 수송을 쉽게 하기 위함이었다.
>
> 듀럼 밀은 주로 파스타를 만들 때 사용하는 특수한 품종으로 일반 밀과 여러 가지 측면에서 차이가 난다. 일반 밀이 강수량이 많고 온화한 기후에서 잘 자라는 반면, 듀럼 밀은 주로 지중해 지역과 같이 건조하고 더운 기후에서 잘 자란다. 또한 일반 밀로 만든 하얀 분말 형태의 고운 밀가루는 이스트를 넣어 발효시킨 빵과 같은 제품들에 주로 사용되고, 듀럼 밀을 거칠게 갈아 만든 황색의 세몰라 가루는 파스타를 만드는 데 적합하다.

① 속이 빈 원통형인 마카로니는 롱 파스타의 한 종류이다.

② 건파스타 제조 방법은 시칠리아인들로부터 아랍인들에게 최초로 전수되었다.

③ 이탈리아 지역에서는 기원전부터 롱 파스타를 먹은 것으로 보인다.

④ 파스타를 만드는 데 사용하는 세몰라 가루는 곱게 갈아 만든 흰색의 가루이다.

⑤ 듀럼 밀은 곰팡이나 해충에 강해 건파스타의 주재료로 적합하다.

13 다음 (가) ~ (마) 중 〈보기〉의 문장이 들어갈 위치로 가장 적절한 곳은?

유럽, 특히 영국에서 가장 사랑받는 음료인 홍차의 기원은 16세기 중엽 중국에서 시작된 것으로 전해지고 있다. (가) 본래 홍차보다 덜 발효된 우롱차가 중국에서 만들어져 유럽으로 수출되기 시작했고, 그중에서도 강하게 발효된 우롱차가 환영을 받으면서 홍차가 탄생하게 되었다는 것이다. 중국인들이 녹차와 우롱차의 차이를 설명하는 과정에서 쓴 영어 'Black Tea'가 홍차의 어원이 되었다는 것이 가장 강력한 가설로 꼽히고 있다. (나)

홍차는 1662년 찰스 2세가 포르투갈 출신의 캐서린 왕비와 결혼하면서 영국에 전해지게 되는데, 18세기 초에 영국은 홍차의 최대 소비국가가 된다. (다) 영국에서의 홍차 수요가 급증함과 동시에 홍차의 가격이 치솟아 무역적자가 심화되자, 영국 정부는 자국 내에서 직접 차를 키울 수는 없을까 고민하지만 별다른 방법을 찾지 못했고, 홍차의 고급화는 점점 가속화됐다. (라)

하지만 영국의 탐험가인 로버트 브루스 소령이 아삼 지방에서 차나무의 존재를 발견하면서 홍차산업의 혁명이 도래하는데, 아삼 지방에서 발견한 차는 찻잎의 크기가 중국종의 3배쯤이며 열대기후에 강하고, 홍차로 가공했을 때 중국차보다 뛰어난 맛을 냈다.

그러나 아이러니하게도 아삼 홍차는 3대 홍차에 꼽히지 않는데 이는 19세기 영국인들이 지닌 차에 대한 인식 때문이다. (마) 당시 중국차에 대한 동경과 환상을 지녔던 영국인들은 식민지에서 자생한 차나무가 중국의 차나무보다 우월할 것이라고 믿지 못했기에 아삼 홍차를 서민적인 홍차로 취급한 것이었다.

보기

이처럼 홍차가 귀한 취급을 받았던 이유는 중국이 차의 수출국이란 유리한 입지를 지키기 위하여 차의 종자, 묘목의 수출 등을 엄중하게 통제함과 동시에 차의 기술이나 제조법을 극단적으로 지켰기 때문이다.

① (가)　　　　　　　　　　　② (나)
③ (다)　　　　　　　　　　　④ (라)
⑤ (마)

14 다음 글의 내용으로 가장 적절한 것은?

> 감염에 대한 일반적인 반응은 열(熱)을 내는 것이다. 우리는 발열을 흔한 '질병의 증상'이라고만 생각한다. 아무런 기능도 없이 불가피하게 일어나는 수동적인 현상처럼 여긴다. 그러나 우리의 체온은 유전적으로 조절되는 것이며 아무렇게나 변하지 않는다. 병원체 중에는 우리의 몸보다 열에 더 예민한 것들도 있다. 체온을 높이면 그런 병원체들은 우리보다 먼저 죽게 되므로 발열 증상은 우리 몸이 병원체를 죽이기 위한 능동적인 행위가 되는 것이다.
>
> 또 다른 반응은 면역 체계를 가동시키는 것이다. 백혈구를 비롯한 우리의 세포들은 외부에서 침입한 병원체를 능동적으로 찾아내어 죽인다. 우리 몸은 침입한 병원체에 대항하는 항체를 형성하여 일단 치유된 뒤에는 다시 감염될 위험이 적어진다. 인플루엔자나 보통 감기 따위의 질병에 대한 우리의 저항력은 완전한 것이 아니어서 결국 다시 그 병에 걸릴 수도 있다. 어떤 질병에 대해서는 한 번의 감염으로 자극을 받아 생긴 항체가 평생 동안 그 질병에 대한 면역성을 준다. 바로 이것이 예방접종의 원리이다. 죽은 병원체를 접종함으로써 질병을 실제로 경험하지 않고 항체 생성을 자극하는 것이다.
>
> 일부 영리한 병원체들은 인간의 면역성에 굴복하지 않는다. 어떤 병원체는 우리의 항체가 인식하는 병원체의 분자구조, 즉 항원을 바꾸어 우리가 그 병원체를 알아보지 못하게 한다. 가령 인플루엔자는 항원을 변화시키기 때문에 이전에 인플루엔자에 걸렸던 사람이라도 새로이 나타난 다른 균종으로부터 안전할 수 없는 것이다.
>
> 인간의 가장 느린 방어 반응은 자연선택에 의한 반응이다. 어떤 질병이든지 남들보다 유전적으로 저항력이 더 많은 사람들이 있기 마련이다. 어떤 전염병이 한 집단에서 유행할 때 그 특정 병원체에 저항하는 유전자를 가진 사람들은 그렇지 못한 사람들에 비해 생존 가능성이 높다. 따라서 역사적으로 특정 병원체에 자주 노출되었던 인구 집단에는 그 병에 저항하는 유전자를 가진 개체의 비율이 높아질 수밖에 없다. 이와 같은 자연선택의 예로 아프리카 흑인에게서 자주 발견되는 겸상(鎌狀) 적혈구 유전자를 들 수 있다. 겸상 적혈구 유전자는 적혈구의 모양을 정상적인 도넛 모양에서 낫 모양으로 바꾸어서 빈혈을 일으키므로 생존에 불리함을 주지만, 말라리아에 대해서는 저항력을 가지게 한다.

① 발열 증상은 수동적인 현상이지만 감염병의 회복에 도움을 준다.

② 예방접종은 질병을 실제로 경험하게 하여 항체 생성을 자극한다.

③ 겸상 적혈구 유전자는 적혈구 모양을 도넛 모양으로 변화시켜 말라리아로부터 저항성을 가지게 한다.

④ 병원체의 항원이 바뀌면 이전에 형성된 항체가 존재하는 사람도 그 병원체가 일으키는 병에 걸릴 수 있다.

⑤ 어떤 질병이 유행한 적이 없는 집단에서는 그 질병에 저항력을 주는 유전자가 보존되는 방향으로 자연선택이 이루어졌다.

15 다음 글에서 추론할 수 없는 것은?

> 언뜻 보아서 살쾡이는 고양이와 구별하기 힘들다. 살쾡이가 고양잇과의 포유동물이어서 고양이와 흡사하기 때문이다. 그래서인지 '살쾡이'란 단어는 '고양이'와 연관이 있다. '살쾡이'의 '쾡이'가 '괭이'와 연관이 있는데, '괭이'는 '고양이'의 준말이기 때문이다.
> '살쾡이'는 원래 '삵'에 '괭이'가 붙어서 만들어진 단어이다. '삵'은 그 자체로 살쾡이를 뜻하는 단어였다. 살쾡이의 모습이 고양이와 비슷해도 단어 '삵'은 '고양이'와는 아무런 연관이 없다. 그런데도 '삵'에 고양이를 뜻하는 '괭이'가 덧붙게 되었다. 그렇다고 '살쾡이'가 '삵과 고양이', 즉 '살쾡이와 고양이'란 의미를 가지는 것은 아니다. 단지 '삵'에 비해 '살쾡이'가 후대에 생겨난 단어일 뿐이다. '호랑이'란 단어도 이런 식으로 생겨났다. '호랑이'는 '호(虎, 범)'와 '랑(狼, 이리)'으로 구성되어 있으면서도 '호랑이와 이리'란 뜻을 가진 것이 아니라 그 뜻은 역시 '범'인 것이다.
> '살쾡이'는 '삵'과 '괭이'가 합쳐져 만들어진 단어이기 때문에 '삵괭이' 또는 '삭괭이'로도 말하는 지역이 있으며, '삵'의 'ㄱ' 때문에 뒤의 '괭이'가 된소리인 '쾡이'가 되어 '삭쾡이' 또는 '살쾡이'로 말하는 지역도 있다. 그리고 '삵'에 거센소리가 발생하여 '살쾡이'로 발음하는 지역도 있다. 주로 서울 지역에서 '살쾡이'로 발음하기 때문에 '살쾡이'를 표준어로 삼았다. 반면에 북한의 사전에서는 '살쾡이'를 찾을 수 없고 '살괭이'만 찾을 수 있다. 남한에서 '살괭이'를 '살쾡이'의 방언으로 처리한 것과는 다르다.

① '호랑이'는 '호(虎, 범)'보다 나중에 형성되었다.
② 두 단어가 합쳐져 하나의 대상을 지시할 수 있다.
③ '살괭이'가 남·북한 사전 모두에 실려 있는 것은 아니다.
④ '살쾡이'는 가장 광범위하게 사용되기 때문에 표준어로 정해졌다.
⑤ '살쾡이'의 방언이 다양하게 나타나는 것은 지역의 발음 차이 때문이다.

16 다음 중 암 발생률 추이에 대한 설명으로 옳은 것은?

<암 발생률 추이>

(단위 : %)

구분	2016년	2017년	2018년	2019년	2020년	2021년	2022년
위암	31.5	30.6	28.8	25.5	23.9	24.0	24.3
간암	24.1	23.9	23.0	21.4	20.0	20.7	21.3
폐암	14.4	17.0	18.8	19.4	20.6	22.1	24.4
대장암	4.5	4.6	5.6	6.3	7.0	7.9	8.9
유방암	1.7	1.9	1.9	2.2	2.1	2.4	4.9
자궁암	7.8	7.5	7.0	6.1	5.6	5.6	5.6

① 위암의 발생률은 점차 감소하는 추세를 보이고 있다.

② 폐암의 경우 발생률이 계속적으로 증가하고 있으며, 전년 대비 2022년의 암 발생률 증가폭이 다른 암에 비해서 가장 크다.

③ 2016년 대비 2022년에 발생률이 증가한 암은 폐암, 대장암, 유방암이다.

④ 2022년에 위암으로 죽은 사망자 수가 가장 많으며, 이러한 추세는 지속될 것으로 보인다.

⑤ 2016 ~ 2020년까지 자궁암의 경우 발생 비율이 지속적으로 감소하는 추세를 보이고 있다.

〈국가별 GDP 추이〉

(단위 : 10억 US$)

구분	2015년	2016년	2017년	2018년	2019년	2020년	2021년	2022년
한국	1,253.4	1,278.0	1,370.6	1,484.0	1,465.3	1,500.0	1,623.3	1,725.2
캐나다	1,788.6	1,828.7	1,847.2	1,803.5	1,556.1	1,528.2	1,649.9	1,716.3
멕시코	1,180.5	1,201.1	1,274.4	1,314.6	1,170.6	1,077.9	1,157.7	1,220.7
미국	15,542.6	16,197.0	16,784.8	17,521.7	18,219.3	18,707.2	19,485.4	20,580.2
프랑스	2,861.4	2,683.8	2,811.1	2,852.2	2,438.2	2,471.3	2,595.2	2,787.9
독일	3,744.4	3,527.3	3,732.7	3,883.9	3,360.5	3,466.8	3,665.8	3,949.5
영국	2,659.3	2,704.9	2,786.0	3,063.8	2,928.6	2,694.3	2,666.2	2,860.7

〈국가별 국민부담률 추이〉

(단위 : %)

구분	2015년	2016년	2017년	2018년	2019년	2020년	2021년	2022년
한국	24.2	24.8	24.3	24.6	25.2	26.2	26.9	28.4
캐나다	30.8	31.2	31.1	31.3	32.8	33.2	32.8	33.0
멕시코	12.8	12.6	13.3	13.7	15.9	16.6	16.1	16.1
미국	23.8	24.0	25.6	25.9	26.1	25.9	26.8	24.3
프랑스	43.3	44.4	45.4	45.4	45.3	45.4	46.1	46.1
독일	35.7	36.4	36.8	36.7	37.0	37.4	37.6	38.2
영국	33.1	32.4	32.2	31.8	32.2	32.7	33.3	33.5

※ 국민부담률 : 세금과 사회보장부담금의 총액이 GDP에서 차지하는 비율

17 다음 중 국가별 GDP와 국민부담률 추이에 대한 설명으로 옳지 않은 것은?

① 캐나다보다 한국의 GDP가 더 많아지기 시작한 해는 2022년이다.

② 한국의 국민부담금액은 지속적으로 증가하였다.

③ 2015년 대비 2022년에 GDP가 가장 많이 증가한 국가는 미국이다.

④ 2022년의 미국의 국민 부담금액은 한국의 10배 이하이다.

⑤ 독일의 GDP는 영국보다 항상 많다.

18 다음 중 국가별 GDP와 국민부담률 추이에 대한 설명으로 옳지 않은 것을 〈보기〉에서 모두 고르면?

> **보기**
>
> ㄱ. 2015년 대비 2022년의 GDP가 가장 많이 감소한 국가는 프랑스이다.
> ㄴ. 영국의 전년 대비 국민부담금액은 2018년에 가장 많이 증가하였다.
> ㄷ. 한국의 전년 대비 국민부담금액은 2021년에 가장 많이 증가하였다.
> ㄹ. 캐나다의 전년 대비 국민부담금액은 2018년에 가장 많이 감소하였다.

① ㄱ, ㄴ   ② ㄱ, ㄷ
③ ㄴ, ㄷ   ④ ㄴ, ㄹ
⑤ ㄷ, ㄹ

19 다음은 A공사의 부채 현황에 대한 자료이다. 이에 대한 설명으로 옳지 않은 것은?

〈A공사 부채 현황〉

회계연도		2013년	2014년	2015년	2016년	2017년	2018년	2019년	2020년	2021년	2022년
자산		65.6	66.9	70.0	92.3	94.8	96.2	98.2	99.7	106.3	105.3
부채	금융부채	14.6	19.0	22.0	26.4	30.0	34.2	35.4	32.8	26.5	22.4
	비금융부채	7.0	6.9	6.9	17.8	20.3	20.7	21.2	23.5	26.6	27.5
	합계	21.6	25.9	28.9	44.2	50.3	54.9	56.6	56.3	53.1	49.9
자본		44	41	41.1	48.1	44.5	41.3	41.6	43.4	53.2	55.4

※ [부채비율(%)]=(부채합계)÷(자본)×100

① 2019년의 부채비율은 약 136%로 다른 연도에 비해 부채비율이 가장 높다.
② 2013년부터 2021년도까지 자산은 꾸준히 증가해 왔다.
③ 2013년부터 2020년도까지 금융부채는 비금융부채보다 1.5배 이상 많다.
④ 부채는 2019년 이후 줄어들고 있다.
⑤ 자본은 비금융부채보다 매년 1.5배 이상 많다.

※ 다음은 외국인 직접투자의 투자건수 비율과 투자금액 비율을 투자규모별로 나타낸 자료이다. 이어지는 질문에 답하시오. [20~21]

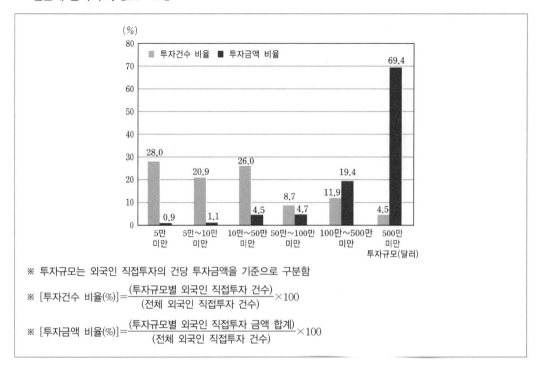

※ 투자규모는 외국인 직접투자의 건당 투자금액을 기준으로 구분함

※ [투자건수 비율(%)]=$\dfrac{(투자규모별\ 외국인\ 직접투자\ 건수)}{(전체\ 외국인\ 직접투자\ 건수)}×100$

※ [투자금액 비율(%)]=$\dfrac{(투자규모별\ 외국인\ 직접투자\ 금액\ 합계)}{(전체\ 외국인\ 직접투자\ 건수)}×100$

20 다음 중 투자규모가 50만 달러 미만인 투자건수 비율은?

① 55.3% ② 62.8%

③ 68.6% ④ 74.9%

⑤ 83.6.3%

21 다음 중 100만 달러 이상의 투자건수 비율은?

① 16.4% ② 19.6%

③ 23.5% ④ 26.1%

⑤ 30.7%

22 다음은 전산장비(A ~ F) 연간유지비와 전산장비 가격 대비 연간유지비 비율을 나타낸 자료이다. 이에 대한 설명으로 옳은 것은?

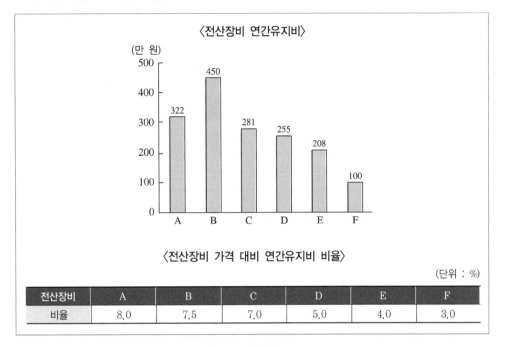

〈전산장비 연간유지비〉

(단위 : %)

전산장비	A	B	C	D	E	F
비율	8.0	7.5	7.0	5.0	4.0	3.0

① B의 연간유지비가 D의 연간유지비의 2배 이상이다.

② 가격이 가장 높은 전산장비는 A이다.

③ 가격이 가장 낮은 전산장비는 F이다.

④ C의 가격은 E의 가격보다 높다.

⑤ A를 제외한 전산장비는 가격이 높을수록 연간유지비도 더 높다.

23 다음은 일본의 주택용 태양광 발전시스템 도입량 예측에 대한 자료이다. 〈보기〉 중 옳은 것을 모두 고르면?

〈일본의 주택용 태양광 발전시스템 도입량 예측〉

(단위 : 천 건, MW)

구분		2015년		2022년			
		건수	도입량	현재 성장을 유지할 경우		도입을 촉진할 경우	
				건수	도입량	건수	도입량
기존주택	10kW 미만	94.1	454	145.4	778	165	884
	10kW 이상	23.3	245	4.6	47	5	51
신축주택	10kW 미만	86.1	407	165.3	1,057	185.2	1,281
	10kW 이상	9.2	98	4.7	48	4.2	49
합계		212.7	1,204	320	1,930	359.4	2,265

보기

가. 2022년에 10kW 이상의 설비를 사용하는 신축주택은 도입을 촉진할 경우, 현재 성장을 유지했을 때보다 건수당 도입량이 클 것이다.

나. 2015년의 기존주택의 건수당 도입량은 10kWh 이상이 10kWh 미만보다 더 적다.

다. 2022년에 태양광 설비 도입을 촉진할 경우, 전체 신축주택 도입량에서 10kW 이상이 차지하는 비중은 유지했을 경우보다 0.5%p 이상 하락한다.

라. 2022년에 태양광 설비 도입 촉진 시 10kW 미만 기존주택의 도입 건수는 현재 성상을 유시할 경우보다 15% 이상 높다.

① 가, 나
② 가, 라
③ 나, 다
④ 가, 다
⑤ 가, 다, 라

※ 다음은 현 직장 만족도에 대하여 조사한 자료이다. 이어지는 질문에 답하시오. [24~25]

<현 직장 만족도>

만족분야별	직장유형별	2021년	2022년
전반적 만족도	기업	6.9	6.3
	공공연구기관	6.7	6.5
	대학	7.6	7.2
임금과 수입	기업	4.9	5.1
	공공연구기관	4.5	4.8
	대학	4.9	4.8
근무시간	기업	6.5	6.1
	공공연구기관	7.1	6.2
	대학	7.3	6.2
사내분위기	기업	6.3	6.0
	공공연구기관	5.8	5.8
	대학	6.7	6.2

24 2021년의 3개 기관의 전반적 만족도의 합은 2022년의 3개 기관의 임금과 수입 만족도의 합의 몇 배인가?(단, 소수점 둘째 자리에서 반올림한다)

① 1.4배 ② 1.6배
③ 1.8배 ④ 2.0배
⑤ 2.2배

25 다음 자료에 대한 설명으로 옳지 않은 것은?(단, 비율은 소수점 둘째 자리에서 반올림한다)

① 현 직장에 대한 전반적 만족도는 대학 유형에서 가장 높다.
② 2022년의 근무시간 만족도에서는 공공연구기관과 대학의 만족도가 동일하다.
③ 전년 대비 2022년에 모든 유형의 직장에서 임금과 수입의 만족도는 증가했다.
④ 사내분위기 측면에서 2021년과 2022년의 공공연구기관의 만족도는 동일하다.
⑤ 전년 대비 2022년의 근무시간에 대한 만족도의 감소율은 대학 유형이 가장 크다.

26 다음은 에너지원별 판매단가 및 CO_2 배출량에 대한 자료이다. 이에 대한 설명으로 옳지 않은 것은?(단, 소수점 둘째 자리에서 반올림한다)

〈에너지원별 판매단가 및 CO_2 배출량〉

구분	판매단가(원/kWh)	CO_2 배출량(g-CO_2/kWh)
원자력	38.42	9
유연탄	38.56	968
중유	115.32	803
LPG	132.45	440

① LPG 판매단가는 원자력 판매단가의 3.4배이다.
② 유연탄의 CO_2 배출량은 원자력의 97.6배이다.
③ LPG는 CO_2 배출량이 두 번째로 낮다.
④ 원자력은 판매단가 대비 CO_2 배출량이 가장 낮다.
⑤ 판매단가가 두 번째로 높은 에너지원은 CO_2 배출량도 두 번째로 높다.

27 다음은 2018 ~ 2022년 S사의 경제 분야 투자규모를 나타낸 자료이다. 이에 대한 설명으로 옳지 않은 것은?

〈S사의 경제 분야 투자규모〉

(단위 : 억 원, %)

구분	2018년	2019년	2020년	2021년	2022년
경제 분야 투자규모	20	24	23	22	21
총지출 대비 경제 분야 투자규모 비중	6.5	7.5	8	7	6

① 2022년의 총지출은 320억 원 이상이다.
② 2019년의 경제 분야 투자규모의 전년 대비 증가율은 25% 이하이다.
③ 2020년이 2021년보다 경제 분야 투자규모가 전년에 비해 큰 비율로 감소하였다.
④ 2018~2022년 동안 경제 분야에 투자한 금액은 110억 원이다.
⑤ 2019 ~ 2022년 동안 경제 분야 투자규모와 총지출 대비 경제 분야 투자규모 비중의 전년 대비 증감추이는 동일하지 않다.

28 S공사에서 직원들에게 자기계발 교육비용을 일부 지원하기로 하였다. 총무인사팀에 A ~ E직원이 다음 자료와 같이 교육프로그램을 신청하였을 때, S공사에서 직원들에게 지원하는 총 교육비는?

〈자기계발 수강료 및 지원 금액〉

구분	영어회화	컴퓨터 활용	세무회계
수강료	7만 원	5만 원	6만 원
지원 금액 비율	50%	40%	80%

〈신청한 교육프로그램〉

구분	영어회화	컴퓨터 활용	세무회계
A	○		○
B	○	○	○
C		○	○
D	○		
E		○	

① 307,000원
② 308,000원
③ 309,000원
④ 310,000원
⑤ 321,000원

29 서울에 위치한 A회사는 거래처인 B, C회사에 소포를 보냈는데, 서울에 위치한 B회사에는 800g의 소포를, 인천에 위치한 C회사에는 2.4kg의 소포를 보냈다. 두 회사로 보낸 소포의 총 중량이 16kg 이하이고, 택배요금의 합계가 6만 원이었다. T택배회사의 요금표가 다음과 같을 때, A회사는 800g 소포와 2.4kg 소포를 각각 몇 개씩 보냈는가?(단, 소포는 각 회사로 1개 이상 보낸다)

〈요금표〉

구분	~ 2kg	~ 4kg	~ 6kg	~ 8kg	~ 10kg
동일지역	4,000원	5,000원	6,500원	8,000원	9,500원
타 지역	5,000원	6,000원	7,500원	9,000원	10,500원

	800g	2.4kg
①	12개	2개
②	12개	4개
③	9개	2개
④	9개	4개
⑤	6개	6개

30 A회사 영업팀에 근무하는 K사원은 거래처 주변 공영주차장에 주차한 뒤 업무를 보려고 한다. 공영주차장의 주차요금은 처음 30분까지 3,000원이고, 30분을 초과하면 1분당 60원의 추가요금이 부과된다. 주차요금이 18,000원 이하가 되려면 K사원이 최대로 주차할 수 있는 시간은?

① 220분　　　　　　　　　　　② 240분
③ 260분　　　　　　　　　　　④ 280분
⑤ 300분

31 다음 글에 대한 분석으로 타당한 것을 〈보기〉에서 모두 고르면?

> 식탁을 만드는 데는 노동과 자본만 투입된다고 가정하자. 노동자 1명의 시간당 임금은 8,000원이고, 노동자는 1명이 투입되어 A기계 또는 B기계를 사용하여 식탁을 생산한다. A기계를 사용하면 10시간이 걸리고, B기계를 사용하면 7시간이 걸린다. 이때, 식탁 1개의 시장가격은 100,000원이고, 식탁 1개를 생산하는 데 드는 임대료는 A기계의 경우 10,000원, B기계의 경우 20,000원이다. 만약 A, B기계 중 어떤 것을 사용해도 생산된 식탁의 품질은 같다고 한다면, 기업은 어떤 기계를 사용할 것인가?(단, 작업 환경·물류비 등 다른 조건은 고려하지 않는다)

> **보기**
> ㄱ. 기업은 B기계보다는 A기계를 선택할 것이다.
> ㄴ. '어떻게 생산할 것인가?'와 관련된 경제 문제이다.
> ㄷ. 합리적인 선택을 했다면, 식탁 1개당 24,000원의 이윤을 기대할 수 있다.
> ㄹ. A기계를 선택하는 경우 식탁 1개를 만드는 데 드는 비용은 70,000원이다.

① ㄱ, ㄴ　　　　　　　　　　　② ㄱ, ㄷ
③ ㄴ, ㄷ　　　　　　　　　　　④ ㄴ, ㄹ
⑤ ㄷ, ㄹ

32 K공사는 창립 10주년을 맞이하여 전 직원 단합대회를 준비하고 있다. 이를 위해 사장인 B씨는 여행상품 중 한 가지를 선정하려 하는데, 직원 투표 결과를 통해 결정하려고 한다. 직원 투표 결과와 여행지별 1인당 경비가 아래 표와 같이 주어져 있으며, 추가로 행사를 위한 부서별 고려사항을 참고하여 선택할 경우 〈보기〉 중 옳은 것을 모두 고르면?

〈직원 투표 결과〉

상품내용		투표 결과					
여행상품	1인당 비용(원)	총무팀	영업팀	개발팀	홍보팀	공장1	공장2
A	500,000	2	1	2	0	15	6
B	750,000	1	2	1	1	20	5
C	600,000	3	1	0	1	10	4
D	1,000,000	3	4	2	1	30	10
E	850,000	1	2	0	2	5	5

〈여행 상품별 혜택 정리〉

상품명	날짜	장소	식사제공	차량지원	편의시설	체험시설
A	5/10 ~ 5/11	해변	○	○	×	×
B	5/10 ~ 5/11	해변	○	○	○	×
C	6/7 ~ 6/8	호수	○	○	○	×
D	6/15 ~ 6/17	도심	○	×	○	○
E	7/10 ~ 7/13	해변	○	○	○	×

〈부서별 고려사항〉

- 총무팀 : 행사 시 차량 지원 가능함
- 영업팀 : 6월 초순에 해외 바이어와 가격 협상 회의 일정
- 공장1 : 3일 연속 공장 비가동 시 품질 저하 예상됨
- 공장2 : 7월 중순 공장 이전 계획 있음

보기

㉠ 필요한 여행상품 비용은 총 1억 500만 원이 필요하다.
㉡ 투표 결과, 가장 인기가 좋은 여행상품은 B이다.
㉢ 공장1의 A, B 투표 결과가 바뀐다면 여행상품 선택은 변경된다.

① ㉠
② ㉠, ㉡
③ ㉠, ㉢
④ ㉡, ㉢
⑤ ㉠, ㉡, ㉢

33 다음 SWOT 분석 결과를 바탕으로 섬유 산업이 발전할 수 있는 방안으로 적절한 것을 〈보기〉에서 모두 고르면?

〈섬유 산업 SWOT 분석 결과〉

강점(Strength)	약점(Weakness)
• 빠른 제품 개발 시스템	• 기능 인력 부족 심화 • 인건비 상승
기회(Opportunity)	위협(Threat)
• 한류의 영향으로 한국 제품 선호 • 국내 기업의 첨단 소재 개발 성공	• 외국산 저가 제품 공세 강화 • 선진국의 기술 보호주의

> **보기**
> ㄱ. 한류 배우를 모델로 브랜드 홍보 전략을 추진한다.
> ㄴ. 단순 노동 집약적인 소품종 대량 생산 체제를 갖춘다.
> ㄷ. 소비자 기호를 빠르게 분석하여 제품 생산에 반영한다.
> ㄹ. 선진국의 원천 기술을 이용한 기능성 섬유를 생산한다.

① ㄱ, ㄴ
② ㄱ, ㄷ
③ ㄴ, ㄷ
④ ㄴ, ㄹ
⑤ ㄷ, ㄹ

34 다음 글을 읽고 옳게 추론한 것을 〈보기〉에서 모두 고르면?

> 6명의 선수 A ~ F가 참가하는 어떤 게임은 다음 조건을 만족한다고 한다. 이 게임에서 선수 X가 선수 Y에게 우세하면 선수 Y는 선수 X에게 열세인 것으로 본다.
> • A, B, C 각각은 D, E, F 중 정확히 2명에게만 우세하다.
> • D, E, F 각각은 A, B, C 중 정확히 2명에게만 열세이다.
> • A는 D와 E에게 우세하다.

> **보기**
> ㄱ. C는 E에게 우세하다.
> ㄴ. F는 B와 C에게 열세이다.
> ㄷ. B가 E에게 우세하면 C는 D에게 우세하다.

① ㄱ
② ㄴ
③ ㄷ
④ ㄱ, ㄷ
⑤ ㄴ, ㄷ

※ P공사 인사팀에 근무하고 있는 E대리는 다른 부서의 D대리와 B과장의 승진심사를 위해 다음과 같이 표를 작성하였다. 이어지는 질문에 답하시오. 【35~36】

〈승진심사 점수〉

(단위 : 점)

구분	기획력	업무실적	조직 성과업적	청렴도	승진심사 평점
B과장	80	72	78	70	
D대리	60	70	48		63.6

※ 승진심사 평점은 기획력 30%, 업무실적 30%, 조직 성과업적 25%, 청렴도 15%로 계산한다.
※ 부문별 만점 기준점수는 100점이다.

35 다음 중 D대리의 청렴도 점수로 옳은 것은?

① 80점   ② 81점

③ 82점   ④ 83점

⑤ 84점

36 P회사에서 과장이 승진후보에 오르기 위해서는 승진심사 평점이 80점 이상이어야 한다. B과장이 과장 승진후보가 되기 위해 필요한 점수는?

① 4.2점   ② 4.4점

③ 4.6점   ④ 4.8점

⑤ 5.0점

※ N은행에서 고객의 편의를 위하여 지점 외부에 ATM기기를 추가로 설치할 계획을 수립하고 있다. 다음 자료를 참고하여 이어지는 질문에 답하시오. **[37~38]**

〈N은행 인근 상권지도〉

〈상권분석 결과〉

구분	용도	월평균 유동인구(명)	ATM기기 연평균 이용률(%)	월 임대료(원)
1블록	중심상업	73,600	10	1,500,000
2블록	중심상업	72,860	45	3,500,000
3블록	중심상업	92,100	35	3,000,000
4블록	중심상업	78,500	40	3,000,000
5블록	일반상업	62,000	45	800,000
6블록	중심상업	79,800	40	3,000,000

※ ATM기기를 이용하는 사람이 지불하는 수수료는 1인당 연평균 1,000원이다.
※ [ATM기기 순이익(연)]=[(연평균 유동인구)×(ATM기기 연평균 이용률)×(1인당 연평균 수수료)]−(연간 임대료)

37 N은행에서 근무 중인 A사원은 ATM기기를 설치할 위치를 선정하기 위하여 주변상권, 유동인구, ATM 이용률, 임대료 등 다양한 자료를 조사하였다. A사원은 조사한 내용을 근거로 하여 지점장에게 6개 블록 중 ATM기기를 설치하였을 때, 순이익(연)이 가장 좋은 3개의 블록을 제안하려고 한다. 다음 중 적절한 것은?

① 1블록, 2블록, 6블록
② 1블록, 3블록, 5블록
③ 2블록, 3블록, 6블록
④ 2블록, 4블록, 5블록
⑤ 3블록, 4블록, 6블록

38 A사원의 제안을 들은 지점장은 다음과 같이 말하며 재검토하기를 요청하였다. 지점장이 언급한 내용을 반영하였을 때, **37**번 문제에서 A사원이 제안한 블록 중 ATM기기를 설치할 장소로 가장 적합한 곳은?

> 지점장 : M대로와 인접한 위치의 임대료는 월 평균 임대료에 비해 50%가 더 비싸고, 그렇지 않은 지역은 20%나 더 저렴하다네. 다시 검토해 보는 것이 좋겠네.

① B ② C
③ D ④ E
⑤ F

39 B공사에서 근무하는 K사원은 새로 도입되는 교통 관련 정책 홍보자료를 만들어서 배포하려고 한다. 다음과 같이 인쇄업체별 비용 견적을 참고할 때, 가장 저렴한 비용으로 인쇄할 수 있는 업체는?

〈인쇄업체별 비용 견적〉

(단위 : 원)

구분	페이지당 비용	표지 비용		권당 제본 비용	할인
		유광	무광		
A인쇄소	50	500	400	1,500	–
B인쇄소	70	300	250	1,300	–
C인쇄소	70	500	450	1,000	100부 초과 시 초과 부수만 총비용에서 5% 할인
D인쇄소	60	300	200	1,000	–
E인쇄소	100	200	150	1,000	총 인쇄 페이지 5,000페이지 초과 시 총비용에서 20% 할인

※ 홍보자료는 관내 20개 지점에 배포하고, 지점마다 10부씩 배포한다.
※ 홍보자료는 30페이지 분량으로 제본하며, 표지는 유광표지로 한다.

① A인쇄소 ② B인쇄소
③ C인쇄소 ④ D인쇄소
⑤ E인쇄소

40 한 동물원에 갑 ~ 무라는 5마리의 원숭이가 있다. 다음 〈조건〉을 참고할 때, 갑이 때린 원숭이는?

- 갑은 무를 때리지 않았다.
- 갑은 병을 때렸거나 무를 때렸다.
- 갑이 정을 때리지 않았다면, 을을 때렸다.
- 갑이 병을 때렸다면, 정을 때리지 않았다.

① 을, 병   ② 을, 무

③ 정, 무   ④ 병, 정

⑤ 병, 무

41 다음은 K공사의 직원 인사규정 중 벌점 규정에 대한 자료이다. 팀원들의 올해 업무 평정 내역이 다음과 같을 때, 올해 업무 평정 최종점수에서 가장 낮은 점수를 받은 팀원은?

〈벌점〉
- 일반사고는 올해 업무 평정에서 회당 20점을 차감한다.
- 중대사고는 올해 업무 평정에서 회당 40점을 차감한다.
- 수상경력이 있는 경우 올해 업무 평정에서 100점을 더한다.

〈평정 내역〉

구분	올해 업무 평정	일반사고	중대사고	수상경력
A사원	420점	4회	2회	−
B사원	380점	9회	0회	1회
C대리	550점	11회	1회	−
D대리	290점	0회	3회	2회
E과장	440점	5회	3회	−

① A사원   ② B사원

③ C대리   ④ D대리

⑤ E과장

42 N사 총무팀은 이번 주 토요일 워크숍을 열기로 하였다. 점심식사는 도시락을 주문해 가기로 하였고 B사원이 도시락 주문을 담당하게 되었다. 총 7명의 팀원 중 대리는 개인 사정으로 뒤늦게 참여해 점심을 먹고 온다고 하였고, 차장은 고향에 내려가 참여하지 못한다고 하였다. 식비가 총 30,000원 이었다면, B사원이 주문한 도시락을 직급에 따라 순서대로 바르게 나열한 것은?

〈메뉴〉				
A도시락	B도시락	C도시락	D도시락	E도시락
6,000원	6,800원	7,500원	7,000원	7,500원

※ 모든 가격은 세트 기준이며, 단품은 위 가격에서 500원을 차감한다.

	인턴	사원	사원	과장	부장
①	A단품	A단품	A세트	B세트	D세트
②	A세트	A세트	B단품	B세트	C세트
③	A단품	A단품	A단품	A세트	E세트
④	A세트	D단품	B단품	C단품	C세트
⑤	A세트	D단품	A단품	C단품	C세트

43 다음은 C회사 신제품 개발1팀의 하루 업무 스케줄에 대한 자료이다. 신입사원 A씨는 스케줄을 바탕으로 금일 회의 시간을 정하려고 한다. 1시간 동안 진행될 팀 회의의 가장 적절한 시간대는?

〈C회사 신제품 개발1팀 스케줄〉					
시간	직급별 스케줄				
	부장	차장	과장	대리	사원
09:00 ~ 10:00	업무회의				
10:00 ~ 11:00					비품요청
11:00 ~ 12:00			시장조사	시장조사	시장조사
12:00 ~ 13:00	점심식사				
13:00 ~ 14:00	개발전략수립		시장조사	시장조사	시장조사
14:00 ~ 15:00		샘플검수	제품구상	제품구상	제품구상
15:00 ~ 16:00			제품개발	제품개발	제품개발
16:00 ~ 17:00					
17:00 ~ 18:00			결과보고	결과보고	

① 09:00 ~ 10:00
② 10:00 ~ 11:00
③ 14:00 ~ 15:00
④ 16:00 ~ 17:00
⑤ 17:00 ~ 18:00

44 K공사는 직원들에게 매월 25일 월급을 지급하고 있다. A대리는 이번 달 급여명세서를 보고 자신의 월급이 잘못 나왔음을 알았다. 다음달 A대리가 상여금과 다른 수당들이 없고 기본급과 식대, 소급액만 받는다고 할 때, 〈조건〉에 따라 A대리가 소급된 금액과 함께 받을 총 월급은?(단, 4대 보험은 국민연금, 건강보험, 장기요양, 고용보험이다. 각 항목의 금액은 10원 미만은 절사한다)

〈급여명세서〉

(단위 : 원)

성명 : A	직책 : 대리	지급일 : 2023-11-25	
지급항목	지급액	공제항목	공제액
기본급	2,000,000	소득세	17,000
야근수당(2일)	80,000	주민세	1,950
휴일수당	–	고용보험	13,000
상여금	50,000	국민연금	90,000
기타	–	장기요양	4,360
식대	100,000	건강보험	67,400
교통비	–	연말정산	–
복지후생	–		
		공제합계	193,710
급여계	2,230,000	차감수령액	2,036,290

> **조건**
> • 국민연금은 9만 원이고, 건강보험은 기본급의 6.24%이며 회사와 50%씩 부담한다.
> • 장기요양은 건강보험 총 금액의 7.0% 중 50%만 내고 고용보험은 13,000원이다.
> • 잘못 계산된 금액은 다음달에 소급한다.
> • 야근수당은 하루당 기본급의 2%이며, 상여금은 5%이다.
> • 다른 항목들의 금액은 급여명세서에 명시된 것과 같으며 매달 같은 조건이다.

① 1,865,290원 ② 1,866,290원
③ 1,924,290원 ④ 1,966,290원
⑤ 1,986,290원

45 다음은 계절별 전기요금표이다. 11월에 사용한 전력이 341kWh이라면, 11월의 전기세로 청구될 금액은?

〈전기요금표〉

• 하계(7.1 ~ 8.31)

구간		기본요금(원/호)	전력량 요금(원/kWh)
1단계	300kWh 이하 사용	910	93.3
2단계	301 ~ 450kWh	1,600	187.9
3단계	450kWh 초과	7,300	280.6

• 기타 계절(1.1 ~ 6.30, 9.1 ~ 12.31)

구간		기본요금(원/호)	전력량 요금(원/kWh)
1단계	200kWh 이하 사용	910	93.3
2단계	201 ~ 400kWh	1,600	187.9
3단계	400kWh 초과	7,300	280.6

• 부가가치세(원 미만 반올림) : 전기요금의 10%
• 전력산업기반기금(10원 미만 절사) : 전기요금의 3.7%
• 전기요금(원 미만 절사) : (기본요금)+(전력량 요금)
  ※ 전력량 요금은 요금 누진제가 적용된다. 요금 누진제는 사용량이 증가함에 따라 순차적으로 높은 단가가 적용되며, 기타 계절의 요금은 200kWh 단위로 3단계로 운영되고 있다. 예를 들어, 월 300kWh를 사용한 세대는 처음 200kWh에 대해서는 kWh당 93.3원이 적용되고, 나머지 100kWh에 대해서는 187.9원이 적용돼 총 37,450원의 전력량 요금이 부과된다.
• 청구금액(10원 미만 절사) : (전기요금)+(부가가치세)+(전력산업기반기금)

① 51,020원
② 53,140원
③ 57,850원
④ 64,690원
⑤ 72,560원

46 L공사는 구내식당 기자재의 납품업체를 선정하고자 한다. 각 입찰업체에 대한 정보는 아래와 같다. 이에 따라 업체를 선정할 때, 다음 중 선정될 업체는?

〈선정 조건〉

- 선정 방식

  선정점수가 가장 높은 업체를 선정한다. 선정점수는 납품품질 점수, 가격경쟁력 점수, 직원규모 점수에 가중치를 반영해 합산한 값을 의미한다. 선정점수가 가장 높은 업체가 2개 이상일 경우, 가격 경쟁력 점수가 더 높은 업체를 선정한다.

- 납품품질 점수

  업체별 납품품질 등급에 따라 다음 표와 같이 점수를 부여한다.

구분	최상	상	중	하	최하
점수	100점	90점	80점	70점	60점

- 가격 경쟁력

  업체별 납품가격 총액 수준에 따라 다음 표와 같이 점수를 부여한다.

구분	2억 원 미만	2억 원 이상 2억 5천만 원 미만	2억 5천만 원 이상 3억 원 미만	3억 원 이상
점수	100점	90점	80점	70점

- 직원규모

  업체별 직원규모에 따라 다음 표와 같이 점수를 부여한다.

구분	50명 미만	50명 이상 100명 미만	100명 이상 200명 미만	200명 이상
점수	70점	80점	90점	100점

- 가중치

  납품품질 점수, 가격경쟁력 점수, 직원규모 점수는 다음 표에 따라 각각 가중치를 부여한다.

구분	납품품질 점수	가격경쟁력 점수	직원규모 점수	합계
가중치	40	30	30	100

〈입찰업체 정보〉

구분	납품품질	납품가격 총액(원)	직원규모(명)
A업체	상	2억	125
B업체	중	1억 7,000만	141
C업체	하	1억 9,500만	91
D업체	최상	3억 2,000만	98
E업체	상	2억 6천만	210

① A업체   ② B업체
③ C업체   ④ D업체
⑤ E업체

47 A공사 B지사에서는 11월 둘째 주(11월 13 ~ 17일) 중에 2회에 걸쳐 전 직원을 대상으로 '개인정보 유출 방지'에 대한 교육을 지역 문화회관에서 진행하려고 한다. 자료를 토대로 B지사가 교육을 진행할 수 있는 요일과 시간대를 바르게 나열한 것은?(단, 교육은 1회당 3시간씩 진행된다)

〈문화회관 이용 가능 요일표〉

구분	월요일	화요일	수요일	목요일	금요일
9 ~ 12시	○	×	○	×	○
12 ~ 13시	점심시간(운영 안 함)				
13 ~ 17시	×	○	○	×	×

〈주간 주요 일정표〉

일정	내용
11월 13일 월요일	08:30 ~ 09:30 주간조회 및 부서별 회의 14:00 ~ 15:00 팀별 전략 회의
11월 14일 화요일	09:00 ~ 10:00 경쟁력 강화 회의
11월 15일 수요일	11:00 ~ 13:00 부서 점심 회식 17:00 ~ 18:00 팀 회식
11월 16일 목요일	15:00 ~ 16:00 경력사원 면접
11월 17일 금요일	특이사항 없음

※ 주요 일정이 있는 시간 이외에 문화회관 이용 시간과 일정 시간이 겹치지 않는다면 언제든지 교육을 받을 수 있음

① 월요일 오전, 수요일 오후, 금요일 오전
② 화요일 오전, 수요일 오후, 목요일 오전
③ 화요일 오후, 수요일 오전, 금요일 오전
④ 화요일 오후, 수요일 오후, 금요일 오전
⑤ 수요일 오전, 수요일 오후, 금요일 오전

※ K회사는 가정용 인터넷·통신 시장에서 점유율 1위를 차지하고 있고, L회사는 후발주자로 점유율 2위를 차지하고 있다. L회사는 K회사를 견제하며 자사의 시장점유율을 높이고자 가격할인 정책을 실시하고자 한다. 다음은 가격할인을 했을 때 상품판매량에 미치는 영향에 대해 정리한 표이다. 이어지는 질문에 답하시오. **[48~50]**

〈가격할인 단위별 판매체계〉

구분	할인율	K회사			
		0%	10%	20%	30%
L회사	0%	(4, 5)	(3, 8)	(3, 12)	(2, 18)
	10%	(8, 4)	(5, 7)	(5, 8)	(4, 14)
	20%	(10, 3)	(8, 6)	(7, 9)	(6, 12)
	30%	(12, 2)	(10, 5)	(9, 7)	(8, 10)

※ 괄호 안의 숫자는 각 회사의 할인정책에 따른 월 상품판매량(단위 : 백 개)을 의미한다.
　(L회사 상품판매량, K회사 상품판매량)
※ 두 기업에서 판매하는 상품은 동급으로, 상품당 판매가는 500,000원이다.

48 두 회사가 동일한 가격할인 정책을 실시한다고 가정했을 때, L회사가 K회사와의 매출액 차이를 최소화할 수 있는 할인율과 월 매출액 차이를 바르게 짝지은 것은?

① 10% 할인, 9천만 원
② 20% 할인, 8천만 원
③ 20% 할인, 7천만 원
④ 30% 할인, 8천만 원
⑤ 30% 할인, 7천만 원

49 L회사에서는 20% 가격할인에 대해 검토하고 있다. 이에 대해 K회사에서 어떻게 대응할지 정확하게 알 수 없지만 다음과 같은 확률로 가격을 할인하여 대응할 것으로 예측되었다. L회사가 기대할 수 있는 월 매출액은?

〈20% 할인 시 경쟁사 대응 예측 결과〉

K회사 할인율	0%	10%	20%	30%
확률	20%	40%	30%	10%

① 30.2천만 원
② 30.8천만 원
③ 31.0천만 원
④ 31.6천만 원
⑤ 32.2천만 원

50 L회사는 시장조사 및 경쟁사 분석을 통해 K회사가 상품가격을 10% 할인한다는 정보를 획득하였다. 가장 많은 매출을 달성할 수 있는 구간이 30% 할인인 것을 위 표를 통해 알고 있지만 실질적인 이익, 즉 순이익이 가장 높은 구간인지에 대한 수익분석이 필요하였다. 상품을 유지하는 데 있어 다음과 같은 비용이 발생한다고 할 때, L회사가 가장 많은 순수익(월)을 달성할 수 있는 할인율은?

> • 상품 유지 시 소요되는 비용
> – 고정비 : 50,000,000원
> – 변동비 : 200,000원(개당)

① 0%   ② 10%

③ 20%   ④ 30%

⑤ 모두 동일하다.

51 S공사의 H사원은 외국어능력을 키우기 위해서 영어학원에 등록을 했다. 그런데 몸이 안 좋거나 다른 약속이 생겨서 뜻대로 참석하지 못하고 있다. 다음 중 H사원의 자기개발을 방해하는 요인과 비슷한 사례는?

① B씨씨는 외국계 회사로 이직했다. 이직 후 A씨는 이전과는 다른 회사 분위기에 적응하느라 2주째 동호회에 나가지 못하고 있다.

② 신입사원 B씨는 직장 선배에게 회사 일도 중요하지만 개인적인 능력개발도 중요하다는 이야기를 들었다. 하지만 B씨는 어디서부터 어떤 것을 시작해야 할지 혼란스럽다.

③ C씨는 주말마다 봉사활동을 다니고 있지만 잦은 회식과 과음으로 최근엔 봉사활동에 나가지 못하고 있다.

④ D씨는 입사한 지 5년이 지났지만 아직 자신이 잘하는 일이 무엇인지 알 수 없어 고민이다.

⑤ E씨는 대기업에서 근무하고 있지만 하고 있는 업무가 적성에 맞지 않아 고민이다. 그렇다고 적성에 맞는 일을 찾아가기에는 너무 늦은 것 같다.

52 관리부에 근무 중인 O과장은 회사 사람들에게 자기개발 계획서를 작성해 제출하도록 하였다. 다음 중 자기개발 계획서를 잘못 작성한 사람은?

① P사원 : 자신이 맡은 직무를 정확하게 파악하고 앞으로 개발해야 할 능력을 작성했다.

② Q대리 : 자신이 현재 자기개발을 위해 하고 있는 활동을 적고 앞으로 어떤 부분을 보완해야 할지 작성했다.

③ R사원 : 10년 이상의 계획은 모호하기 때문에 1년의 계획과 목표만 작성했다.

④ S인턴 : 자신이 속해 있는 환경과 인간관계를 모두 고려하며 계획서를 작성했다.

⑤ T인턴 : 현재 부족한 점을 파악하고 단기적, 장기적 계획을 모두 작성했다.

53 신입사원 A씨는 자신이 하고 있는 일에 적응하기 위하여 흥미를 높이고 자신의 재능을 개발하려고 한다. 〈보기〉 중 A씨가 흥미나 적성을 개발하기 위해 취할 수 있는 방법으로 적절하지 않은 것을 모두 고르면?

> **보기**
> ㉠ '나는 지금 주어진 일이 적성에 맞는다.'라고 마인드컨트롤을 한다.
> ㉡ 업무를 수행할 때 작은 단위로 나누어 수행한다.
> ㉢ 기업의 문화나 풍토를 파악하는 것보다는 흥미나 적성검사를 수행한다.
> ㉣ 커다란 업무를 도전적으로 수행하여 성취를 높인다.

① ㉠, ㉢   ② ㉠, ㉡
③ ㉢, ㉣   ④ ㉠, ㉡, ㉢
⑤ ㉠, ㉡, ㉣

54 다음 중 빈칸에 들어갈 용어로 가장 적절한 것은?

> PC본체와 주변 장치를 접속하는 케이블과 커넥터의 형상, 데이터 운송 방식 등의 방법은 규격화되어 있으며, 이 접속 규격을 ＿＿＿＿＿＿＿라고 한다.

① 입출력 인터페이스   ② 시리얼 인터페이스
③ 패러럴 인터페이스   ④ 네트워크 인터페이스
⑤ 장치 인터페이스

제6회

55 다음 중 SSD와 HDD의 비교에 대한 설명으로 옳지 않은 것은?

① SSD는 기계적인 방식을 사용하여 데이터를 읽고 쓰는 반면, HDD는 전기적인 방식으로 데이터를 저장한다.
② 일반적으로 SSD는 보다 신속한 데이터 접근 속도를 제공하지만, HDD는 더 큰 저장 용량을 제공한다.
③ SSD는 내구성이 높아 충격이나 진동에 덜 민감하지만, HDD는 이에 민감하여 외부 충격에 의해 데이터가 손실될 수 있다.
④ SSD는 HDD에 비해 전력 소모량이 적고 발열이 적다.
⑤ 장기간 데이터를 보존하려면 SSD보다 HDD가 더 유리하다.

56 왼쪽의 시트를 엑셀 정렬 기능을 사용하여 오른쪽과 같이 정렬할 때, 다음 중 열과 정렬에 들어갈 항목을 바르게 짝지은 것은?

◢	A	B	C
1	이름	성별	나이
2	이선영	여	24
3	박영현	남	19
4	서지웅	남	21
5	주아영	여	23
6	배지은	여	34
7	신광민	남	31
8	우영민	남	28
9	유민지	여	35

→

◢	A	B	C
1	이름	성별	나이
2	박영현	남	19
3	서지웅	남	21
4	주아영	여	23
5	이선영	여	24
6	우영민	남	28
7	신광민	남	31
8	배지은	여	34
9	유민지	여	35

	열	정렬
①	이름	오름차순
②	성별	내림차순
③	성별	오름차순
④	나이	내림차순
⑤	나이	오름차순

57 H공사는 K부서 직원들을 대상으로 특정장소인 A~E에 대한 만족도 조사를 실시하였다. K부서 직원인 갑, 을, 병, 정, 무 5명의 선호도를 다음과 같이 5점 만점을 기준으로 표를 만들었을 때, 이 표를 항목별로 비교하여 시각화하기에 가장 좋은 차트는?

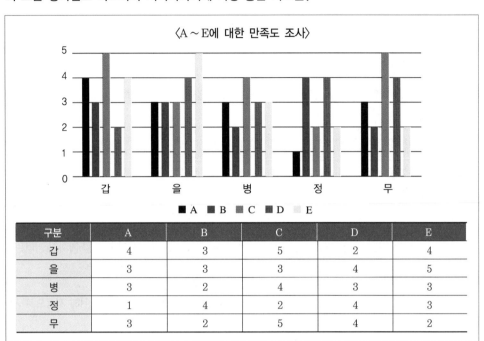

구분	A	B	C	D	E
갑	4	3	5	2	4
을	3	3	3	4	5
병	3	2	4	3	3
정	1	4	2	4	3
무	3	2	5	4	2

① 원형 차트　　　　　　　　　② 분산형 차트
③ 세로 막대형 차트　　　　　④ 영역형 차트
⑤ 표면형 차트

※ S공사의 A씨는 이번 달 내로 모든 사무실의 복합기를 ★★복합기로 교체하라는 지시를 받았다. 모든 사무실의 복합기를 교체하였지만, 추후 문제가 생길 것을 대비해 신형 복합기의 문제 해결법을 인트라넷에 게시하였다. 이어지는 질문에 답하시오. [58~59]

〈문제 해결법〉

Q. 복합기가 비정상적으로 종료됩니다.

A. 제품의 전원 어댑터가 전원 콘센트에 정상적으로 연결되었는지 확인하십시오.

Q. 제품에서 예기치 못한 소음이 발생합니다.

A. 복합기의 자동 서비스 기능으로 프린트 헤드의 수명을 관리할 때에 제품에서 예기치 못한 소음이 발생할 수 있습니다.
　▲ 참고
　　• 프린트 헤드의 손상을 방지하려면, 복합기에서 인쇄하는 동안에는 복합기를 끄지 마십시오.
　　• 복합기의 전원을 끌 때에는 반드시 전원 버튼을 사용하고, 복합기가 정지할 때까지 기다린 후 전원을 끄십시오.
　　• 잉크 카트리지를 모두 올바르게 장착했는지 확인합니다.
　　• 잉크 카트리지가 하나라도 없을 경우, 복합기는 프린트 헤드를 보호하기 위해 자동으로 서비스 기능을 수행할 수 있습니다.

Q. 복합기가 응답하지 않습니다(인쇄되지 않음).

A. 1. 인쇄 대기열에 걸려 있는 인쇄 작업이 있는지 확인하십시오.
　　• 인쇄 대기열을 열어 모든 문서 작업을 취소한 다음 PC를 재부팅합니다.
　　• PC를 재부팅한 후 인쇄를 다시 시작합니다.
　2. ★★소프트웨어 설치를 확인하십시오.
　　• 인쇄 도중 복합기가 꺼지면 PC 화면에 경고 메시지가 나타납니다.
　　• 메시지가 나타나지 않을 경우 ★★소프트웨어가 제대로 설치되지 않았을 수 있습니다.
　　• ★★소프트웨어를 완전히 제거한 다음 다시 설치합니다. 자세한 내용은 [프린터 소프트웨어 삭제하기]를 참고하십시오.
　3. 케이블 및 연결 상태를 확인하십시오.
　　① USB 케이블이 복합기와 PC에 제대로 연결되었는지 확인합니다.
　　② 복합기가 무선 네트워크에 연결되어 있을 경우 복합기와 PC의 네트워크 연결 상태를 확인합니다.
　　③ PC에 개인 방화벽 소프트웨어가 설치되어 있는지 확인합니다.
　　④ 개인 소프트웨어 방화벽은 외부 침입으로부터 PC를 보호하는 보안 프로그램입니다.
　　⑤ 방화벽으로 인해 PC와 복합기의 통신이 차단될 수 있습니다.
　　⑥ 복합기와 통신이 문제가 될 경우에는 방화벽을 일시적으로 해제하십시오. 해제 후에도 문제가 발생하면 방화벽에 의한 문제가 아닙니다. 방화벽을 다시 실행하십시오.

> **Q. 인쇄 속도가 느립니다.**

A. 1. 인쇄 품질 설정을 확인하십시오.
   - 인쇄 품질(해상도)이 최상 및 최대 DPI로 설정되었을 경우 인쇄 품질이 향상되나 인쇄 속도가 느려질 수 있습니다.
   2. 잉크 카트리지의 잉크 잔량을 확인하십시오.
   - 잉크 카트리지에 남아 있는 예상 잉크량을 확인합니다.
   - 잉크 카트리지가 소모된 상태에서 인쇄를 할 경우 인쇄 속도가 느려질 수 있습니다.
   - 위와 같은 방법으로 해결되지 않을 경우 복합기에 문제가 있을 수 있으므로, ★★서비스 센터에 서비스를 요청하십시오.

58 H사원은 ★★복합기에서 소음이 발생하자 문제 해결법을 통해 복합기의 자동 서비스 기능으로 프린트 헤드의 수명을 관리할 때 소음이 발생할 수 있다는 것을 알았다. H사원이 숙지할 수 있는 참고 사항으로 옳지 않은 것은?

① 프린트 헤드의 손상을 방지하려면, 복합기에서 인쇄하는 동안에는 복합기를 끄지 않는다.
② 복합기의 전원을 끌 때에는 반드시 전원 버튼을 사용하고, 복합기가 정지할 때까지 기다린 후 전원을 끈다.
③ 잉크 카트리지를 모두 올바르게 장착했는지 확인한다.
④ 프린트 헤드 정렬 및 청소를 불필요하게 실시하면 많은 양의 잉크가 소모된다.
⑤ 잉크 카트리지가 하나라도 없을 경우, 복합기는 프린트 헤드를 보호하기 위해 자동으로 서비스 기능을 수행하게 된다.

59 Y팀장에게 보고서를 제출하기 위해 인쇄를 하려던 Z사원은 보고서가 인쇄되지 않는다는 것을 알았다. Z사원이 복합기 문제를 해결할 수 있는 방안으로 옳지 않은 것은?

① 인쇄 작업이 대기 중인 문서가 있는지 확인한다.
② 복합기 소프트웨어를 완전히 제거한 다음 다시 설치한다.
③ USB 케이블이 복합기와 PC에 연결이 되어 있는지 확인한다.
④ 잉크 카트리지에 남아 있는 예상 잉크량을 확인한다.
⑤ 대기 문서를 취소한 후 PC를 재부팅한다.

60 농한기인 1~2월에 자주 발생하는 영농기자재 고장을 방지하고자 영농기자재 관리 방법에 대한 정부에서 매뉴얼을 작성하여 농가에 배포하였다. 다음 중 매뉴얼에 따라 영농기자재를 바르게 관리한 것은?

<표>

월	기계종류	내용
1월	트랙터	(보관 중 점검) • 유압실린더는 완전상승 상태로 함 • 엔진 계통의 누유점검(연료탱크, 필터, 파이프) • 축전지 보충충전
	이앙기	(장기보관 중 점검) • 본체의 누유, 누수 점검 • 축전지 보관 상태 점검, 보충충전 • 페인트가 벗겨진 부분에는 방청유를 발라 녹 발생 방지 • 커버를 씌워 먼지, 이물질에 의한 부식 방지
	콤바인	(장기보관 중 점검) • 회전부, 작동부, 와이어류에 부식방지를 위해 오일 주입 • 각부의 누유 여부 점검 • 스프링 및 레버류에 부식방지를 위해 그리스를 바름
2월	트랙터	(사용 전 점검) • 팬벨트 유격 10mm 이상 시 발전기 고정 볼트를 풀어 유격 조정 • 냉각수량 – 외기온도에 알맞은 비중의 부동액 확인(40% 확인) • 축전지 액량 및 접속상태, 배선 및 가종 라이트 경고등 점검, 충전상태 점검 • 좌우 브레이크 페달 유격 및 작동 상태 점검
	이앙기	(장기보관 중 점검) • 누유·누수 점검 • 축전지 보충충전 • 녹이 발생된 부분은 녹을 제거하고 방청유를 바름
	콤바인	(장기보관 중 점검) • 엔진을 회전시켜 윤활시킨 후, 피스톤을 압축상사점에 보관 • 각 회전부, 작동부, 와이어류에 부식방지를 위해 오일 주입 • 스프링 및 레버류에 부식방지를 위해 그리스를 바름

① 1월에 트랙터의 브레이크 페달 작동 상태를 점검하였다.

② 2월에 장기보관 중이던 이앙기에 커버를 씌워 먼지 및 이물질에 의한 부식을 방지하였다.

③ 1~2월 모두 이앙기에 부식방지를 위해 방청유를 발랐다.

④ 트랙터 사용 전에 유압실린더와 엔진 누유 상태를 중점적으로 점검하였다.

⑤ 장기보관 중인 콤바인을 꺼낸 후, 타이어 압력을 기종별 취급설명서에 따라 점검하였다.

※ 다음 글을 읽고 이어지는 질문에 답하시오. [61~63]

컴퓨터를 제조 및 생산하는 회사의 생산기획부 김팀장은 기존에 판매하던 제품에 새로운 기술을 도입하여 새로운 버전의 컴퓨터를 생산하려고 한다. 기존에 판매했던 제품은 출시했을 때 안정적인 매출을 보였으나, 다른 회사에서 유사한 제품들을 판매해 좋은 수익을 내지 못하였다. 그래서 김팀장은 최초의 기술력을 기존 컴퓨터에 선보여 컴퓨터 회사 중 시장점유율 1위를 차지하려고 한다. 목표를 이루기 위해선 김팀장은 몇 가지 사항들을 고려해 적절히 기술을 도입해야 한다. 기술 발표는 10월 중순을 목표로 하고, 성과를 위해 수많은 인력들이 투입될 예정이다. 많은 인력들을 운용하는 김팀장은 기술경영자에게 필요한 능력을 갖추려고 노력해야 한다.

61 다음 중 컴퓨터 생산 시 선택한 기술을 그대로 적용하되, 불필요한 기술은 과감히 버리고 적용할 때의 상황으로 옳지 않은 것은?

① 비용의 증가
② 시간 절약
③ 프로세스의 효율성 증가
④ 과감히 버린 기술의 필요성에 대한 문제점 존재
⑤ 부적절한 기술 선택 시 실패할 수 있는 위험부담 존재

62 다음 중 김팀장이 기존에 판매하던 컴퓨터에 최초의 기술을 적용할 시 고려해야 할 사항으로 옳지 않은 것은?

① 기술적용에 따른 비용   ② 기술의 수명 주기
③ 기술의 전략적 중요도   ④ 기술의 디자인
⑤ 기술의 잠재적 응용 가능성

63 다음 중 김팀장이 많은 인력들을 운용하기 위해 필요한 능력으로 옳지 않은 것은?

① 기술 전문 인력을 운용할 수 있는 능력
② 빠르고 효과적으로 새로운 기술을 습득하고 기존의 기술에서 탈피하는 능력
③ 기업의 전반적인 전략 목표에 기술을 분리시키는 능력
④ 조직 내의 기술을 이용할 수 있는 능력
⑤ 복잡하고 서로 다른 분야에 걸쳐 있는 프로젝트를 수행할 수 있는 능력

64 다음 중 훌륭한 팀워크를 유지하기 위한 기본요소로 적절하지 않은 것은?

① 팀원 간 공동의 목표의식과 강한 도전의식을 가진다.
② 팀원 간에 상호신뢰하고 존중한다.
③ 서로 협력하면서 각자의 역할에 책임을 다한다.
④ 팀원 개인의 능력이 최대한 발휘되는 것이 핵심이다.
⑤ 강한 자신감으로 상대방의 사기를 드높인다.

65 F공사 관리팀에 근무하는 B팀장은 최근 부하직원 A씨 때문에 고민 중이다. B팀장이 보기에 A씨의 업무 방법은 업무의 성과를 내기에 부적절해 보이지만, 자존감이 강하고 자기결정권을 중시하는 A씨는 자기 자신이 스스로 잘하고 있다고 생각하며 B팀장의 조언이나 충고에 대해 반발심을 표현하고 있기 때문이다. 이와 같은 상황에서 B팀장이 부하직원인 A씨에게 할 수 있는 가장 효과적인 코칭 방법은?

① 징계를 통해 B팀장의 조언을 듣도록 유도한다.
② 대화를 통해 스스로 자신의 잘못을 인식하도록 유도한다.
③ A씨에 대한 칭찬을 통해 업무 성과를 극대화시킨다.
④ A씨를 더 강하게 질책하여 업무 방법을 개선시키도록 한다.
⑤ 스스로 업무방법을 고칠 때까지 믿어 주고 기다려 준다.

66 다음 중 직장생활에서 가장 성공하기 어려운 사람을 바르게 짝지은 것은?

- B가 근무하는 부서에 신입사원 A가 입사하였다. 평소 B는 입사 때 회사 선배로부터 일을 제대로 못 배워 동기들보다 승진이 늦어졌다고 생각하여, A에게 일을 제대로 가르친다는 생각으로 잘한 점은 도외시하고 못한 점만 과장해서 지적하여 A가 항상 긴장 상태에서 일 처리를 하도록 하였다.
- C의 입사동기이자 업무능력이 뛰어난 동료 D는 회사의 큰 프로젝트를 담당하고 있으며, 이 프로젝트를 성공리에 완수할 경우 올해 말에 C보다 먼저 승진할 가능성이 높았음에도 불구하고, D가 업무 도움을 요청하자 C는 흔쾌히 D의 업무를 도와주었다.
- E는 자기 팀이 작년 연말평가에서 최하 등급을 받아서 팀 내 분위기가 어수선해지자, 팀의 발전이 자신의 발전이라고 생각하여 매일 아침에 모닝커피를 타서 팀원 전체에게 돌리고, 팀 내의 힘들고 궂은일을 솔선수범하여 처리하였다.
- F는 대인관계에서 가장 중요한 것은 인간관계 기법과 테크닉이라고 생각하여, 진심에서 우러나오지 않지만 항상 무엇을 말하느냐, 어떻게 행동하느냐를 중시하였다.

---

① B, C

② B, F

③ C, E

④ E, F

⑤ C, F

서희는 국서를 가지고 소손녕의 영문(營門)으로 갔다. 기를 꺾어 놓을 심산이었던 듯 소손녕은 "나는 대국의 귀인이니 그대가 나에게 뜰에서 절을 해야 한다."고 우겼다. 거란의 군사가 가득한 적진에서 서희는 침착하게 대답했다. "신하가 임금에게 대할 때는 절하는 것이 예법이나, 양국의 대신들이 대면하는 자리에서 어찌 그럴 수 있겠는가?" 소손녕이 계속 고집을 부리자 서희는 노한 기색을 보이며 숙소로 들어와 움직이지 않았다. 거란이 전면전보다 화의를 원하고 있다는 판단에 가능했던 행동이었다. 결국 소손녕이 서로 대등하게 만나는 예식 절차를 수락하면서 첫 번째 기싸움은 서희의 승리로 돌아갔다.

본격적인 담판이 시작되었다. 먼저 소손녕이 물었다. "당신네 나라는 옛 신라 땅에서 건국하였다. 고구려의 옛 땅은 우리나라에 소속되었는데, 어째서 당신들이 침범하였는가?" 광종이 여진의 땅을 빼앗아 성을 쌓은 일을 두고 하는 말이었다.

이 물음은 이번 정벌의 명분에 관한 것으로 고구려 땅을 차지하는 정당성에 관한 매우 중요한 논점이었다. 서희는 조목조목 반박했다. "그렇지 않다. 우리나라는 바로 고구려의 후예이다. 그러므로 나라 이름을 고려라 부르고, 평양을 국도로 정한 것 아닌가. 오히려 귀국의 동경이 우리 영토 안에 들어와야 하는데 어찌 거꾸로 침범했다고 하는가?" 한 치의 틈도 없는 서희의 논리에 소손녕의 말문이 막히면서 고구려 후계론 논쟁은 일단락 지어졌다.

마침내 소손녕이 정벌의 본래 목적을 얘기했다. "우리나라와 국경을 접하고 있으면서 바다 건너에 있는 송나라를 섬기고 있는 까닭에 이번에 정벌하게 된 것이다. 만일 땅을 떼어 바치고 국교를 회복한다면 무사하리라." 송과 손을 잡고 있는 고려를 자신들의 편으로 돌아 앉혀 혹시 있을 송과의 전면전에서 배후를 안정시키는 것, 그것이 거란의 본래 목적이었다.

"압록강 안팎도 우리 땅인데, 지금 여진이 그 중간을 점거하고 있어 육로로 가는 것이 바다를 건너는 것보다 왕래하기가 더 곤란하다. 그러니 국교가 통하지 못하는 것은 여진 탓이다. 만일 여진을 내쫓고 우리의 옛 땅을 회복하여 거기에 성과 보를 쌓고 길을 통하게 한다면 어찌 국교가 통하지 않겠는가." 그들이 원하는 것을 알았지만, 서희는 바로 답을 주지 않고 이와 같이 돌려 말했다. 국교를 맺기 위해서는 여진을 내쫓고 그 땅을 고려가 차지해야 가능하다며 조건을 내건 것이다. 소손녕이 회담의 내용을 거란의 임금에게 보내자 고려가 이미 화의를 요청했으니 그만 철군하라는 답이 돌아왔다. 그리고 고려가 압록강 동쪽 280여 리의 영토를 개척하는 데 동의한다는 답서도 보내왔다.

비록 그들의 요구대로 국교를 맺어 이후 일시적으로 사대의 예를 갖추지만, 싸우지 않고 거란의 대군을 돌려보내고, 오히려 이를 전화위복 삼아 영토까지 얻었으니 우리 역사상 가장 실리적으로 성공한 외교라 칭찬받을 만하다.

67 다음 중 윗글의 내용으로 알 수 있는 협상진행 5단계를 순서대로 바르게 나열한 것은?

① 협상 시작 → 상호 이해 → 실질 이해 → 해결 대안 → 합의
② 협상 시작 → 실질 이해 → 상호 이해 → 해결 대안 → 합의
③ 협상 시작 → 상호 이해 → 실질 이해 → 합의 → 해결 대안
④ 협상 시작 → 실질 이해 → 상호 이해 → 합의 → 해결 대안
⑤ 협상 시작 → 상호 이해 → 해결 대안 → 실질 이해 → 합의

68 다음 중 서희의 협상전략으로 옳지 않은 것은?

① 적진에서 한 협상에서 기선을 제압하였다.

② 상대방의 숨은 의도를 이끌어내었다.

③ 상대방과의 명분 싸움에서 논리적으로 대응하였다.

④ 상대방의 요구를 거부하되, 대안을 제시하였다.

⑤ 자신의 요구를 이유와 함께 설명하였다.

69 다음 자료는 고객불만 처리 프로세스 8단계를 나타낸 것이다. 이를 참고하여 아래와 같이 B사원의 고객불만 처리 대응을 볼 때, 고객불만 처리 프로세스 8단계에서 B사원이 빠뜨린 항목은?

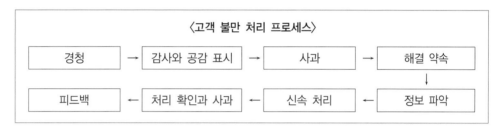

〈고객 불만 처리 프로세스〉

경청 → 감사와 공감 표시 → 사과 → 해결 약속

피드백 ← 처리 확인과 사과 ← 신속 처리 ← 정보 파악

B사원 : 안녕하세요. S쇼핑몰입니다. 무엇을 도와드릴까요?

고객 : 아, 정말, 제가 고른 옷 사이즈랑 다른 사이즈가 왔는데 이거 어떻게 해결할 건가요? 3일 후에 이 옷 입고 소개팅 나가려고 했는데 정말 답답하네요. 당장 보상하세요!

B사원 : 고객님, 주문하신 옷이 잘못 배송되었나 보군요. 화내시는 점 충분히 이해합니다. 정말 죄송합니다.

고객 : 아니, 그래서 어떻게 해결할 건데요.

B사원 : 네, 고객님, 우선 최대한 빠른 시일 내로 교환해드릴 수 있도록 최선을 다하겠습니다. 우선 제가 고객님의 구매 내역과 재고 확인을 해 보고 등록하신 번호로 다시 연락드리겠습니다. 전화 끊고 잠시만 기다려 주시기 바랍니다.

(구매 내역과 재고를 확인하고 10분 후, B사원은 고객에게 다시 전화를 건다)

고객 : 여보세요.

B사원 : 고객님, 안녕하세요. ○○쇼핑몰입니다. 재고 확인 결과 다행히 사이즈가 남아 있어서 오늘 바로 배송해드릴 예정입니다. 오늘 배송 시 내일 도착 예정이어서 말씀하셨던 약속 날짜 전에 옷을 받으실 수 있을 겁니다. 잘못 보내드린 옷은 택배를 받으실 때 반송 처리해 주시면 되겠습니다. 정말 죄송합니다.

고객 : 다행이네요. 일단 알겠습니다. 앞으로 조심 좀 해 주세요.

(B사원은 통화를 끝내고, 배송이 잘못된 원인과 자신의 응대에 잘못이 없었는지 확인한다)

① 감사와 공감 표시 　　　　　② 사과

③ 해결 약속 　　　　　　　　④ 정보 파악

⑤ 처리 확인과 사과

70 다음 〈보기〉 중 경영의 4요소로 옳은 것을 모두 고르면?

> **보기**
> ㄱ. 조직의 목적을 달성하기 위해 경영자가 수립하는 것으로 더욱 구체적인 방법과 과정이 담겨 있다.
> ㄴ. 조직에서 일하는 구성원으로 경영은 이들의 직무수행에 기초하여 이루어지기 때문에 이것의 배치 및 활용이 중요하다.
> ㄷ. 생산자가 상품 또는 서비스를 소비자에게 유통하는 데 관련된 모든 체계적 경영 활동이다.
> ㄹ. 특정의 경제적 실체에 관하여 이해관계를 이루는 사람들에게 합리적인 경제적 의사결정을 하는 데 유용한 재무적 정보를 제공하기 위한 일련의 과정 또는 체계이다.
> ㅁ. 경영하는 데 사용할 수 있는 돈으로 이것이 충분히 확보되는 정도에 따라 경영의 방향과 범위가 정해지게 된다.
> ㅂ. 조직이 변화하는 환경에 적응하기 위하여 경영활동을 체계화하는 것으로, 목표달성을 위한 수단이다.

① ㄱ, ㄴ, ㄷ, ㄹ　　　　　② ㄱ, ㄴ, ㄷ, ㅁ
③ ㄱ, ㄴ, ㅁ, ㅂ　　　　　④ ㄷ, ㄹ, ㅁ, ㅂ
⑤ ㄴ, ㄷ, ㅁ, ㅂ

71 다음 글의 밑줄 친 '마케팅 기법'에 대한 설명으로 옳은 것을 〈보기〉에서 모두 고르면?

> 기업들이 신제품을 출시하면서 한정된 수량만 제작 판매하는 한정판 제품을 잇따라 내놓고 있다. 이번 기회가 아니면 더 이상 구입할 수 없다는 메시지를 끊임없이 던지며 소비자의 호기심을 자극하는 마케팅 기법이다. K자동차 회사는 가죽 시트와 일부 외형이 기존 제품과 다른 모델을 8,000대 한정 판매하였는데, 단기간에 매진을 기록하였다.

> **보기**
> ㉠ 소비자의 충동 구매를 유발하기 쉽다.
> ㉡ 이윤 증대를 위한 경영 혁신의 한 사례이다.
> ㉢ 의도적으로 공급의 가격탄력성을 크게 하는 방법이다.
> ㉣ 소장 가치가 높은 상품을 대상으로 하면 더 효과적이다.

① ㉠, ㉡　　　　　② ㉠, ㉢
③ ㉡, ㉣　　　　　④ ㉠, ㉡, ㉣
⑤ ㉡, ㉢, ㉣

72 다음은 S공단의 보안업무취급 규칙에 따른 보안업무 책임자 및 담당자와 이들의 임무에 대한 자료이다. 이를 이해한 내용으로 적절하지 않은 것은?

〈보안업무 책임자 및 담당자〉

구분	이사장	총무국장	비서실장	팀장
보안책임관	○			
보안담당관		○		
비밀보관책임자				○
시설방호책임자	○			
시설방호부책임자		○		
보호구역관리책임자			○ (이사장실)	○ (지정보호구역)

〈보안업무 책임자 및 담당자의 임무〉

구분	수행임무
보안책임관	• 공단의 보안업무 전반에 대한 지휘, 감독총괄
보안담당관	• 자체 보안업무 수행에 대한 계획, 조정 및 감독 • 보안교육 및 비밀관리, 서약서 집행 • 통신보안에 관한 사항 • 비밀의 복제, 복사 및 발간에 대한 통제 및 승인 • 기타 보안업무 수행에 필요하다고 인정하는 사항 • 비밀취급인가
비밀보관책임자	• 비밀의 보관 및 안전관리 • 비밀관계부철의 기록 유지
시설방호책임자	• 자체 시설 방호계획 수립 및 안전관리 • 자위소방대 편성, 운영 • 시설방호 부책임자에 대한 지휘, 감독
시설방호부책임자	• 시설방호책임자의 보좌 • 자체 시설 방호계획 및 안전관리에 대한 실무처리 • 자위소방대 편성, 운영
보호구역관리책임자	• 지정된 보호구역의 시설안전관리 및 보안유지 • 보호구역 내의 출입자 통제

① 비밀문서를 복제하고자 할 때에는 총무국장의 승인을 받아야 한다.
② 비밀관리기록부를 갱신할 때에는 담당부서 팀장의 확인을 받아야 한다.
③ 비서실장은 이사장실을 수시로 관리하고, 외부인의 출입을 통제해야 한다.
④ 이사장과 총무국장은 화재 예방을 위해 자위소방대를 편성·운영해야 한다.
⑤ 비밀취급인가를 신청할 때 필요한 서약서는 이사장에게 제출해야 한다.

※ 다음은 S공사의 조직도이다. 이어지는 질문에 답하시오. [73~74]

| 고객 |

| 경영본부 | 운영본부 | 건설본부 |

기획조정실	물류전략실	항만개발실
경영지원팀	글로벌마케팅팀	항만건설팀
재무관리팀	항만관리팀	항만시설팀
미래사업팀	물류단지팀	갑문운영팀
홍보팀	물류정보팀	갑문정비팀
사회가치실현(TF)팀	안전·보안(TF)팀	스마트갑문(TF)팀

감사팀

| 인사관리팀 | 항만위원회 | 감사위원회 |

| 사장 | IPA노동조합 |

조직 개편 방향 및 기준

☐ 기능중심의 조직 개편
  ○ 건설본부의 갑문운영팀과 갑문정비팀을 갑문운영팀으로 통합
  ○ 인사관리팀을 경영본부로 이동
  ○ 마케팅본부를 신설하여 글로벌마케팅팀을 이동 후 글로벌마케팅 1·2팀으로 분리
  ○ 국내마케팅팀을 신설하여 마케팅본부에 추가
  ○ 경영본부의 홍보팀을 마케팅본부로 이동
  ○ 조직위원회를 신설하여 항만위원회, 감사위원회와 함께 독립적인 팀으로 개편

73 조직 개편 방향에 따라 조직을 개편하였다고 할 때, 다음 중 새롭게 신설되는 본부로 옳은 것은?

① 마케팅본부   ② 행정본부

③ 갑문운영본부   ④ 물류본부

⑤ 영업본부

74 조직 개편 후 경영, 운영, 건설본부에 속한 각 팀의 개수를 순서대로 바르게 나열한 것은?

	경영본부	운영본부	건설본부
①	5개	5개	5개개
②	6개	5개	5개
③	6개	6개	6개
④	7개	5개	5개
⑤	7개	6개	6개

75 다음 대화를 통해 알 수 있는 내용으로 적절하지 않은 것은?

> A부장 : 이번 주는 회사의 단합대회가 있습니다. 모든 사원들은 참석을 할 수 있도록 해 주시길
> 바랍니다.
> B팀장 : 원래 단합대회는 부서별로 일정을 조율해서 정하지 않았나요? 이번에는 왜 회의도 없이
> 단합대회가 갑자기 정해졌나요?
> C사원 : 다 같이 의견을 모아서 단합대회 날짜를 정했으면 좋았겠네요.
> A부장 : 이번 달은 국외 프로젝트에 참여하는 직원들이 많아서 일정을 조율하기가 힘들었습니다.
> 그래서 이번에는 이렇게 단합대회 날짜를 정하게 되었습니다.
> B팀장 : 그렇군요. 그렇다면 일정을 조율해 보겠습니다.

① C사원은 A부장의 의견이 마음에 들지 않는다.
② B팀장은 단합대회가 갑자기 정해진 이유를 알았다.
③ B팀장은 참석하지 않는 의사를 표시했다.
④ A부장은 자신의 의견을 근거를 가지고 설명하였다.
⑤ A부장은 대화가 종료된 후 각 부서들과 함께 단합대회 일정을 협의할 것이다.

76 다음 중 비언어적 커뮤니케이션을 위한 행동으로 적절하지 않은 것은?

① 스페인에서는 악수할 때 손을 강하게 잡을수록 반갑다는 의미를 가지고 있다. 따라서 스페인 사람
과 첫 협상 시에는 강하게 악수하여 반가움을 표현하는 것이 적절하다.
② 이탈리아에서는 연회 시 소금이나 후추 등이 다른 사람 손에 거치면 좋지 않다는 풍습이 있다.
따라서 이탈리아에서 연회 참가 시 소금과 후추가 필요할 때는 웨이터를 부르도록 한다.
③ 일본에서 칼은 관계의 단절을 의미한다. 따라서 일본인에게 선물할 때 칼은 피하는 것이 좋다.
④ 중국에서는 상대방이 선물을 권할 때 선뜻 받기보다는 세 번 정도 거절하는 것이 예의라고 생각한
다. 따라서 중국인에게 선물할 때 세 번 거절당하더라도 한 번 더 받기를 권하는 것이 좋다.
⑤ 키르기스스탄에서는 왼손을 더러운 것으로 느끼는 풍습이 있다. 따라서 키르기스스탄 사람에게
명함을 건넬 경우에는 반드시 오른손으로 주도록 한다.

77 다음 중 직장 내에서 정직성에 어긋나는 사례로 적절한 것은?

① 몸이 힘든 날에도 근태를 엄격히 준수한다.

② 업무 처리에서 발생한 실수를 있는 그대로 상사에게 보고하였다.

③ 점심시간을 15분 늦게 시작했기 때문에 정해진 시간보다 15분 늦게 들어왔다.

④ 급한 일이 생겨도 사적인 용건에 회사 전화를 쓰지 않는다.

⑤ 동료의 부정행위를 보면 상사에게 보고한다.

78 다음 중 직장에서의 정직한 생활로 보기 어려운 것은?

① 사적인 용건에는 회사 전화를 사용하지 않는다.

② 부정에 타협하지 않고, 눈감아 주지 않는다.

③ 나의 입장과 처지를 보호하기 위한 거짓말도 하지 않는다.

④ 사회생활에 있어 남들도 다 하는 관행은 따라야 한다.

⑤ 비록 실수를 하였더라도, 정직하게 밝히고 그에 대한 대가를 치른다.

79 다음 〈보기〉 중 직장에서 근면한 생활을 하는 사람을 모두 고르면?

> **보기**
>
> A사원 : 저는 이제 더 이상 일을 배울 필요가 없을 만큼 업무에 익숙해졌어요. 실수 없이 완벽하게 업무를 해결할 수 있어요.
> B사원 : 저는 요즘 매일 운동을 하고 있어요. 일에 지장이 가지 않도록 건강관리에 힘쓰고 있습니다.
> C대리 : 나도 오늘 할 일을 내일로 미루지 않으려고 노력 중이야. 그래서 업무 시간에는 개인적인 일을 하지 않아.
> D대리 : 나는 업무 시간에 잡담을 하지 않아. 대신 사적인 대화는 사내 메신저를 활용하는 편이야.

① A사원, B사원
② A사원, C대리
③ B사원, C대리
④ B사원, D대리
⑤ C대리, D대리

80 다음 글을 보고 직장생활에 바르게 적용한 사람은?

> 정의는 선행이나 호의를 베푸는 것과 아주 밀접한 관련이 있다. 그러나 선행이나 호의에도 몇 가지 주의할 점이 있다. 첫째, 받는 자에게 피해가 되지 않도록 주의하고 둘째, 베푸는 자는 자신이 감당할 수 있는 능력 내에서 베풀어야 하며 셋째, 각자 받을 만한 가치에 따라서 베풀어야 한다.
>
> — 키케로 『의무론』
>
> 공자께서 말씀하시기를 "윗사람으로서 아랫사람을 너그럽게 관용할 줄 모르고, 예도를 행함에 있어 공경심이 없으며, 사람이 죽어 장례를 치르는 문상자리에서도 애도할 줄 모른다면 그런 인간을 어찌 더 이상 볼 가치가 있다 하겠느냐?"라고 하였다.
>
> —『논어』팔일 3 - 26

① A사원 : 며칠 후에 우리 부장님 생신이라 비상금을 털어서 고급 손목시계 하나 해드리려고.
② B과장 : 출근해서 사원들과 즐겁게 아침인사를 나누었어. 내가 먼저 반갑게 아침인사를 건네면 기분이 좋아져 좋은 하루를 보낼 수 있거든.
③ C사원 : 내가 준 김밥을 먹고 배탈이 났다고? 냉장보관을 안하긴 했는데….
④ D부장 : G사원이 어제 회식자리에서 내 옷에 김칫국물을 흘렸으니 세탁비를 받아야겠어.
⑤ E사원 : 지난주에 장례식장에 갔는데 육개장이 그렇게 맛있더라고.

많이 보고 많이 겪고 많이 공부하는 것은 배움의 세 기둥이다.

- 벤자민 디즈라엘리 -

PART 2

채용 가이드

1. 블라인드 채용이란?

채용 과정에서 편견이 개입되어 불합리한 차별을 야기할 수 있는 출신지, 가족관계, 학력, 외모 등의 편견요인은 제외하고, 직무능력만을 평가하여 인재를 채용하는 방식입니다.

2. 블라인드 채용의 필요성

- 채용의 공정성에 대한 사회적 요구
  - 누구에게나 직무능력만으로 경쟁할 수 있는 균등한 고용기회를 제공해야 하나, 아직도 채용의 공정성에 대한 불신이 존재
  - 채용상 차별금지에 대한 법적 요건이 권고적 성격에서 처벌을 동반한 의무적 성격으로 강화되는 추세
  - 시민의식과 지원자의 권리의식 성숙으로 차별에 대한 법적 대응 가능성 증가
- 우수인재 채용을 통한 기업의 경쟁력 강화 필요
  - 직무능력과 무관한 학벌, 외모 위주의 선발로 우수인재 선발기회 상실 및 기업경쟁력 약화
  - 채용 과정에서 차별 없이 직무능력중심으로 선발한 우수인재 확보 필요
- 공정한 채용을 통한 사회적 비용 감소 필요
  - 편견에 의한 차별적 채용은 우수인재 선발을 저해하고 외모·학벌 지상주의 등의 심화로 불필요한 사회적 비용 증가
  - 채용에서의 공정성을 높여 사회의 신뢰수준 제고

3. 블라인드 채용의 특징

편견요인을 요구하지 않는 대신 직무능력을 평가합니다.

※ 직무능력중심 채용이란?
  기업의 역량기반 채용, NCS기반 능력중심 채용과 같이 직무수행에 필요한 능력과 역량을 평가하여 선발하는 채용방식을 통칭합니다.

4. 블라인드 채용의 평가요소

직무수행에 필요한 지식, 기술, 태도 등을 과학적인 선발기법을 통해 평가합니다.

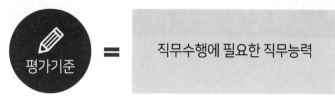

※ 과학적 선발기법이란?
  직무분석을 통해 도출된 평가요소를 서류, 필기, 면접 등을 통해 체계적으로 평가하는 방법으로 입사지원서, 자기소개서,
  직무수행능력평가, 구조화 면접 등이 해당됩니다.

5. 블라인드 채용 주요 도입 내용

- 입사지원서에 인적사항 요구 금지
  - 인적사항에는 출신지역, 가족관계, 결혼여부, 재산, 취미 및 특기, 종교, 생년월일(연령), 성별, 신장 및 체중, 사진, 전공, 학교명, 학점, 외국어 점수, 추천인 등이 해당
  - 채용 직무를 수행하는 데 있어 반드시 필요하다고 인정될 경우는 제외
    예 특수경비직 채용 시 : 시력, 건강한 신체 요구
        연구직 채용 시 : 논문, 학위 요구 등
- 블라인드 면접 실시
  - 면접관에게 응시자의 출신지역, 가족관계, 학교명 등 인적사항 정보 제공 금지
  - 면접관은 응시자의 인적사항에 대한 질문 금지

6. 블라인드 채용 도입의 효과성

- 구성원의 다양성과 창의성이 높아져 기업 경쟁력 강화
  - 편견을 없애고 직무능력 중심으로 선발하므로 다양한 직원 구성 가능
  - 다양한 생각과 의견을 통하여 기업의 창의성이 높아져 기업경쟁력 강화
- 직무에 적합한 인재선발을 통한 이직률 감소 및 만족도 제고
  - 사전에 지원자들에게 구체적이고 상세한 직무요건을 제시함으로써 허수 지원이 낮아지고, 직무에 적합한 지원자 모집 가능
  - 직무에 적합한 인재가 선발되어 직무이해도가 높아져 업무효율 증대 및 만족도 제고
- 채용의 공정성과 기업이미지 제고
  - 블라인드 채용은 사회적 편견을 줄인 선발 방법으로 기업에 대한 사회적 인식 제고
  - 채용과정에서 불합리한 차별을 받지 않고 실력에 의해 공정하게 평가를 받을 것이라는 믿음을 제공하고, 지원자들은 평등한 기회와 공정한 선발과정 경험

1. 채용공고문의 변화

기존 채용공고문	변화된 채용공고문
• 취업준비생에게 불충분하고 불친절한 측면 존재 • 모집분야에 대한 명확한 직무관련 정보 및 평가기준 부재 • 해당분야에 지원하기 위한 취업준비생의 무분별한 스펙 쌓기 현상 발생	• NCS 직무분석에 기반한 채용공고를 토대로 채용전형 진행 • 지원자가 입사 후 수행하게 될 업무에 대한 자세한 정보 공지 • 직무수행내용, 직무수행 시 필요한 능력, 관련된 자격, 직업기초능력 제시 • 지원자가 해당 직무에 필요한 스펙만을 준비할 수 있도록 안내
• 모집부문 및 응시자격 • 지원서 접수 • 전형절차 • 채용조건 및 처우 • 기타사항	• 채용절차 • 채용유형별 선발분야 및 예정인원 • 전형방법 • 선발분야별 직무기술서 • 우대사항

2. 지원 유의사항 및 지원요건 확인

채용 직무에 따른 세부사항을 공고문에 명시하여 지원자에게 적격한 지원 기회를 부여함과 동시에 채용과정에서의 공정성과 신뢰성을 확보합니다.

구성	내용	확인사항
모집분야 및 규모	고용형태(인턴 계약직 등), 모집분야, 인원, 근무지역 등	채용직무가 여러 개일 경우 본인이 해당되는 직무의 채용규모 확인
응시자격	기본 자격사항, 지원조건	지원을 위한 최소자격요건을 확인하여 불필요한 지원을 예방
우대조건	법정·특별·자격증 가점	본인의 가점 여부를 검토하여 가점 획득을 위한 사항을 사실대로 기재
근무조건 및 보수	고용형태 및 고용기간, 보수, 근무지	본인이 생각하는 기대수준에 부합하는지 확인하여 불필요한 지원을 예방
시험방법	서류·필기·면접전형 등의 활용방안	전형방법 및 세부 평가기법 등을 확인하여 지원전략 준비
전형일정	접수기간, 각 전형 단계별 심사 및 합격자 발표일 등	본인의 지원 스케줄을 검토하여 차질이 없도록 준비
제출서류	입사지원서(경력·경험기술서 등), 각종 증명서 및 자격증 사본 등	지원요건 부합 여부 및 자격 증빙서류 사전에 준비
유의사항	임용취소 등의 규정	임용취소 관련 법적 또는 기관 내부 규정을 검토하여 해당여부 확인

직무기술서란 직무수행의 내용과 필요한 능력, 관련 자격, 직업기초능력 등을 상세히 기재한 것으로 입사 후 수행하게 될 업무에 대한 정보가 수록되어 있는 자료입니다.

1. 채용분야

설명

NCS 직무분류 체계에 따라 직무에 대한 「대분류 – 중분류 – 소분류 – 세분류」 체계를 확인할 수 있습니다. 채용 직무에 대한 모든 직무기술서를 첨부하게 되며 실제 수행 업무를 기준으로 세부적인 분류정보를 제공합니다.

채용분야	분류체계			
사무행정	대분류	중분류	소분류	세분류
분류코드	02. 경영 · 회계 · 사무	03. 재무 · 회계	01. 재무	01. 예산
				02. 자금
			02. 회계	01. 회계감사
				02. 세무

2. 능력단위

설명

직무분류 체계의 세분류 하위능력단위 중 실질적으로 수행할 업무의 능력만 구체적으로 파악할 수 있습니다.

능력단위	(예산)	03. 연간종합예산수립 05. 확정예산 운영	04. 추정재무제표 작성 06. 예산실적 관리
	(자금)	04. 자금운용	
	(회계감사)	02. 자금관리 05. 회계정보시스템 운용 07. 회계감사	04. 결산관리 06. 재무분석
	(세무)	02. 결산관리 07. 법인세 신고	05. 부가가치세 신고

3. 직무수행내용

설명

세분류 영역의 기본정의를 통해 직무수행내용을 확인할 수 있습니다. 입사 후 수행할 직무내용을 구체적으로 확인할 수 있으며, 이를 통해 입사서류 작성부터 면접까지 직무에 대한 명확한 이해를 바탕으로 자신의 희망직무 인지 아닌지, 해당 직무가 자신이 알고 있던 직무가 맞는지 확인할 수 있습니다.

직무수행내용	(예산) 일정기간 예상되는 수익과 비용을 편성, 집행하며 통제하는 일
	(자금) 자금의 계획 수립, 조달, 운용을 하고 발생 가능한 위험 관리 및 성과평가
	(회계감사) 기업 및 조직 내·외부에 있는 의사결정자들이 효율적인 의사결정을 할 수 있도록 유용한 정보를 제공, 제공된 회계정보의 적정성을 파악하는 일
	(세무) 세무는 기업의 활동을 위하여 주어진 세법범위 내에서 조세부담을 최소화시키는 조세전략을 포함하고 정확한 과세소득과 과세표준 및 세액을 산출하여 과세당국에 신고·납부하는 일

4. 직무기술서 예시

태도	(예산) 정확성, 분석적 태도, 논리적 태도, 타 부서와의 협조적 태도, 설득력
	(자금) 분석적 사고력
	(회계 감사) 합리적 태도, 전략적 사고, 정확성, 적극적 협업 태도, 법률준수 태도, 분석적 태도, 신속성, 책임감, 정확한 판단력
	(세무) 규정 준수 의지, 수리적 정확성, 주의 깊은 태도
우대 자격증	공인회계사, 세무사, 컴퓨터활용능력, 변호사, 워드프로세서, 전산회계운용사, 사회조사분석사, 재경관리사, 회계관리 등
직업기초능력	의사소통능력, 문제해결능력, 자원관리능력, 대인관계능력, 정보능력, 조직이해능력

5. 직무기술서 내용별 확인사항

항목	확인사항
모집부문	해당 채용에서 선발하는 부문(분야)명 확인 예 사무행정, 전산, 전기
분류체계	지원하려는 분야의 세부직무군 확인
주요기능 및 역할	지원하려는 기업의 전사적인 기능과 역할, 산업군 확인
능력단위	지원분야의 직무수행에 관련되는 세부업무사항 확인
직무수행내용	지원분야의 직무군에 대한 상세사항 확인
전형방법	지원하려는 기업의 신입사원 선발전형 절차 확인
일반요건	교육사항을 제외한 지원 요건 확인(자격요건, 특수한 경우 연령)
교육요건	교육사항에 대한 지원요건 확인(대졸 / 초대졸 / 고졸 / 전공 요건)
필요지식	지원분야의 업무수행을 위해 요구되는 지식 관련 세부항목 확인
필요기술	지원분야의 업무수행을 위해 요구되는 기술 관련 세부항목 확인
직무수행태도	지원분야의 업무수행을 위해 요구되는 태도 관련 세부항목 확인
직업기초능력	지원분야 또는 지원기업의 조직원으로서 근무하기 위해 필요한 일반적인 능력사항 확인

1. 입사지원서의 변화

기존지원서	VS	능력중심 채용 입사지원서
직무와 관련 없는 학점, 개인신상, 어학점수, 자격, 수상경력 등을 나열하도록 구성		해당 직무수행에 꼭 필요한 정보들을 제시할 수 있도록 구성

기존지원서		능력중심 채용 입사지원서
직무기술서	→	**인적사항** 성명, 연락처, 지원분야 등 작성 (평가 미반영)
직무수행내용		**교육사항** 직무지식과 관련된 학교교육 및 직업교육 작성
요구지식 / 기술		**자격사항** 직무관련 국가공인 또는 민간자격 작성
관련 자격증		**경력 및 경험사항** 조직에 소속되어 일정한 임금을 받거나(경력) 임금 없이(경험) 직무와 관련된 활동 내용 작성
사전직무경험		

2. 교육사항

- 지원분야 직무와 관련된 학교 교육이나 직업교육 혹은 기타교육 등 직무에 대한 지원자의 학습 여부를 평가하기 위한 항목입니다.
- 지원하고자 하는 직무의 학교 전공교육 이외에 직업교육, 기타교육 등을 기입할 수 있기 때문에 전공 제한 없이 직업교육과 기타교육을 이수하여 지원이 가능하도록 기회를 제공합니다.
  (기타교육 : 학교 이외의 기관에서 개인이 이수한 교육과정 중 지원직무와 관련이 있다고 생각되는 교육내용)

구분	교육과정(과목)명	교육내용	과업(능력단위)

3. 자격사항

- 채용공고 및 직무기술서에 제시되어 있는 자격 현황을 토대로 지원자가 해당 직무를 수행하는 데 필요한 능력을 가지고 있는지를 평가하기 위한 항목입니다.
- 채용공고 및 직무기술서에 기재된 직무관련 필수 또는 우대자격 항목을 확인하여 본인이 보유하고 있는 자격사항을 기재합니다.

자격유형	자격증명	발급기관	취득일자	자격증번호

4. 경력 및 경험사항

- 직무와 관련된 경력이나 경험 여부를 표현하도록 하여 직무와 관련한 능력을 갖추었는지를 평가하기 위한 항목입니다.
- 해당 기업에서 직무를 수행함에 있어 필요한 사항만을 기록하게 되어 있기 때문에 직무와 무관한 스펙을 갖추지 않아도 됩니다.
- 경력 : 금전적 보수를 받고 일정기간 동안 일했던 경우
- 경험 : 금전적 보수를 받지 않고 수행한 활동

※ 기업에 따라 경력 / 경험 관련 증빙자료 요구 가능

구분	조직명	직위 / 역할	활동기간(년 / 월)	주요과업 / 활동내용

Tip

입사지원서 작성 방법

○ 경력 및 경험사항 작성
- 직무기술서에 제시된 지식, 기술, 태도와 지원자의 교육사항, 경력(경험)사항, 자격사항과 연계하여 개인의 직무역량에 대해 스스로 판단 가능

○ 인적사항 최소화
- 개인의 인적사항, 학교명, 가족관계 등을 노출하지 않도록 유의

> 부적절한 입사지원서 작성 사례
> - 학교 이메일을 기입하여 학교명 노출
> - 거주지 주소에 학교 기숙사 주소를 기입하여 학교명 노출
> - 자기소개서에 부모님이 재직 중인 기업명, 직위, 직업을 기입하여 가족관계 노출
> - 자기소개서에 석・박사 과정에 대한 이야기를 언급하여 학력 노출
> - 동아리 활동에 대한 내용을 학교명과 더불어 언급하여 학교명 노출

1. 자기소개서의 변화

- 기존의 자기소개서는 지원자의 일대기나 관심 분야, 성격의 장·단점 등 개괄적인 사항을 묻는 질문으로 구성되어 지원자가 자신의 직무능력을 제대로 표출하지 못합니다.
- 능력중심 채용의 자기소개서는 직무기술서에 제시된 직업기초능력(또는 직무수행능력)에 대한 지원자의 과거 경험을 기술하게 함으로써 평가 타당도의 확보가 가능합니다.

1. 우리 회사와 해당 지원 직무분야에 지원한 동기에 대해 기술해 주세요.

2. 자신이 경험한 다양한 사회활동에 대해 기술해 주세요.

3. 지원 직무에 대한 전문성을 키우기 위해 받은 교육과 경험 및 경력사항에 대해 기술해 주세요.

4. 인사업무 또는 팀 과제 수행 중 발생한 갈등을 원만하게 해결해 본 경험이 있습니까? 당시 상황에 대한 설명과 갈등의 대상이 되었던 상대방을 설득한 과정 및 방법을 기술해 주세요.

5. 과거에 있었던 일 중 가장 어려웠던(힘들었던) 상황을 고르고, 어떤 방법으로 그 상황을 해결했는지를 기술해 주세요.

자기소개서 작성 방법

① 자기소개서 문항이 묻고 있는 평가 역량 추측하기

> 예시
>
> • 팀 활동을 하면서 갈등 상황 시 상대방의 니즈나 의도를 명확히 파악하고 해결하여 목표 달성에 기여했던 경험에 대해서 작성해 주시기 바랍니다.
> • 다른 사람이 생각해내지 못했던 문제점을 찾고 이를 해결한 경험에 대해 작성해 주시기 바랍니다.

② 해당 역량을 보여줄 수 있는 소재 찾기(시간×역량 매트릭스)

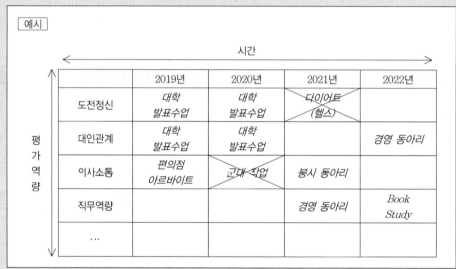

예시

시간

평가역량	2019년	2020년	2021년	2022년
도전정신	대학 발표수업	대학 발표수업	~~다이어트 (헬스)~~	
대인관계	대학 발표수업	대학 발표수업		경영 동아리
이사소통	편의점 아르바이트	~~군대 작업~~	봉사 동아리	
직무역량			경영 동아리	Book Study
…				

③ 자기소개서 작성 Skill 익히기
• 두괄식으로 작성하기
• 구체적 사례를 사용하기
• '나'를 중심으로 작성하기
• 직무역량 강조하기
• 경험 사례의 차별성 강조하기

인성검사 소개 및 모의테스트

인성검사는 지원자의 성격특성을 객관적으로 파악하고 그것이 각 기업에서 필요로 하는 인재상과 가치에 부합하는가를 평가하기 위한 검사입니다. 인성검사는 KPDI(한국인재개발진흥원), K-SAD(한국사회적성개 발원), KIRBS(한국행동과학연구소), SHR(에스에이치알) 등의 전문기관을 통해 각 기업의 특성에 맞는 검사 를 선택하여 실시합니다. 대표적인 인성검사의 유형에는 크게 다음과 같은 세 가지가 있으며, 채용 대행업체 에 따라 달라집니다.

1. KPDI 검사

조직적응성과 직무적합성을 알아보기 위한 검사로 인성검사, 인성역량검사, 인적성검사, 직종별 인적성 검사 등의 다양한 검사 도구를 구현합니다. KPDI는 성격을 파악하고 정신건강 상태 등을 측정하고, 직무 검사는 해당 직무를 수행하기 위해 기본적으로 갖추어야 할 인지적 능력을 측정합니다. 역량검사는 특정 직무 역할을 효과적으로 수행하는 데 직접적으로 관련 있는 개인의 행동, 지식, 스킬, 가치관 등을 측정합 니다.

2. KAD(Korea Aptitude Development) 검사

K-SAD(한국사회적성개발원)에서 실시하는 적성검사 프로그램입니다. 개인의 성향, 지적 능력, 기호, 관심, 흥미도를 종합적으로 분석하여 적성에 맞는 업무가 무엇인가 파악하고, 직무수행에 있어서 요구되 는 기초능력과 실무능력을 분석합니다.

3. SHR 직무적성검사

직무수행에 필요한 종합적인 사고 능력을 다양한 적성검사(Paper and Pencil Test)로 평가합니다. SHR 의 모든 직무능력검사는 표준화 검사입니다. 표준화 검사는 표본집단의 점수를 기초로 규준이 만들어진 검사이므로 개인의 점수를 규준에 맞추어 해석·비교하는 것이 가능합니다. S(Standardized Tests), H(Hundreds of Version), R(Reliable Norm Data)을 특징으로 하며, 직군·직급별 특성과 선발 수준에 맞추어 검사를 적용할 수 있습니다.

인성검사는 특히 면접질문과 관련성이 높습니다. 면접관은 지원자의 인성검사 결과를 토대로 질문을 하기 때문입니다. 일관적이고 이상적인 답변을 하는 것이 가장 좋지만, 실제 시험은 매우 복잡하여 전문가라 해도 일정 성격을 유지하면서 답변을 하는 것이 힘듭니다. 또한, 인성검사에는 라이 스케일(Lie Scale) 설문이 전체 설문 속에 교묘하게 섞여 들어가 있으므로 겉치레적인 답을 하게 되면 회답태도의 허위성이 그대로 드러나게 됩니다. 예를 들어 '거짓말을 한 적이 한 번도 없다.'에 '예'로 답하고, '때로는 거짓말을 하기도 한다.'에 '예'라고 답하여 라이 스케일의 득점이 올라가게 되면 모든 회답의 신빙성이 사라지고 '자신을 돋보이게 하려는 사람'이라는 평가를 받을 수 있으므로 주의해야 합니다. 따라서 모의테스트를 통해 인성검사의 유형과 실제 시험 시 어떻게 문제를 풀어야 하는지 연습해 보고 체크한 부분 중 자신의 단점과 연결되는 부분은 면접에서 질문이 들어왔을 때 어떻게 대처해야 하는지 생각해 보는 것이 좋습니다.

03 **유의사항**

1. 기업의 인재상을 파악하라!

인성검사를 통해 개인의 성격 특성을 파악하고 그것이 기업의 인재상과 가치에 부합하는지를 평가하는 시험이기 때문에 해당 기업의 인재상을 먼저 파악하고 시험에 임하는 것이 좋습니다. 모의테스트에서 인재상에 맞는 가상의 인물을 설정하고 문제에 답해 보는 것도 많은 도움이 됩니다.

2. 일관성 있는 대답을 하라!

짧은 시간 안에 다양한 질문에 답을 해야 하는데, 그 안에는 중복되는 질문이 여러 번 나옵니다. 이때 앞서 자신이 체크했던 대답을 잘 기억해뒀다가 일관성 있는 답을 하는 것이 중요합니다.

3. 모든 문항에 대답하라!

많은 문제를 짧은 시간 안에 풀다 보니 다 못 푸는 경우도 종종 생깁니다. 하지만 대답을 누락하거나 끝까지 다 못했을 경우 좋지 않은 결과를 가져올 수도 있으니 최대한 주어진 시간 안에 모든 문항에 답할 수 있도록 해야 합니다.

※ 모의테스트는 질문 및 답변 유형 연습을 위한 것으로 실제 시험과 다를 수 있습니다.
※ 인성검사는 정답이 따로 없는 유형의 검사이므로 결과지를 제공하지 않습니다.

번호	내용	예	아니요
001	나는 솔직한 편이다.	☐	☐
002	나는 리드하는 것을 좋아한다.	☐	☐
003	법을 어겨서 말썽이 된 적이 한 번도 없다.	☐	☐
004	거짓말을 한 번도 한 적이 없다.	☐	☐
005	나는 눈치가 빠르다.	☐	☐
006	나는 일을 주도하기보다는 뒤에서 지원하는 것을 선호한다.	☐	☐
007	앞일은 알 수 없기 때문에 계획은 필요하지 않다.	☐	☐
008	거짓말도 때로는 방편이라고 생각한다.	☐	☐
009	사람이 많은 술자리를 좋아한다.	☐	☐
010	걱정이 지나치게 많다.	☐	☐
011	일을 시작하기 전 재고하는 경향이 있다.	☐	☐
012	불의를 참지 못한다.	☐	☐
013	처음 만나는 사람과도 이야기를 잘 한다.	☐	☐
014	때로는 변화가 두렵다.	☐	☐
015	나는 모든 사람에게 친절하다.	☐	☐
016	힘든 일이 있을 때 술은 위로가 되지 않는다.	☐	☐
017	결정을 빨리 내리지 못해 손해를 본 경험이 있다.	☐	☐
018	기회를 잡을 준비가 되어 있다.	☐	☐
019	때로는 내가 정말 쓸모없는 사람이라고 느낀다.	☐	☐
020	누군가 나를 챙겨주는 것이 좋다.	☐	☐
021	자주 가슴이 답답하다.	☐	☐
022	나는 내가 자랑스럽다.	☐	☐
023	경험이 중요하다고 생각한다.	☐	☐
024	전자기기를 분해하고 다시 조립하는 것을 좋아한다.	☐	☐

025	감시받고 있다는 느낌이 든다.	☐	☐
026	난처한 상황에 놓이면 그 순간을 피하고 싶다.	☐	☐
027	세상엔 믿을 사람이 없다.	☐	☐
028	잘못을 빨리 인정하는 편이다.	☐	☐
029	지도를 보고 길을 잘 찾아간다.	☐	☐
030	귓속말을 하는 사람을 보면 날 비난하고 있는 것 같다.	☐	☐
031	막무가내라는 말을 들을 때가 있다.	☐	☐
032	장래의 일을 생각하면 불안하다.	☐	☐
033	결과보다 과정이 중요하다고 생각한다.	☐	☐
034	운동은 그다지 할 필요가 없다고 생각한다.	☐	☐
035	새로운 일을 시작할 때 좀처럼 한 발을 떼지 못한다.	☐	☐
036	기분 상하는 일이 있더라도 참는 편이다.	☐	☐
037	업무능력은 성과로 평가받아야 한다고 생각한다.	☐	☐
038	머리가 맑지 못하고 무기운 느낌이 든다.	☐	☐
039	가끔 이상한 소리가 들린다.	☐	☐
040	타인이 내게 자주 고민상담을 하는 편이다.	☐	☐

※ 모의테스트는 질문 및 답변 유형 연습을 위한 것으로 실제 시험과 다를 수 있습니다.
※ 인성검사는 정답이 따로 없는 유형의 검사이므로 결과지를 제공하지 않습니다.

※ 이 성격검사의 각 문항에는 서로 다른 행동을 나타내는 네 개의 문장이 제시되어 있습니다. 이 문장들을 비교하여, 자신의 평소 행동과 가장 가까운 문장을 'ㄱ' 열에 표기하고, 가장 먼 문장을 'ㅁ' 열에 표기하십시오.

01   나는 _____

	ㄱ	ㅁ
A. 실용적인 해결책을 찾는다.	☐	☐
B. 다른 사람을 돕는 것을 좋아한다.	☐	☐
C. 세부 사항을 잘 챙긴다.	☐	☐
D. 상대의 주장에서 허점을 잘 찾는다.	☐	☐

02   나는 _____

	ㄱ	ㅁ
A. 매사에 적극적으로 임한다.	☐	☐
B. 즉흥적인 편이다.	☐	☐
C. 관찰력이 있다.	☐	☐
D. 임기응변에 강하다.	☐	☐

03   나는 _____

	ㄱ	ㅁ
A. 무서운 영화를 잘 본다.	☐	☐
B. 조용한 곳이 좋다.	☐	☐
C. 가끔 울고 싶다.	☐	☐
D. 집중력이 좋다.	☐	☐

04   나는 _____

	ㄱ	ㅁ
A. 기계를 조립하는 것을 좋아한다.	☐	☐
B. 집단에서 리드하는 역할을 맡는다.	☐	☐
C. 호기심이 많다.	☐	☐
D. 음악을 듣는 것을 좋아한다.	☐	☐

05 나는 _____

	ㄱ	ㅁ
A. 타인을 늘 배려한다.	☐	☐
B. 감수성이 예민하다.	☐	☐
C. 즐겨하는 운동이 있다.	☐	☐
D. 일을 시작하기 전에 계획을 세운다.	☐	☐

06 나는 _____

	ㄱ	ㅁ
A. 타인에게 설명하는 것을 좋아한다.	☐	☐
B. 여행을 좋아한다.	☐	☐
C. 정적인 것이 좋다.	☐	☐
D. 남을 돕는 것에 보람을 느낀다.	☐	☐

07 나는 _____

	ㄱ	ㅁ
A. 기계를 능숙하게 다룬다.	☐	☐
B. 밤에 잠이 잘 오지 않는다.	☐	☐
C. 한 번 간 길을 잘 기억한다.	☐	☐
D. 불의를 보면 참을 수 없다.	☐	☐

08 나는 _____

	ㄱ	ㅁ
A. 종일 말을 하지 않을 때가 있다.	☐	☐
B. 사람이 많은 곳을 좋아한다.	☐	☐
C. 술을 좋아한다.	☐	☐
D. 휴양지에서 편하게 쉬고 싶다.	☐	☐

09 나는 _____

	ㄱ	ㅁ
A. 뉴스보다는 드라마를 좋아한다.	☐	☐
B. 길을 잘 찾는다.	☐	☐
C. 주말엔 집에서 쉬는 것이 좋다.	☐	☐
D. 아침에 일어나는 것이 힘들다.	☐	☐

10 나는 _____

	ㄱ	ㅁ
A. 이성적이다.	☐	☐
B. 할 일을 종종 미룬다.	☐	☐
C. 어른을 대하는 게 힘들다.	☐	☐
D. 불을 보면 매혹을 느낀다.	☐	☐

11 나는 _____

	ㄱ	ㅁ
A. 상상력이 풍부하다.	☐	☐
B. 예의 바르다는 소리를 자주 듣는다.	☐	☐
C. 사람들 앞에 서면 긴장한다.	☐	☐
D. 친구를 자주 만난다.	☐	☐

12 나는 _____

	ㄱ	ㅁ
A. 나만의 스트레스 해소 방법이 있다.	☐	☐
B. 친구가 많다.	☐	☐
C. 책을 자주 읽는다.	☐	☐
D. 활동적이다.	☐	☐

---

01 면접유형 파악

1. 면접전형의 변화

기존 면접전형에서는 일상적이고 단편적인 대화나 지원자의 첫인상 및 면접관의 주관적인 판단 등에 의해서 입사 결정 여부를 판단하는 경우가 많았습니다. 이러한 면접전형은 면접 내용의 일관성이 결여되거나 직무 관련 타당성이 부족하였고, 면접에 대한 신뢰도에 영향을 주었습니다.

기존 면접(전통적 면접)		능력중심 채용 면접(구조화 면접)

• 일상적이고 단편적인 대화
• 인상, 외모 등 외부 요소의 영향
• 주관적인 판단에 의존한 총점 부여
 	
⇩
 	
• 면접 내용의 일관성 결여
• 직무관련 타당성 부족
• 주관적인 채점으로 신뢰도 저하
	VS	• 일관성
		  – 직무관련 역량에 초점을 둔 구체적 질문 목록
		  – 지원자별 동일 질문 적용
		• 구조화
		  – 면접 진행 및 평가 절차를 일정한 체계에 의해 구성
		• 표준화
		  – 평가 타당도 제고를 위한 평가 Matrix 구성
		  – 척도에 따라 항목별 채점, 개인 간 비교
		• 신뢰성
		  – 면접진행 매뉴얼에 따라 면접위원 교육 및 실습

2. 능력중심 채용의 면접 유형

① 경험 면접
  • 목적 : 선발하고자 하는 직무 능력이 필요한 과거 경험을 질문합니다.
  • 평가요소 : 직업기초능력과 인성 및 태도적 요소를 평가합니다.
② 상황 면접
  • 목적 : 특정 상황을 제시하고 지원자의 행동을 관찰함으로써 실제 상황의 행동을 예상합니다.
  • 평가요소 : 직업기초능력과 인성 및 태도적 요소를 평가합니다.
③ 발표 면접
  • 목적 : 특정 주제와 관련된 지원자의 발표와 질의응답을 통해 지원자 역량을 평가합니다.
  • 평가요소 : 직무수행능력과 인지적 역량(문제해결능력)을 평가합니다.
④ 토론 면접
  • 목적 : 토의과제에 대한 의견수렴 과정에서 지원자의 역량과 상호작용능력을 평가합니다.
  • 평가요소 : 직무수행능력과 팀워크를 평가합니다.

1. 경험 면접

① 경험 면접의 특징
- 주로 직업기초능력에 관련된 지원자의 과거 경험을 심층 질문하여 검증하는 면접입니다.
- 직무능력과 관련된 과거 경험을 평가하기 위해 심층 질문을 하며, 이 질문은 지원자의 답변에 대하여 '꼬리에 꼬리를 무는 형식'으로 진행됩니다.

- 능력요소, 정의, 심사 기준
  - 평가하고자 하는 능력요소, 정의, 심사기준을 확인하여 면접위원이 해당 능력요소 관련 질문을 제시합니다.
- Opening Question
  - 능력요소에 관련된 과거 경험을 유도하기 위한 시작 질문을 합니다.
- Follow-up Question
  - 지원자의 경험 수준을 구체적으로 검증하기 위한 질문입니다.
  - 경험 수준 검증을 위한 상황(Situation), 임무(Task), 역할 및 노력(Action), 결과(Result) 등으로 질문을 구분합니다.

경험 면접의 형태

[면접관 1] [면접관 2] [면접관 3]   [면접관 1] [면접관 2] [면접관 3]

[지원자]   [지원자 1] [지원자 2] [지원자 3]

〈일대다 면접〉   〈다대다 면접〉

② 경험 면접의 구조

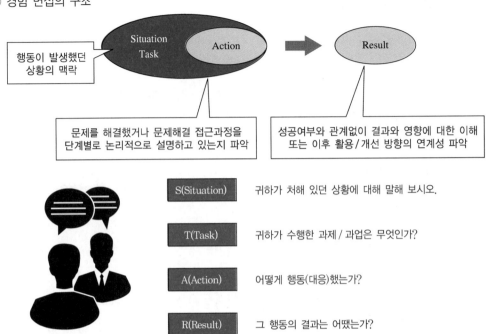

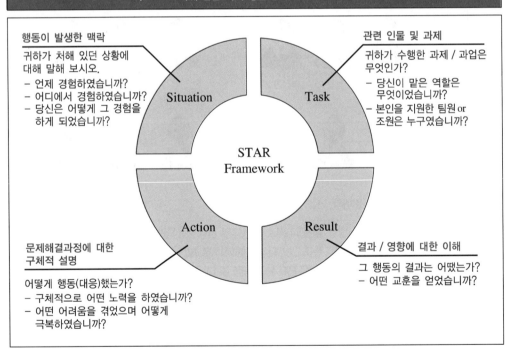

( )에 관한 과거 경험에 대하여 말해 보시오.

행동이 발생한 맥락

귀하가 처해 있던 상황에
대해 말해 보시오.
– 언제 경험하였습니까?
– 어디에서 경험하였습니까?
– 당신은 어떻게 그 경험을
하게 되었습니까?

관련 인물 및 과제

귀하가 수행한 과제 / 과업은
무엇인가?
– 당신이 맡은 역할은
무엇이었습니까?
– 본인을 지원한 팀원 or
조원은 누구였습니까?

STAR
Framework

문제해결과정에 대한
구체적 설명

어떻게 행동(대응)했는가?
– 구체적으로 어떤 노력을 하였습니까?
– 어떤 어려움을 겪었으며 어떻게
극복하였습니까?

결과 / 영향에 대한 이해

그 행동의 결과는 어땠는가?
– 어떤 교훈을 얻었습니까?

③ 경험 면접 질문 예시(직업윤리)

시작 질문	
1	남들이 신경 쓰지 않는 부분까지 고려하여 절차대로 업무(연구)를 수행하여 성과를 낸 경험을 구체적으로 말해 보시오.
2	조직의 원칙과 절차를 철저히 준수하며 업무(연구)를 수행한 것 중 성과를 향상시킨 경험에 대해 구체적으로 말해 보시오.
3	세부적인 절차와 규칙에 주의를 기울여 실수 없이 업무(연구)를 마무리한 경험을 구체적으로 말해 보시오.
4	조직의 규칙이나 원칙을 고려하여 성실하게 일했던 경험을 구체적으로 말해 보시오.
5	타인의 실수를 바로잡고 원칙과 절차대로 수행하여 성공적으로 업무를 마무리하였던 경험에 대해 말해 보시오.

후속 질문		
상황 (Situation)	상황	구체적으로 언제, 어디에서 경험한 일인가?
		어떤 상황이었는가?
	조직	어떤 조직에 속해 있었는가?
		그 조직의 특성은 무엇이었는가?
		몇 명으로 구성된 조직이었는가?
	기간	해당 조직에서 얼마나 일했는가?
		해당 업무는 몇 개월 동안 지속되었는가?
	조직규칙	조직의 원칙이나 규칙은 무엇이었는가?
임무 (Task)	과제	과제의 목표는 무엇이었는가?
		과제에 적용되는 조직의 원칙은 무엇이었는가?
		그 규칙을 지켜야 하는 이유는 무엇이었는가?
	역할	당신이 조직에서 맡은 역할은 무엇이었는가?
		과제에서 맡은 역할은 무엇이었는가?
	문제의식	규칙을 지키지 않을 경우 생기는 문제점 / 불편함은 무엇인가?
		해당 규칙이 왜 중요하다고 생각하였는가?
역할 및 노력 (Action)	행동	업무 과정의 어떤 장면에서 규칙을 철저히 준수하였는가?
		어떻게 규정을 적용시켜 업무를 수행하였는가?
		규정은 준수하는 데 어려움은 없었는가?
	노력	그 규칙을 지키기 위해 스스로 어떤 노력을 기울였는가?
		본인의 생각이나 태도에 어떤 변화가 있었는가?
		다른 사람들은 어떤 노력을 기울였는가?
	동료관계	동료들은 규칙을 철저히 준수하고 있었는가?
		팀원들은 해당 규칙에 대해 어떻게 반응하였는가?
		규칙에 대한 태도를 개선하기 위해 어떤 노력을 하였는가?
		팀원들의 태도는 당신에게 어떤 자극을 주었는가?
	업무추진	주어진 업무를 추진하는 데 규칙이 방해되진 않았는가?
		업무수행 과정에서 규정을 어떻게 적용하였는가?
		업무 시 규정을 준수해야 한다고 생각한 이유는 무엇인가?

결과 (Result)	평가	규칙을 어느 정도나 준수하였는가?
		그렇게 준수할 수 있었던 이유는 무엇이었는가?
		업무의 성과는 어느 정도였는가?
		성과에 만족하였는가?
		비슷한 상황이 온다면 어떻게 할 것인가?
	피드백	주변 사람들로부터 어떤 평가를 받았는가?
		그러한 평가에 만족하는가?
		다른 사람에게 본인의 행동이 영향을 주었다고 생각하는가?
	교훈	업무수행 과정에서 중요한 점은 무엇이라고 생각하는가?
		이 경험을 통해 느낀 바는 무엇인가?

2. 상황 면접

① 상황 면접의 특징

직무 관련 상황을 가정하여 제시하고 이에 대한 대응능력을 직무관련성 측면에서 평가하는 면접입니다.

- 상황 면접 과제의 구성은 크게 2가지로 구분
  - 상황 제시(Description) / 문제 제시(Question or Problem)
- 현장의 실제 업무 상황을 반영하여 과제를 제시하므로 직무분석이나 직무전문가 워크숍 등을 거쳐 현장성을 높임
- 문제는 상황에 대한 기본적인 이해능력(이론적 지식)과 함께 실질적 대응이나 변수 고려능력(실천적 능력) 등을 고르게 질문해야 함

상황 면접의 형태

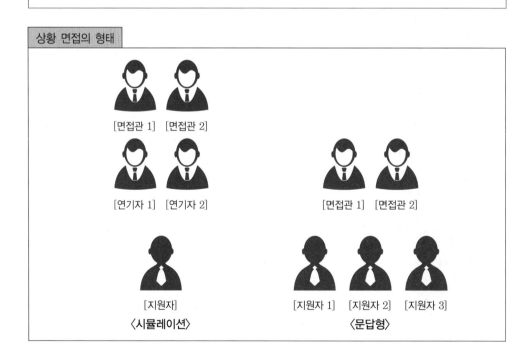

[면접관 1] [면접관 2]

[연기자 1] [연기자 2]   [면접관 1] [면접관 2]

[지원자]   [지원자 1] [지원자 2] [지원자 3]
〈시뮬레이션〉   〈문답형〉

② 상황 면접 예시

	인천공항 여객터미널 내에는 다양한 용도의 시설(사무실, 통신실, 식당, 전산실, 창고 면세점 등)이 설치되어 있습니다.	실제 업무 상황에 기반함
상황 제시	금년에 소방배관의 누수가 잦아 메인 배관을 교체하는 공사를 추진하고 있으며, 당신은 이번 공사의 담당자입니다.	배경 정보
	주간에는 공항 운영이 이루어져 주로 야간에만 배관 교체 공사를 수행하던 중, 시공하는 기능공의 실수로 배관 연결 부위를 잘못 건드려 고압배관의 소화수가 누출되는 사고가 발생하였으며, 이로 인해 인근 시설물에 누수에 의한 피해가 발생하였습니다.	구체적인 문제 상황
문제 제시	일반적인 소방배관의 배관연결(이음)방식과 배관의 이탈(누수)이 발생하는 원인에 대해 설명해 보시오.	문제 상황 해결을 위한 기본 지식 문항
	담당자로서 본 사고를 현장에서 긴급히 처리하는 프로세스를 제시하고, 보수완료 후 사후적 조치가 필요한 부분 및 재발방지 방안에 대해 설명해 보시오.	문제 상황 해결을 위한 추가 대응 문항

3. 발표 면접

① 발표 면접의 특징
- 직무관련 주제에 대한 지원자의 생각을 정리하여 의견을 제시하고, 발표 및 질의응답을 통해 지원자의 직무능력을 평가하는 면접입니다.
- 발표 주제는 직무와 관련된 자료로 제공되며, 일정 시간 후 지원자가 보유한 지식 및 방안에 대한 발표 및 후속 질문을 통해 직무적합성을 평가합니다.

> - 주요 평가요소
>   - 설득적 말하기 / 발표능력 / 문제해결능력 / 직무관련 전문성
> - 이미 언론을 통해 공론화된 시사 이슈보다는 해당 직무분야에 관련된 주제가 발표면접의 과제로 선정되는 경우가 최근 들어 늘어나고 있음
> - 짧은 시간 동안 주어진 과제를 빠른 속도로 분석하여 발표문을 작성하고 제한된 시간 안에 면접관에게 효과적인 발표를 진행하는 것이 핵심

발표 면접의 형태

[면접관 1]　[면접관 2]　　　　　　[면접관 1]　[면접관 2]

[지원자]　　　　　　　[지원자 1]　[지원자 2]　[지원자 3]

〈개별 과제 발표〉　　　　　　〈팀 과제 발표〉

※ 면접관에게 시각적 효과를 사용하여 메시지를 전달하는 쌍방향 커뮤니케이션 방식
※ 심층면접을 보완하기 위한 방안으로 최근 많은 기업에서 적극 도입하는 추세

② 발표 면접 예시

1. 지시문

> 당신은 현재 A사에서 직원들의 성과평가를 담당하고 있는 팀원이다. 인사팀은 지난주부터 사내 조직문화관련 인터뷰를 하던 도중 성과평가제도에 관련된 개선 니즈가 제일 많다는 것을 알게 되었다. 이에 팀장님은 인터뷰 결과를 종합하려 성과평가제도 개선 아이디어를 A4용지에 정리하여 신속 보고할 것을 지시하셨다. 당신에게 남은 시간은 1시간이다. 자료를 준비하는 대로 당신은 팀원들이 모인 회의실에서 5분 간 발표할 것이며, 이후 질의응답을 진행할 것이다.

2. 배경자료

> 〈성과평가제도 개선에 대한 인터뷰〉
>
> 최근 A사는 회사 사세의 급성장으로 인해 작년보다 매출이 두 배 성장하였고, 직원 수 또한 두 배로 증가하였다. 회사의 성장은 임금, 복지에 대한 상승 등 긍정적인 영향을 주었으나 업무의 불균형 및 성과보상의 불평등 문제가 발생하였다. 또한 수시로 입사하는 신입직원과 경력직원, 퇴사하는 직원들까지 인원들의 잦은 변동으로 인해 평가해야 할 대상이 변경되어 현재의 성과평가제도로는 공정한 평가가 어려운 상황이다.
>
> [생산부서 김상호]
> 우리 팀은 지난 1년 동안 생산량이 급증했기 때문에 수십 명의 신규인력이 급하게 채용되었습니다. 이 때문에 저희 팀장님은 신규 입사자들의 이름조차 기억 못할 때가 많이 있습니다. 성과평가를 제대로 하고 있는지 의문이 듭니다.
>
> [마케팅 부서 김흥민]
> 개인의 성과평가의 취지는 충분히 이해합니다. 그러나 현재 평가는 실적기반이나 정성적인 평가가 많이 포함되어 있어 객관성과 공정성에는 의문이 드는 것이 사실입니다. 이러한 상황에서 평가제도를 재수립하지 않고, 인센티브에 계속 반영한다면, 평가제도에 대한 반감이 커질 것이 분명합니다.
>
> [교육부서 홍경민]
> 현재 교육부서는 인사팀과 밀접하게 일하고 있습니다. 그럼에도 인사팀에서 실시하는 성과평가제도에 대한 이해가 부족한 것 같습니다.
>
> [기획부서 김경호 차장]
> 저는 저의 평가자 중 하나가 연구부서의 팀장님인데, 일 년에 몇 번 같이 일하지 않는데 어떻게 저를 평가할 수 있을까요? 특히 연구팀은 저희가 예산을 배정하는데, 저에게는 좋지만….

4. 토론 면접

① 토론 면접의 특징
- 다수의 지원자가 조를 편성해 과제에 대한 토론(토의)을 통해 결론을 도출해가는 면접입니다.
- 의사소통능력, 팀워크, 종합인성 등의 평가에 용이합니다.

- 주요 평가요소
  - 설득적 말하기, 경청능력, 팀워크, 종합인성
- 의견 대립이 명확한 주제 또는 채용분야의 직무 관련 주요 현안을 주제로 과제 구성
- 제한된 시간 내 토론을 진행해야 하므로 적극적으로 자신 있게 토론에 임하고 본인의 의견을 개진할 수 있어야 함

토론 면접의 형태

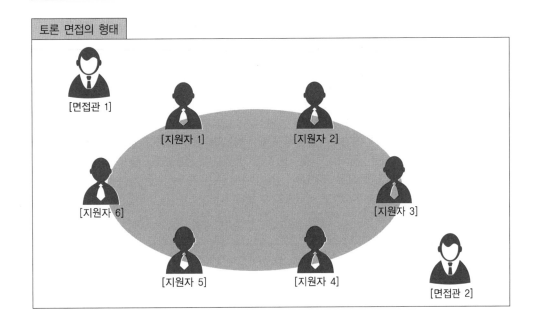

② 토론 면접 예시

고객 불만 고충처리

1. 들어가며

최근 우리 상품에 대한 고객 불만의 증가로 고객고충처리 TF가 만들어졌고 당신은 여기에 지원해 배치받았다. 당신의 업무는 불만을 가진 고객을 만나서 애로사항을 듣고 처리해 주는 일이다. 주된 업무로는 고객의 니즈를 파악해 방향성을 제시해 주고 그 해결책을 마련하는 일이다. 하지만 경우에 따라서 고객의 주관적인 의견으로 인해 제대로 된 방향으로 의사결정을 하지 못할 때가 있다. 이럴 경우 설득이나 논쟁을 해서라도 의견을 관철시키는 것이 좋을지 아니면 고객의 의견대로 진행하는 것이 좋을지 결정해야 할 때가 있다. 만약 당신이라면 이러한 상황에서 어떤 결정을 내릴 것인지 여부를 자유롭게 토론해 보시오.

2. 1분 자유 발언 시 준비사항

- 당신은 의견을 자유롭게 개진할 수 있으며 이에 따른 불이익은 없습니다.
- 토론의 방향성을 이해하고, 내용의 장점과 단점이 무엇인지 문제를 명확히 말해야 합니다.
- 합리적인 근거에 기초하여 개선방안을 명확히 제시해야 합니다.
- 제시한 방안을 실행 시 예상되는 긍정적·부정적 영향요인도 동시에 고려할 필요가 있습니다.

3. 토론 시 유의사항

- 토론 주제문과 제공해드린 메모지, 볼펜만 가지고 토론장에 입장할 수 있습니다.
- 사회자의 지정 또는 발표자가 손을 들어 발언권을 획득할 수 있으며, 사회자의 통제에 따릅니다.
- 토론회가 시작되면, 팀의 의견과 논거를 정리하여 1분간의 자유발언을 할 수 있습니다. 순서는 사회자가 지정합니다. 이후에는 자유롭게 상대방에게 질문하거나 답변을 하실 수 있습니다.
- 핸드폰, 서적 등 외부 매체는 사용하실 수 없습니다.
- 논제에 벗어나는 발언이나 지나치게 공격적인 발언을 할 경우, 위에서 제시한 유의사항을 지키지 않을 경우 불이익을 받을 수 있습니다.

1. 면접 Role Play 편성

- 교육생끼리 조를 편성하여 면접관과 지원자 역할을 교대로 진행합니다.
- 지원자 입장과 면접관 입장을 모두 경험해 보면서 면접에 대한 적응력을 높일 수 있습니다.

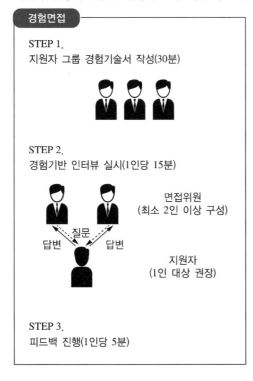

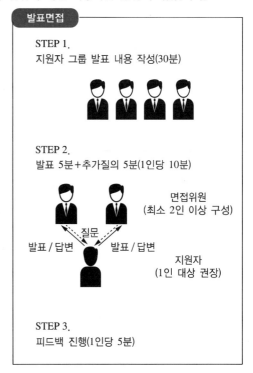

> **Tip**

면접 준비하기
1. 면접 유형 확인 필수
   - 기업마다 면접 유형이 상이하기 때문에 해당 기업의 면접 유형을 확인하는 것이 좋음
   - 일반적으로 실무진 면접, 임원면접 2차례에 거쳐 면접을 실시하는 기업이 많고 실무진 면접과 임원 면접에서 평가요소가 다르기 때문에 유형에 맞는 준비방법이 필요
2. 후속 질문에 대한 사전 점검
   - 블라인드 채용 면접에서는 주요 질문과 함께 후속 질문을 통해 지원자의 직무능력을 판단
     → STAR 기법을 통한 후속 질문에 미리 대비하는 것이 필요

01 건강보험심사평가원

[인성면접]
- 건강보험심사평가원의 업무에서 발휘할 수 있는 자신의 역량은 무엇인지 말해 보시오.
- 고객 서비스 정신이란 무엇이라고 생각하는지 말해 보시오.
- 팀원들과 함께 해 오던 프로젝트를 처음부터 다시 시작해야 하는 상황이 발생한다면 어떻게 대처할지 말해 보시오.
- 힘들지만 무언가를 끝까지 해낸 경험이 있다면 말해 보시오.
- 건강보험심사평가원의 가치 중 가장 중요하다 생각하는 것은 무엇인지 말해 보시오.
- 건강보험심사평가원에서 해 보고 싶은 업무가 있다면 무엇인지 말해 보시오.

02 국민건강보험공단

[상황면접]
- 사후관리 대상자들이 전화를 받지 않고 상담을 진행하려 해도 대상자들이 자신의 검진결과를 모를 때, 담당자로서 본인은 어떻게 할 것인지 말해 보시오.
- 위 방안에서 가장 어려울 것이라고 생각하는 것은 무엇인지 말해 보시오.
- 노인들을 응대할 때 가장 중요한 것은 무엇인지 말해 보시오.
- 민원인이 민원 사항을 가지고 계속 우긴다면 신입사원으로서 어떻게 대처할 것인지 말해 보시오.

[인성면접]
- 본인이 가지고 있는 역량 중 어떤 업무에 전문성이 있다고 생각하는지 말해 보시오.
- 가장 자신 있는 업무와 이와 관련된 이슈를 아는 대로 말해 보시오.
- 국민건강보험공단에서의 업무 중 모르는 것이 있다면 어떻게 대처할 것인지 말해 보시오.
- 업무를 숙지하는 노하우가 있다면 말해 보시오.
- 악성 민원에 대처해 본 경험이 있다면 말해 보시오.

- 상사에게 긍정적 또는 부정적 피드백을 받은 경험이 있는지 말해 보시오.
- 동료와의 갈등상황이 생긴다면 어떻게 대처할 것인지 말해 보시오.
- 끈기를 가지고 노력했던 경험이 있는지 말해 보시오.
- 실패하거나 힘들었던 경험에서 후회하는 부분이 무엇이며 지금 다시 돌아간다면 어떻게 할 것지 말해 보시오.
- 공공기관 직원이 갖춰야 할 중요한 가치나 덕목은 무엇이라고 생각하는지 말해 보시오.

03 서울교통공사

- 서울교통공사와 관련하여 최근 접한 이슈가 있는지, 그에 대한 본인의 생각은 어떠한지 말해 보시오.
- 팀 프로젝트 과정 중에 문제를 겪었던 경험이 있는지, 그런 경험이 있다면 문제를 어떻게 효과적으로 해결했는지 말해 보시오.
- 본인은 주위 사람들로부터 어떤 평가를 받는 사람인지 말해 보시오.
- 본인이 맡은 바보다 더 많은 일을 해 본 경험이 있는지 말해 보시오.
- 평소 생활에서 안전을 지키기 위해 노력했던 습관이 있다면 말해 보시오.
- 기대했던 목표보다 더 높은 성과를 거둔 경험이 있다면 말해 보시오.
- 공공데이터의 활용 방안에 대해 말해 보시오.
- 상대방을 설득하는 본인만의 방법에 대해 말해 보시오.
- 지하철 객차 내에서 느낀 불편한 점이 있는지 말해 보시오.
- 본인의 스트레스 해소 방안에 대해 말해 보시오.
- 서울교통공사에 입사하기 위해 참고했던 자료 중 세 가지를 골라 말해 보시오.
- 본인의 악성민원 응대 방법에 대해 말해 보시오.
- 기획안을 작성하고자 할 때 어떤 자료를 어떻게 참고할 것인지 말해 보시오.

[경험면접]
- 조직에 잘 융화되었던 경험이 있다면 말해 보시오.
- 상사와 잘 맞지 않았던 경험이 있다면 말해 보시오.
- 무언가에 열정을 갖고 도전한 경험이 있다면 말해 보시오.
- 동료와의 갈등을 해결한 경험이 있다면 말해 보시오.
- 원칙을 지켰던 경험이 있다면 말해 보시오.
- 평소 자기계발을 어떻게 하고 있는지 말해 보시오.
- UPS와 같은 장치 내 반도체소자가 파괴되는 원인에 대해 말해 보시오.
- 전계와 자계의 차이점을 아는 대로 말해 보시오.
- 페란티 현상이 무엇인지 아는 대로 말해 보시오.
- 누군가와 협력해서 일해 본 경험이 있다면 말해 보시오.
- 본인만의 장점이 무엇인지 말해 보시오.
- 원칙을 지켜 목표를 달성한 경험이 있다면 말해 보시오.
- 직무를 수행하는 데 가장 중요한 것이 무엇이라고 생각하는지 말해 보시오.
- 낯선 환경에서 본인만의 대처법을 말해 보시오.
- 코레일에 입사하기 위해 준비한 것을 말해 보시오.
- 이미 형성된 조직에 나중에 합류하여 적응한 경험이 있다면 말해 보시오.
- 자기계발을 통해 얻은 성과가 무엇인지 말해 보시오.
- 물류 활성화 방안에 대한 본인의 생각을 말해 보시오.
- 규칙이나 원칙을 지키지 않은 경험이 있다면 말해 보시오.
- 평소 여가 시간에는 어떤 활동을 하는지 말해 보시오.
- 코레일에서 가장 중요하다고 생각하는 것이 무엇인지 말해 보시오.
- 의사소통에서 가장 중요하다고 생각하는 것이 무엇인지 말해 보시오.
- 까다로웠던 고객을 응대했던 경험이 있다면 말해 보시오.

[직무상황면접]
- 상사가 지적환인 환호응답을 하지 않을 경우 어떻게 할 것인지 말해 보시오.
- 현장 근무를 하면서 안전에 유의한 본인의 근무 방식과 상사가 지시하는 근무 방식이 다를 경우 어떻게 할 것인지 말해 보시오.

[직무면접]

- 한국전력공사에 입사하기 위해 어떤 준비를 하였는지 본인의 경험에 대해 말해 보시오.
- 본인의 분석력이 어떻다고 생각하는지 말해 보시오.
- 금리와 환율의 변화가 한국전력공사에 미치는 영향에 대해 말해 보시오.
- 공유지의 비극에 대해 말해 보시오.
- 수평적 조직과 수직적 조직의 장점에 대해 말해 보시오.
- 가장 친환경적인 에너지는 무엇이라 생각하는지 말해 보시오.
- 윤리경영의 우수한 사례에 대해 말해 보시오.
- 연구비 및 회계처리 방법에 대해 말해 보시오.
- IPO(기업공개)에 대해 말해 보시오.
- 연결 재무제표의 장 / 단점에 대해 말해 보시오.
- 수금업무가 무엇인지 말해 보시오.
- 변화된 전기요금체계에 대해 말해 보시오.
- 윤리경영과 준법경영에 대해 말해 보시오.
- 시장형 공기업의 정의에 대해 말해 보시오.
- 민법상 계약의 종류는 어떠한 것이 있는지 말해 보시오.
- 위헌 법률에 대해 말해 보시오.
- 소멸시효와 공소시효의 차이점에 대해 말해 보시오.
- 인공지능으로 인해 발생 가능한 문제는 무엇이 있는지 말해 보시오.
  - 인공지능을 한국전력공사에 반영한다면 어떠한 분야에 반영할 수 있을지 말해 보시오.
- 중대재해처벌법에 대해 말해 보시오
  - 이 법에 대한 본인의 견해를 말해 보시오.
- 독점시장이란 무엇인지 말해 보시오.
- ESG경영이란 무엇인지 말해 보시오.
- 새로운 에너지(신재생에너지) 패러다임을 맞이해 한국전력공사의 추구방향, 전략에 대해 말해 보시오.
- 신재생에너지를 활용한 비즈니스 모델에 대해 말해 보시오.
- 사내 스마트워크의 실행과 관련한 이슈의 해결방안에 대해 말해 보시오.
- 발전기 용접부에 누수가 발생하였는데 원인은 무엇이고, 누수를 방치한다면 어떤 문제점이 생기는지에 대해 말해 보시오.
- 발전소 보일러 효율 저하 원인 점검사항에 대해 말해 보시오.
- 보일러 효율을 높이는 방안에 대해 말해 보시오.
- 친환경정책과 관련된 정부정책을 연관 지어 한국전력공사가 나아가야 할 방향에 대해 말해 보시오.
- 발전소 부산물의 재활용 방안에 대해 말해 보시오.
- 미세먼지 감소대책에 대해 말해 보시오.
- 신재생에너지와 화력 발전소에 대한 미래 방향에 대해 말해 보시오.
- 한국전력공사의 발전소 안전사고 방지를 위한 대책에 대해 말해 보시오.
- 한국전력공사의 마이크로그리드 사업방안에 대해 말해 보시오.
- 한국전력공사에서 빅데이터를 어떻게 적용해야 하며, 적용 전까지 한국전력공사에서 취해야 할 방안에 대해 말해 보시오.

[종합면접]
- 자기소개를 해 보시오.
- 회식에 참석하기 싫어하는 직장동료가 있다면 어떻게 할 것인지 말해 보시오.
- 지원한 직무와 전공이 다른데 지원한 이유를 말해 보시오.
- 청렴한 조직을 만들기 위해서는 어떠한 노력을 해야 하는지 말해 보시오.
- 한국전력공사에서 업무를 할 때 지침과 융통성 중 어느 것을 우선해야 하는지 말해 보시오.
- 민원인이 욕설을 한다면 어떻게 대처할 것인지 말해 보시오.
- 한국전력공사 조직문화의 특징과 장 / 단점에 대해 말해 보시오.
- 신입으로 입사 후 기존의 직원과 갈등이 생긴다면 어떻게 해결할 것인지 말해 보시오.
- 청렴한 조직 분위기를 조성하기위한 방법에 대해 말해 보시오.
- 본인이 팀장이라면 실력이 좋은 직원과 인성이 좋은 직원 중 어떤 직원을 우선적으로 선택할 것인지 말해 보시오.
- 제멋대로인 팀원이 있다면 어떻게 대처할 것인지 말해 보시오.
- 다른 사람과 갈등이 생겼을 때, 설득했던 경험에 대해 말해 보시오.
- 인생에서 가장 힘들었던 일과 그 해결방법에 대해 말해 보시오.
- 상사의 부당한 지시가 반복된다면 어떻게 행동할 것인지 말해 보시오.
- 한국전력공사를 잘 모르는 사람에게 한국전력공사를 설명한다면 어떻게 할 것인지 말해 보시오.
- 한국전력공사의 최근 이슈에 대해 말해 보시오.
- 업무상 민간 사업자가 불만을 제기한다면 어떻게 설득할 것인지 말해 보시오.
- 본인이 조직에 피해를 주고 있는지 파악하는 본인만의 기준에 대해 말해 보시오.

06 한국농어촌공사

- 고객 서비스와 관련하여 어려움을 겪은 경험에 대해 말해 보시오.
- 스트레스를 해소하는 방법에 대해 말해 보시오.
- 직업을 선택할 때 가장 중요하게 생각하는 것을 말해 보시오.
- 본인의 장 / 단점을 말하고, 타인과 소통하는 데 어려움이 있으면 어떻게 해결할 것인지 말해 보시오.
- 직장 동료와 친해지는 방법을 말해 보시오.
- 세대갈등에 대해 어떻게 생각하는지와 세대갈등을 겪은 경험에 대해 말해 보시오.
- 규정을 지키지 않는 동료를 보았을 때 어떻게 할 것인지 말해 보시오.

[PT · 토론면접]
- 한국중부발전의 가장 큰 사업을 말해 보시오.
- 한국중부발전이 나아가야 할 방안에 대해 말해 보시오.
- 그린뉴딜에 대해 말해 보시오.

[인성면접]
- 본인이 생각하기에 윤리를 지키기 위해 하지 말아야 할 것을 말해 보시오.
- 조직목표의 달성을 위해 희생해 본 경험이 있는지 말해 보시오.
- 본인이 한국중부발전에 기여할 수 있는 점을 구체적으로 말해 보시오.
- 한국중부발전에 지원한 동기를 말해 보시오.
- 발전업에 관심을 가지게 된 계기를 말해 보시오.
- 가장 싫어하는 소통 방식의 유형은 무엇이고, 상사가 그와 같은 유형의 소통 방식을 사용한다면 어떻게 대처할 것인지 말해 보시오.
- 발전소에서 문제가 발생했을 때, 본인은 어떻게 처리할 것인지 말해 보시오.
- 리더십을 발휘한 경험이 있는지 말해 보시오.
- 존경하는 상사가 있는지, 그 상사의 단점은 무엇이고 본인에게 동일한 단점이 있다면 이를 어떻게 극복할 것인지 말해 보시오.
- 고령의 현직자, 협력업체의 베테랑과의 갈등을 극복하는 노하우를 말해 보시오.
- 협력 업체와의 갈등을 어떻게 해결할 것인지 말해 보시오.
- 업무별로 본인이 해당 업무에 적합한 인재인 이유를 말해 보시오.
- 조직생활에서 중요한 것은 전문성인지 조직 친화력인지 말해 보시오.
- 근무함에 있어 무엇을 중요하게 생각하는지 본인의 경험을 토대로 말해 보시오.
- 상사가 부당한 지시를 할 경우 어떻게 할 것인지 말해 보시오.
- 갈등이 생겼던 사례를 말하고, 어떻게 해결하였는지 말해 보시오.
- 여러 사람과 협업하여 업무 처리한 경험과 협업 시 생긴 갈등을 어떻게 해결하였는지 말해 보시오.
- 현 직장에서 이직하려는 이유가 한국중부발전에서도 똑같이 발생한다면 어떻게 할 것인지 말해 보시오.
- CPA를 하다가 포기했는데 입사 후에 기회가 되면 다시 준비할 것인지 말해 보시오.
- 본인이 교대근무 상세일정을 작성하는 업무를 담당하고 있는데, A선배가 편한 시간대에 근무 배치를 요구할 때, 본인은 어떻게 대처할 것인지 말해 보시오.(단, A선배를 편한 시간대에 근무 배치할 때, 후배 사원인 C와 D가 상대적으로 편하지 않은 시간대에 근무를 하게 됨)
- 본인의 장 / 단점에 대해 말해 보시오.
- 우리나라 대학생들이 책을 잘 읽지 않는다는 통계가 있다. 본인이 일 년에 읽는 책의 권수와 최근 가장 감명 깊게 읽은 책을 말해 보시오.
- 이전 직장에서 가장 힘들었던 점은 무엇인지 말해 보시오.
- 친구랑 크게 싸운 적이 있는지 말해 보시오.
- 노력했던 경험에는 어떤 것이 있는지 말해 보시오.
- 한국중부발전의 장 / 단점에 대해 말해 보시오.
- 한국중부발전을 30초 동안 홍보할 수 있는 방안에 대해 말해 보시오.

- 대학 때 인사 관련 활동을 열심히 한 것 같은데, 인사부서에 가면 무엇을 할 것인지 말해 보시오.
- 노무부서의 업무에 대해 말해 보시오.
- 업무를 진행하는 데 있어 가장 중요한 자세는 무엇이라고 생각하는지 말해 보시오.
- 한국중부발전과 관련된 기사에 대해 말해 보시오.
- 여러 발전사가 존재하는데 왜 한국중부발전을 선택하였는지 말해 보시오.
- 자신이 부족하다고 느껴 무엇인가를 준비하고 공부해 해결해 낸 경험이 있는지 말해 보시오.
- 입사 10년 후 본인의 모습에 대해 말해 보시오.
- 노조에 대한 생각을 말해 보시오.
- 마지막으로 하고 싶은 말을 해 보시오.
- 삶을 살면서 친구들의 영향도 많이 받지만 부모님의 영향도 많이 받는데, 본인은 부모님으로부터 어떤 영향을 받았으며 지금 본인의 삶에 그러한 영향이 어떻게 나타나는지 말해 보시오.
- 살면서 경험한 가장 큰 실패의 쓴맛에 대해 말해 보시오.
- 본인 집안의 가훈에 대해 말해 보시오.
- 본인이 어려움을 겪었을 때 다른 사람의 도움으로 극복한 사례를 말해 보시오.
- 본인이 한국중부발전의 팀장이고 10명의 부하직원이 있다면 어떻게 팀을 이끌 것인지 말해 보시오.
- 지원한 직무에 있어 본인이 부족한 능력은 무엇이며 이를 어떻게 극복해 갈 것인지 말해 보시오.

08 도로교통공단

[그룹 · 상황면접]
- 업무와 관련하여 본인만의 노하우가 있는지 말해 보시오.
- 본인의 강점에 대해 말해 보시오.
- 본인이 관심 있는 사업에 대해 말해 보시오.
- 도로교통공단의 업무에 대해 아는 대로 말해 보시오.
- 본인이 좋아하는 사람과 싫어하는 사람은 어떤 유형의 사람인지 말해 보시오.
- 민원 응대 관련 경험이 있는지 말해 보시오.
- 본인의 아이디어를 업무에 적용해 본 경험이 있는지 말해 보시오.
- 고령운전자에 대한 조건부면허제도에 대해 본인의 의견을 말해 보시오.
- 마지막으로 할 말이 있다면 말해 보시오.

[직무면접]
- 주택도시보증공사에서 일할 때 갖춰야 할 가치관은 무엇인지 말해 보시오.
- 전문분야에 대해 공부를 한 적이 있는지 말해 보시오.
- 본인의 장점에 대해서 말해 보시오.
- 주택도시보증공사에서 본인이 관심있는 사업분야는 무엇인지 말해 보시오.
- 지원동기가 무엇인지 말해 보시오.
- 주택도시보증공사에 들어오기 위해 어떤 노력을 하였는가?
- 본인이 같이 일하기 힘든 사람은 누구이며, 그 이유는 무엇인지 말해 보시오.
- 민원응대에 대한 경험이 있는지 말해 보시오.
- 가장 자신 있는 외국어는 무엇인지 말해 보시오.
- 가장 행복했던 순간은 언제인지 말해 보시오.
- 공공성과 수익성 중 무엇이 중요하다고 생각하는지 말해 보시오.
- 주택도시보증공사를 친구에게 소개한다면 어떻게 소개할 것인지 말해 보시오.
- 주택도시보증공사의 강점은 무엇인지 말해 보시오.
- 주택도시보증공사의 약점이 있다면 무엇인지 말해 보시오.
- 협동사례에 대해 말해 보시오.
- 본인의 롤모델은 누구인지 말해 보시오.
- 성실성을 입증할 만한 사례에 대해 말해 보시오.
- 최근에 주택도시보증공사에 대한 관련 기사를 읽어 본 적이 있는지 말해 보시오.
- 주택도시보증공사, 한국주택금융공사, 한국토지주택공사의 차이점에 대해 말해 보시오.
- 업무에 필요한 역량을 구체적으로 어떻게 키울지 말해 보시오.
- 입사 후 하고 싶은 업무는 무엇인지 말해 보시오.
- 공직에서 가장 중요한 가치는 무엇인지 말해 보시오.
- 주택도시보증공사에서 하고 싶은 일이 무엇인지 말해 보시오.
- 개인보증과 기업보증의 차이점에 대해 말해 보시오.
- 본인의 직업관에 대해 말해 보시오.
- 이전에 본인이 공부했던 시험에 대한 미련은 없는지 말해 보시오.
- 자기소개서에 나온 경험이 주택도시보증공사에 지원한 것과 어떤 관련이 있는지 말해 보시오.
- 좌우명이 무엇이고, 그렇게 정한 이유는 무엇인지 말해 보시오.

[PT면접]
- 노숙자 복지를 어떻게 할 것인지 말해 보시오.
- 2030들을 위한 금융, 부동산 관련 교육 커리큘럼을 제시하여 말해 보시오.
- 친환경과 관련된 주택도시보증공사의 방안에 대해 말해 보시오.
- 역전세난을 완화할 수 있는 방안에 대해 말해 보시오.
- 부동산 관련 사업을 말해 보시오.
- 분양가상한제에 대해 말해 보시오.
- 직업이 자아실현에 도움을 줄 수 있는지에 대해 말해 보시오.

- 도시재생사업의 사례를 들고, 가장 논쟁이 되는 부분에 대해 말해 보시오.
- SNS의 문제점과 이에 대한 대응방법에 대해 말해 보시오.
- AI를 재판에서 이용 가능한지 말해 보시오.
- 사교육 과열에 대한 사회적, 제도적 원인과 해결방안에 대해 말해 보시오.
- 지방인재 채용에 대해 말해 보시오.
- 주택분양시장의 경쟁도입에 대해 말해 보시오.
- 보증시장 민간개방의 장 / 단점에 대해 말해 보시오.
- 악성민원에 대한 대처방안 및 민원을 줄일 방안에 대해 말해 보시오.
- 기업의 평판관리 방안에 대해 말해 보시오.
- 출산율 저하의 원인과 대책에 대해 말해 보시오.

10 　인천국제공항공사

[PT면접]
- 공항서비스 향상을 위한 방안을 말해 보시오.
- 악성 민원에 대해 어떻게 대처할 것인지 말해 보시오.
- 공항에서 응급상황이 발생했을 때 대처 방안에 대해 말해 보시오.
- Wi-Fi 품질 저하에 대한 해결책과 원인을 말해 보시오.
- 공항에 적용할 만한 4차 산업혁명 기술을 말해 보시오.
- 인천공항의 스마트화를 위한 방안에 대해 말해 보시오.
- 인천국제공항의 개선점을 말해 보시오.
- 공항의 수요정책을 확대하기 위해 메디컬 및 전통문화 체험관 등을 개발하여 환승고객의 유치를 증대시키는 방안에 대해 말해 보시오.
- 통신시설의 관리자로서 본인은 당황스러운 상황이 발생할 때 어떻게 대처할 것인지 말해 보시오.
- 인천국제공항에 있는 기계설비에 대해 아는 대로 말해 보시오.
- BHS의 특징과 기능에 대해 말해 보시오.
- 본인이 건설 및 설계 담당자가 되었다면 BHS의 개선해야 할 점과 이에 대한 프로젝트를 어떻게 진행할 것인지 말해 보시오.
- 설계를 맡긴 곳에서 기대 이하의 설계를 해 오면 어떻게 할 것인지 말해 보시오.
- 여름철 공사 중 홍수 피해가 발생할 때 복구 대책에 대해 말해 보시오.
- 굴착공사 시 보강막이 붕괴할 때 복구 대책에 대해 말해 보시오.

[인성면접]

- 동료와 불협화음 시 극복할 수 있는 방법을 말해 보시오.
- 업무 중 상사와 의견이 다를 때 어떻게 설득할 것인지 말해 보시오.
- 본인의 인생관에 대해 말해 보시오.
- 동료와 협업한 경험과 협업 과정에서 어떠한 역할을 맡았는지 말해 보시오.
- 공기업 직원으로서 갖춰야 할 가장 중요한 덕목은 무엇이라고 생각하는지 말해 보시오.
- 비정규직 문제에 대해 어떻게 생각하는지 말해 보시오.
- 인천국제공항공사의 비전 두 가지는 무엇인지 말해 보시오.
- 본인의 장점과 단점은 무엇인지 말해 보시오.
- 인생에서 힘들었던 경험을 말해 보시오.
- 인천국제공항공사의 인재상 중 본인에게 맞는 인재상은 무엇인지 말해 보시오.
- 인천국제공항의 고객서비스를 상승시킬 방안은 무엇인지 말해 보시오.
- 인천국제공항의 조직 중 민간소방대의 역할은 무엇인지 말해 보시오.
- 네트워크 조직에 대해서 말해 보시오.
- 인천국제공항 수요의 분산정책은 무엇인지 말해 보시오.
- 인천국제공항의 홍보대사에 대해서 알고 있는지 말해 보시오.
- 본인은 10년 뒤 전문가와 관리자 중 어떤 것이 되고 싶은지 말해 보시오.
- 업무를 수행함에 있어 본인의 가장 부족한 점과 그것을 보완하기 위한 계획에 대해 말해 보시오.
- 다른 지원자보다 나이가 있는데 졸업 후 무엇을 했는지 말해 보시오.
- 공항의 운영에서 효율성, 안전성, 편의성 중 가장 중요한 것은 무엇이라고 생각하는지 말해 보시오.
- 왜 이직을 하려고 하는지 말해 보시오.
- 졸업을 하고 어떤 활동을 했는지 말해 보시오.
- 아버지에게 어떤 점을 배웠으며, 배우고 싶지 않은 점은 무엇인지 말해 보시오.
- 갈등관계를 극복했던 사례에 대해 말해 보시오.
- 인간관계에서 실패했던 혹은 성공한 경험을 말해 보시오.
- 어려웠던 일을 극복한 사례를 말해 보시오.
- 동료의 잘못된 행동을 봤을 때 어떻게 대처할 것인지 말해 보시오.
- 만약 입사 후 인천국제공항공사가 본인의 기대와 다르다면 어떻게 할 것인지 말해 보시오.
- 입사하면 어떤 일을 잘할 수 있는지 말해 보시오.
- 업무 중에 본인이 생각하지 못했던 전공과 무관한 일을 맡게 되면 어떻게 대처할 것인지 말해 보시오.
- 인생을 한 단어로 표현하고 그에 대해 말해 보시오.
- 해당 직무를 지원한 이유는 무엇인지 말해 보시오.

현재 나의 실력을 객관적으로 파악해 보자!

모바일 OMR
답안채점 / 성적분석 서비스

도서에 수록된 모의고사에 대한 객관적인 결과(정답률, 순위)를 종합적으로 분석하여 제공합니다.

OMR 입력

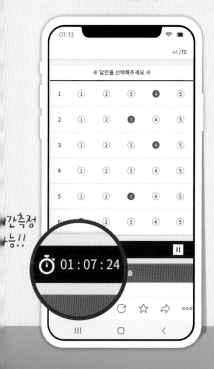

성적분석

채점결과

※OMR 답안채점 / 성적분석 서비스는 등록 후 30일간 사용 가능합니다.

참여방법

도서 내 모의고사 우측 상단에 위치한 QR코드 찍기 → 로그인 하기 → '시작하기' 클릭 → '응시하기' 클릭 → 나의 답안을 모바일 OMR 카드에 입력 → '성적분석 & 채점결과' 클릭 → 현재 내 실력 확인하기

SD에듀

2024 최·신·판

공기업
NCS
고졸채용 최종모의고사

직업기초능력 + 면접

정답 및 해설

SD에듀
(주)시대고시기획

PART 1

최종모의고사

01	02	03	04	05	06	07	08	09	10	11	12	13	14	15	16	17	18	19	20
①	④	②	③	①	⑤	②	⑤	④	①	⑤	⑤	④	②	④	④	③	④	⑤	①
21	22	23	24	25	26	27	28	29	30	31	32	33	34	35	36	37	38	39	40
⑤	③	①	⑤	②	①	③	④	①	③	⑤	③	①	③	③	⑤	③	①	③	①
41	42	43	44	45	46	47	48	49	50										
②	③	④	③	④	③	④	④	⑤	②										

01
정답 ①

담화의 의미는 고정되어 있지 않으며 다양한 맥락에 따라 다른 의미로 전달된다.

02
정답 ④

A씨는 직접적인 대화보다 눈치를 중요시하고 있으므로 '말하지 않아도 아는 문화'에 안주하고 있다. 따라서 A씨의 의사소통을 저해하는 요소는 의사소통에 대한 잘못된 선입견이다.

의사소통을 저해하는 요소
- '일방적으로 말하고', '일방적으로 듣는' 무책임한 마음 → 의사소통 과정에서의 상호작용 부족
- '그래서 하고 싶은 말이 정확히 뭐야?' 분명하지 않은 메시지 → 복잡한 메시지, 경쟁적인 메시지
- '말하지 않아도 아는 문화'에 안주하는 마음 → 의사소통에 대한 잘못된 선입견, 고정관념

03
정답 ②

일방적으로 듣기만 하고 의사표현을 잘하지 않는 것도 의사소통 상의 문제에 해당한다.

[오답분석]
- 최대리 : 표현 능력 혹은 이해 능력이 부족하거나, 무책임한 경우에 일방적으로 듣기만 하거나 말하기만 한다.
- 임주임 : 상대가 특정 내용을 알고 있을 것이라 착각하는 것은 평가적이고 판단적 태도에서 야기되는 경우가 많다.
- 양대리 : 전달하지 않아도 알고 있을 것이라는 생각은 과거의 경험에 기반한 선입견이나 고정관념에 해당한다.

04

정답 ③

(가) 허수아비 공격의 오류 : 상대가 의도하지 않은 것을 강조하거나 허점을 비판하여 자신의 주장을 내세운다.

(나) 성급한 일반화의 오류 : 적절한 증거가 부족함에도 불구하고 몇몇 사례만을 토대로 성급하게 결론을 내린다.

(다) 대중에 호소하는 오류 : 타당한 논거를 제시하지 않고 많은 사람들이 그렇게 생각하거나 행동한다는 것을 논거로 제시한다.

오답분석

• 인신공격의 오류 : 주장이 아닌 상대방을 공격하여 논박한다.

• 애매성의 오류 : 여러 가지 의미로 해석될 수 있는 용어를 사용하여 혼란을 일으킨다.

• 무지의 오류 : 상대가 자신의 주장을 입증하지 못함을 근거로 상대를 반박한다.

05

정답 ①

조직은 다양한 사회적 경험과 사회적 지위를 토대로 한 개인의 집단이므로 동일한 내용을 제시하더라도 각 구성원은 서로 다르게 받아들이고 반응한다.

오답분석

② 메시지는 고정되고 단단한 덩어리가 아니라 유동적이고 가변적인 요소이기 때문에 상호작용에 따라 다양하게 변형될 수 있다.

③ · ④ · ⑤ 제시된 갈등 상황에서는 표현 방식의 문제보다는 서로 다른 의견이 문제가 되고 있으므로 적절하지 않다.

06

정답 ⑤

제시문은 부모 사망 시 장애인 자녀의 안정적인 생활을 위해 가입할 수 있는 보험과 그와 관련된 세금 혜택, 그리고 부모 및 그 밖의 가족들의 재산 증여 시 받을 수 있는 세금 혜택에 대해 다루고 있으므로 ⑤가 글의 제목으로 가장 적절하다.

오답분석

① 제시문은 부모 사망 시 장애인 자녀가 직면한 상속의 어려움에 대해 언급하고 있지만, 유산 상속 과정을 구체적으로 다루고 있지는 않다.

② 제시문은 부모 사망 시 장애인 자녀가 받을 수 있는 세금 혜택을 다루고는 있으나, 단순히 '혜택'이라고 명시하기에는 글의 제목이 너무 포괄적이므로 적절하지 않다.

③ 제시문은 부모 사망 시 장애인 자녀가 직면한 상속의 어려움과 생활 안정 방안에 대해 다루고 있으므로 '사회적 문제'는 글의 전체적인 제목으로 보기에는 적절하지 않다.

④ 제시문은 부모 사망 시 장애인 자녀가 받는 보험 혜택과 증여세 혜택보다는, 수령하는 보험금에 있어서의 세금 혜택과 보험금을 어떻게 수령하여야 장애인 자녀의 생활 안정에 유리한지, 또 상속세 및 증여세법에 의해 받는 세금 혜택이 무엇인지에 대해 다루고 있으므로 글의 내용 전체를 담고 있지 않아 적절하지 않다.

07

정답 ②

두 번째 문단에 따르면 탈락자는 50만 명이 넘지만, 그중 가족은 4만 3,660명으로 10% 미만에 해당한다. 따라서 가능성이 높다고 보기는 어렵다.

오답분석

① 첫 번째 문단의 '최근 수년간 주택 가격이 급등한 상황 등을 감안해 현행 기준을 유지하기로 하였다.'라는 내용을 통해 주택 가격이 상승하지 않았다면 재산 기준 역시 소득 기준과 같이 상승하였음을 유추할 수 있다.

③ 세 번째 문단의 '기존에 납부하지 않았던 건보료를 가구당 월평균 10만 5,000원가량 내야 하는 상황이 되었다.'라는 내용에서 이전보다 가계의 경제적 부담이 증가했음을 알 수 있다.

④ 첫 번째 문단과 네 번째 문단에 따르면, 공무원연금 역시 소득 기준에 포함되는 금액으로 월 170만 원씩 수령한다면 이는 연 2,040만 원에 해당하는 금액으로서 소득 기준을 초과하게 된다. 따라서 건강보험료 피부양자 자격에서 탈락된다.

⑤ 네 번째 문단의 '물가상승분을 반영해 상승되는 국민연금 지급액 구조 탓에 이후 건강보험료 피부양자 자격 탈락자는 계속하여 증가할 것으로 보이는 상황이다.'라는 내용을 통해 반대로 물가가 지금보다 하락한다면, 종전에 기준 미충족으로 탈락한 사람도 다시 해당 자격을 취득할 수 있을 것으로 유추할 수 있다.

08

제시된 문장의 뒤에 이어질 내용으로는 지난해 중도 해지한 사람들의 상세 집계 내역을 제시한 (다) 문단이 오고, 이어서 해당 집계 내역에 대해 예년과 비교하며 설명하는 (가) 문단이 적절하다. 남은 문단 중 (나) 문단은 '이에 해당하는 방법으로는'으로 글이 시작하므로 방법에 대해 언급한 적이 없는 (가) 문단 뒤에 오는 것은 적절하지 않다. 따라서 (라) 문단이 (나) 문단 앞에 오는 것이 적절하므로 (가) ~ (라) 문단을 논리적 순서대로 나열하면 (다) – (가) – (라) – (나)이다.

09

한글 맞춤법 규정에 따르면 '초점(焦點)'의 경우 고유어가 들어 있지 않으므로 사이시옷이 들어가지 않는다. 따라서 '초점'이 옳은 표기이다.

10

기업은 최저임금제도로 인건비가 높아지면 경제적 부담으로 다가올 수 있다. 그러나 근로자의 소비 지출 증가로 기업의 생산과 판매를 촉진시키므로 기업 입장에서 최저임금제도가 아무런 이득이 없는 것은 아니다.

오답분석

② 인건비 인상으로 인한 기업의 비용 부담 증가는 일자리의 제약이나 물가 상승으로 이어질 수 있다.
③ 근로자들이 안정된 임금을 받게 되면 소비력이 강화되고 소비 지출이 증가한다.
④ 최저임금제도는 불공정한 임금구조를 해소하고 경제적인 격차를 완화하는 데 도움을 준다.
⑤ 일정 수준 이상으로 설정된 최저임금은 근로자들의 생계비를 보장하고 근로 환경에서의 안정성을 확보할 수 있게 한다.

11

이곡의 『차마설』은 말을 빌려 탄 개인적인 경험을 통해 소유에 대한 보편적인 깨달음을 제시하고 올바른 삶의 태도를 촉구하는 교훈적 수필로, 개인적 일상의 경험을 먼저 제시하고 이에 대한 자신의 의견을 제시하고 있다.

오답분석

① 말을 빌려 탄 개인적 경험을 소유에 대한 욕망이라는 추상적 대상으로 확장하는 유추의 방법을 사용하고 있다.
② 말을 빌려 탄 개인적 경험의 예화를 통해 소유에 대한 반성의 교훈을 제시하는 2단 구성 방식을 취하고 있다.
③ 주관적이고 개인적인 경험을 통해 소유에 대한 보편적인 의견을 제시하고 있다.
④ 맹자의 말을 인용하여 사람들의 그릇된 소유 관념을 비판하고 있다.

12

두 번째 문단에서 '한국어를 예로 들면 한국어를 이루고 있는 각 지역의 말 하나하나, 즉 그 지역의 언어 체계 전부를 방언이라 한다.'는 내용과 '충청도 방언은 충청도 특유의 언어 요소만을 가리키는 것이 아니라 충청도의 토박이들이 전래적으로 써 온 한국어 전부를 가리킨다.'는 내용을 통해 한국어는 표준어와 지역 방언 전체를 아우르는 개념이라고 이해할 수 있다. 따라서 (마)에서의 '공통부분'은 옳지 않은 내용이며, '표준어와 지역 방언의 전체를 지칭하는 개념'이라고 고쳐야 한다.

오답분석

① (가)의 바로 뒷부분에 '방언을 비표준어로서 낮잡아 보는 인식이 담겨 있다.'고 했는데, 이는 (가)에서 제시한 내용과 의미가 통한다.
② (나)의 바로 다음 문장에서 '이러한 용법에는 방언이 표준어보다 열등하다는 오해와 편견이 포함되어 있다.'고 했으므로 (나)에는 방언을 낮추어 부른다는 의미가 들어가야 한다.
③ (다)의 바로 앞 문장에서 '사투리는 그 지역의 말 가운데 표준어에는 없는, 그 지역 특유의 언어 요소만을 일컫기도 한다.'고 설명했으므로 (다)에서는 다른 지역과 같지 않은 성질을 강조해야 한다.
④ 두 번째 문단에서 '한국어를 이루고 있는 각 지역의 말 하나하나, 즉 그 지역의 언어 체계 전부를 방언이라 한다.'고 설명했으므로 각 지역의 방언은 한국어의 하위 단위로 볼 수 있다.

13

정답 ④

제시문에서는 사유 재산에 대한 개인의 권리 추구로 다수가 피해를 입게 된다면 사익보다 공익을 우선시하여 개인의 권리가 제한되어야 한다고 주장한다. 따라서 이러한 주장에 대한 반박으로는 개인인 땅 주인이 권리를 행사함에 따라 다수인 마을 사람들에게 발생하는 피해가 법적으로 증명되어야만 권리를 제한할 수 있다는 ④가 가장 적절하다.

14

정답 ②

'gw'는 10번째 속인 잎을 의미하며, 'p'는 네 번째 차이, 'yi'는 여덟 번째 종을 의미한다. 따라서 'gwpyi'는 잎의 네 번째 차이의 여덟 번째 종을 의미한다.

15

정답 ④

첫 문장으로 '빅뱅 이전에는 아무것도 없었다.'는 말에 대하여 '영겁의 시간 동안 우주는 단지 진공이었을 것이다.'를 의미한다는 (라) 문단이 적절하며, 다음으로 '이런 식으로 사고하려면', 즉 우주가 단지 진공이었다면 왜 우주가 탄생하게 되었는지를 설명할 수 없다는 (다) 문단이 오는 것이 적절하다. 다음으로 우주 탄생 원인을 설명할 수 없는 이유를 이야기하는 (나) 문단, 이와 달리 아예 다른 방식으로 해석하는 (가) 문단을 차례로 나열하는 것이 적절하다.

16

정답 ④

개별적인 인간 정신의 상호 작용으로 산출되는 집단정신의 산물인 '객관적 정신'으로 이해의 객관성을 확보할 수 있기 때문에 객관적 정신은 자신과 타인을 이해하는 공통의 기반이 될 수 있다.

[오답분석]
① 객관적 정신은 삶의 공통성을 기반으로 하기 때문에 상반된 인식의 차이를 부각하지 않는다.
② 인간의 행위를 설명하지 않고 이해하는 '이해'의 방법론에서 객관성을 확보하기 위해 내세운 것이지만 그 과정에 순서가 부여되지는 않는다.
③ 서로 다른 공동체에 속해 있거나 서로 다른 시대에 살고 있다면 객관적 정신을 완전히 보장하기 어렵다.
⑤ 객관적 정신은 집단정신의 산물이다.

17

정답 ③

'설명'이 '이해'를 완전히 대체하지 못하는 이유는 인간의 정신세계에 속하는 의도는 자연처럼 관찰이나 실험으로 보편 법칙을 파악하기 어렵기 때문이다.

[오답분석]
ㄱ. '설명'이 '이해'를 완전히 대체하지 못하는 이유는 타인의 행위에 담긴 의도를 이해하더라도 그런 의도가 생긴 원인까지 알기는 어렵기 때문이다.
ㄹ. 행위에 담긴 의도가 무엇인지를 파악하는 것보다 그런 의도가 왜 생겨났는가를 묻는 것이 더 의미 있는 질문이라고 생각한 학자들은 '설명'이 '이해'를 완전히 대체할 수 있다고 생각했다.

18

정답 ④

'또한'은 '어떤 것을 전제로 하고 그것과 같게' 혹은 '그 위에 더'를 뜻하는 부사로, 앞의 내용에 새로운 내용을 첨가할 때 사용한다. 그러나 ⓔ의 앞 내용은 뒤 문장의 이유나 근거에 해당하므로 '또한'이 아닌 '그러므로'를 사용하는 것이 문맥상 자연스럽다.

19

정답 ⑤

(마) 문단은 공포증을 겪는 사람들의 상황 해석 방식과 공포증에서 벗어나는 방법이 핵심 화제이다. 공포증을 겪는 사람들의 행동 유형은 나타나 있지 않다.

20

정답 ①

제시문은 코젤렉의 '개념사'에 대한 정의와 특징에 대한 글이다. 따라서 (라) '개념에 대한 논란과 논쟁 속에서 등장한 코젤렉의 개념사' → (가) '코젤렉의 개념사와 개념에 대한 분석' → (나) '개념에 대한 추가적인 분석' → (마) '개념사에 대한 추가적인 분석' → (다) '개념사의 목적과 코젤렉의 주장'의 순서대로 나열하는 것이 적절하다.

21

정답 ⑤

A열차 전체의 길이를 xm라 하면

$$\frac{500+x}{16}=\frac{500+(x-40)}{12}-10$$

$1,500+3x=1,840+4x-480$

$x=140$

따라서 A열차의 10량의 길이가 140m이므로 1량의 길이는 14m이다.

22

정답 ③

2023년 10월 아파트 실거래지수가 137.8p이고 전월 대비 증감량이 −1.5p이므로 2023년 9월 아파트 실거래지수는 137.8+1.5= 139.3p이다. 또한 제시된 자료를 역산하면 2022년 9월 실거래지수는 137.8+1.5−1.7+⋯−2.7=131.6p이다.

따라서 증감률은 $\frac{139.3-131.6}{131.6}\times100≒5.9\%$이다.

23

정답 ①

A기계, B기계가 1분 동안 생산하는 비누의 수를 각각 x, y개라 하면

$5(x+4y)=100\ \cdots\ ㉠$

$4(2x+3y)=100\ \cdots\ ㉡$

㉠, ㉡을 정리하면

$x+4y=20\ \cdots\ ㉠'$

$2x+3y=25\ \cdots\ ㉡'$

㉠', ㉡'을 연립하면 $5y=15$, $y=3$이고, $x=8$이다.

따라서 A기계 3대와 B기계 2대를 동시에 가동하여 비누 100개를 생산하는 데 걸리는 시간은 $\frac{100}{(8\times3)+(3\times2)}=\frac{100}{30}=\frac{10}{3}$ 시간이다.

24

정답 ⑤

2013년의 원자력 자원의 발전량은 약 135,000GWh, 신재생 자원의 발전량은 약 30,000GWh이다. 2022년의 원자력 자원의 발전량은 약 195,000GWh이고 신재생 자원의 발전량은 약 110,000GWh이다. 원자력 자원의 발전량 대비 신재생 자원의 발전량의 비율은 2013년에 $\frac{30,000}{135,000}\times100≒22\%$이고 2022년에 $\frac{110,000}{195,000}\times100≒56\%$이다. 따라서 원자력 자원의 발전량 대비 신재생 자원의 발전량의 비율은 2013년에 비해 2022년에 증가하였다.

[오답분석]

① 원자력 자원과 신재생 자원의 발전량은 매년 증가하는 추세이고, 석탄 자원의 발전량은 매년 감소하는 추세이다. 또한 가스 자원의 발전량은 증감하고 있다.

② 2017년 이후로 매년 원자력 자원의 발전량이 가장 많다.

③ 자원별 2013년 대비 2022년의 발전량 변화량의 기울기가 가장 완만한 자원은 가스이므로 증감 폭 또한 가장 낮다.

④ 2016년의 원자력 자원의 발전량과 석탄 자원의 발전량 모두 약 160,000GWh로 비슷하므로 그 차이는 거의 0이다.

25

㉠ 근로자가 총 90명이고 전체에게 지급된 임금의 총액이 2억 원이므로 근로자당 평균 월 급여액은 $\dfrac{2억\ 원}{90명} \fallingdotseq 222$만 원이다.

따라서 평균 월 급여액은 230만 원 이하이다.

㉡ 월 210만 원 이상 급여를 받는 근로자 수는 26+12+8+4=50명이다. 따라서 총 90명의 절반인 45명보다 많으므로 옳은 설명이다.

오답분석

㉢ 월 180만 원 미만의 급여를 받는 근로자 수는 6+4=10명이다. 따라서 전체에서 $\dfrac{10}{90} \times 100 \fallingdotseq 11\%$의 비율을 차지하고 있으므로 옳지 않은 설명이다.

㉣ '월 240만 원 이상 270만 원 미만'의 구간에서 월 250만 원 이상 받는 근로자의 수는 주어진 자료만으로는 확인할 수 없다. 따라서 옳지 않은 설명이다.

26

A쇼핑몰은 정시에 도착하고, 동시에 B쇼핑몰은 늦어야 하므로, 정시에 도착할 확률과 늦게 도착할 확률의 곱을 계산해야 한다. 따라서 $\dfrac{1}{3} \times \dfrac{1}{2} = \dfrac{1}{6}$ 이 된다.

27

서울의 수박 가격은 5월 16일에 감소했다가 5월 19일부터 다시 증가하고 있으며, 수박 가격 증가의 원인이 높은 기온 때문인지는 주어진 자료만으로는 알 수 없다.

28

• 2022년 상반기 보훈 분야의 전체 청구건수 : 35+1,865=1,900건
• 2023년 상반기 보훈 분야의 전체 청구건수 : 17+1,370=1,387건

따라서 전년 동기 대비 2023년 상반기 보훈 분야의 전체 청구건수의 감소율은 $\dfrac{1,900-1,387}{1,900} \times 100 = 27\%$이다.

29

2023년 상반기 입원 진료비 중 세 번째로 비싼 분야는 자동차 보험 분야이다.
• 2022년 상반기 자동차 보험 분야 입원 진료비 : 4,984억 원
• 2023년 상반기 자동차 보험 분야 입원 진료비 : 5,159억 원

따라서 전년 동기에 비해 2023년 상반기 자동차 보험 분야의 입원 진료비는 5,159-4,984=175억 원 증가했다.

30

2020년 인천의 면적은 $\dfrac{2,629,000}{2,602} ≒ 1,010km^2$ 이므로 $1,000km^2$ 보다 넓다.

오답분석

ㄱ. 2020 ~ 2021년에 인구가 감소한 지역은 부산과 대구로, 부산은 $3,498-3,471=27$천 명이 감소했고, 대구는 $2,457-2,444$ $=13$천 명이 감소했다. 따라서 두 도시의 감소한 인구가 2021년에 각 지역의 인구에서 차지하는 비율은 부산이 $\dfrac{27}{3,471} \times 100$

≒ 0.78%, 대구가 $\dfrac{13}{2,444} \times 100 ≒ 0.53\%$이므로 부산이 더 크다.

ㄷ. 2022년의 부산의 면적은 $\dfrac{3,446,000}{4,493} ≒ 767km^2$ 이고, 대구의 면적은 $\dfrac{2,431,000}{2,750}=884km^2$ 이므로 대구의 면적이 더 넓다.

31

정답 ⑤

신입사원 채용시험 영역별 점수에 가중치를 적용하여 총점을 구하면 다음과 같다.

(단위 : 점)

구분	의사소통	수리	정보	상식	인성	총점
A	$90 \times 0.3=27$	$80 \times 0.3=24$	$90 \times 0.1=9$	$80 \times 0.1=8$	$90 \times 0.2=18$	86
B	$80 \times 0.3=24$	$90 \times 0.3=27$	$80 \times 0.1=8$	$90 \times 0.1=9$	$90 \times 0.2=18$	86
C	$90 \times 0.3=27$	$70 \times 0.3=21$	$100 \times 0.1=10$	$90 \times 0.1=9$	$80 \times 0.2=16$	83
D	$80 \times 0.3=24$	$90 \times 0.3=27$	$100 \times 0.1=10$	$100 \times 0.1=10$	$80 \times 0.2=16$	87
E	$100 \times 0.3=30$	$80 \times 0.3=24$	$70 \times 0.1=7$	$80 \times 0.1=8$	$90 \times 0.2=18$	87

따라서 87점으로 가장 높은 점수를 받은 D와 E가 합격자임을 알 수 있다.

32

정답 ③

변화된 선발기준 가중치에 맞춰 총점을 계산하면 다음과 같다.

(단위 : 점)

구분	의사소통	수리	정보	상식	인성	총점
A	$90 \times 0.3=27$	$80 \times 0.2=16$	$90 \times 0.1=9$	$80 \times 0.1=8$	$90 \times 0.3=27$	87
B	$80 \times 0.3=24$	$90 \times 0.2=18$	$80 \times 0.1=8$	$90 \times 0.1=9$	$90 \times 0.3=27$	86
C	$90 \times 0.3=27$	$70 \times 0.2=14$	$100 \times 0.1=10$	$90 \times 0.1=9$	$80 \times 0.3=24$	84
D	$80 \times 0.3=24$	$90 \times 0.2=18$	$100 \times 0.1=10$	$100 \times 0.1=10$	$80 \times 0.3=24$	86
E	$100 \times 0.3=30$	$80 \times 0.2=16$	$70 \times 0.1=7$	$80 \times 0.1=8$	$90 \times 0.3=27$	88

따라서 가장 높은 점수를 받은 E와 두 번째로 높은 점수를 받은 A가 합격자임을 알 수 있다.

33

정답 ①

우선 세대당 월평균 사용량은 $400 \div 2 \div 4=50m^3$ 이다. 이를 통해 상수도요금, 하수도요금, 물이용부담금을 구하면 다음과 같다.
- 상수도요금
  - 1세대 1개월 요금 : $(30 \times 360)+(20 \times 550)=21,800$원
  - 사용요금 : $21,800 \times 4 \times 2=174,400$원
  - 기본요금 : $3,000 \times 2=6,000$원
  ∴ 상수도요금 : $174,400+6,000=180,400$원

8 • 공기업 고졸채용 최종모의고사

- 하수도요금
  - 1세대 1개월 요금 : $(30 \times 360) + (20 \times 850) = 27,800$원
  - ∴ 하수도요금 : $27,800 \times 4 \times 2 = 222,400$원
- 물이용부담금
  - 1세대 1개월 요금 : $50 \times 170 = 8,500$원
  - ∴ 물이용부담금 : $8,500 \times 4 \times 2 = 68,000$원

따라서 K씨의 건물의 2개월 치 수도요금 합계는 $180,400 + 222,400 + 68,000 = 470,800$원이다.

34

정답 ③

2014 ~ 2022년까지 전년 대비 사기와 폭행의 범죄건수 증감추이는 다음과 같이 서로 반대를 나타낸다.

구분	2014년	2015년	2016년	2017년	2018년	2019년	2020년	2021년	2022년
사기	감소	감소	감소	감소	감소	감소	증가	증가	감소
폭행	증가	증가	증가	증가	증가	증가	감소	감소	증가

오답분석

① 2014 ~ 2022년 범죄별 발생건수의 1 ~ 5위는 '절도, 사기, 폭행, 살인, 방화' 순서이나 2013년의 경우 '절도, 사기, 폭행, 방화, 살인' 순서로 다르다.

② 2013 ~ 2022년 동안 발생한 방화의 총 발생건수는 $5+4+2+1+2+5+2+4+5+3 = 33$천 건으로 3만 건 이상이다.

④ 2015년 전체 범죄 발생건수는 $270+371+148+2+12 = 803$천 건이며, 이 중 절도의 범죄건수가 차지하는 비율은 $\frac{371}{803} \times 100$ ≒ 46.2%로 50% 미만이다.

⑤ 2013년의 전체 범죄 발생건수는 $282+366+139+5+3 = 795$천 건이고, 2022년에는 $239+359+156+3+14 = 771$천 건이다. 따라서 2013년 대비 2022년의 전체 범죄 발생건수 변화율은 $\frac{771-795}{795} \times 100$ ≒ -3%로 감소율은 5% 미만이다.

35

정답 ③

남성 합격자 수는 1,003명, 여성 합격자 수는 237명이다. 여성 합격자 수의 5배는 $237 \times 5 = 1,185$명이므로 남성 합격자 수는 여성 합격자 수의 5배 미만이다.

오답분석

①·② 제시된 자료를 통해 알 수 있다.

④ (경쟁률) $= \frac{(지원자\ 수)}{(모집정원)} \times 100$이므로, B집단의 경쟁률은 $\frac{585}{370} \times 100$ ≒ 158%이다.

⑤ • C집단 남성의 경쟁률 : $\frac{417}{269} \times 100$ ≒ 155%

  • C집단 여성의 경쟁률 : $\frac{375}{269} \times 100$ ≒ 139%

  따라서 C집단에서는 남성의 경쟁률이 여성의 경쟁률보다 높다.

36

정답 ⑤

브레인스토밍은 집단 효과를 살려서 아이디어의 연쇄반응을 일으켜 자유분방한 아이디어를 내고자 하는 것으로, 다양한 분야의 5 ~ 8명의 인원으로 구성하는 것이 적절하다.

37

정답 ③

오답분석

ㄴ. 편견이나 선입견에 의해 결정을 내리는 것을 지양하는 것은 개방성에 대한 설명이다.

ㄹ. 고정성, 독단적 태도, 경직성을 배격하는 것은 융통성에 대한 설명이다.

38

정답 ①

오답분석

• 성민 : 하위의 사실이나 현상으로부터 사고하여 상위의 주장을 만들어 가는 방법은 피라미드 구조에 따른 논리적 사고이다.

• 가연 : 피라미드 구조는 보조 메시지에서 선별하는 방법이 아닌 보조 메시지를 종합하는 방식으로 메인 메시지를 도출한 후, 메인 메시지를 종합하여 최종적 정보를 도출해 내는 방법이다.

39

정답 ③

해결해야 할 전략 과제란 취약한 부분에 대해 보완해야 할 과제를 말한다. 따라서 이미 우수한 고객서비스 부문을 강화한다는 것은 전략 과제로 삼기에 적절하지 않다.

오답분석

① 해외 판매망이 취약하다고 분석되었으므로 중국시장의 판매유통망을 구축하는 전략 과제를 세우는 것은 적절하다.

② 중국시장에서 구매 방식이 대부분 온라인으로 이루어지는 데 반해, 자사의 온라인 구매시스템은 미흡하기 때문에 온라인 구매 시스템을 강화한다는 전략 과제는 적절하다.

④ 중국기업들 간의 가격 경쟁이 치열하다는 것은 제품의 가격이 내려가고 있다는 의미인데, 자사는 생산원가가 높다는 약점이 있다. 그러므로 원가 절감을 통한 가격경쟁력 강화 전략은 적절하다.

⑤ 중국시장에서 인간공학이 적용된 제품을 지향하고 있으므로 인간공학을 기반으로 한 제품 개발을 강화하는 것은 적절한 전략 과제이다.

40

정답 ①

(가) 사실 지향의 문제

(나) 가설 지향의 문제

(다) 성과 지향의 문제

41

정답 ②

B사원은 자사의 수익과 성과가 적은 이유를 단순히 영업에서의 문제로 판단하고, 타사의 근무하는 친구의 경험만을 바탕으로 이에 대한 해결 방안을 제시하였다. 따라서 문제를 각각의 요소로 나누어 판단하는 분석적 사고가 부족한 사례로 볼 수 있다. B사원은 먼저 문제를 각각의 요소로 나누고, 그 요소의 의미를 도출한 후 우선순위를 부여하여 구체적인 문제해결방법을 실행해야 한다.

42

• 경우 1

연구개발팀이 이어달리기에 참가하지 않았을 경우, 연구개발팀과 디자인팀은 동시에 같은 종목에 참가하지 않았으므로 만약 연구개발팀이 이어달리기에 참가하지 않았다면 디자인팀이 족구에 참가하며 연구개발팀은 족구에 참가하지 않고 남은 두 종목에 반드시 참가해야 한다. 이때, 총무팀이 모든 종목에 참가하더라도 고객지원팀과 법무팀은 항상 동시에 참가하므로 총무팀이 참가한 종목이 4팀인 종목은 존재할 수 없다. 따라서 이 경우는 불가능하다.

구분	홍보팀	총무팀	연구개발팀	고객지원팀	법무팀	디자인팀
이어달리기	O	O	×	O	O	O
족구	O	–	×	–	–	O
X	O	–	O	–	–	×
Y	O	–	O	–	–	×

• 경우 2

연구개발팀이 이어달리기에 참가한 경우, 연구개발팀이 이어달리기에 참가하면 디자인팀이 족구팀에 참가하므로 족구에 참가하지 않고 남은 두 종목 중 한 종목에 참가한다. 남은 한 종목은 반드시 참가하지 않으며 이때, 연구개발팀이 참가하지 않은 종목에서 디자인팀이 참가하지 않고 고객지원팀, 법무팀이 참가하면 총무팀이 참가하는 종목 중 참가하는 팀이 4팀인 종목이 나올 수 있다.

구분	홍보팀	총무팀	연구개발팀	고객지원팀	법무팀	디자인팀
이어달리기	O	O	O	O	O	×
족구	O	–	×	–	–	O
X	O	–	O	–	–	×
Y	O	O	×	O	O	×

구분	홍보팀	총무팀	연구개발팀	고객지원팀	법무팀	디자인팀
이어달리기	O	O	O	O	O	×
족구	O	–	×	–	–	O
X	O	O	×	O	O	×
Y	O	–	O	–	–	×

따라서 참가하는 종목이 가장 적은 팀은 족구만 참가하는 디자인팀이다.

43

간선노선과 보조간선노선을 구분하여 노선번호를 부여하면 다음과 같다.

• 간선노선
 – 동서를 연결하는 경우 : (가)·(나)에 해당하며, 남에서 북으로 가면서 숫자가 증가하고 끝자리에는 0을 부여하므로 (가)는 20, (나)는 10이다.
 – 남북을 연결하는 경우 : (다)·(라)에 해당하며, 서에서 동으로 가면서 숫자가 증가하고 끝자리에는 5를 부여하므로 (다)는 15, (라)는 25이다.

• 보조간선노선
 – (마) : 남북을 연결하는 모양에 가까우므로, (마)의 첫자리는 남쪽 시작점의 간선노선인 (다)의 첫자리와 같은 1이 되어야 하고, 끝자리는 5를 제외한 홀수를 부여해야 하므로, 가능한 노선번호는 11, 13, 17, 19이다.
 – (바) : 동서를 연결하는 모양에 가까우므로, (바)의 첫자리는 바로 아래쪽에 있는 간선노선인 (나)의 첫자리와 같은 1이 되어야 하고, 끝자리는 0을 제외한 짝수를 부여해야 하므로, 가능한 노선번호는 12, 14, 16, 18이다.

따라서 가능한 조합은 ④이다.

제1회 필수영역 NCS 최종모의고사 • 11

44

전기의 가격은 10 ~ 30원/km인 반면, 수소의 가격은 72.8원/km로 전기보다 수소의 가격이 더 비싸다. 따라서 원료인 수소의 전기보다 비싼 가격은 자사 내부 환경의 약점(Weakness) 요인이 아니라 거시적 환경에서 비롯된 위협(Threat) 요인으로 보아야 한다.

오답분석

① (가) : 보조금 지원을 통해 첨단 기술이 집약된 친환경 차를 중형 SUV 가격에 구매할 수 있다고 하였으므로, 자사의 내부 환경(자사 경영자원)의 강점(Strength) 요인으로 볼 수 있다.

② (나) : 충전소가 전국 12개소에 불과하며, 올해 안에 10개소를 더 설치한다고 계획 중이지만 완공 여부는 알 수 없으므로, 자사의 내부 환경(자사 경영자원)의 약점(Weakness) 요인으로 볼 수 있다.

④ (라) : 친환경차에 대한 인기가 뜨겁다고 하였으므로, 고객이라는 외부환경에서 비롯된 기회(Opportunity) 요인으로 볼 수 있다.

⑤ (마) : 생산량에 비해 정부 보조금이 부족한 것은 외부 환경(거시적)에서 비롯된 위협(Threat) 요인으로 볼 수 있다.

45

주어진 조건에 따라 표로 정리하면 다음과 같다.

구분	2021년	2022년	2023년
A	영국	네덜란드	독일
B	네덜란드	독일	프랑스
C	프랑스	영국	네덜란드
D	독일	프랑스	영국

따라서 2023년에 네덜란드에서 가이드를 한 C는 첫 번째 조건에 의해 2024년에는 독일에서 가이드를 한다.

오답분석

① 2022년에 A와 2021년에 B는 모두 네덜란드에서 가이드를 하였으므로 옳지 않다.

② 2023년에 B는 프랑스에서 가이드를 하였다.

③ 2021 ~ 2023년에 A는 영국, 네덜란드, 독일에서 가이드를 하였고, D는 독일, 프랑스, 영국에서 가이드를 하였으므로 옳지 않다.

⑤ D는 2022년에 프랑스에서 가이드를 하였다.

46

조건에 따르면 최소한 수학자 1명, 논리학자 1명, 과학자 2명이 선정되어야 하고, 그 외 나머지 2명을 선정해야 한다.

예를 들어 물리학, 생명과학, 화학, 천문학을 전공한 과학자 총 4명을 선정하면 천문학 전공자는 기하학 전공자와 함께 선정되고, 논리학자는 비형식논리 전공자를 선정하면 가능하다.

오답분석

① 형식논리 전공자가 1명이 선정되면 비형식논리 전공자도 1명이 선정된다. 따라서 논리학자는 2명 선정된다. 그러나 형식논리 전공자가 먼저 선정된 것이 아니라면 그렇지 않다.

② 같은 전공을 가진 수학자가 2명 선정될 수 있다. 예를 들어, 다음과 같이 선정될 수 있다.

논리학자 1명 - 비형식논리 전공자

수학자 2명 - 기하학 전공자, 기하학 전공자

과학자 3명 - 물리학 전공자, 생명과학 전공자, 천문학 전공자

④ 통계학 전공자를 포함하면 수학자는 3명이 선정될 수 있다. 예를 들어, 다음과 같이 선정될 수 있다.

논리학자 1명 - 비형식논리 전공자

수학자 3명 - 통계학 전공자, 대수학 전공자, 기하학 전공자

과학자 2명 - 천문학 전공자, 기계공학 전공자

⑤ 논리학자는 3명이 선정될 수 있다. 예를 들어, 다음과 같이 선정될 수 있다.

논리학자 3명 – 형식논리 전공자 1명, 비형식논리 전공자 2명

수학자 1명 – 기하학 전공자

과학자 2명 – 천문학 전공자, 물리학 전공자

47

정답 ④

세 번째 조건에 의해 윤부장이 가담하지 않았다면, 이과장과 강주임도 가담하지 않았음을 알 수 있다. 이과장이 가담하지 않았다면 두 번째 조건에 의해 김대리도 가담하지 않았으므로 가담한 사람은 박대리뿐이다. 이는 첫 번째 조건에 위배되므로 윤부장은 입찰부정에 가담하였다. 네 번째 조건의 대우로 김대리가 가담하였다면 박대리도 가담하였고, 다섯 번째 조건에 의해 박대리가 가담하였다면 강주임도 가담하였다. 이는 입찰부정에 가담한 사람은 두 사람이라는 첫 번째 조건에 위배되는 것이므로, 김대리는 입찰부정에 가담하지 않았다. 따라서 입찰부정에 가담하지 않은 사람은 김대리, 이과장, 박대리이며, 입찰부정에 가담한 사람은 윤부장과 강주임이다.

48

정답 ④

현재 아르바이트생의 월 급여는 (평일)+(주말)=(3×9×4×9,000)+(2×9×4×12,000)=1,836,000원이므로, 월 급여는 정직원>아르바이트생>계약직원 순서이다. 따라서 전체 인원을 줄일 수 없으므로 현 상황에서 인건비를 가장 많이 줄일 수 있는 방법은 아르바이트생을 계약직원으로 전환하는 것이다.

49

정답 ⑤

규칙에 맞추어 음과 악기의 지점을 연결하면 다음과 같다.

(가)	(나)	(다)	(라)	(마)	(바)	(사)	(아)	(자)	(차)	(카)
A	A#	B	C	C#	D	D#	E	F	F#	G

따라서 (아)에 해당하는 음은 E이며, E는 가락에 4회 나타나므로 (아)를 누른 상태로 줄을 튕기는 횟수는 4회이다.

50

정답 ②

레스토랑별 예상금액에 통신사 할인 혜택을 적용하면 다음과 같다.

구분	A통신사	B통신사	C통신사
A레스토랑	143,300−5,000=138,300원	143,300×0.85≒121,800원 (∵ 십 원 미만 절사)	143,300−14,300=129,000원
B레스토랑	165,000원	165,000×0.8=132,000원	65,000×0.7+100,000 =145,500원
C레스토랑	174,500−26,100=148,400원 (∵ 십 원 미만 절사)	124,500×0.9+50,000 =162,050원	174,500×0.7=122,150원

따라서 K씨의 가족이 A레스토랑에서 B통신사의 15% 할인을 받았을 때 121,800원으로 가장 저렴하게 식사할 수 있다.

01	02	03	04	05	06	07	08	09	10	11	12	13	14	15	16	17	18	19	20
③	④	①	⑤	⑤	①	③	④	④	①	⑤	⑤	①	③	②	④	④	①	④	②
21	22	23	24	25	26	27	28	29	30	31	32	33	34	35	36	37	38	39	40
⑤	②	④	②	②	③	③	③	③	③	②	④	①	③	③	④	⑤	④	④	④
41	42	43	44	45	46	47	48	49	50										
②	③	⑤	③	④	②	②	⑤	④	③										

01

정답 ③

의미가 단순한 언어를 사용하면 메시지의 전달이 분명해진다.

오답분석

① 정보의 양이 너무 많으면 핵심이 가려지기 쉽다.
② 필요 이상으로 진지한 분위기는 의사소통에 부정적인 영향을 준다.
④ 대화 구성원의 사이가 어떤가에 따라 둘 사이의 대화, 즉 의사소통도 달라진다.
⑤ 시·공간 등 물리적인 제약이 있으면 그 속에서 이루어지는 의사소통도 원활히 이루어지기 어렵다.

02

정답 ④

어떤 사안에 대한 '보고'를 한다는 것은 그 내용에 대한 충분한 이해가 되었다는 것이다. 즉, 그 내용과 관련해서 어떤 질문을 받아도 답변이 가능해야 한다.

오답분석

① 설명서에 해당하는 내용이다.
② 기획안에 해당하는 내용이다.
③ 이해를 돕기 위한 자료라 해도 양이 너무 많으면 오히려 내용 파악에 방해가 된다.
⑤ 한 장에 담아내야 하는 원칙이 적용되는 문서는 회사 외부로 전달되는 문서인 공문서이다.

03

정답 ①

제시문에서는 상대방에 대한 부정적인 판단 때문에 상대방의 말을 듣지 않는 '판단하기'가 나타난다.

오답분석

② 조언하기 : 다른 사람의 문제를 본인이 해결해 주고자 하는 것이다.
③ 언쟁하기 : 반대하고 논쟁하기 위해서만 상대방의 말에 귀를 기울이는 것이다.
④ 걸러내기 : 듣고 싶지 않은 것들을 막아버리는 것이다.
⑤ 비위 맞추기 : 상대방을 위로하기 위해서 혹은 비위를 맞추기 위해서 너무 빨리 동의하는 것을 말한다.

04

정답 ⑤

단순히 젊은 세대의 문화만을 존중하거나, 기존 세대의 문화만을 따르는 것이 아닌 두 문화가 어우러질 수 있도록 기업 차원에서 분위기를 만드는 것이 언급된 문제의 본질적인 해결법으로 가장 적절하다.

[오답분석]
① 급여를 받은 만큼만 일하게 되는 악순환이 반복될 것이므로 글에서 언급된 문제를 해결하는 기업 차원의 방법으로는 적절하지 않다.
② 기업의 전반적인 생산성 향상을 이룰 수 없으므로 기업 차원의 방법으로 적절하지 않다.
③ 젊은 세대의 채용을 기피하는 분위기가 생길 수 있으므로 적절하지 않다.
④ 젊은 세대의 특성을 받아들이기만 하면, 전반적인 생산성 향상과 같은 기업의 이득은 배제하게 되는 문제점이 발생한다.

05

정답 ⑤

자기 공명 방식이 상용화되기 위해서는 현재 사용되는 코일 크기로는 일반 가전제품에 적용할 수 없으므로 코일을 소형화해야 할 필요가 있다고 언급하였다.

[오답분석]
① 자기 유도 방식은 유도 전력을 이용하지만, 무선 전력 전송을 하기 때문에 철심을 이용하지 않는다.
② 자기 유도 방식은 전력 전송율이 높으나 1차 코일에 해당하는 송신부와 2차 코일에 해당하는 수신부가 수 센티미터 이상 떨어지거나 송신부와 수신부의 중심이 일치하지 않게 되면 전력 전송 효율이 급격히 저하된다.
③ 자기 유도 방식의 2차 코일은 교류 전류 방식이다.
④ 자기 공명 방식에서 2차 코일은 공진 주파수를 전달받는다. 1차 코일에서 공진 주파수를 만든다.

06

정답 ①

제시문에서는 천재가 선천적인 재능뿐만 아니라 후천적인 노력에 의해서도 만들어지는 존재라고 주장하고 있기 때문에 ①은 옳지 않다.

[오답분석]
②·③·④ 제시문에서 언급된 절충적 천재(선천적 재능과 후천적 노력이 결합한 천재)에 대한 내용이다.
⑤ 영감을 가져다주는 것은 신적인 힘보다도 연습이라는 논지이므로 제시문과 같은 입장이다.

07

정답 ③

포도 재배 환경의 날씨가 더울수록 향은 진해진다고 하였으므로, 진한 향의 레드와인을 원한다면 기온이 높은 지역의 포도를 사용한 와인을 구매해야 한다.

[오답분석]
① 레드와인은 포도에서 과육뿐만 아니라 껍질과 씨를 모두 사용하여 제조한다.
② 기온이 높은 환경에서 재배한 포도로 만든 와인이 산도가 약해진다고 하였으므로, 레드와인 특유의 신맛이 강해지려면 기온이 낮은 환경에서 재배한 포도로 만들어야 한다.
④ 레드와인의 색상은 포도의 품종뿐만 아니라 포도의 재배 환경에 따라서도 영향을 받으므로, 같은 품종의 포도로 제조한 와인이라도 그 색상은 다를 수 있다.
⑤ 제시문에서 심혈관질환 중 고혈압 이외의 내용은 없으므로 모든 심혈관질환자들에게 유익한 영향을 준다고 보기는 어렵다.

08

정답 ④

제시문은 중세 유럽에서 유래된 로열티 제도가 산업 혁명부터 현재까지 지적 재산권에 대한 보호와 가치 확보를 위해 발전되었음을 설명하고 있다. 따라서 가장 적절한 제목은 '로열티 제도의 유래와 발전'이다.

09

정답 ④

제시문은 임베디드 금융에 대한 정의와 장점 및 단점 그리고 이에 대한 개선 방안을 설명하는 글이다. 따라서 (라) '임베디드 금융의 정의' → (나) '임베디드 금융의 장점' → (다) '임베디드 금융의 단점' → (가) '단점에 대한 개선 방안' 순으로 나열되어야 한다.

10

정답 ①

고대 그리스, 헬레니즘, 로마 시대를 순서대로 나열하여 설명하였으므로, 역사적 순서대로 주제의 변천에 대해 서술하고 있다. 따라서 제시문의 서술 방식으로는 ①이 가장 적절하다.

11

정답 ⑤

네 번째 문단에 따르면 아재 개그를 잘하기 위해서는 타고난 언어 감각이 좋아야 한다고 말하고 있다.

오답분석
① 아재 개그는 청자가 결국 다른 곳에 가서 그것을 전달한다는 점에서 어느 정도의 파급력을 가진 것으로 볼 수 있다.
② 아재 개그는 여러 번 생각하면 웃긴 경우도 많다고 하였다.
③ 너무 많이 아재 개그를 하면 사람들의 반응이 차가울 수 있다고 하였다.
④ 제시문에서 예시로 든 '친구가 군대에서 전역했어요.'는 발음의 유사성을 활용한 아재 개그이며, 동음이의어는 오래 전부터 개그의 소재가 되었다고 하였다.

12

정답 ⑤

제시문에 따르면 교열은 독자들이 쉽게 이해할 수 있도록 문장을 다듬는 복잡한 과정이다. 즉, 교열은 교열자에게 힘들고 지겨운 과정이지만, 교열자가 출간된 책을 접하게 되면 삶의 보람을 느끼게 된다는 것이다. 따라서 ⓒ 앞에는 '독자'가 아닌 '교열자'가 주어로 추가되어야 한다.

13

정답 ①

보기의 '이 둘'은 제시문의 산제와 액제를 의미하므로 이 둘에 관해 설명하고 있는 위치에 들어가야 함을 알 수 있다. 또 상반되는 사실을 나타내는 두 문장을 이어 줄 때 사용하는 접속어 '하지만'을 통해 산제와 액제의 단점을 이야기하는 보기의 문장 앞에는 산제와 액제의 장점에 관한 내용이 와야 함을 알 수 있다. 따라서 보기는 (가)에 들어가는 것이 적절하다.

14

정답 ③

제시문은 유명인의 중복 광고 출연으로 인한 부정적인 효과를 설명하고 있다. 따라서 사람들이 유명인과 브랜드 이미지를 연관 짓지 않는다는 주장을 반박으로 내세울 수 있다.

오답분석
①·⑤ 제시문의 내용과 일치하는 주장이다.
②·④ 유명인의 중복 출연으로 인한 부정적인 효과를 말하고 있다.

15

정답 ②

(가) 개요에서 (나) 개요로 고쳐진 부분은 'Ⅰ. 서론'과 '2. 고령화 사회의 문제점' 부분이다. 이는 고령화 사회로 인해 발생할 수 있는 사회적 비용을 의료 및 복지비용으로, 인구 감소로 인한 노동력 공급 감소 및 생산성 저하로 구체화한 것이다.

오답분석
④ 구체적으로 문제 상황을 한정했다고 해서 논의 대상의 범위가 한정된 것은 아니다. 논의 대상인 고령화 사회의 문제점 자체는 그대로이기 때문이다.

16

선생님의 나이를 x세, 딸의 나이를 y세라 하면

$x+y=53 \cdots$ ㉠

$x+14=2(y+14) \cdots$ ㉡

㉠, ㉡을 연립하면

$3y=39 \rightarrow y=13$

따라서 딸의 나이는 13세이므로 선생님의 나이인 $x=53-13=40$이다.

17

분침의 분당 움직이는 각의 크기는 $\dfrac{360}{60}°=6°$, 시침의 분당 움직이는 각의 크기는 $\dfrac{\frac{360}{12}}{60}°=0.5°$이다.

8시에서 x분 후 처음으로 시침과 분침의 각도가 직각을 이루는 경우는 아래와 같다.

 x분 후 $\rightarrow$

$(240+0.5x)-6x=90 \rightarrow x=\dfrac{150}{5.5}=\dfrac{300}{11}$

따라서 8시에서 9시 사이에 처음으로 시침과 분침이 직각이 되는 시각은 8시 $\dfrac{300}{11}$ 분이다.

이후 두 번째로 시침과 분침이 직각을 이루는 시각은 9시이다.

따라서 두 번째로 시침과 분침이 직각을 이루는 시각은 처음으로 시침과 분침이 직각이 되는 시각으로부터

$(9\text{시})-\left(8\text{시} \dfrac{300}{11} \text{분}\right)=\left(60-\dfrac{300}{11}\right)\text{분}=\dfrac{360}{11}$ 분 후이다.

18

열차의 길이를 xm라 하면

$\dfrac{480+x}{36}=\dfrac{600+x}{44}$

$11\times(480+x)=9\times(600+x)$

$2x=120 \rightarrow x=60$

따라서 열차의 길이는 60m이므로 열차의 속력은 $\dfrac{480+60}{36}=15$m/s이다.

19

농업에 종사하는 고령근로자 수는 $600 \times 0.2 = 120$명이고, 교육 서비스업은 $48,000 \times 0.11 = 5,280$명, 공공기관은 $92,000 \times 0.2 = 18,400$명이다. 따라서 총 $120 + 5,280 + 18,400 = 23,800$명으로, 과학 및 기술업에 종사하는 고령근로자 수인 $160,000 \times 0.125 = 20,000$명보다 많다.

[오답분석]

① 건설업에 종사하는 고령근로자 수는 $97,000 \times 0.1 = 9,700$명으로 외국기업에 종사하는 고령근로자 수의 3배인 $12,000 \times 0.35 \times 3 = 12,600$명보다 적다.

② 국가별 65세 이상 경제활동 조사 인구가 같을 경우 그래프에 나와 있는 비율로 비교하면 된다. 따라서 미국의 고령근로자 참가율 17.4%는 영국의 참가율의 2배인 $8.6 \times 2 = 17.2$%보다 낮지 않으므로 옳지 않은 설명이다.

③ 모든 업종의 전체 근로자 수에서 제조업에 종사하는 전체 근로자 비율은
$$\frac{1,080}{(0.6 + 1,080 + 97 + 180 + 125 + 160 + 48 + 92 + 12)} \times 100 ≒ 60.2\%$$로 80% 미만이다.

⑤ 독일, 네덜란드와 아이슬란드의 65세 이상 경제활동 참가율의 합은 $4.0 + 5.9 + 15.2 = 25.1$%이고, 한국은 29.4%이다. 세 국가의 참가율 합이 한국의 참가율 합의 $\frac{25.1}{29.4} \times 100 ≒ 85.4\%$로 90% 미만이다.

20

자료의 두 번째 그래프에 나온 비율을 전체 조사인구와 곱하여 고령근로자 수를 구한다.
(가) 한국 경제활동 고령근로자 수 : $750 \times 0.294 = 220.5$만 명
(나) 스웨덴 경제활동 고령근로자 수 : $5,600 \times 0.32 = 1,792$만 명

21

사진별로 개수에 따른 총 용량을 구하면 다음과 같다.
• 반명함 : $150 \times 8,000 = 1,200,000$KB
• 신분증 : $180 \times 6,000 = 1,080,000$KB
• 여권 : $200 \times 7,500 = 1,500,000$KB
• 단체사진 : $250 \times 5,000 = 1,250,000$KB
사진 용량 단위 KB를 MB로 전환하면
• 반명함 : $1,200,000 \div 1,000 = 1,200$MB
• 신분증 : $1,080,000 \div 1,000 = 1,080$MB
• 여권 : $1,500,000 \div 1,000 = 1,500$MB
• 단체사진 : $1,250,000 \div 1,000 = 1,250$MB
따라서 모든 사진의 총 용량을 더하면 $1,200 + 1,080 + 1,500 + 1,250 = 5,030$MB이고, 5,030MB는 5.03GB이므로 USB의 최소 필요 용량은 5GB이다.

22

- 공연음악 시장 규모 : 2023년의 예상 후원 시장 규모는 $6,305+118=6,423$백만 달러이고, 티켓 판매 시장 규모는 $22,324+740=$ $23,064$백만 달러이다. 따라서 2023년의 공연음악 시장 규모는 $6,423+23,064=29,487$백만 달러이다.
- 스트리밍 시장 규모 : 2018년의 스트리밍 시장 규모가 1,530백만 달러이므로, 2023년의 스트리밍 시장 규모는 $1,530\times2.5=$ $3,825$백만 달러이다.
- 오프라인 음반 시장 규모 : 2023년 오프라인 음반 시장 규모를 x백만 달러라고 하면, $\dfrac{x-8,551}{8,551}\times100=-6\%$이므로

$x=-\dfrac{6}{100}\times8,551+8,551 ≒ 8,037.9$이다.

23

- B비커의 설탕물 100g를 A비커 설탕물과 섞은 후 각 비커의 설탕의 양
  - A비커 : $\left(\dfrac{x}{100}\times300+\dfrac{y}{100}\times100\right)$g
  - B비커 : $\left(\dfrac{y}{100}\times500\right)$g
- A비커의 설탕물 100g를 B비커 설탕물과 섞은 후 각 비커의 설탕의 양
  - A비커 : $\left(\dfrac{3x+y}{400}\times300\right)$g
  - B비커 : $\left(\dfrac{y}{100}\times500+\dfrac{3x+y}{400}\times100\right)$g

설탕물을 모두 옮긴 후 두 비커에 들어 있는 설탕물의 농도는

$\dfrac{\dfrac{3x+y}{400}\times300}{300}\times100=5 \cdots ㉠$

$\dfrac{\dfrac{y}{100}\times500+\dfrac{3x+y}{400}\times100}{600}\times100=9.5 \cdots ㉡$

㉡에 ㉠을 대입하여 정리하면 $5y+5=57$, $y=\dfrac{52}{5}$ 이고 $x=\dfrac{20-\dfrac{52}{5}}{3}=\dfrac{16}{5}$ 이다.

따라서 $10x+10y=10\times\dfrac{16}{5}+10\times\dfrac{52}{5}=32+104=136$이다.

24

정답 ②

㉠ 2018년에서 2022년 사이 전년 대비 문화재의 증가 건수를 구하면 다음과 같다.
- 2018년 : $3,459-3,385=74$건
- 2019년 : $3,513-3,459=54$건
- 2020년 : $3,583-3,513=70$건
- 2021년 : $3,622-3,583=39$건
- 2022년 : $3,877-3,622=255$건

따라서 전년 대비 전체 국가지정문화재 건수가 가장 많이 증가한 해는 2022년이다.

㉢ 2017년 대비 2022년의 문화재 종류별 건수의 증가율을 구하면 다음과 같다.
- 국보 : $\dfrac{328-314}{314}\times100\fallingdotseq4.46\%$
- 보물 : $\dfrac{2,060-1,710}{1,710}\times100\fallingdotseq20.47\%$
- 사적 : $\dfrac{495-479}{479}\times100\fallingdotseq3.34\%$
- 명승 : $\dfrac{109-82}{82}\times100\fallingdotseq32.93\%$
- 천연기념물 : $\dfrac{456-422}{422}\times100\fallingdotseq8.06\%$
- 국가무형문화재 : $\dfrac{135-114}{114}\times100\fallingdotseq18.42\%$
- 중요민속문화재 : $\dfrac{294-264}{264}\times100\fallingdotseq11.36\%$

따라서 2017년 대비 2022년의 국가지정문화재 건수의 증가율이 가장 높은 문화재는 명승 문화재이다.

[오답분석]

㉡ 2022년의 국보 문화재 건수는 2017년에 비해 $328-314=14$건 증가했다. 그러나 2017년에 전체 국가지정문화재 중 국보 문화재가 차지하는 비율은 $\dfrac{314}{3,385}\times100\fallingdotseq9.28\%$, 2022년에 전체 국가지정문화재 중 국보 문화재가 차지하는 비율은 $\dfrac{328}{3,877}\times100\fallingdotseq8.46\%$이다. 따라서 2022년에 국보 문화재가 전체 국가지정문화재에서 차지하는 비중은 2017년에 비해 감소했다.

㉣ 연도별 국가무형문화재 건수의 4배의 수치를 구하면 다음과 같다.
- 2017년 : $114\times4=456$건
- 2018년 : $116\times4=464$건
- 2019년 : $119\times4=476$건
- 2020년 : $120\times4=480$건
- 2021년 : $122\times4=488$건
- 2022년 : $135\times4=540$건

2017년에서 2021년까지는 사적 문화재의 지정 건수가 국가무형문화재 건수의 4배가 넘는 수치를 보이고 있지만, 2022년의 경우 국가무형문화재 건수의 4배를 넘지 못한다.

25

정답 ②

A종목에서 상을 받은 사람의 수를 $P(A)$, B종목에서 상을 받은 사람의 수를 $P(B)$, A종목과 B종목 모두 상을 받은 사람의 수를 $P(A\cap B)$라고 할 때 다음과 같은 식이 성립한다.
- $P(A)+P(B)-P(A\cap B)=30$ … ㉠
- $P(A)=P(B)+8$ … ㉡

$P(A\cap B)=10$이므로
- $P(A)+P(B)=40$ … ㉠'
- $P(A)=P(B)+8$ … ㉡'

㉠'과 ㉡'을 연립하면 $P(A)=24$, $P(B)=16$이다.
따라서 A종목에서 상을 받은 사람들의 상금의 합은 $24\times50,000=1,200,000$원이다.

26

상품별 고객 만족도 1점당 비용을 구하면 다음과 같다.

- 차량용 방향제 : $7,000 \div 5 = 1,400$원
- 식용유 세트 : $10,000 \div 4 = 2,500$원
- 유리용기 세트 : $6,000 \div 6 = 1,000$원
- 32GB USB : $5,000 \div 4 = 1,250$원
- 머그컵 세트 : $10,000 \div 5 = 2,000$원
- 육아 관련 도서 : $8,800 \div 4 = 2,200$원
- 핸드폰 충전기 : $7,500 \div 3 = 2,500$원

할당받은 예산을 고려하여 고객 만족도 1점당 비용이 가장 낮은 상품부터 구매비용을 구하면 다음과 같다.

- 유리용기 세트 : $6,000 \times 200 = 1,200,000$원
  → 남은 예산 : $5,000,000 - 1,200,000 = 3,800,000$원
- 32GB USB : $5,000 \times 180 = 900,000$원
  → 남은 예산 : $3,800,000 - 900,000 = 2,900,000$원
- 차량용 방향제 : $7,000 \times 300 = 2,100,000$원
  → 남은 예산 : $2,900,000 - 2,100,000 = 800,000$원
- 머그컵 세트 : $10,000 \times 80 = 800,000$원
  → 남은 예산 : $800,000 - 800,000 = 0$원

즉, 확보 가능한 상품의 개수는 $200 + 180 + 300 + 80 = 760$개이다.
따라서 사은품을 나누어 줄 수 있는 고객의 수는 $760 \div 2 = 380$명이다.

27

표준편차는 편차의 제곱의 평균값에 대한 양의 제곱근으로 정의한다.
따라서 여사원의 다트 게임 점수의 (편차)^{2}의 합은 $13 \times 3^2 = 117$점, 남사원의 다트 게임 점수의 (편차)^{2}의 합은 $12 \times 4^2 = 192$점이다.
그러므로 전체 사원의 다트 게임 점수의 (편차)^{2}의 합은 $117 + 192 = 309$점이다.

28

오답분석

① 1982년의 A국의 석유 수입액은 74달러이고 B국의 석유 수입액은 75달러이므로 B국이 더 많다.
② 2002년의 A국의 석유 수입액과 석탄 수입액의 합은 110.7달러고 LNG 수입액의 2배는 108.6달러이므로 2배보다 많다.
④ 두 국가의 1982년 대비 2022년의 LNG 수입액 증가율은 다음과 같다.

- A국 : $\dfrac{79.9 - 29.2}{29.2} \times 100 \fallingdotseq 173.6\%$
- B국 : $\dfrac{102 - 30}{30} \times 100 = 240\%$

따라서 증가율은 B국이 더 크다.

⑤ 두 국가의 1982년 대비 2022년의 석탄 수입액 감소율은 다음과 같다.

- A국 : $\dfrac{28 - 82.4}{82.4} \times 100 \fallingdotseq -66\%$
- B국 : $\dfrac{7.1 - 44}{44} \times 100 \fallingdotseq -83.9\%$

따라서 감소율은 B국이 더 크다.

29

폐수처리량이 가장 적었던 연도는 $204,000m^3$를 기록한 2021년이다. 그러나 오수처리량이 가장 적은 연도는 $27,000m^3$를 기록한 2022년이므로 자료에 대한 이해로 옳지 않다.

오답분석

① $2,900 \div 3,100 \times 100 \fallingdotseq 94\%$

② 온실가스 배출량은 2020년 $1,604,000tCO_2eq$에서 2022년 $1,542,000tCO_2eq$까지 매년 감소하고 있다.

④ $(1,700+2,900+2,400) \div 3 \fallingdotseq 2,333$백만 원이므로 약 23억 3,300만 원이다.

⑤ 에너지 사용량의 전년 대비 증감률을 구하면 다음과 같다.

- 2021년 : $\dfrac{29,000-30,000}{30,000} \times 100 \fallingdotseq -3.33\%$

- 2022년 : $\dfrac{30,000-29,000}{29,000} \times 100 \fallingdotseq 3.45\%$

따라서 전년 대비 증감률의 절댓값은 2021년보다 2022년이 더 크다.

30

연도별 환경지표점수를 산출하면 다음과 같다.

(단위 : 점)

연도	녹색제품 구매액	에너지 사용량	폐수처리량	합계
2020년	5	5	5	15
2021년	10	10	10	30
2022년	10	5	5	20

따라서 환경지표점수가 가장 높은 연도는 2021년이고, 그 점수는 30점이다.

31

A국 GDP는 18,562십억 달러로 나머지 다섯 국가의 GDP 값의 합인 $4,730+3,495+2,650+2,488+1,404=14,767$십억 달러보다 크다.

오답분석

ㄱ. B국은 C국보다 GDP와 GDP 대비 국가자산총액 모두 크다.

ㄷ. (국가자산총액)=(GDP 대비 국가자산총액)×(GDP)÷100으로 F국과 D국의 국가자산총액을 구하면 D국의 총액이 더 크다.

- D국 : $\dfrac{522}{100} \times 2,650 \fallingdotseq 13,833$십억 달러

- F국 : $\dfrac{828}{100} \times 1,404 \fallingdotseq 11,625$십억 달러

32

A사이트의 인원 비율을 a, B사이트의 인원 비율은 $(1-a)$라고 하자.
각 사이트 평균점수에 인원 비율을 곱한 값의 합은 전체 평균점수와 같다.
$4.5a+\{6.5(1-a)\}=5.1 \rightarrow 2a=1.4 \rightarrow a=0.7$
따라서 A사이트에 참여한 인원은 $2,100 \times 0.7=1,470$명이다.

33

정답 ①

하루 평균 총 200잔이 팔렸다면, 카페라테는 전체에서 25%, 에스프레소는 6%이므로 각각 50잔, 12잔이 판매되었다. 따라서 카페라테는 에스프레소보다 하루에 50−12=38잔이 더 팔린다.

34

정답 ③

이날 판매된 커피 180잔 중 아메리카노는 50%로 90잔이 판매되었고, 매출은 90×2,000=180,000원이다.

35

정답 ③

A씨의 식단을 끼니별로 나누어 칼로리를 계산하면 다음과 같다. 이때, 주어진 칼로리 정보를 고려하면 g에 비례하여 칼로리를 계산하여야 하는 것에 주의한다.

구분	식단
아침	우유식빵 280kcal, 사과잼 110kcal, 블루베리 30kcal
점심	현미밥 360kcal, 갈비찜 597kcal, 된장찌개 88kcal, 버섯구이 30kcal, 시금치나물 5kcal
저녁	현미밥 180kcal, 미역국 176kcal, 고등어구이 285kcal, 깍두기 50kcal, 연근조림 48kcal

따라서 A씨가 하루에 섭취하는 열량은 280+110+30+360+597+88+30+5+180+176+285+50+48=2,239kcal이다.

36

정답 ④

• (가) 중요성 : 매출 / 이익 기여도, 지속성 / 파급성, 고객만족도 향상, 경쟁사와의 차별화 등
• (나) 긴급성 : 달성의 긴급도, 달성에 필요한 시간 등
• (다) 용이성 : 실시상의 난이도, 필요자원의 적정성 등

37

정답 ⑤

창의적 사고는 통상적인 것이 아니라 기발하거나, 신기하며 독창적이다. 또한 발산적 사고로서 아이디어가 많고, 다양하고, 독특한 것을 의미하며, 유용하고 가치가 있어야 한다.

38

정답 ④

• (가) : 자료(Data)는 정보 작성을 위하여 필요한 데이터를 말하는 것으로, 이는 '아직 특정의 목적에 대하여 평가되지 않은 상태의 숫자나 문자들의 단순한 나열'을 뜻한다.
• (나) : 정보(Information)는 자료를 일정한 프로그램에 따라 컴퓨터가 처리·가공함으로써 '특정한 목적을 달성하는 데 필요하거나 특정한 의미를 가진 것으로 다시 생산된 것'을 뜻한다.
• (다) : 지식(Knowledge)은 '어떤 특정의 목적을 달성하기 위해 과학적 또는 이론적으로 추상화되거나 정립되어 있는 일반화된 정보'를 뜻하는 것으로, 어떤 대상에 대하여 원리적·통일적으로 조직되어 객관적 타당성을 요구할 수 있는 판단의 체계를 제시한다.

39

내부뿐만 아니라 활용할 수 있는 외부의 자원까지 이용하고자 하는 경우는 고정관념에 얽매이지 않거나 단순한 정보에만 의지하는 게 아니라 문제해결에 있어 새롭고 실용적인 방법을 찾는 과정에 포함될 수 있으므로 문제해결의 방해 요인이 아니다.

문제해결의 방해 요인
• 문제를 철저하게 분석하지 않는 경우
• 고정관념에 얽매이는 경우
• 너무 많은 자료를 수집하려고 노력하는 경우
• 쉽게 떠오르는 단순한 정보에 의지하는 경우

40

주어진 조건에 따라 부서별 위치를 정리하면 다음과 같다.

구분	경우 1	경우 2
6층	연구 · 개발부	연구 · 개발부
5층	서비스개선부	디자인부
4층	디자인부	서비스개선부
3층	기획부	기획부
2층	인사교육부	인사교육부
1층	해외사업부	해외사업부

따라서 3층에 위치한 기획부의 직원인 문대리는 출근 시 반드시 계단을 이용해야 하므로 ④는 항상 옳다.

[오답분석]
① 경우 1에서 디자인부의 김대리는 출근 시 엘리베이터를 타고 4층에서 내린다.
② 경우 2에서 디자인부의 김대리는 서비스개선부의 조대리보다 엘리베이터에서 나중에 내린다.
③ 커피숍과 같은 층에 위치한 부서는 1층에 위치한 해외사업부이다.
⑤ 엘리베이터 이용에만 제한이 있을 뿐 계단 이용에는 층별 이용 제한이 없다.

41

퍼실리테이션은 단순히 타협점을 조정하는 것에 그치는 것이 아니라 창조적인 해결방안까지 도출하고자 하므로 옳은 내용이다.

[오답분석]
① 깊이 있는 커뮤니케이션을 통해 서로의 문제점을 이해하고 공감하게 한다.
③ 초기에 생각하지 못했던 창조적인 해결방법을 도출한다.
④ 구성원이 자율적으로 실행하는 것으로 제3자가 합의점이나 줄거리를 준비해 놓고 예정대로 결론이 도출되는 것이 아니다.
⑤ 구성원의 동기가 강화되고 팀워크도 한층 강화된다는 특징을 보인다.

42

다섯 번째와 여섯 번째 조건에 의해 50만 원 이상 구매 목록은 매년 2번 이상 구매해야 하며, 두 계절 연속으로 같은 가격대의 구매 목록을 구매할 수 없다. 가을을 제외한 계절에 50만 원 이상인 에어컨을 구매하였으므로 봄에는 50만 원 이상인 구매 목록을 구매할 수 없다.

43

정답 ⑤

노인 인구가 많은 도시이므로 첫 번째와 네 번째 시행령에 의해 신도시 신호등의 기본 점멸 시간을 구하면 $60 \div 1.5 = 40$cm/초이다.
- 5m 횡단보도의 신호등 점멸 시간

해당 거리에 따른 신호등 점멸 시간을 t라 하면 $t = \dfrac{500}{40} = 12.5$이며, 세 번째 시행령에 의하여 추가 여유시간을 더해 신호등 점멸 시간을 구하면 $12.5 + 3 = 15.5$초이다.

- 20m 횡단보도의 신호등 점멸 시간

해당 거리에 따른 신호등 점멸 시간을 t_1이라 하면 $t_1 = \dfrac{2,000}{40} = 50$이며, 이때 횡단보도의 길이가 10m 이상이므로 두 번째 시행령에 의해 추가 점멸 시간이 발생한다.

초과 거리는 $20 - 10 = 10$m이고, 초과 거리에 따른 추가 점멸 시간을 t_2라 하면 $t_2 = 10 \times 1.2 = 12$이다. 추가 여유시간을 더해 신호등 점멸 시간을 구하면 $t_1 + t_2 + 3 = 50 + 12 + 3 = 65$초이다.

44

정답 ③

SO전략은 강점을 살려 기회를 포착하는 전략이므로 TV프로그램에 출연하여 좋은 품질의 재료만 사용한다는 점을 홍보하는 것은 SO전략으로 적절하다.

45

정답 ④

행사장 방문객은 시계 반대 방향으로 돌면서 전시관을 관람한다. 400명의 방문객이 출입하여 제1전시관에 100명이 관람한다면 나머지 300명은 관람하지 않고 지나치게 된다. 따라서 A에서 홍보판촉물을 나눠 줄 수 있는 대상자는 300명이 된다. 그리고 B는 A를 걸쳐서 오는 300명과 제1전시관을 관람하고 나온 100명의 인원이 합쳐지는 장소이므로 총 400명을 대상으로 홍보판촉물을 나눠 줄 수 있다. 이러한 개념으로 모든 장소를 고려해 보면 각 전시관과의 출입구가 합류되는 B, D, F에서 가장 많은 사람들에게 홍보판촉물을 나눠 줄 수 있다.

46

정답 ②

오답분석

① 숫자 0을 다른 숫자와 연속해서 나열했고(세 번째 조건 위반), 알파벳 대문자를 다른 알파벳 대문자와 연속해서 나열했다(네 번째 조건 위반).
③ 특수기호를 첫 번째로 사용했다(다섯 번째 조건 위반).
④ 알파벳 대문자를 사용하지 않았다(두 번째 조건 위반).
⑤ 알파벳 소문자를 사용하지 않았고(두 번째 조건 위반), 알파벳 대문자를 연속해서 나열했다(네 번째 조건 위반).

47

정답 ②

'안압지 - 석굴암 - 첨성대 - 불국사'는 세 번째로 방문한 곳이 첨성대라면, 첫 번째로 방문한 곳은 불국사라는 다섯 번째 조건에 맞지 않는다.

오답분석

①·③·④·⑤ 주어진 조건에 만족한다.

48

각 펀드의 총점을 통해 비교 결과를 유추하면 다음과 같다.
- A펀드 : 한 번은 우수(5점), 한 번은 우수 아님(2점)
- B펀드 : 한 번은 우수(5점), 한 번은 우수 아님(2점)
- C펀드 : 두 번 모두 우수 아님(2점+2점)
- D펀드 : 두 번 모두 우수(5점+5점)

각 펀드의 비교 대상은 다른 펀드 중 2개이며, 총 4번의 비교를 했다고 하였으므로 다음과 같은 경우를 고려할 수 있다.
- 경우 1

A		B		C		D	
B	D	A	C	B	D	A	C
5	2	2	5	2	2	5	5

표의 결과를 정리하면 D>A>B, A>B>C, B·D>C, D>A·C이므로 D>A>B>C이다.
- 경우 2

A		B		C		D	
B	C	A	D	A	D	C	B
2	5	5	2	2	2	5	5

표의 결과를 정리하면 B>A>C, D>B>A, A·D>C, D>C·B이므로 D>B>A>C이다.
- 경우 3

A		B		C		D	
D	C	C	D	A	B	A	B
2	5	5	2	2	2	5	5

표의 결과를 정리하면 D>A>C, D>B>C, A·B>C, D>A·B이므로 D>A·B>C이다.

ㄱ. 세 가지 경우 모두 D펀드는 C펀드보다 우수하다.
ㄴ. 세 가지 경우 모두 D펀드가 B펀드보다 우수하다.
ㄷ. 세 번째 경우에서 A펀드와 B펀드의 우열을 가릴 수 있으면 A~D까지 우열순위를 매길 수 있다.

49

ㄴ. 민간의 자율주행기술 R&D를 지원하여 기술적 안정성을 높이는 전략은 위협을 최소화하는 내용은 포함하지 않고 약점만 보완하는 내용이므로 ST전략이라 할 수 없다.
ㄹ. 국내기업의 자율주행기술 투자가 부족한 약점을 국가기관의 주도로 극복하려는 내용은, 약점을 최소화하고 위협을 회피하려는 WT전략의 내용으로 적합하지 않다.

오답분석

ㄱ. 높은 수준의 자율주행기술을 가진 외국 기업과의 기술이전협약 기회를 통해 국내외에서 우수한 평가를 받는 국내 자동차기업이 국내 자율주행자동차 산업의 강점을 강화하는 전략은 SO전략에 해당한다.
ㄷ. 국가가 지속적으로 자율주행차 R&D를 지원하는 법안이 본회의를 통과한 기회를 토대로 기술개발을 지원하여 국내 자율주행자동차 산업의 약점인 기술적 안전성을 확보하려는 전략은 WO전략에 해당한다.

각 조건을 종합해 보면 D는 1시부터 6시까지 연습실 2에서 플루트를 연주하고, B는 연습실 3에서 첼로를 연습하며, 연습실 2에서 처음 연습하는 사람은 9시부터 1시까지, 연습실 3에서 처음 연습하는 사람은 9시부터 3시까지 연습한다. 따라서 연습실 1에서는 나머지 3명이 3시간씩 연습해야 한다.

그러므로 ③의 조건이 추가되면 A와 E가 3시에 연습실 1과 연습실 3에서 연습이 끝나는 것이 되는데, A는 연습실 1을 이용할 수 없으므로 9시부터 3시까지 연습실 3에서 바이올린을 연습하고 E는 연습실 1에서 12시부터 3시까지 클라리넷을 연습한다. C도 연습실 1을 이용할 수 없으므로 연습실 2에서 9시부터 1시까지 콘트라베이스를 연습하고, 마지막 조건에 따라 G는 9시부터 12시까지 연습실 1에서, F는 3시부터 6시까지 연습실 1에서 바순을 연습하므로 모든 사람의 연습 장소와 연습 시간이 확정된다.

구분	연습실 1	연습실 2	연습실 3
9 ~ 10시	G	C	A
10 ~ 11시	G	C	A
11 ~ 12시	G	C	A
12 ~ 1시	E	C	A
1 ~ 2시	E	D	A
2 ~ 3시	E	D	A
3 ~ 4시	F	D	B
4 ~ 5시	F	D	B
5 ~ 6시	F	D	B

01	02	03	04	05	06	07	08	09	10	11	12	13	14	15	16	17	18	19	20
④	②	⑤	②	⑤	③	⑤	④	③	②	③	④	②	③	①	④	④	③	⑤	⑤
21	22	23	24	25	26	27	28	29	30	31	32	33	34	35	36	37	38	39	40
④	④	④	⑤	④	③	②	①	④	④	④	⑤	⑤	②	⑤	③	②	④	②	②
41	42	43	44	45	46	47	48	49	50										
④	④	⑤	②	④	①	⑤	④	③	④										

01
정답 ④

대화 시 '쉼'을 하는 경우
- 이야기가 전이(轉移)될 경우
- 양해, 동조, 반문의 경우
- 생략, 암시, 반성의 경우
- 여운을 남길 경우

02
정답 ②

비즈니스 레터는 사업상의 이유로 고객이나 단체에 편지를 쓰는 것이다. 직장업무나 개인 간의 연락, 직접 방문하기 어려운 고객관리 등을 위해 사용되는 비공식 문서이나, 제안서나 보고서 등 공식 문서를 전달할 때에도 사용된다.

03
정답 ⑤

케인즈는 절대소득가설을 통해 소비를 결정하는 요인들 중에 가장 중요한 것은 현재의 소득이라고 주장했으므로 ⑤는 적절하지 않은 설명이다.

04
정답 ②

제시문은 식물의 이름을 짓는 방식을 생김새, 쓰임새, 향기, 소리 등으로 분류하여 그에 해당하는 예를 들고 있다. 따라서 ②가 서술 방식의 특징으로 가장 적절하다.

05
정답 ⑤

빈칸 ㉠ 뒤의 내용은 동물실험의 어두운 면으로 앞에 제시된 내용과 상반되므로 빈칸에는 서로 반대되는 내용을 이어 주는 접속사를 넣어야 한다. 따라서 '하지만'이 적절하다.

06
정답 ③

네 번째 문단에서 쥐와 인간의 유전자는 약 99% 정도가 유사하며 300개 정도의 유전자만 다르다고 하였다.

① 첫 번째 문단에 제시되어 있다.
② 두 번째 문단에 제시되어 있다.
④ 여섯 번째 문단에서 2022년 12월 FDA에서 동물실험 의무 조항을 삭제했다 하였으므로 그해 상반기까지는 의무였음을 추측할 수 있다.
⑤ 일곱 번째 문단에서 확인할 수 있다.

07

탈리도마이드는 널리 쓰였던 약품이었으나 인체에 대한 유해성이 확인된 이후 사용이 금지 또는 제한되었다. ①, ②, ③, ④ 모두 탈리도마이드와 유사한 사례로서 사람들에게 널리 쓰였으나 인체 유해성이 확인된 이후 제한적으로 사용 또는 금지되며 퇴출당하였다. 하지만 ⑤의 햄버거가 인체에 유해하다는 지적은 제시된 글에서 찾아볼 수 없으므로 탈리도마이드와 유사한 사례라고 볼 수 없다.

08

미생물을 끓는 물에 노출하면 영양세포나 진핵포자는 죽일 수 있으나, 세균의 내생포자는 사멸시키지 못한다. 멸균은 포자, 박테리아, 바이러스 등을 완전히 파괴하거나 제거하는 것이므로 물을 끓여서 하는 열처리 방식으로는 멸균이 불가능함을 알 수 있다. 따라서 빈칸에 들어갈 내용으로는 소독은 가능하지만, 멸균은 불가능하다는 ④가 가장 적절하다.

09

제시문은 유럽연합에 대한 설명으로 유럽연합의 설립 과정과 전망에 대해 이야기하고 있다. 따라서 (마) '유럽연합의 기원' – (다) '유럽석탄철강공동체(ECSC)의 정의' – (아) '유럽경제공동체(EEC)의 설립' – (나) '유럽공동체(EC)로의 발전' – (가) '유럽연합(EU) 조약의 체결' – (바) '유럽의 정치적 공동체 지향' – (라) '단일 정치체제 수립 시도의 실패' – (사) '유럽연합의 전망'으로 나열되어야 한다.

10

첫 번째 문단에 따르면 르네상스의 야만인 담론은 이전과는 달리 현실적 구체성을 띠고 있지만 전통 야만인관에 의해 각색되는 것은 여전하다.

①·④·⑤는 두 번째 문단, ③은 첫 번째 문단에서 확인할 수 있다.

11

제시문은 우리나라가 지식 기반 산업 위주의 사회로 바뀌면서 내부 노동시장에 의존하던 인력 관리 방식이 외부 노동시장에서의 채용으로 변화함에 따라 지식 격차에 의한 소득 불평등과 국가 간 경제적 불평등 현상이 심화되고 있다고 말하고 있으므로, 이에 적절한 제목은 ③이다.

① 정보통신 기술을 통해, 전 지구적 노동시장이 탄생하여 기업을 비롯한 사회 조직들이 국경을 넘어 인력을 충원하고 재화와 용역을 구매하고 있다고 언급했다. 하지만 이러한 국가 간 노동 인력의 이동이 가져오는 폐해에 대해서는 언급하고 있지 않다.
② 지식 기반 경제로의 이행은 지식 격차에 의한 소득 불평등 심화 현상을 일으킨다. 하지만 이것에 대한 해결책은 언급하고 있지 않다.
④ 생산 기능은 저개발국으로 이전되고 연구 개발 기능은 선진국으로 모여들어 정보 격차가 확대되고 있다. 하지만 국가 간의 격차 축소 정책의 필요성은 언급하고 있지 않다.
⑤ 사회 불평등 현상은 지식 기반 산업 위주로 변화하는 국가에서 나타나거나 국가와 국가 사이에서 나타나기도 한다. 이는 제시문에서 언급한 내용이지만 전체 주제를 포괄하고 있지 않으므로 적절하지 않다.

12

먹고 난 뒤의 그릇을 씻어 정리하는 일을 뜻하는 단어는 '설거지'이다.

오답분석
① ~로서 : 지위나 신분 또는 자격을 나타내는 격 조사
② 왠지 : 왜 그런지 모르게. 또는 뚜렷한 이유도 없이
③ 드러나다 : 가려 있거나 보이지 않던 것이 보이게 됨
⑤ 밑동 : 긴 물건의 맨 아랫동아리

13

정답 ②

②의 가격이 저렴한 산업용 전기를 통한 기업의 이익은 '전기 에너지 부족 문제'라는 글의 주제와 관련이 적으며, 기업이 과도한 전기 에너지를 사용하고 있는 문제 상황에 대한 근거로도 적절하지 않다.

14

정답 ③

㉠ 연임 : 원래 정해진 임기를 다 마친 뒤에 다시 계속하여 그 직위에 머무름
㉡ 부과 : 세금이나 부담금 따위를 매기어 부담하게 함
㉢ 임차 : 돈을 내고 남의 물건을 빌려 씀

오답분석
• 역임 : 여러 직위를 두루 거쳐 지냄
• 부여 : 사람에게 권리·명예·임무 따위를 지니도록 해 주거나, 사물이나 일에 가치·의의 따위를 붙임
• 임대 : 돈을 받고 자기의 물건을 남에게 빌려줌

15

정답 ①

제시문은 대중문화가 주로 젊은 세대를 중심으로 한 문화라고 설명한 다음, 대중문화라고 해서 반드시 젊은 사람들을 중심으로 이루어지는 것은 아니라고 설명하고 있다.

16

정답 ④

첫 번째 날 또는 일곱 번째 날에 총무부 소속의 팀이 봉사활동을 하게 될 확률은 1에서 마케팅부 소속의 팀이 첫 번째 날과 일곱 번째 날에 반드시 봉사활동을 할 확률을 제외한 것과 같다.

마케팅부 소속의 5팀 중 첫 번째 날과 일곱 번째 날에 봉사활동을 할 팀을 배치하는 순서의 경우의 수는 $_5P_2 = 5 \times 4 = 20$가지이고, 총무부 2팀을 포함한 5팀을 배치하는 경우의 수는 5!가지이므로 총 $(20 \times 5!)$가지이다.

첫 번째 날과 일곱 번째 날에 마케팅부 소속의 팀이 봉사활동을 할 확률은 $\dfrac{20 \times 5!}{7!} = \dfrac{20 \times 5 \times 4 \times 3 \times 2 \times 1}{7 \times 6 \times 5 \times 4 \times 3 \times 2 \times 1} = \dfrac{10}{21}$이므로 첫 번째 날 또는 일곱 번째 날에 총무부 소속의 팀이 봉사활동을 할 확률은 $1 - \dfrac{10}{21} = \dfrac{11}{21}$이다.

따라서 $a - b = 21 - 11 = 10$이다.

17

정답 ④

2022년도에 세 번째로 많은 생산을 했던 분야는 일반기계 분야이므로, 일반기계 분야의 2020년 대비 2021년의 변화율은 $\dfrac{4,020 - 4,370}{4,370} \times 100 ≒ -8\%$이므로 약 8%p 감소하였다.

30 · 공기업 고졸채용 최종모의고사

18

정답 ③

13번째 강연이 포함되는 2주 동안 신입사원들이 듣는 강연은 총 5회이다. 그러므로 금요일 강연이 없는 주의 월요일에 첫 강연을 들었다면 5주 차 월요일의 강연을 듣기 전까지 10개의 강연을 듣게 된다. 5주 차 월요일, 수요일의 강연을 듣고 6주 차 월요일의 강연이 13번째 강연이 된다.

따라서 6주 차 월요일이 13번째 강연을 듣는 날이므로 8월 1일 월요일을 기준으로 35일 후가 된다. 8월은 31일까지 있으므로 $1+35-31=5$일, 즉 9월 5일이 된다.

19

정답 ⑤

2020년을 기점으로 볼 때, 2018년의 노동생산성 지수는 일본이 96.52포인트, 독일이 96.39포인트로 일본이 약간 앞서 있었다.

오답분석

① 지수를 보면 우리나라는 2018년부터 2022년까지 0.62~3.68포인트 사이의 지속적인 소폭 상승세를 타고 있으며, 중국은 9.24~18.02포인트만큼 증가하여 다른 나라에 비해 급상승세를 보이고 있음을 알 수 있다.

② 독일과 일본은 2020년의 노동생산성을 기준으로 계속 감소하고 있음을 알 수 있다.

③ 우리나라는 2018년에 44,103포인트에서 2022년에 48,627포인트로, 4,524포인트가 증가했다.

④ 2019년의 노동생산성 지수가 가장 크게 변한 나라는 중국으로 9.24포인트 상승했고, 가장 적게 변한 나라는 미국으로 0.78포인트 상승했다. 따라서 그 차이는 8.46포인트이다.

20

정답 ⑤

2022년의 총연봉은 2023년의 총연봉의 전년 대비 증가율 그래프의 수치로 구할 수 있다.

- A팀 : $\dfrac{15}{1+0.5}=10$억 원
- E팀 : $\dfrac{24}{1+0.5}=16$억 원

따라서 2022년의 총연봉은 E팀이 A팀보다 더 많다.

오답분석

(단위 : 명, 억 원)

테니스 팀	선수 인원수		총연봉		2023년 선수 한 명당 평균 연봉
	2022년	2023년	2022년	2023년	
A	$\dfrac{5}{1+0.25}=4$	5	$\dfrac{15}{1+0.5}=10$	15	$\dfrac{15}{5}=3$
B	$\dfrac{10}{1+1}=5$	10	$\dfrac{25}{1+1.5}=10$	25	$\dfrac{25}{10}=2.5$
C	$\dfrac{10}{1+0.25}=8$	10	$\dfrac{24}{1+0.2}=20$	24	$\dfrac{24}{10}=2.4$
D	$\dfrac{6}{1+0.5}=4$	6	$\dfrac{30}{1+0.2}=25$	30	$\dfrac{30}{6}=5$
E	$\dfrac{6}{1+0.2}=5$	6	$\dfrac{24}{1+0.5}=16$	24	$\dfrac{24}{6}=4$

① 2023년의 테니스 팀 선수당 평균 연봉은 D팀이 5억 원으로 가장 많다.

② 2023년의 전년 대비 증가한 선수 인원수는 2명으로 C팀과 D팀이 동일하다.

③ 2023년의 A팀의 팀 선수 평균 연봉은 2022에 2.5억 원에서 3억 원으로 증가하였다.

④ 2023년의 선수 인원수가 전년 대비 가장 많이 증가한 B팀은 총연봉도 가장 많이 증가하였다.

21

정답 ④

1층에서 16층까지는 15층 차이이므로 기압은 $0.2\times15=3\text{kPa}$이 떨어진다. 따라서 16층의 기압은 $200-3=197\text{kPa}$이다.

22

부서별 투입시간을 구하면 다음과 같다.

부서	인원(명)	개인별 투입시간(시간)	총 투입시간(시간)
A	2	$41+3\times1=44$	$44\times2=88$
B	3	$30+2\times2=34$	$34\times3=102$
C	4	$22+1\times4=26$	$26\times4=104$
D	3	$27+2\times1=29$	$29\times3=87$
E	5	$17+3\times2=23$	$23\times5=115$

따라서 업무효율이 가장 높은 부서는 총 투입시간이 가장 적은 D부서이다.

23

서비스 품질 5가지 항목의 점수와 서비스 쇼핑 체험 점수를 비교해 보면, 모든 대형마트에서 서비스 쇼핑 체험 점수가 가장 낮다는 것을 확인할 수 있다. 따라서 서비스 쇼핑 체험 부문의 만족도는 서비스 품질 부문들보다 낮다고 이해할 수 있으며, 서비스 쇼핑 체험 점수의 평균은 $\dfrac{3.48+3.37+3.45+3.33}{4} ≒ 3.41$점이다.

오답분석

① 주어진 자료에서 단위를 살펴보면 5점 만점으로 조사되었음을 알 수 있으며, 종합만족도의 평균은 $\dfrac{3.72+3.53+3.64+3.56}{4} ≒$

3.61점이다. 업체별로는 A마트 → C마트 → D마트 → B마트 순서로 종합만족도가 낮아짐을 알 수 있다.

② 대형마트 인터넷 / 모바일쇼핑 소비자 만족도 자료에서 마트별 인터넷·모바일쇼핑 만족도의 차를 구해 보면 A마트는 0.07점, B마트·C마트는 0.03점, D마트는 0.05점으로 A마트가 가장 크다.

③ 평균적으로 고객접점직원 서비스보다는 고객관리 서비스가 더 낮게 평가되었다.

⑤ 모바일쇼핑 만족도는 평균 3.845점이며, 인터넷쇼핑은 평균 3.80점이다. 따라서 모바일쇼핑이 평균 0.045점 더 높게 평가되었다고 이해하는 것이 옳다.

24

음식점까지의 거리를 $x$km라 하면 역에서 음식점까지 왕복하는 데 걸리는 시간과 음식을 포장하는 데 걸리는 시간이 1시간 30분 이내여야 하므로

$$\frac{x}{3}+\frac{15}{60}+\frac{x}{3}\leq\frac{3}{2}$$

양변에 60을 곱하면

$$20x+15+20x\leq90 \rightarrow 40x\leq75 \rightarrow x\leq\frac{75}{40}=1.875$$

즉, 역과 음식점 사이 거리는 1.875km 이내여야 하므로 갈 수 있는 음식점은 'N버거'와 'B도시락'이다.

따라서 K사원이 구입할 수 있는 음식은 햄버거와 도시락이다.

25

가을의 평균 기온은 2020년까지 계속 감소하다가 2021년에 증가했다가 2022년에 다시 감소하므로 옳지 않은 설명이다.

오답분석

① 2022년의 봄의 평균 기온은 2020년보다 $12.2-10.8=1.4$℃ 상승했다.

② 2022년에 가을의 평균 기온이 전년 대비 감소한 정도는 $15.3-13.7=1.6$℃이고, 여름의 평균 기온이 전년 대비 상승한 정도는 $24.7-24.0=0.7$℃이므로 옳은 설명이다.

③ 연평균 기온은 2021년까지 감소하는 추이를 보이고 있는 것을 확인할 수 있다.

⑤ 2021년의 겨울의 평균 기온을 x℃라 하면, $\dfrac{10.7+24.0+15.3+x}{4}=12.4 \rightarrow 50+x=49.6 \rightarrow x=-0.4$이므로 옳은 설명이다.

26

명제의 가정과 결론을 모두 부정문으로 바꾸어 놓은 것은 '명제의 역'이 아닌 '명제의 이'에 해당하며, '명제의 역'이란 명제의 가정과 결론의 순서를 바꾸어 놓은 것을 의미한다.

[오답분석]

① · ② 명제란 참 또는 거짓을 판단할 수 있는 문장으로 그 내용이 항상 옳은 것을 '참인 명제', 그 내용에 대해 한 가지라도 옳지 않은 예외가 있을 경우 '거짓인 명제'라고 부른다. 또한 이러한 명제는 'p이면 q이다.'의 가정과 결론으로 구성된 꼴을 하고 있다.

④ 명제가 참이라면, 명제의 대우는 반드시 참이나, 명제의 역과 이는 참인지 거짓인지 알 수 없다.

⑤ 명제란 참 또는 거짓을 판단할 수 있는 문장을 의미한다. 따라서 '드라마는 재밌다.'라는 문장은 참인지 거짓인지 판단할 수 없으므로 명제로 볼 수 없다.

27

강제연상법이란 각종 힌트에서 강제로 연결 지어 발상하는 방법으로, 해당 힌트를 통해 사고 방향을 미리 정해서 아이디어를 발상한다. 이에 대표적인 방법으로 체크리스트법이 있는데, 이는 어떤 주제에 아이디어를 찾고자 할 때 이에 대한 질문항목을 표로 만들어 정리하고 하나씩 점검해 가며 아이디어를 생각해 내는 것이다. 이처럼 항목에 대해 하나하나씩 점검하기 때문에 누락될 염려도 없을 뿐만 아니라 반복적인 작업에서는 보다 편리한 작업을 가능하게 한다. 따라서 이에 해당하는 것은 ㄴ과 ㅅ이다.

[오답분석]

• 자유연상법이란 어떤 생각에서 다른 생각을 계속해서 떠올리는 작용을 통해 어떤 주제에서 생각나는 것을 계속해서 열거해 나가는 발산적 사고 중 하나의 방법으로, 대표적인 방법 중 하나가 브레인스토밍이다. 브레인스토밍이란 집단의 구성원이 마주 앉아 해당 주제에 대해 다양한 아이디어를 제시함으로써 아이디어의 연쇄반응을 일으키는 것이다. 이에 해당하는 것은 ㄱ과 ㅂ이다.

• 비교발상법이란 주제와 본질적으로 닮은 것을 힌트로 하여 새로운 아이디어를 얻는 방법인데, 이때 주제와 본질적으로 닮았다는 것은 단순히 겉만을 의미하는 것이 아닌 힌트와 주제가 제시한 개별 아이디어 자체의 의미를 잃지 않는 수준에서 닮았다는 것을 의미한다. 이에 해당하는 방법으론 대상과 비슷한 것을 찾아내 그것을 힌트로 하여 새로운 아이디어를 도출하는 NM법과 서로 관련이 없어 보이는 요소들을 결합하여 새로운 아이디어를 도출하는 시네틱스법이 있다. 이에 해당하는 것은 ㄷ, ㄹ, ㅁ이다.

28

의류 종류 코드에서 'OP(원피스)'를 'OT(티셔츠)'로 수정해야 하므로 ①의 생산 코드를 'OTGR – 230124 – 475ccc'로 수정해야 한다.

[오답분석]

㉠ 스커트는 'OH', 붉은색은 'RD', 제조일은 '22120', 창원은 '753', 수량은 'aaa'이므로 ③의 생산 코드는 'OHRD – 221204 – 753aaa'로 옳다.

㉢ 원피스는 'OP', 푸른색은 'BL', 제조일은 '220705', 창원은 '753', 수량은 'aba'이므로 ⑤의 생산 코드는 'OPBL – 220705 – 753aba'로 옳다.

㉣ 납품일(2023년 7월 23일) 전날에 생산했으므로 생산날짜는 2023년 7월 22일이다. 따라서 ②의 생산 코드는 'OJWH – 230722 – 935baa'로 옳다.

㉤ 티셔츠의 생산 코드는 ④와 같이 'OTYL – 230430 – 869aab'로 옳으며, 스커트의 생산 코드는 'OHYL – 230430 – 869aab'이다.

29

[오답분석]

① 재질이 티타늄, 용도가 일반이므로 옳지 않다.

② 용도가 선박이므로 옳지 않다.

③ 재질이 크롬 도금, 직경이 12mm이므로 옳지 않다.

⑤ 재질이 티타늄, 직경이 12mm이므로 옳지 않다.

30

정답 ④

전문가용 카메라가 일반화됨에 따라 사람들은 사진관을 이용하지 않고도 고화질의 사진을 촬영할 수 있게 되었다. 따라서 전문가용 카메라의 일반화는 사진관을 위협하는 외부환경에 해당한다.

> **SWOT 분석**
> 기업의 내부 환경과 외부 환경을 분석하여 강점(Strength), 약점(Weakness), 기회(Opportunity), 위협(Threat) 요인을 규정하고 이를 토대로 경영전략을 수립하는 기법을 말한다.
> • 강점(Strength) : 내부 환경(자사 경영자원)의 강점을 말한다.
> • 약점(Weakness) : 내부 환경(자사 경영자원)의 약점을 말한다.
> • 기회(Opportunity) : 외부 환경(경쟁, 고객, 거시적 환경)에서 비롯된 기회를 말한다.
> • 위협(Threat) : 외부 환경(경쟁, 고객, 거시적 환경)에서 비롯된 위협을 말한다.

31

정답 ④

첫 번째, 두 번째 조건에 의해 A·B·C·D가 각각 입지 않는 색상도 서로 겹치지 않음을 알 수 있다. A가 빨간색 옷을 입지 않고 C가 초록색 옷을 입지 않으므로 B와 D는 노란색이나 파란색을 입지 않아야 하는데, D가 노란색 티셔츠를 입으므로 D는 파란색을 입지 않고, B는 노란색을 입지 않았다. 그러면 티셔츠 중 초록색, 빨간색, 파란색이 남는데, C는 초록색은 입지 않고 빨간색 바지를 입었으므로 파란색 티셔츠를 입고, A는 빨간색을 입지 않으므로 초록색 티셔츠를 입으며, B는 빨간색 티셔츠를 입는다. 또한, C는 초록색 옷을 입지 않으므로 노란색 모자를 쓴다. 그러면 노란색 중 남은 것은 바지인데, B는 노란색을 입지 않으므로 A가 노란색 바지를 입고, 파란색 모자를 쓴다. 다음으로 모자 중에는 빨간색과 초록색, 바지 중에는 파란색과 초록색이 남는데, B가 이미 빨간색 티셔츠를 입고 있으므로 D가 빨간색 모자를 쓰고 B가 초록색 모자를 쓰며, D는 파란색을 입지 않으므로 초록색 바지를, B는 파란색 바지를 입는다. 이를 표로 정리하면 다음과 같다.

구분	A	B	C	D
모자	파란색	초록색	노란색	빨간색
티셔츠	초록색	빨간색	파란색	노란색
바지	노란색	파란색	빨간색	초록색

따라서 적절한 추론은 ④이다.

32

정답 ⑤

제시된 조건에 따라 계산한 1 ~ 5층의 월 전기료는 다음과 같다.
• 1층 : 10×5만+4×3만=62만 원
• 2층 : 13×5만+5×3만=80만 원
• 3층 : 15×5만+7×3만=96만 원
• 4층 : 11×5만+6×3만=73만 원
• 5층 : 12×5만+5×3만=75만 원

1번 조건을 충족하지 않는 층은 2·3·5층이고, 조건을 충족하기 위해 2·3·5층에 각각 구형 에어컨 2대, 5대, 1대를 판매하게 된다. 이때 발생하는 수입은 구형 에어컨의 중고 판매가격에 따라 총 10만×8=80만 원이다.

구형 에어컨을 판매하고 난 후 각 층의 구형 에어컨의 개수와 신형 에어컨 개수 및 비율을 구하면 다음과 같다.

구분	1층	2층	3층	4층	5층
구형 에어컨	10대	13−2=11대	15−5=10대	11대	12−1=11대
신형 에어컨	4대	5대	7대	6대	5대
비율	$\frac{4}{10}$	$\frac{5}{11}$	$\frac{7}{10}$	$\frac{6}{11}$	$\frac{5}{11}$

2번 조건에서 비율이 $\frac{1}{2}$ 미만인 층은 1·2·5층이고, 조건을 충족하기 위해 신형 에어컨을 1대씩 구입하면, 신형 에어컨의 총 구입비용은 50만×3=150만 원이 나온다.

따라서 C공사는 150만−80만=70만 원의 지출(비용)이 발생한다.

33

©에는 약점을 보완하여 위협에 대비하는 WT전략이 들어가야 하는데, 제시된 ⑤의 전략은 풍부한 자본을 토대로 하는 경영상태라는 강점을 이용하여 위협에 대비하는 ST전략이다.

[오답분석]

① 테크핀 기업과의 협업 기회를 통해 경영방식을 배워 시중은행의 저조한 디지털 전환 적응력을 개선하려는 것이므로 WO전략에 해당한다.

② 테크핀 기업과 협업을 하며, 이러한 혁신기업의 특성을 파악해 발굴하고 적극적으로 대출을 운영함으로써 전당포식의 소극적인 대출 운영이라는 약점을 보완할 수 있다는 것으로 WO전략에 해당한다.

③ 오프라인 인프라가 풍부하다는 강점을 이용하여, 점유율을 높이고 있는 기업들에 대해 점유율 방어를 하고자 하는 전략이므로 ST전략에 해당한다.

④ 디지털 문화에 소극적인 문화를 혁신하여 디지털 전환 속도를 높임으로써 테크핀 및 핀테크 기업의 점유율 잠식으로부터 방어하려는 내용이므로 WT전략에 해당한다.

34

(하루 1인당 고용비)=(1인당 수당)+(산재보험료)+(고용보험료)=50,000+50,000×0.00504+50,000×0.013=50,902원

$$(\text{하루에 고용할 수 있는 인원 수})=\frac{(\text{본예산})+(\text{예비비})}{(\text{하루 1인당 고용비})}=\frac{600,000}{50,902}≒11.8$$

따라서 하루 동안 고용할 수 있는 최대 인원은 11명이다.

35

시장 내 경쟁이 가장 치열한 업체는 동일 혜택을 제공하는 카드 수가 가장 많은 E카페로, E카페의 혜택 제공 기간은 2년(24개월)이다.

[오답분석]

① B서점의 경우 E카페보다 동일 혜택을 제공하는 카드 수가 적지만, 혜택 제공 기간은 더 길다.

② 선호도 점수가 가장 높은 혜택은 C통신사의 통신요금 할인 혜택이다.

③ 매월 모든 업체가 부담해야 하는 혜택 비용이 동일하다면, 혜택에 대한 총 부담 비용이 가장 큰 업체는 혜택 제공 기간이 가장 긴 B서점이다.

④ 혜택 제공 기간이 가장 긴 업체는 B서점이지만, 선호도 점수가 가장 높은 업체는 C통신사이다.

36

내구성과 안정성이 1순위라고 하였으므로 내구성에서 '보통' 평가를 받은 D모델은 제외한다. 그 다음 바닥에 대한 청소 성능 중 '보통' 평가를 받은 B모델을 제외하고, 자율주행성능에서 '보통' 평가를 받은 A모델과 E모델을 제외하면 남는 것은 C모델이므로 K씨의 조건을 모두 만족한 것은 C모델이다.

37

- (가) : A유형의 시험체 강도 평균은 24.2MPa이며, 기준강도는 24MPa이다. 그러므로 각 시험체 강도가 모두 기준강도에서 3.5MPa을 뺀 값(20.5MPa) 이상이어야 한다. A유형의 3개의 시험체는 모두 이 조건을 충족하므로 판정결과는 합격이다.

- (나) : C유형의 시험체 강도 평균은 35.1MPa이며, 기준강도는 35MPa이다. 그러므로 각 시험체 강도가 모두 기준강도에서 3.5MPa을 뺀 값(31.5MPa) 이상이어야 한다. C유형의 3개의 시험체는 모두 이 조건을 충족하므로 판정결과는 합격이다.

- (다) : E유형의 시험체 강도 평균은 45.5MPa이며, 기준강도는 45MPa이다. 그러므로 각 시험체 강도가 모두 기준강도의 90%(40.5MPa) 이상이어야 한다. 그러나 E유형의 시험체 1은 이 조건을 충족하지 못하므로 판정결과는 불합격이다.

38

장소 선정 기준에 따라 현수막 설치 후보 장소를 비교하면 다음과 같다.
• 하루 평균 유동인구가 가장 많은 곳 : C마트(300명)
• 게시 가능한 기간이 제일 긴 곳 : B대학교

구분	공사 본관	A고등학교	B대학교	C마트	D주유소
게시 가능 기간	5일	4일	7일	3일	6일

• 총비용이 가장 적게 드는 곳 : C마트

(단위 : 만 원)

구분	공사 본관	A고등학교	B대학교	C마트	D주유소
총 게시비용	$(3\times8)+(2\times13)$ $=50$	$4\times10=40$	$7\times12=84$	$3\times26=78$	$(5\times9)+11=67$
설치비용	250	280	240	200	220
철거비용	50	56	48	40	44
총비용	$50+250+50=350$	$40+280+56=376$	$84+240+48=372$	$78+200+40=318$	$67+220+44=331$

따라서 유동인구가 가장 많으면서도 총비용이 가장 적게 드는 C마트와 게시 가능한 기간이 제일 긴 B대학교에 현수막을 설치한다.

39

하루 평균 유동인구가 상대적으로 많은 2곳은 C마트(300명)와 B대학교(280명)이다.
C마트와 B대학교에 현수막을 설치할 경우 소요되는 총비용을 계산하면 다음과 같다.

(단위 : 만 원)

구분	B대학교	C마트
총 게시비용	$3\times12=36$	$3\times26=78$
설치비용	240	200
철거비용	48	40
총비용	$36+240+48=324$	$78+200+40=318$

따라서 현수막 설치 과정에 필요한 총비용은 $324+318=642$만 원이다.

40

주어진 상황에 따라 갑~정이 갖춘 직무역량을 정리하면 다음과 같다.

구분	의사소통역량	대인관계역량	문제해결역량	정보수집역량	자원관리역량
갑	○	○	×	×	○
을	×	×	○	○	○
병	○	×	○	○	×
정	×	○	○	×	×

이를 바탕으로 갑~정의 수행 가능한 업무는 다음과 같다.
• 갑 : 심리상담, 지역안전망구축
• 을 : 진학지도
• 병 : 위기청소년지원, 진학지도
• 정 : 지역안전망구축
따라서 서로 다른 업무를 맡으면서 4가지 업무를 분담할 수 있는 후보는 갑과 병뿐이므로, A복지관에 채용될 후보자는 갑, 병이다.

41

ⓐ A는 패스트푸드점이 가까운 거리에 있음에도 불구하고 배달료를 지불해야 하는 배달 앱을 통해 음식을 주문하고 있으므로 편리성을 추구하는 (나)에 해당한다.

ⓑ B는 의자 제작에 필요한 재료들인 물적자원만 고려하고 시간은 고려하지 않았으므로 시간이라는 자원에 대한 인식 부재인 (다)에 해당한다.

ⓒ C는 자원관리의 중요성을 인식하고 프로젝트를 완성하기 위해 나름의 계획을 세워 수행하였지만, 경험이 부족하여 계획한 대로 진행하지 못하였으므로 노하우 부족인 (라)에 해당한다.

ⓓ D는 홈쇼핑 시청 중 충동적으로 계획에 없던 여행 상품을 구매하였으므로 비계획적 행동인 (가)에 해당한다.

42

자연자원의 경우 자연 상태에 있는 그대로의 자원을 말하므로 석탄, 햇빛, 구리, 철광석, 나무 등이 이에 해당한다. 반면 인공자원의 경우 사람들이 인위적으로 가공하여 만든 물적자원으로, 시설이나 장비 등이 포함되므로 댐, 인공위성, 컴퓨터가 이에 해당한다.

43

밑줄 친 '이것'은 간접비용(Indirect Cost)을 의미한다.

• 장원 : 간접비용은 생산에 직접적으로 관련이 있는 비용인 직접비용에 상대되는 개념이다.

• 휘동 · 경원 : 간접비용에는 생산과 직접적으로 관련이 없는 보험료, 건물관리비, 광고비, 통신비, 사무비품비, 각종 공과금 등이 포함된다.

[오답분석]

• 창수 : 직접비용의 구성 중 하나인 인건비를 설명하고 있다.

44

조건에 따라 최대리가 각 노트북에 부여할 점수를 표로 나타내 보면 다음과 같다.

구분	A	B	C	D	E
저장용량	4	2+3=5	5	2+3=5	3+3=6
배터리 지속시간	2	5	1	4	3
무게	2	5	1	4	3
가격	2	5	1	3	4
합계	4+2+2+2 =10	5+5+5+5 =20	5+1+1+1 =8	5+4+4+3 =16	6+3+3+4 =16

따라서 최대리는 점수가 가장 높은 B노트북을 고른다.

45

ㄱ. 대도시 간 예상 최대 소요시간의 모든 구간에서 주중이 주말보다 소요시간이 적게 걸림을 알 수 있다.

ㄴ. 주중 전국 교통량 중 수도권에서 지방으로 가는 교통량의 비율은 $\frac{42}{380} \times 100 ≒ 11.1\%$이다.

ㄹ. 서울 – 광주 구간 주중 예상 최대 소요시간과 서울 – 강릉 구간 주말 예상 최대 소요시간은 3시간 20분으로 같다.

[오답분석]

ㄷ. 지방에서 수도권으로 가는 주말 예상 교통량은 주중 예상 교통량보다 $\frac{51-35}{35} \times 100 ≒ 45.7\%$ 많다.

46

정답 ①

기본급은 180만 원이며, 시간외근무는 10시간이므로 $1,800,000 \times \dfrac{10}{200} \times 1.5 = 135,000$원이다.

47

정답 ⑤

- A씨 부부의 왕복 비용 : $(59,800 \times 2) \times 2 = 239,200$원
- 만 6세 아들의 왕복 비용 : $(59,800 \times 0.5) \times 2 = 59,800$원
- 만 3세 딸의 왕복 비용 : $59,800 \times 0.25 = 14,950$원

따라서 A씨 가족이 지불한 교통비는 $239,200 + 59,800 + 14,950 = 313,950$원이다.

48

정답 ④

승진시험 성적은 100점 만점이므로 제시된 점수를 그대로 반영하고 영어 성적은 5를 나누어서 반영한다. 성과 평가의 경우는 2를 나누어서 합산해, 그 합산점수가 가장 큰 사람을 선발한다. 이때, 합산점수가 높은 E와 I는 동료평가에서 하를 받았으므로 승진 대상자에서 제외된다. 합산점수는 다음과 같이 나온다.

(단위 : 점)

구분	A	B	C	D	E	F	G	H	I	J	K
합산 점수	220	225	225	200	제외	235	245	220	제외	225	230

따라서 점수가 높은 2명인 F, G가 승진 대상자가 된다.

49

정답 ③

각 업무의 최종 점수를 구하기 전에, 항목당 최하위 점수가 부여된 업무는 제외하므로, 중요도에서 최하위 점수가 부여된 B업무, 긴급도에서 최하위 점수가 부여된 D업무, 적용도에서 최하위 점수가 부여된 E업무를 제외한다. 나머지 두 업무에 대하여 주어진 조건에 의해 각 업무의 최종 합산 점수를 구해 보면 다음과 같다. 가중치는 별도로 부여되므로 추가 계산한다.

- A업무 : $(84 + 92 + 96) + (84 \times 0.3) + (92 \times 0.2) + (96 \times 0.1) = 325.2$점
- C업무 : $(95 + 85 + 91) + (95 \times 0.3) + (85 \times 0.2) + (91 \times 0.1) = 325.6$점

따라서 C업무를 가장 먼저 수행해야 한다.

50

정답 ④

위험 한 단위당 기대수익률은 '(기대수익률)÷(표준편차)'로 구할 수 있다. E는 $8 \div 4 = 2$이며, F는 $6 \div 3 = 2$이다. 따라서 E와 F는 위험 한 단위당 기대수익률이 같다.

오답분석

① 지배원리에 의해 동일한 기대수익률이면 최소의 위험을 선택하여야 하므로, 동일한 기대수익률인 A와 E, C와 F는 표준편차를 기준으로 우열을 가릴 수 있다.
② 위험 한 단위당 기대수익률이 높은 투자 대안을 선호한다고 하였으므로 A, B, C, D 중에서 D가 가장 낮다고 평가할 수 있다.
③ G가 기대수익률이 가장 높지만 표준편차도 가장 높기 때문에 가장 바람직한 대안이라고 볼 수 없다.
⑤ E는 B와 G에 비해 표준편차는 낮지만, 기대수익률 역시 낮으므로 우월하다고 볼 수 없다.

제4회 핵심영역
NCS 최종모의고사

01	02	03	04	05	06	07	08	09	10	11	12	13	14	15	16	17	18	19	20
②	②	⑤	⑤	②	④	②	①	④	①	①	④	②	②	④	④	⑤	④	④	④
21	22	23	24	25	26	27	28	29	30	31	32	33	34	35	36	37	38	39	40
③	④	⑤	④	②	②	④	④	②	①	④	⑤	⑤	③	④	④	⑤	⑤	⑤	④
41	42	43	44	45	46	47	48	49	50										
③	④	④	④	⑤	④	④	⑤	②	③										

01
정답 ②

회의보고서는 회의 결과를 정리해 보고하는 문서이다.

보고서의 종류
- 영업보고서 : 재무제표와 달리 영업상황을 문장 형식으로 기재해 보고하는 문서이다.
- 결산보고서 : 진행됐던 사안의 수입과 지출결과를 보고하는 문서이다.
- 일일업무보고서 : 매일의 업무를 보고하는 문서이다.
- 주간업무보고서 : 한 주간에 진행된 업무를 보고하는 문서이다.
- 출장보고서 : 회사 업무로 출장을 다녀와 외부 업무나 그 결과를 보고하는 문서이다.
- 회의보고서 : 회의 결과를 정리해 보고하는 문서이다.

02
정답 ②

연단공포증을 극복하기 위해서는 프레젠테이션에 필요한 것들을 미리 준비하고, 반복적으로 연습하여 완벽한 준비를 해야 한다. 완벽한 준비는 발표 중에 느끼는 불안감에도 불구하고 미리 준비한 그대로 실천할 수 있도록 큰 도움을 준다.

03
정답 ⑤

얼렌 증후군 환자들은 사물이 흐릿해지면서 두세 개로 보이는 것과 같은 시각적 왜곡을 경험한다. 일곱 번째 문단에서 이들은 어두운 곳에서 책을 보고 싶어 하는 경우가 많다고 한 내용을 보아 밝은 곳에서 난독증 증상이 더 심해진다는 것을 알아낼 수 있다.

[오답분석]
① 난독증은 지능에는 문제가 없으며 단지 언어활동에만 문제가 있는 질환이기 때문에, 지능에 문제가 있는 사람에게서 주로 나타난다고 보기 어렵다.
② 문자열을 전체로는 처리하지 못하고 하나씩 취급하여 전체 문맥을 이해하지 못하는 것 역시 난독증의 증상 중 하나이다.
③ 지능과 시각, 청각이 모두 정상임에도 난독증을 경험하는 경우가 있는 것으로 밝혀졌다.
④ 난독증의 원인 중 하나인 얼렌 증후군은 시신경 세포가 정상인보다 적은 경우에 발견되는데, 보통 유전의 영향을 많이 받는다.

04

정답 ⑤

수정주의는 미국의 경제적 동기에 의해 냉전이 발생했다고 보며, 탈수정주의 역시 경제와 더불어 안보 문제를 고려해서 파악해야 한다고 주장한다.

오답분석
①·② 탈수정주의는 책임이 양쪽 모두에게 있다고 보는 입장이다.
③ 전통주의는 소련의 팽창 정책을 냉전의 원인으로 본다.
④ 수정주의는 소련이 적극적인 팽창 정책을 펼칠 능력이 없었다고 주장한다.

05

정답 ②

제시문은 사회의 변화 속도를 따라가지 못하는 언어의 변화 속도에 대해 문제를 제기하며 구체적 예시와 함께 이를 시정할 것을 촉구하고 있다. 따라서 (나) '사회의 변화 속도를 따라가지 못하고 있는 언어의 실정' → (라) '성별을 구분하는 문법적 요소가 없는 우리말' → (가) '성별을 구분하여 사용하는 단어들의 예시' → (다) '언어의 남녀 차별에 대한 시정노력 촉구'의 순서로 나열되어야 한다.

06

정답 ④

제시문은 대중문화가 대중을 사회 문제로부터 도피하게 하거나 사회 질서에 순응하게 하는 역기능을 수행하여 혁명을 불가능하게 만든다는 내용이다. 따라서 제시문의 주장에 대한 반박은 대중문화가 순기능을 한다는 태도여야 한다. 그런데 ④는 현대 대중문화의 질적 수준에 대한 평가에 관한 내용이므로 연관성이 없다.

07

정답 ②

제시문은 '인간 본성을 구성하는 하부 체계들은 서로 극단적으로 밀접하게 연관되어 있기 때문에 어느 일부를 인위적으로 개선하려 한다면 인간 본성이라는 전체가 변화되어 결국 무너지는 위험에 처한다.'고 주장한다. 그러므로 ⓒ처럼 하부 체계가 서로 분리되어 특정 부분의 변화가 다른 부분에 영향을 끼치지 못한다는 것은 제시문의 논증을 약화시킨다.

오답분석
㉠ 제시문에서 인간이 갖고 있는 개별적인 요소들이 모여 만들어 낸 인간 본성이라는 복잡한 전체는 인간에게 존엄성을 부여한다고 했으므로, ㉠처럼 인간 본성은 인간의 도덕적 지위와 존엄성의 근거가 된다고 볼 수 있다. 따라서 ㉠은 제시문의 논지를 강화한다.
㉡ 제시문의 논증과 관련이 없으므로 논지를 약화시키지도 강화시키지도 않는다.

08

정답 ①

제시문에 따르면 종전의 공간 모형은 암세포 간 유전 변이를 잘 설명하지 못하였는데, 새로 개발된 컴퓨터 설명 모형은 모든 암세포들이 왜 그토록 많은 유전 변이를 갖고 있으며, '주동자 변이'가 어떻게 전체 종양에 퍼지게 되는지를 잘 설명해 준다고 하였다. 따라서 컴퓨터 설명 모형이 종전의 공간 모형보다 암세포의 유전 변이를 더 잘 설명하는 것을 알 수 있다.

오답분석
ㄴ. 첫 번째 문단에 따르면 종전의 공간 모형은 종양의 3차원 공간 구조를 잘 설명하지만, 공간 모형이 컴퓨터 설명 모형보다 더 잘 설명하는지에 대한 언급은 없다.
ㄷ. 두 번째 문단에서 종전의 공간 모형에 따르면 암세포는 다른 세포를 올라타고서만 다른 곳으로 옮겨갈 수 있다고 하였으므로, 암세포의 자체 이동 능력을 인정하지 않은 것을 알 수 있다.

09

정답 ④

첫 번째 문단에서 영업 비밀의 범위와 영업 비밀이 법적 보호 대상으로 인정받기 위해 일정 조건을 갖추어야 한다는 것은 언급하고 있으나, 영업 비밀이 법적 보호 대상으로 인정받기 위한 절차는 언급되어 있지 않다.

[오답분석]

① 첫 번째 문단에서 영업 비밀은 생산 방법, 판매 방법, 그 밖에 영업 활동에 유용한 기술상 또는 경영상의 정보 등이라고 언급하고 있다.
② 두 번째 문단에서 디지털세를 도입하게 된 배경에는 국가가 기업으로부터 걷는 세금 중 가장 중요한 법인세의 감소에 대한 각국의 우려가 있다고 언급하고 있다.
③ 첫 번째 문단에서 법으로 보호되는 특허권과 영업 비밀은 모두 지식 재산이라고 언급하고 있다.
⑤ 네 번째 문단에서 지식 재산 보호의 최적 수준은 유인 비용과 접근 비용의 합이 최소가 될 때라고 언급하고 있다.

10

정답 ①

세 번째 문단에 따르면 ICT 다국적 기업이 여러 국가에 자회사를 설립하는 이유는 디지털세가 아닌 법인세를 피하기 위해서이다.

[오답분석]

② 두 번째 문단에서 디지털세는 이를 도입한 국가에서 ICT 다국적 기업이 거둔 수입에 대해 부과되는 세금이라고 언급하고 있다.
③ 첫 번째 문단과 두 번째 문단에 따르면 일부 국가에서 디지털세 도입을 진행하는 것은 지식 재산 보호를 위해서가 아니라 ICT 다국적 기업이 지식 재산으로 거두는 수입에 대한 과세 문제를 해결하기 위해서이다.
④ 두 번째 문단에 '디지털세의 배경에는 법인세 감소에 대한 각국의 우려가 있다.'는 내용이 나와 있다.
⑤ 세 번째 문단에서 ICT 다국적 기업의 본사를 많이 보유한 국가 중 어떤 국가들은 디지털세 도입에는 방어적이라고 언급하고 있다.

11

정답 ①

- 주말 입장료 : $11,000+15,000+20,000\times2+20,000\times\frac{1}{2}=76,000$원

- 주중 입장료 : $10,000+13,000+18,000\times2+18,000\times\frac{1}{2}=68,000$원

따라서 주말과 주중의 입장료 요금 차이는 $76,000-68,000=8,000$원이다.

12

정답 ④

2022년 15세 미만 인구를 x명, 65세 이상 인구를 y명, 15～64세 인구를 a명이라 하면, 15세 미만 인구 대비 65세 이상 인구 비율은 $\frac{y}{x}\times100$이므로

(2022년 유소년부양비)$=\frac{x}{a}\times100=19.5\rightarrow a=\frac{x}{19.5}\times100$ … ㉠

(2022년 노년부양비)$=\frac{y}{a}\times100=17.3\rightarrow a=\frac{y}{17.3}\times100$ … ㉡

㉠, ㉡을 연립하면, $\frac{x}{19.5}=\frac{y}{17.3}\rightarrow\frac{y}{x}=\frac{17.3}{19.5}$

따라서 15세 미만 인구 대비 65세 이상 인구의 비율은 $\frac{17.3}{19.5}\times100\fallingdotseq88.7\%$이다.

13

정답 ②

원기둥의 높이를 hm, 반지름을 rm라고 하면, 원기둥의 밑면적을 제외한 기둥면의 넓이는 $2\pi rh(\text{m}^2)$이다.
따라서 브로마이드의 넓이는 $2\times3.14\times0.5\times3=9.42\text{m}^2$이다.

14

가위바위보 게임에서 A가 이긴 횟수를 x회, 진 횟수를 y회라 하자.

A가 받은 금액은

$10 \times x - 7 \times y = 49 - 20 \rightarrow 10x - 7y = 29 \cdots \text{㉠}$

B가 받은 금액은

$10 \times y - 7 \times x = 15 - 20 \rightarrow -7x + 10y = -5 \cdots \text{㉡}$

㉠과 ㉡을 연립하면

$100x - 49x = 290 - 35 \rightarrow 51x = 255$

$\therefore \ x = 5$

15

2019년부터 2021년까지 경기 수가 증가하는 스포츠는 배구와 축구 2종목이다.

[오답분석]

① 농구의 2019년 전년 대비 경기 수의 감소율은 $\frac{413 - 403}{413} \times 100 \fallingdotseq 2.4\%$이며, 2022년의 전년 대비 경기 수의 증가율은 $\frac{410 - 403}{403} \times 100 \fallingdotseq 1.7\%$이다. 따라서 2019년의 전년 대비 경기 수 감소율이 더 높다.

② 2018년의 농구와 배구의 경기 수의 차이는 $413 - 226 = 187$회이고, 야구와 축구의 경기 수의 차이는 $432 - 228 = 204$회이다. 따라서 $\frac{187}{204} \times 100 \fallingdotseq 91.7\%$이므로 90% 이상이다.

③ 5년 동안의 종목별 스포츠 경기 수의 평균은 다음과 같다.

- 농구 : $\frac{413 + 403 + 403 + 403 + 410}{5} = 406.4$회
- 야구 : $\frac{432 + 442 + 425 + 433 + 432}{5} = 432.8$회
- 배구 : $\frac{226 + 226 + 227 + 230 + 230}{5} = 227.8$회
- 축구 : $\frac{228 + 230 + 231 + 233 + 233}{5} = 231.0$회

따라서 야구의 평균 경기 수는 축구의 평균 경기 수의 약 1.87배로 2배 이하이다.

⑤ 2022년의 경기 수가 5년 동안의 종목별 평균 경기 수보다 적은 스포츠는 야구이다.

16

총무부서 직원은 총 $250 \times 0.16 = 40$명이다. 2022년과 2023년의 독감 예방접종 여부가 총무부서에 대한 자료라면, 총무부서 직원 중 2022년과 2023년의 예방접종자 수의 비율 차는 $56 - 38 = 18\%p$이다. 따라서 $40 \times 0.18 \fallingdotseq 7.2$이므로 약 7명 증가하였다.

[오답분석]

① 2022년의 독감 예방접종자 수는 $250 \times 0.38 = 95$명, 2023년의 독감 예방접종자 수는 $250 \times 0.56 = 140$명이므로, 2022년에는 예방접종을 하지 않았지만, 2023년에는 예방접종을 한 직원은 총 $140 - 95 = 45$명이다.

② 2022년의 예방접종자 수는 95명이고, 2023년의 예방접종자 수는 140명이다. 따라서 $\frac{140 - 95}{95} \times 100 \fallingdotseq 47\%$ 증가했다.

③ 2022년에 예방접종을 하지 않은 직원들을 대상으로 2023년의 독감 예방접종 여부를 조사한 자료라고 한다면, 2022년과 2023년 모두 예방접종을 하지 않은 직원은 총 $250 \times 0.62 \times 0.44 \fallingdotseq 68$명이다.

⑤ 제조부서를 제외한 직원은 $250 \times (1 - 0.44) = 140$명이고, 2023년에 예방접종을 한 직원은 $250 \times 0.56 = 140$명이다. 따라서 제조부서 중 예방접종을 한 직원은 없다.

17

정답 ⑤

2018 ~ 2022년까지 전체 이혼건수 증감추이는 계속적으로 증가했으며, 이와 같은 추이를 보이는 지역은 경기 지역 한 곳이다.

오답분석

① 2021년에 인천의 이혼건수는 32천 건으로, 서울의 이혼건수인 33천 건보다 낮다.

② 2018 ~ 2022년까지 전체 이혼건수가 가장 적은 해는 2018년이고, 2022년은 이혼건수가 가장 많은 해이다.

③ 수도권(서울, 인천, 경기)의 이혼건수가 가장 많은 해는 2022년이다.

(단위 : 천 건)

구분	2018년	2019년	2020년	2021년	2022년
서울	28	29	34	33	38
인천	22	24	35	32	39
경기	19	21	22	28	33
수도권 전체	69	74	91	93	110

④ 전체 이혼건수 대비 수도권의 이혼건수 비중은 2018년에는 $\frac{69}{132} \times 100 \fallingdotseq 52.3\%$, 2022년에는 $\frac{110}{178} \times 100 \fallingdotseq 61.8\%$를 차지한다.

18

정답 ④

졸업 후 창업하는 학생들은 총 118+5+5+1+37=166명이며, 이 중 특성화고 졸업생은 37명이다. 따라서 졸업 후 창업하는 졸업생들 중 특성화고 졸업생이 차지하는 비율은 $\frac{37}{166} \times 100 \fallingdotseq 22.3\%$이다.

오답분석

① 일반고 졸업생 중 대학에 진학하는 졸업생 수는 6,773명, 특성화고 졸업생 중 대학에 진학하는 졸업생 수는 512명이다. 따라서 일반고 졸업생 중 대학에 진학하는 졸업생 수는 특성화고 졸업생 중 대학에 진학하는 졸업생 수보다 $\frac{6,773}{512} \fallingdotseq 13.2$배 많다.

② 졸업 후 군입대를 하거나 해외 유학을 가는 졸업생들은 297+5+3+6+86=397명이며, 이 중 과학고 · 외고 · 국제고와 마이스터고 졸업생들은 5+6=11명이다. 따라서 졸업 후 군 입대를 하거나 해외 유학을 가는 졸업생들 중 과학고 · 외고 · 국제고와 마이스터고 졸업생들이 차지하는 비율은 $\frac{11}{397} \times 100 \fallingdotseq 2.8\%$이다.

③ 진로를 결정하지 않은 졸업생 수가 가장 많은 학교유형은 일반고이다.

⑤ 졸업생들 중 대학 진학률이 가장 높은 학교유형은 과학고 · 외고 · 국제고이며, 창업률이 가장 높은 학교유형은 예술 · 체육고이다.

19

정답 ④

ⓛ 졸업 후 취업한 인원은 457+11+3+64+752=1,287명이므로 1,200명을 넘었다.

ⓔ 특성화고 졸업생 중 진로를 결정하지 않은 졸업생 수는 260명, 대학에 진학한 졸업생 수는 512명이다. 따라서 특성화고에서 진로를 결정하지 않은 졸업생은 대학에 진학한 졸업생의 수의 $\frac{260}{512} \times 100 \fallingdotseq 50.8\%$이다.

오답분석

ⓒ 마이스터고와 특성화고의 경우 대학에 진학한 졸업생 수보다 취업한 졸업생 수가 더 많았다.

ⓓ 일반고 졸업생 중 취업한 졸업생 수는 457명으로, 창업한 졸업생 수의 4배인 118×4=472명보다 적으므로 옳지 않은 설명이다.

20

생산이 증가한 2018년, 2021년, 2022년에는 수출과 내수도 모두 증가했으므로 옳지 않은 설명이다.

오답분석

① 2018년에는 전년 대비 생산, 내수, 수출이 모두 증가한 것을 확인할 수 있다.
② 내수가 가장 큰 폭으로 증가한 해는 2020년으로, 생산과 수출 모두 감소했다.
③ 수출이 증가한 2018년, 2021년, 2022년에는 내수와 생산도 증가했다.
⑤ 수출이 가장 큰 폭으로 증가한 2021년에는 생산도 가장 큰 폭으로 증가한 것을 확인할 수 있다.

21

메인 메뉴 단위당 영양성분표에서 모든 메인 메뉴의 단백질 함량은 포화지방 함량의 2배 이상인 것을 확인할 수 있다.

오답분석

① 새우버거의 중량 대비 열량의 비율은 $\frac{395}{197} ≒ 2.0$이고, 칠리버거는 $\frac{443}{228} ≒ 1.9$로 칠리버거가 더 낮다.
② 메인 메뉴 단위당 영양성분표의 나트륨 함량의 단위 mg를 당 함량 단위 g과 같게 만들면 $0.5g \leq$ (나트륨) $\leq 1.2g$의 범위가 나온다. 그런데 당 함량은 모두 6g 이상이므로 모든 메뉴에서 당 함량이 나트륨 함량보다 많다.
④ 스낵 메뉴 단위당 영양성분표에서 모든 스낵 메뉴의 단위당 중량 합은 $114+68+47=229g$이고, 메인 메뉴 단위당 영양성분표에서 메인 메뉴 중 베이컨버거의 중량은 242g이므로 모든 스낵 메뉴의 단위당 중량 합보다 크다.
⑤ 메인 메뉴와 스낵 메뉴 중 열량이 가장 낮은 햄버거와 조각치킨의 열량 합은 $248+165=413$kcal이고, $500-413=87$kcal 이하인 음료 메뉴는 커피 또는 오렌지 주스이므로 커피 외에 오렌지 주스도 주문이 가능하다.

22

ㄱ. 2022년의 상업용 무인기의 국내 시장 판매량 대비 수입량의 비율은 $\frac{5}{202} \times 100 ≒ 2.5\%$이다.
ㄴ. 2019 ~ 2022년 동안 상업용 무인기 국내 시장 판매량의 전년 대비 증가율은 다음과 같다.
  - 2019년 : $\frac{72-53}{53} \times 100 ≒ 35.8\%$
  - 2020년 : $\frac{116-72}{72} \times 100 ≒ 61.1\%$
  - 2021년 : $\frac{154-116}{116} \times 100 ≒ 32.8\%$
  - 2022년 : $\frac{202-154}{154} \times 100 ≒ 31.2\%$

  따라서 2020년의 증가율이 가장 높다.
ㄹ. 2020년의 상업용 무인기 수출량의 전년 대비 증가율은 $\frac{18-2.5}{2.5} \times 100 = 620\%$이고, 2020년의 A사의 상업용 무인기 매출액의

  전년 대비 증가율은 $\frac{304.4-43}{43} \times 100 ≒ 608\%$로 차이는 $620-608=12\%$이다.

오답분석

ㄷ. 2019 ~ 2022년 동안 상업용 무인기 수입량의 전년 대비 증가율이 가장 작은 해는 2022년으로 $\frac{5-4.2}{4.2} \times 100 ≒ 19\%$이며,

  2022년 상업용 무인기 수출량의 전년 대비 증가율은 268%로, 2020년의 620%보다 작다.

23

정답 ⑤

- 술에 부과되는 세금
  - 종가세 부과 시 : $2,000 \times 20 \times 0.2 = 8,000$원
  - 정액세 부과 시 : $300 \times 20 = 6,000$원
- 담배에 부과되는 세금
  - 종가세 부과 시 : $4,500 \times 100 \times 0.2 = 90,000$원
  - 정액세 부과 시 : $800 \times 100 = 80,000$원

그러므로 조세 수입을 극대화시키기 위해서 술과 담배 모두 종가세를 부여해야 한다. 따라서 종가세 부과 시 조세 총수입은 $8,000 + 90,000 = 98,000$원이다.

24

정답 ④

30점의 백분위는 100%이고 29점의 백분위는 98.75%이다. 30점에 해당하는 인원은 1명이고 이때 백분위의 차는 $100 - 98.75 = 1.25$%p, 즉 1명이 차지하는 비중은 1.25%이다. 그러므로 A공사에서 채용할 상위득점자 20명의 비중은 $1.25 \times 20 = 25$%, 탈락자의 비중은 $100 - 25 = 75$%이다. 75%에 해당하는 24점까지는 불합격이고 그 위로는 합격이므로, 합격자는 최소 25점 이상을 받았다.

25

정답 ②

도시별 5년간 변화량은 다음 표와 같다.

구분		증감량(천 호, 천 가구)	구분		증감량(천 호, 천 가구)
서울	가구 수	111	인천	가구 수	76
	주택 수	106		주택 수	68
부산	가구 수	41	광주	가구 수	20
	주택 수	69		주택 수	41
대구	가구 수	40	대전	가구 수	26
	주택 수	58		주택 수	23

따라서 5년간 가구 수보다 주택 수가 더 많이 늘어난 도시는 부산, 대구 그리고 광주이다.

[오답분석]

① 서울을 제외한 5개 도시 중 가구 수가 가장 많이 증가한 도시는 인천이 7만 6천 가구로 가장 많다.

③ 2020년의 서울의 가구 수는 381만 3천 가구이며, 대구와 인천, 광주 그리고 대전의 가구 수의 합은 $948 + 1,080 + 576 + 598 = 3,202$천 가구, 즉 320만 2천 가구로 서울의 가구 수가 더 많다.

④ 2021년의 서울과 부산 그리고 대구의 가구 수는 $3,840 + 1,364 + 958 = 6,162$천 가구이며, 전국 가구 수 대비 $\dfrac{6,162}{19,979} \times 100 = 30.8$%로 30% 이상이다.

⑤ 5년간 주요 도시의 가구 수와 주택 수는 모두 지속적으로 증가하고 있다.

26

정답 ②

도색이 벗겨진 차선과 지워지기 직전의 흐릿한 차선은 현재 직면하고 있으면서 바로 해결 방법을 찾아야 하는 문제이므로 눈에 보이는 발생형 문제에 해당한다. 발생형 문제는 기준을 일탈함으로써 발생하는 일탈 문제와 기준에 미달하여 생기는 미달 문제로 나누어 볼 수 있는데, 제시문에서는 정해진 규격 기준에 미달하는 불량 도료를 사용하여 문제가 발생하였다고 하였으므로 이를 미달 문제로 분류할 수 있다. 따라서 제시문에 나타난 문제는 발생형 문제로, 미달 문제에 해당한다.

27

정답 ④

주어진 조건을 정리하면 다음과 같은 순서로 위치하므로 신발가게는 8번째 건물에 있다.

초밥가게 – × – 카페 – × – 편의점 – 약국 – 옷가게 – 신발가게 – × – ×

오답분석

① 카페와 옷가게 사이에는 3개의 건물이 있다.
② 초밥가게와 약국 사이에는 4개의 건물이 있다.
③ 편의점은 5번째 건물에 있다.
⑤ 옷가게는 7번째 건물에 있다.

28

정답 ④

조건에 따라 최고점과 최저점을 제외한 3명의 면접관이 부여한 점수의 평균과 보훈 가점을 더한 총점은 다음과 같다.

구분	총점	순위
A	$\dfrac{80+85+75}{3}=80$점	7위
B	$\dfrac{75+90+85}{3}+5 ≒ 88.33$점	3위
C	$\dfrac{85+85+85}{3}=85$점	4위
D	$\dfrac{80+85+80}{3} ≒ 81.67$점	6위
E	$\dfrac{90+95+85}{3}+5=95$점	2위
F	$\dfrac{85+90+80}{3}=85$점	4위
G	$\dfrac{80+90+95}{3}+10 ≒ 98.33$점	1위
H	$\dfrac{90+80+85}{3}=85$점	4위
I	$\dfrac{80+80+75}{3}+5 ≒ 83.33$점	5위
J	$\dfrac{85+80+85}{3} ≒ 83.33$점	5위
K	$\dfrac{85+75+75}{3}+5 ≒ 83.33$점	5위
L	$\dfrac{75+90+70}{3} ≒ 78.33$점	8위

따라서 총점이 가장 높은 6명의 합격자를 면접시험을 진행한 순서대로 나열하면 G – E – B – C – F – H 순이다.

29

정답 ②

ㄱ. LNG 구매력이 우수하다는 강점을 이용해 북아시아 가스관 사업이라는 기회를 활용하는 것은 SO전략에 해당한다.
ㄷ. 수소 자원 개발이 고도화되고 있는 기회를 이용하여 높은 공급단가라는 약점을 보완하는 것은 WO전략에 해당한다.

오답분석

ㄴ. 북아시아 가스관 사업은 강점이 아닌 기회에 해당하므로 ST전략에 해당한다고 볼 수 없다.
ㄹ. 높은 LNG 확보 능력이라는 강점을 이용해 높은 가스 공급단가라는 약점을 보완하려는 것은 WT전략에 해당한다고 볼 수 없다.

30

ㄱ. 부패금액이 산정되지 않은 6번의 경우에도 고발하였으므로 옳지 않은 설명이다.

ㄴ. 2번의 경우, 해임당하였음에도 고발되지 않았으므로 옳지 않은 설명이다.

[오답분석]

ㄷ. 직무관련자로부터 금품을 수수한 사건은 2번, 4번, 5번, 7번, 8번으로 총 5건 있었다.

ㄹ. 2번과 4번은 모두 '직무관련자로부터 금품 및 향응수수'로 동일한 부패행위 유형에 해당함에도 2번은 해임, 4번은 감봉 1개월의 처분을 받았으므로 옳은 설명이다.

31

D주임은 좌석이 2(다) 석으로 정해져 있다. 그리고 팀장은 두 번째 줄에 앉아야 하며 대리와 이웃하게 앉아야 하므로 A팀장의 자리는 2(가) 석 혹은 2(나) 석임을 알 수 있다.

또한, A팀장의 옆자리에 앉을 사람은 B대리 혹은 C대리이며, 일곱 번째 조건에 의해 B대리는 창가 쪽 자리에 앉아야 한다. 그리고 세 번째 조건에서 주임끼리는 이웃하여 앉을 수 없으므로 D주임을 제외한 E주임과 F주임은 첫 번째 줄 중 사원의 자리를 제외한 1(가) 석 혹은 1(라) 석에 앉아야 한다.

따라서 B대리가 앉을 자리는 창가 쪽 자리인 2(가) 석 혹은 2(라) 석이다.

H사원과 F주임은 함께 앉아야 하므로 이들이 첫 번째 줄[1(가) 석, 1(나) 석]에 앉거나, [1(다) 석, 1(라) 석]에 앉는 경우가 가능하다. 이러한 요소를 고려하면 다음 4가지 경우만 가능하다.

• 경우 1

E주임	G사원	복도	H사원	F주임
A팀장	C대리		D주임	B대리

• 경우 2

E주임	G사원	복도	H사원	F주임
B(C)대리	A팀장		D주임	C(B)대리

• 경우 3

F주임	H사원	복도	G사원	E주임
A팀장	C대리		D주임	B대리

• 경우 4

F주임	H사원	복도	G사원	E주임
B(C)대리	A팀장		D주임	C(B)대리

ㄱ. 경우 3과 4를 보면 반례인 경우를 찾을 수 있다.

ㄴ. C대리가 A팀장과 이웃하여 앉으면 (라)열에 앉지 않는다.

ㄹ. 경우 1과 3을 보면 반례인 경우를 찾을 수 있다.

[오답분석]

ㄷ. 조건들을 고려하면 1(나) 석와 1(다) 석에는 G사원 혹은 H사원만 앉을 수 있고, 1(가) 석, 1(라) 석에는 E주임과 F주임이 앉아야 한다. 그런데 F주임과 H사원은 이웃하여 앉아야 하므로, G사원과 E주임은 어떤 경우에도 이웃하게 앉지 않는다.

32

비용이 17억 원 이하인 업체는 A, D, E, F업체이며, 이 중 1차로 선정할 업체를 구하기 위해 가중치를 적용한 점수는 다음과 같다.

• A업체 : $(18 \times 1) + (11 \times 2) = 40$점
• D업체 : $(16 \times 1) + (12 \times 2) = 40$점
• E업체 : $(13 \times 1) + (10 \times 2) = 33$점
• F업체 : $(16 \times 1) + (14 \times 2) = 44$점

따라서 1차로 선정될 3개 업체는 A, D, F업체이며, 이 중 친환경소재 점수가 가장 높은 업체인 F업체가 최종 선정된다.

33

정답 ⑤

비용이 17억 2천만 원 이하인 업체는 A, C, D, E, F업체이며, 이 중 1차로 선정할 업체를 구하기 위해 가중치를 적용한 점수는 다음과 같다.

- A업체 : $(11 \times 3) + (15 \times 2) = 63$점
- C업체 : $(13 \times 3) + (13 \times 2) = 65$점
- D업체 : $(12 \times 3) + (14 \times 2) = 64$점
- E업체 : $(10 \times 3) + (17 \times 2) = 64$점
- F업체 : $(14 \times 3) + (16 \times 2) = 74$점

따라서 1차 선정될 업체는 C업체와 F업체이며, 이 중 입찰 비용이 더 낮은 업체인 F업체가 최종 선정된다.

34

정답 ③

우선 아랍에미리트에는 해외 EPS센터가 없으므로 제외한다. 또한, 한국 기업이 100개 이상 진출해 있어야 한다는 두 번째 조건으로 인도네시아와 중국으로 후보를 좁힐 수 있으나, '우리나라 사람들의 해외취업을 위한 박람회'이므로 성공적인 박람회 개최를 위해선 취업까지 이어지는 것이 중요하다. 중국의 경우 청년 실업률은 높지만 경쟁력 부분에서 현지 기업의 80% 이상이 우리나라 사람을 고용하기를 원하므로 중국 청년 실업률과는 별개로 우리나라 사람들의 취업이 쉽게 이루어질 수 있음을 알 수 있다. 따라서 박람회 장소로 선택할 나라는 중국이 적절하다.

35

정답 ④

C, D, F지점의 사례만 고려하면 F지점에서 마카롱과 쿠키를 함께 먹었을 때, 알레르기가 발생하지 않았으므로 마카롱과 쿠키는 알레르기 발생 원인이 될 수 없다. 따라서 ④는 반드시 거짓이 된다.

오답분석

① A, B, D지점의 사례만 고려한 경우 : 빵과 마카롱을 함께 먹은 경우에는 알레르기가 발생하지 않았으므로, 케이크가 알레르기 발생 원인이 된다.

② A, C, E지점의 사례만 고려한 경우 : 케이크와 쿠키를 함께 먹은 경우에는 알레르기가 발생하지 않았으므로, 빵이 알레르기 발생 원인이 된다.

③ B, D, F지점의 사례만 고려한 경우 : 빵과 마카롱 또는 마카롱과 쿠키를 함께 먹은 경우에 알레르기가 발생하지 않았으므로, 케이크가 알레르기 발생 원인이 된다.

⑤ D, E, F지점의 사례만 고려한 경우 : 케이크와 마카롱을 함께 먹은 경우에 알레르기가 발생하였으므로, 쿠키는 알레르기 발생 원인이 될 수 없다.

36

정답 ④

ㄴ. 사슴의 남은 수명이 20년인 경우, 사슴으로 계속 살아갈 경우의 총효용은 $20 \times 40 = 800$인 반면, 독수리로 살 경우의 효용은 $(20 - 5) \times 50 = 750$이다. 따라서 사슴은 총효용이 줄어드는 선택은 하지 않는다고 하였으므로 독수리를 선택하지 않을 것이다.

ㄷ. 사슴의 남은 수명을 x년이라 할 때, 사자를 선택했을 때의 총효용은 $(x - 14) \times 250$이며, 호랑이를 선택했을 때의 총효용은 $(x - 13) \times 200$이다. 두 식이 같을 경우 x의 값을 구하면 $x = 18$이다. 따라서 사슴의 남은 수명이 18년일 때 둘의 총효용이 같게 된다.

오답분석

ㄱ. 사슴의 남은 수명이 13년인 경우, 사슴으로 계속 살아갈 경우의 총효용은 $13 \times 40 = 520$인 반면, 곰으로 살 경우의 효용은 $(13 - 11) \times 170 = 340$이다. 따라서 사슴은 총효용이 줄어드는 선택은 하지 않는다고 하였으므로 곰을 선택하지 않을 것이다.

37

정답 ⑤

우선 면적이 가장 큰 교육시설과 면적이 2번째로 작은 교육시설을 각각 3시간 대관한다고 했다. 면적이 가장 큰 교육시설은 강의실 (대)이며, 면적이 2번째로 작은 교육시설은 강의실 (중)이다.

- 강의실 (대)의 대관료 : (129,000+64,500)×1.1=212,850원(∵ 3시간 대관, 토요일 할증)
- 강의실 (중)의 대관료 : (65,000+32,500)×1.1=107,250원(∵ 3시간 대관, 토요일 할증)

다목적홀, 이벤트홀, 체육관 중 이벤트홀은 토요일에 휴관이므로 다목적홀과 체육관의 대관료를 비교하면 다음과 같다.

- 다목적홀 : 585,000×1.1=643,500원(∵ 토요일 할증)
- 체육관 : 122,000+61,000=183,000원(∵ 3시간 대관)

즉, 다목적홀과 체육관 중 저렴한 가격으로 이용할 수 있는 곳은 체육관이다.

따라서 K주임에게 안내해야 할 대관료는 212,850+107,250+183,000=503,100원이다.

38

정답 ⑤

주어진 조건을 표로 정리하면 다음과 같으므로, 김치찌개는 총 9그릇이 필요하다.

구분	A	B	C	D	E	F
아침	된장찌개	된장찌개	된장찌개	김치찌개	김치찌개	김치찌개
점심	김치찌개	김치찌개	된장찌개	된장찌개	된장찌개	김치찌개
저녁	김치찌개	김치찌개	김치찌개	된장찌개	된장찌개	된장찌개

39

정답 ⑤

먼저 갑의 진술을 기준으로 경우의 수를 나누어 보면 다음과 같다.

- 경우 1

A의 근무지는 광주이다(○), D의 근무지는 서울이다(×).

진술의 대상이 중복되는 병의 진술을 먼저 살펴보면, A의 근무지가 광주라는 것이 이미 고정되어 있으므로 앞 문장인 'C의 근무지는 광주이다.'는 거짓이 된다. 따라서 뒤 문장인 'D의 근무지는 부산이다.'가 참이 되어야 한다. 다음으로 을의 진술을 살펴보면, 앞 문장인 'B의 근무지는 광주이다.'는 거짓이며 뒤 문장인 'C의 근무지는 세종이다.'가 참이 되어야 한다.

이를 정리하면 다음과 같다.

A	B	C	D
광주	서울	세종	부산

- 경우 2

A의 근무지는 광주이다(×), D의 근무지는 서울이다(○).

역시 진술의 대상이 중복되는 병의 진술을 먼저 살펴보면, 뒤 문장인 'D의 근무지는 부산이다.'는 거짓이 되며, 앞 문장인 'C의 근무지는 광주이다.'는 참이 된다. 다음으로 을의 진술을 살펴보면 앞 문장인 'B의 근무지는 광주이다.'가 거짓이 되므로, 뒤 문장인 'C의 근무지는 세종이다.'는 참이 되어야 한다. 그런데 이미 C의 근무지는 광주로 확정되어 있기 때문에 모순이 발생한다. 따라서 이 경우는 성립하지 않는다.

A	B	C	D
		광주 세종(모순)	서울

따라서 가능한 경우는 경우 1뿐이므로 보기에서 반드시 참인 것은 ㄱ, ㄴ, ㄷ이다.

40

다국적기업에서 출원한 완제 의약품 특허출원 중 다이어트제 출원 비중은 제시된 자료에서 확인할 수 없다.

오답분석

① 의약품별 특허출원 현황의 합계를 살펴보면 매년 감소하고 있음을 확인할 수 있다.

② 2022년에 전체 의약품 특허출원에서 기타 의약품이 차지하는 비중 : $\frac{1,220}{4,719} \times 100 ≒ 25.85\%$

③ • 2022년의 원료 의약품 특허출원 건수 : 500건
  • 2022년의 다국적기업의 원료 의약품 특허출원 건수 : 103건

  ∴ 2022년에 원료 의약품 특허출원에서 다국적기업 특허출원이 차지하는 비중 : $\frac{103}{500} \times 100 = 20.6\%$

41

①, ②, ④, ⑤는 하나의 계획이 틀어지더라도 모든 계획이 미루어지지 않도록 원래 계획에 여유시간을 두는 60 : 40의 법칙에 대한 예시이다. ③은 낭비되는 시간이 없도록 철저한 시간관리법으로써 원래 계획한 시간에 여유시간을 두는 나머지와는 거리가 멀다.

42

물품의 분실이란 실질적으로 분실하여 다시 구입해야 하는 경제적 손실을 의미하는 것으로 A씨의 경우 물건이 집에 어딘가 있지만 찾지 못하는 경우에 해당하므로 분실로 보기는 어렵다.

오답분석

① A씨는 물품을 정리하였다기보다 창고에 쌓아 두었으므로 이는 정리하지 않고 보관한 경우로 볼 수 있다.
② A씨는 물건을 아무렇게나 보관하였기 때문에 그 보관 장소를 파악하지 못해 다시 그 물건이 필요하게 된 상황임에도 찾는 데 어려움을 겪고 그만큼 시간도 지체시켰다.
③ A씨는 커피머신을 제대로 보관하지 않았기 때문에 그로 인해 물품이 훼손되는 경우가 발생하였다.
⑤ A씨는 지금 당장 필요하지 않음에도 구입을 했으므로 이는 목적 없는 구매에 해당한다.

43

모든 컴퓨터 구매 시 각각 사는 것보다 세트로 사는 것이 한 세트(모니터+본체)당 약 5만 원에서 10만 원 정도 이득이다. 하지만 SET 혜택이 아닌 다른 혜택에 해당하는 조건에서는 비용을 비교해 보아야 한다. 다음은 컴퓨터별 구매 비용을 계산한 것이다. 또한 E컴퓨터는 성능평가에서 '하'를 받았으므로 계산에서 제외한다.

• A컴퓨터 : 80만 원×15대=1,200만 원
• B컴퓨터 : (75만 원×15대)−100만 원=1,025만 원
• C컴퓨터 : (20만 원×10대)+(20만 원×0.85×5대)+(60만 원×15대)=1,185만 원 또는 70만 원×15대=1,050만 원
• D컴퓨터 : 66만 원×15대=990만 원

따라서 조건을 만족하는 컴퓨터는 D컴퓨터이다.

44

정답 ④

추가근무 계획표를 정리하면 다음과 같다.

월	화	수	목	금	토	일
김혜정 정해리 정지원	이지호 이승기 최명진	김재건 신혜선	박주환 신혜선 정지원 김우석 이상엽	김혜정 김유미 차지수	이설희 임유진 김유미	임유진 한예리 이상엽

위와 같이 목요일은 추가 근무자가 5명임을 알 수 있다. 하루에 4명까지만 근무를 할 수 있으므로 목요일의 추가근무자 중 1명이 일정을 바꿔야 한다. 단 1명만 추가근무 일정을 바꿔야 하므로 목요일 6시간과 일요일 3시간 일정으로 6+3×1.5=10.5시간을 근무하는 이상엽 직원의 일정을 바꿔야 한다. 따라서 목요일에 추가근무 예정인 이상엽 직원의 요일과 시간을 수정해야 한다.

45

정답 ⑤

제주 출장 시 항공사별 5명(부장 3명, 대리 2명)의 왕복항공권에 대한 총액을 구하면 다음과 같다.

구분	비즈니스석	이코노미석	총액
A항공사	12만 원×6=72만 원	8.5만 원×4=34만 원	72만 원+34만 원=106만 원
B항공사	13만 원×6=78만 원	7만 원×4=28만 원	78만 원+28만 원=106만 원
C항공사	15만 원×6=90만 원	8만 원×4=32만 원	(90만 원+32만 원)×0.9=109.8만 원
D항공사	13만 원×6=78만 원	7.5만 원×4=30만 원	78만 원+30만 원=108만 원
E항공사	15만 원×6=90만 원	9.5만 원×4=38만 원	(90만 원+38만 원)×0.8=102.4만 원

따라서 E항공사가 102.4만 원으로 총비용이 가장 적으므로 A사원은 E항공사를 선택할 것이다.

46

정답 ④

갑과 을이 맞힌 4점 과녁의 개수를 x개라고 가정하면, 갑과 을이 9점을 맞힌 화살의 개수는 다음과 같다.

(단위 : 발)

구분	갑	을
0점	6	8
4점	x	x
9점	$20-(6+x)$	$20-(8+x)$

이를 이용해 점수를 계산하면 다음과 같다.
- 갑의 점수 : $(0×6)+(4×x)+[9×(14-x)]=(126-5x)$점
- 을의 점수 : $(0×8)+(4×x)+[9×(12-x)]=(108-5x)$점

이때, x는 0과 12 사이의 정수이고(∵ 4점을 맞힌 화살의 개수는 동일하다고 했으므로 을의 남은 화살 수인 최대 12발까지 가능), 갑과 을 점수를 공차가 −5인 등차수열로 생각하여 규칙을 찾으면
- 갑의 가능한 점수 : 126점, 121점, 116점, 111점, …, 66점
- 을의 가능한 점수 : 108점, 103점, 98점, 93점, …, 48점

따라서 갑의 점수는 일의 자리가 6 또는 1로 끝나고, 을의 점수는 일의 자리가 8 또는 3으로 끝나야 하므로 가능한 점수의 순서쌍은 86점과 68점이다.

47

정답 ④

- A고객의 상품 값
  [전복(1kg)]+[블루베리(600g)]+[고구마(200g)]+[사과(10개)]+[오렌지(8개)]+[우유(1L)]
  $=50,000+(6\times1,200)+(2\times5,000)+(2\times10,000)+12,000+3,000=102,200$원
- B고객의 상품 값
  [블루베리(200g)]+[오렌지(8개)]+[S우유(1L)]+[소갈비(600g)]+[생닭(1마리)]
  $=(2\times1,200)+12,000+(3,000-200)+20,000+9,000=46,200$원
- A고객이 내야 할 총액
  (상품 값)+(배송비)+(신선포장 비용)
  $=102,200+3,000+1,500=106,700$원($\because$ 봉투는 배송 시 무료 제공)
- B고객이 내야 할 총액
  (상품 값)+(생닭 손질 비용)+(봉투 2개)
  $=0.95\times[46,200+1,000+(2\times100)]=45,030$원($\because$ S카드 결제 시 5% 할인 적용)

따라서 답은 ④이다.

48

정답 ⑤

- 헝가리 : 서머타임을 적용해 서울보다 6시간 느리다.
- 호주 : 서머타임을 적용해 서울보다 2시간 빠르다.
- 베이징 : 서울보다 1시간 느리다.

따라서 오후 3시 ~ 오후 4시에 회의가 가능하다.

오답분석

① 헝가리가 오전 4시로 업무 시작 전이므로 회의가 불가능하다.
② 헝가리가 오전 5시로 업무 시작 전이므로 회의가 불가능하다.
③ 헝가리가 오전 7시로 업무 시작 전이므로 회의가 불가능하다.
④ 헝가리가 오전 8시로 업무 시작 전이므로 회의가 불가능하다.

49

정답 ②

기존의 운송횟수는 12회이므로 1일 운송되는 화물량은 $12\times1,000=12,000$상자이다. 이때, 적재효율을 높여 기존 1,000상자에서 1,200상자로 늘어나므로 10회$(=12,000\div1,200)$로 운송횟수를 줄일 수 있으므로 다음 계산식으로 기존 방법과 새로운 방법의 월 수송비를 계산하면 다음과 같다.

(월 수송비)=(1회당 수송비)×(차량 1대당 1일 운행횟수)×(차량 운행대수)×(월 운행일수)
- 기존 월 수송비 : $100,000\times3\times4\times20=24,000,000$원
- 신규 월 수송비 : $100,000\times10\times20=20,000,000$원

따라서 월 수송비 절감액은 4,000,000원$(=24,000,000-20,000,000)$이다.

50

정답 ③

오답분석

- A지원자 : 9월에 복학 예정이기 때문에 인턴 기간이 연장될 경우 근무할 수 없으므로 인턴사원으로 부적합하다.
- B지원자 : 경력 사항이 없으므로 인턴사원으로 부적합하다.
- D지원자 : 근무 시간(9 ~ 18시) 이후에 업무가 불가능하므로 인턴사원으로 부적합하다.
- E지원자 : 포토샵을 활용할 수 없으므로 인턴사원으로 부적합하다.

01	02	03	04	05	06	07	08	09	10	11	12	13	14	15	16	17	18	19	20
⑤	④	③	①	⑤	④	①	②	④	⑤	④	②	⑤	①	②	③	③	②	④	④
21	22	23	24	25	26	27	28	29	30	31	32	33	34	35	36	37	38	39	40
④	①	③	②	④	②	①	③	④	③	③	④	②	②	④	①	①	②	①	②
41	42	43	44	45	46	47	48	49	50	51	52	53	54	55	56	57	58	59	60
①	②	①	③	②	④	⑤	④	①	④	②	③	⑤	①	⑤	①	③	②	⑤	④
61	62	63	64	65	66	67	68	69	70	71	72	73	74	75	76	77	78	79	80
③	④	③	④	②	③	②	③	③	③	①	④	③	④	②	③	③	③	③	④

01
정답 ⑤

제시문에서는 첫 번째 문단에서 1948년에 제정된 대한민국 헌법에 드러난 공화제적 원리는 1948년에 이르러 갑자기 등장한 것이 아니라 이미 19세기 후반부터 표명되고 있었다고 말하면서 구체적인 예를 들어 설명하고 있다.
1885년 『한성주보』에서 공화제적 원리가 언급되었고, 1898년 만민 공동회에서는 그 내용이 명확하게 드러났다고 하였다. 또한 독립협회의 「헌의 6조」에서 공화주의 원리를 찾아볼 수 있다고 하였다. 따라서 제시문의 핵심 내용은 ⑤이다.

02
정답 ④

- (가) : 빈칸 (가)의 다음 문장에서 사회의 기본 구조를 통해 이것을 공정하게 분배해야 된다고 했으므로 ⓛ이 가장 적절하다.
- (나) : '원초적 상황'에서 합의 당사자들은 인간의 심리, 본성 등에 대한 지식 등 사회에 대한 일반적인 지식은 알고 있지만, 이것에 대한 정보를 모르는 무지의 베일 상태에 놓인다고 했으므로 사회에 대한 일반적인 지식과 반대되는 개념, 즉 개인적 측면의 정보인 ⓒ이 가장 적절하다.
- (다) : 빈칸 (다)에 대하여 사회에 대한 일반적인 지식이라고 하였으므로 ⓒ이 가장 적절하다.

03
정답 ③

제시문은 2,500년 전 인간과 현대의 인간의 공통점을 언급하며 2,500년 전에 쓰인 『논어』가 현대에서 지니는 가치에 대하여 설명하고 있다. 따라서 (가) '『논어』가 쓰인 2,500년 전 과거와 현대의 차이점' → (마) '2,500년 전의 책인 『논어』가 폐기되지 않고 현대에서도 읽히는 이유에 대한 의문' → (나) '인간이라는 공통점을 지닌 2,500년 전 공자와 우리들' → (다) '2,500년의 시간이 흐르는 동안 인간의 달라진 부분과 달라지지 않은 부분에 대한 설명' → (라) '시대가 흐름에 따라 폐기될 부분을 제외하더라도 여전히 오래된 미래로서의 가치를 지니는 『논어』'의 순서대로 나열하는 것이 적절하다.

04
정답 ①

제시문에서는 물리적 태세와 목적론적 태세 그리고 지향적 태세라는 추상적 개념을 구체적인 사례(소금, 〈F8〉 키, 쥐)를 통해 설명하고 있다.

05

정답 ⑤

두 번째 문단에 따르면 민속문화는 특정 시기에 장소마다 다양하게 나타나는 경향이 있지만 대중문화는 특정 장소에서 시기에 따라 달라지는 경향이 크다.

오답분석

① 첫 번째 문단에 따르면 민속문화는 고립된 촌락 지역에 거주하는, 규모가 작고 동질적인 집단에 의해 전통적으로 공유된다.
② 세 번째 문단에 따르면 대중문화는 대부분이 선진국, 특히 북아메리카, 서부 유럽, 일본의 산물이다.
③ 민속 관습은 흔히 확인되지 않은 기원자를 통해서, 잘 알려지지 않은 시기에, 출처가 밝혀지지 않은 미상의 발상지로부터 발생하며, 민속문화가 된다.
④ 다섯 번째 문단에 따르면 스포츠는 민속문화로 시작되었지만, 현대의 스포츠는 대중문화의 특징을 보여 준다.

06

정답 ④

서양의 자연관은 인간이 자연보다 우월한 자연지배관이며, 동양의 자연관은 인간과 자연을 동일선상에 놓거나 조화를 중요시한다고 설명한다. 따라서 제시문의 중심내용으로는 '서양의 자연관과 동양의 자연관의 차이'로 보는 것이 가장 적절하다.

07

정답 ①

㉠에서 네 번째 줄의 접속어 '그러나'를 기준으로 앞부분은 사물인터넷 사업의 경제적 가치 및 외국의 사물인터넷 투자 추세, 뒷부분은 우리나라의 사물인터넷 사업 현황에 대하여 설명하고 있다. 따라서 두 문단으로 나누는 것이 적절하다.

오답분석

② 문장 앞부분에서 '통계에 따르면'으로 시작하고 있으므로, 이와 호응되는 서술어를 능동 표현인 '예상하며'로 바꾸는 것은 어색하다.
③ 우리나라의 사물인터넷 시장이 선진국에 비해 확대되지 못하고 있는 것은 사물인터넷 관련 기술을 확보하지 못한 결과이다.
④ 문맥상 '기술력을 갖추다.'라는 의미가 되어야 하므로 '확보'로 바꾸어야 한다.
⑤ 사물인터넷의 의의와 기대효과로 글을 마무리하고 있으므로 삭제할 필요는 없다.

08

정답 ②

파충류의 성을 결정하는 데에 영향을 미치는 것은 B물질이 온도의 변화에 의해 A물질과 C물질로 분화되는 것이지 B물질 자체의 농도가 영향을 미치는 것은 아니다. 따라서 ㄴ은 주어진 가설을 강화하지도 약화하지도 않는다.

오답분석

ㄱ. 수컷을 생산하는 온도에서 배양된 알에서는 C물질의 농도가 더 높으며, A물질과 C물질의 비율은 단백질 '가'와 단백질 '나'의 비율과 동일하다고 하였다. 따라서 수컷만 생산하는 온도에서 부화되고 있는 알이 단백질 '가'보다 많은 양의 단백질 '나'를 가지고 있다는 사실은 주어진 가설을 강화한다.
ㄷ. 주어진 가설에서 온도의 영향이란 어디까지나 B물질을 A물질과 C물질로 바뀌게 하는 역할을 할 뿐이다. 즉, 중요한 것은 A물질과 C물질의 농도이므로 온도가 어떤 상태에 있든지 간에 A물질의 농도가 C물질보다 더 높아진다면 암컷이 생산될 것이므로 주어진 가설을 강화한다.

09

㉣ 뒤에서는 저임금 구조의 고착화로 농장주와 농장 노동자 간의 소득 격차가 갈수록 벌어졌다고 하였으므로 '중간 계급으로의 수렴현상이 나타난 것이다.'라는 내용은 글의 흐름과 맞지 않는다. 따라서 상업적 농업의 도입으로 인해 '계급의 양극화가 나타난 것이다.'로 수정하는 것이 적절하다.

오답분석

① '개인적인 소비를 위해 경작하는 농업'은 ㉠ 앞에서 언급한 '전통적인 자급자족 형태의 농업'과 같은 의미이므로, 이와 반대되는 의미의 ㉠은 글의 흐름상 적절하다.
② 중세 말기 장원의 해체로 지주와 소작인 간의 인간적이었던 관계가 사라진 것처럼, 상업적 농업의 도입으로 ㉡도 사라졌다는 내용이므로 '인간적이었던 관계'와 유사한 ㉡은 글의 흐름상 적절하다.
③ 첫 번째 문단에 따르면 상업적 농업에서는 생산 과정의 일부를 인간보다 효율이 높은 기계로 작업하게 된다고 하였으므로 기계가 인간을 대체한다는 ㉢의 내용은 글의 흐름상 적절하다.
⑤ ㉤ 앞의 상업화로 인해 호혜성의 원리가 적용되어 왔던 재산권의 성격이 변화하였다는 내용과 ㉤ 뒤의 자원의 불평등한 분배가 심화되었다는 내용을 통해 재산권이 개별화되었다는 것을 추론할 수 있다. 따라서 ㉤은 글의 흐름상 적절하다.

10

두 번째 문단에 따르면 정교한 형태의 네트워크 유지에 필요한 비용이 줄어듦에 따라 시민사회 단체, 범죄 조직 등 비국가행위자들의 영향력이 사회 모든 부문으로 확대되면서 국가가 사회에서 차지하는 역할의 비중이 축소되었음을 알 수 있다.

오답분석

① 첫 번째 문단에 따르면 네트워크가 복잡해질수록 결집력이 강해지므로 가장 기초적인 형태의 네트워크인 점조직의 결집력은 '허브' 조직이나 '모든 채널' 조직에 비해 상대적으로 약하다.
② 세 번째 문단에 따르면 네트워크의 확산이 인류 미래에 긍정적·부정적 영향을 미칠 것을 예상하고 있으나, 영향력의 크기를 서로 비교하는 내용은 찾아볼 수 없으므로 알 수 없다.
③ 첫 번째 문단에 따르면 조직의 네트워크가 복잡해질수록 외부 세력이 조직을 와해시키기 어려워지므로 네트워크의 외부 공격에 대한 대응력은 조직의 정교성 또는 복잡성과 관계가 있음을 알 수 있다.
④ 조직 구성원 수에 따른 네트워크의 발전 가능성은 제시문에 나타나 있지 않으므로 알 수 없다.

11

제시문에서 천연 아드레날린과 합성된 아드레날린의 차이 여부는 알 수 없다.

12

제시문에 따르면 인터넷 뉴스를 유료화하면 인터넷 뉴스를 보는 사람의 수는 줄어들 것이므로 ②는 적절하지 않다.

13

뉴스의 품질이 떨어지는 원인이 근본적으로 독자에게 있다거나 그 해결 방안이 종이 신문 구독이라는 반응은 제시문의 내용을 적절하게 이해했다고 보기 어렵다.

14

- 빈칸 (가) : 이어지는 부연, 즉 '철학도 ~ 과학적 지식의 구조와 다를 바가 없다.'라는 진술로 볼 때 같은 의미의 내용이 들어가야 하므로 ㉠이 적절하다.
- 빈칸 (나) : 앞부분에서는 '철학과 언어학의 차이'를 제시하고 있고, 뒤에는 언어학의 특징이 구체적으로 서술되어 있다. 그 뒤에는 분석철학에 대한 설명이 따르고 있으므로 여기에는 언어학에 대한 일반적인 개념 정의가 서술되어야 한다. 따라서 ㉡이 적절하다.
- 빈칸 (다) : 앞부분에서 '철학의 기능은 한 언어가 가진 개념을 해명하고 이해'한 것이라고 설명하고 있다. 따라서 '철학은 개념의 분석에 지나지 않는다.'라는 ㉢이 적절하다.

15

접수기간만 명시되어 있고 1차 예선 발표에 대한 일정은 언급되어 있지 않다.

16

전체 소비량에서 LPG가 차지하는 비율은 매해 10% 이상이다.

- 2018년 : $\frac{89,866}{856,247} \times 100 ≒ 10.5\%$
- 2019년 : $\frac{108,961}{924,200} \times 100 ≒ 11.8\%$
- 2020년 : $\frac{105,145}{940,083} \times 100 ≒ 11.2\%$
- 2021년 : $\frac{109,780}{934,802} \times 100 ≒ 11.7\%$
- 2022년 : $\frac{122,138}{931,947} \times 100 ≒ 13.1\%$

[오답분석]

② 전체 소비량에서 휘발유가 차지하는 비율은 매해 8% 이상이다.

- 2018년 : $\frac{76,570}{856,247} \times 100 ≒ 8.9\%$
- 2019년 : $\frac{78,926}{924,200} \times 100 ≒ 8.5\%$
- 2020년 : $\frac{79,616}{940,083} \times 100 ≒ 8.5\%$
- 2021년 : $\frac{79,683}{934,802} \times 100 ≒ 8.5\%$
- 2022년 : $\frac{82,750}{931,947} \times 100 ≒ 8.9\%$

④ 2019년에는 전 제품의 소비량이 전년도 대비 증가하였다.

⑤ 5년간 총 소비량은 부생연료유가 9,839천 배럴로 경질중유의 7,869천 배럴보다 많다.

17

ㄴ. 전체 소비량 중 나프타가 차지하는 비율은 매해 50% 이하이다.

- 2018년 : $\dfrac{410,809}{856,247} ≒ 48.0\%$

- 2019년 : $\dfrac{430,091}{924,200} ≒ 46.5\%$

- 2020년 : $\dfrac{458,350}{940,083} ≒ 48.8\%$

- 2021년 : $\dfrac{451,158}{934,802} ≒ 48.3\%$

- 2022년 : $\dfrac{438,614}{931,947} ≒ 47.1\%$

ㄷ. 전체 소비량 중 벙커C유가 차지하는 비율은 2019년에 증가 후 감소 중이다.

- 2018년 : $\dfrac{35,996}{856,247} ≒ 4.2\%$

- 2019년 : $\dfrac{45,000}{924,200} ≒ 4.9\%$

- 2020년 : $\dfrac{33,522}{940,083} ≒ 3.6\%$

- 2021년 : $\dfrac{31,620}{934,802} ≒ 3.4\%$

- 2022년 : $\dfrac{21,949}{931,947} ≒ 2.4\%$

오답분석

ㄱ. 경유의 전년 대비 소비량의 변화량이 가장 많이 증가한 해는 2019년이다.

- 2019년 : $166,560-156,367=10,193$천 배럴
- 2020년 : $168,862-166,560=2,302$천 배럴
- 2021년 : $167,039-168,862=-1,823$천 배럴
- 2022년 : $171,795-167,039=4,756$천 배럴

ㄹ. 5년간 소비된 용제의 양은 $1,388+1,633+1,742+1,614+1,728=8,105$천 배럴로 5년간 소비된 경질중유의 양, $1,569+1,642+1,574+1,467+1,617=7,869$천 배럴보다 많다.

18

정답 ②

작년에 구입한 실내공기 정화식물 중 16%가 시들었다고 했으므로, 작년에 구입한 식물의 수는 $\dfrac{20}{0.16}=125$그루이다.

따라서 올해 구입할 실내공기 정화식물의 수는 작년의 $\dfrac{1}{2.5}$ 배이므로 $\dfrac{125}{2.5}=50$그루이다.

19

정답 ④

농도 11% 소금물의 양은 yg이므로 $(100-x)+x+y=300 \rightarrow y=200$

$\dfrac{20}{100}(100-x)+x+\dfrac{11}{100}\times200=\dfrac{26}{100}\times300$

$\rightarrow 2,000-20x+100x+2,200=7,800$

$\rightarrow x=45$

$\therefore x+y=245$

20

정답 ④

연도별 인구가 최소인 도시의 인구수 대비 연도별 인구가 최대인 도시의 인구수 비는 지속적으로 감소해 2012년에 약 3.56배까지 감소했으나 2022년 약 3.85배로 다시 증가하였다.

오답분석

① 2012년을 기점으로 서울과 베이징의 인구 순위가 뒤바뀐다.
② 서울의 경우 2002년 이후 지속적으로 인구가 줄고 있다.
③ 베이징은 해당기간 동안 약 38%, 54%, 59%의 인구 증가율을 보이며 세 도시 중 가장 큰 증가율을 기록했다.
⑤ 최대 인구인 도시와 최소 인구인 도시의 인구수 차는 1992년 24,287명에서 2022년 28,241명으로 점차 지속적으로 증가했다.

21

정답 ④

온실가스 총 배출량은 2020년에 한 번 감소했다가 다시 증가한다.

오답분석

① 이산화탄소는 2018 ~ 2022년 동안 가장 큰 비중을 차지한다.
② 2022년의 가계와 산업 부문의 배출량 차이는 42,721.67ppm으로 가장 큰 값을 가진다.
③ 제시된 자료를 보면 온실가스 총 배출량은 지속적으로 증가하고 있다.
⑤ 언제나 메탄은 아산화질소보다 가계, 산업부문을 통틀어 더 많이 배출되고 있다.

22

정답 ①

답변 중 '보통'에 응답한 비율은 남성이 17%, 여성이 20%이므로 남성의 비율은 여성의 $\frac{17}{20} \times 100 = 85\%$에 해당한다.

오답분석

㉠ 남성의 긍정적인 답변율은 11+24=35%, 여성의 긍정적인 답변율은 6+14=20%로 긍정적인 답변은 남성이 더 높다.
㉡ 여성의 부정적인 답변율은 28+32=60%이고, 남성의 부정적인 답변율은 34+14=48%이므로 여성의 부정적인 답변율은 남성의 60÷48=1.25배이다.
㉢ 남성 200명과 여성 350명이 조사에 응답했다면, '매우만족'이라고 응답한 인원은 각각 남성이 200×0.11=22명, 여성이 350×0.06=21명이므로 남성이 여성보다 많다.

23

정답 ③

가중치는 10 또는 5이므로 계산을 빨리 하기 위해 가중치를 5로 나누어 10을 2로, 5를 1로 계산하여 대학 평판도 총점을 구한다. D대학의 (사) 지표점수는 x로 가정한다.

구분	대학 평판도 총점
A대학	$(9+10+4) \times 2 + (6+4+10+8) \times 1 = 74$점
B대학	$(8+9+6) \times 2 + (8+6+9+6) \times 1 = 75$점
C대학	$(7+10+6) \times 2 + (5+6+10+4) \times 1 = 71$점
D대학	$(3+9+6) \times 2 + (8+6+3+x) \times 1 = (53+x)$점

D대학은 x를 최고점인 10점을 받아도 63점으로 C대학보다 낮다. 따라서 대학 평판도 총점이 높은 대학부터 순서대로 나열하면 'B대학 – A대학 – C대학 – D대학'이다.

24

정답 ②

ㄱ. E대학의 지표 (다), (라), (마)의 지표점수를 x점, y점, z점이라고 가정하고, 가중치를 1, 2로 바꾸어 계산하면 대학 평판도 총점은 $\frac{410}{5}=82$점이고, 다음 방정식을 구할 수 있다. $2x+y+2z=82-32=50$이고, 세 미지수는 0~10 사이의 정수이다. 이 방정식을 만족하는 경우를 찾으면 (10, 10, 10)이 유일하므로 세 지표점수는 동일함을 알 수 있다.

ㄴ. ㄱ과 같은 방법으로 G대학의 (라) 지표점수를 계산하면, 7점임을 알 수 있다. F대학의 (라), (마) 지표점수를 a점, b점이라고 가정하면 $a+2b=73-45=28$의 방정식을 구할 수 있다. 이 방정식을 만족하는 경우는 $(a,\ b)=(8,\ 10),\ (10,\ 9)$인데, 두 경우 모두 (라) 지표점수가 7보다 높다.

오답분석

ㄷ. H대학은 지표 (나)의 지표환산점수($=8\times1=8$점)가 지표 (마)의 지표환산점수($=6\times2=12$점)보다 대학 평판도 총점에서 더 낮은 비중을 차지하므로 옳지 않다(가중치는 5, 10 대신 1, 2를 사용했다).

25

정답 ④

- 변동 후 요금이 가장 비싼 노선은 D이므로, D가 2000번이다.
- 요금 변동이 없는 노선은 B이므로, B가 42번이다.
- 연장운행을 하기로 결정한 노선은 C로, C가 6번이다.
- A가 남은 번호인 3100번이다.

26

정답 ②

ⓒ 2018년 성장률이 가장 높은 지역은 경기로, 이때의 성장률은 11%이다.

ⓔ 2020년 성장률은 인천이 7.4%로 가장 높지만 인천과 경기의 전년 대비 총생산 증가량을 각각 비교해 보면 인천은 $47,780-43,311=4,469$십억 원, 경기는 $193,658-180,852=12,806$십억 원이므로 경기가 더 많다.

27

정답 ①

- 7권의 소설책 중 3권을 선택하는 경우의 수 : $_7C_3=\frac{7\times6\times5}{3\times2\times1}=35$가지

- 5권의 시집 중 2권을 선택하는 경우의 수 : $_5C_2=\frac{5\times4}{2\times1}=10$가지

따라서 소설책 3권과 시집 2권을 선택하는 경우의 수는 $35\times10=350$가지이다.

28

정답 ③

A금속과 B금속의 질량을 ag, bg이라 가정하자. (A+B)합금의 실제 질량과 물속에서의 질량에 대한 방정식을 세우면 다음과 같다.

$a+b=58\ \cdots\ \boxdot$

$\frac{4}{5}a+\frac{2}{3}b=42\ \rightarrow\ 6a+5b=315\ \cdots\ \boxdot$

$\boxdot$과 $\boxdot$을 연립하면 $a=25,\ b=33$임을 알 수 있다. 따라서 합금에 포함된 A금속의 질량은 25g이다.

29

남성의 골다공증 진료인원이 많은 연령대는 70대, 60대, 80대 이상 순서이고, 여성의 골다공증 진료인원이 많은 연령대는 60대, 70대, 50대 순서이다. 따라서 연령별 골다공증 진료율이 높은 순서는 남성과 여성이 다르다.

[오답분석]

① 골다공증 발병이 진료로 이어진다면 여성의 진료인원이 남성보다 많으므로 여성의 발병률이 남성의 발병률보다 높은 것을 추론할 수 있다.

② 전체 진료인원 중 40대 이하가 차지하는 비율은 $\frac{44+181+1,666+6,548+21,654}{855,975} \times 100 ≒ 3.5\%$로 옳다.

③ 전체 진료인원 중 골다공증 진료인원이 가장 많은 연령은 60대이고, 그 비율은 $\frac{294,553}{855,975} \times 100 ≒ 34.4\%$로 옳다.

⑤ 전체 진료인원 중 80대 이상이 차지하는 비율은 $\frac{100,581}{855,975} \times 100 ≒ 11.8\%$로 옳다.

30

비공개기록물 공개 재분류 사업 결과에서 30년 경과 비공개기록물 중 공개로 재분류된 기록물의 비율은 $\frac{1,079,690}{1,199,421} \times 100 ≒$ 90.0%이고, 30년 미경과 비공개기록물 중 비공개로 재분류된 기록물의 비율은 $\frac{1,284,352}{1,503,232} \times 100 ≒ 85.4\%$이므로 옳지 않은 내용이다.

[오답분석]

① 비공개기록물 공개 재분류 사업 결과에서 비공개기록물 공개 재분류 사업 대상 전체 기록물은 2,702,653건이고, 비공개로 재분류된 문건은 1,404,083건이므로 비공개로 재분류된 문건의 비율은 50%를 넘는다.

② 비공개기록물 공개 재분류 사업 결과에서 30년 경과 비공개기록물 중 전부공개로 재분류된 기록물 건수는 33,012건이고, 30년 경과 비공개기록물 중 비공개로 재분류된 기록물의 비공개 사유별 현황에서 30년 경과 비공개기록물 중 개인 사생활 침해 사유에 해당하여 비공개로 재분류된 기록물의 건수는 46,298건으로 더 적다.

④ 비공개기록물 공개 재분류 사업 결과에서 30년 경과 비공개기록물 중 재분류 건수가 많은 분류를 순서대로 나열하면 부분공개, 비공개, 전부공개 순서이고, 30년 미경과 비공개기록물 중 재분류 건수가 많은 분류를 순서대로 나열하면 비공개, 전부공개, 부분공개 순서이므로 옳다.

⑤ 30년 경과 비공개기록물 중 비공개로 재분류된 기록물의 비공개 사유별 현황에서 국민의 생명 등 공익침해와 개인 사생활 침해로 비공개 재분류된 기록물 건수는 54,329+46,298=100,627건이고, 그 비율은 $\frac{100,627}{2,702,653} \times 100 ≒ 3.7\%$로 옳다.

31

세 번째 조건에 따라 A는 청소기를 제외한 프리미엄형 경품을 총 2개 골랐는데, B가 청소기를 가져가지 않으므로 A는 청소기 일반형, C는 청소기 프리미엄형을 가져가야 한다. 또한, 다섯 번째 조건을 만족시키기 위해 A가 가져가는 프리미엄형 경품 종류의 일반형을 B가 가져가야 하며, 여섯 번째 조건을 만족시키기 위해 전자레인지는 C가 가져가야 한다. 이를 표로 정리하면 다음과 같다.

구분	A	B	C
경우 1	냉장고(프), 세탁기(프), 청소기(일)	냉장고(일), 세탁기(일), 에어컨(프 or 일)	에어컨(프 or 일), 청소기(프), 전자레인지
경우 2	세탁기(프), 에어컨(프), 청소기(일)	세탁기(일), 에어컨(일), 냉장고(프 or 일)	냉장고(프 or 일), 청소기(프), 전자레인지
경우 3	냉장고(프), 에어컨(프), 청소기(일)	냉장고(일), 에어컨(일), 세탁기(프 or 일)	세탁기(프 or 일), 청소기(프), 전자레인지

㉠ C는 항상 전자레인지를 가져간다.
㉢ B는 반드시 일반형 경품 2대를 가져가며, 나머지 한 대는 프리미엄형일 수도, 일반형일 수도 있다.

[오답분석]
㉡ A는 반드시 청소기를 가져간다.
㉣ C는 청소기 프리미엄형을 가져간다.

32

세 번째 조건에 따라 A팀장이 볶음밥을 시키므로, 짬뽕을 시키는 3명은 각각 직급이 달라야 한다. 즉, 과장, 대리, 사원이 각각 1명씩 시켜야 하는데, 다섯 번째 조건에 따라 D사원은 볶음밥이나 짜장면을 시켜야 한다. 각각의 경우를 살펴보면 다음과 같다.
• D사원이 볶음밥을 시키는 경우
  네 번째 조건에 따라 J대리가 짬뽕을 시키므로 N대리가 짜장면을 시키고, 여섯 번째 조건에 따라 S과장이 짜장면을 시켜야 하므로 K과장이 짬뽕을 시키고, 일곱 번째 조건에 따라 P사원도 짬뽕을 시킨다. 따라서 S과장은 짜장면을 시킨다.

짜장면	짬뽕	볶음밥
N대리 S과장	J대리 K과장 P사원	A팀장 D사원

• D사원이 짜장면을 시키는 경우
  일곱 번째 조건에 따라 K과장은 사원과 같은 메뉴를 시켜야 하는데, 만약 K과장이 짜장면이나 볶음밥을 시키면 S과장이 반드시 짬뽕을 시켜야 하므로 조건에 어긋난다. 따라서 K과장은 짬뽕을 시키고, P사원도 짬뽕을 시킨다. J대리는 짜장면을 싫어하므로 짬뽕이나 볶음밥을 시켜야 하는데, 만약 J대리가 짬뽕을 시키면 볶음밥을 싫어하는 N대리는 짜장면을, S과장은 볶음밥을 시켜야 하는데 다섯 번째 조건에 어긋나므로 J대리가 볶음밥을, N대리는 짬뽕을, S과장은 짜장면을 시킨다.

짜장면	짬뽕	볶음밥
D사원 S과장	K과장 P사원 N대리	A팀장 J대리

따라서 모든 경우에서 A팀장은 과장과 같은 메뉴를 시킬 수 없으므로, ④는 옳지 않은 설명이다.

33

정답 ②

국내 금융기관에 대한 SWOT 분석 결과는 다음과 같다.

강점(Strength)	약점(Weakness)
• 높은 국내 시장 지배력 • 우수한 자산건전성 • 뛰어난 위기관리 역량	• 은행과 이자수익에 편중된 수익구조 • 취약한 해외 비즈니스와 글로벌 경쟁력
기회(Opportunity)	위협(Threat)
• 해외 금융시장 진출 확대 • 기술 발달에 따른 핀테크의 등장 • IT 인프라를 활용한 새로운 수익 창출	• 새로운 금융 서비스의 등장 • 글로벌 금융기관과의 경쟁 심화

㉠ SO전략은 강점을 살려 기회를 포착하는 전략으로, 강점인 국내 시장 점유율을 기반으로 핀테크 사업에 진출하려는 ㉠은 적절한 SO전략으로 볼 수 있다.

㉢ ST전략은 강점을 살려 위협을 회피하는 전략으로, 강점인 우수한 자산건전성을 강조하여 글로벌 금융기관과의 경쟁에서 우위를 차지하려는 ㉢은 적절한 ST전략으로 볼 수 있다.

오답분석

㉡ WO전략은 약점을 강화하여 기회를 포착하는 전략이다. 그러나 위기관리 역량은 국내 금융기관이 지니고 있는 강점에 해당하므로 WO전략으로 적절하지 않다.

㉣ 해외 비즈니스 역량을 강화하여 해외 금융시장에 진출하는 것은 약점을 보완하여 기회를 포착하는 WO전략에 해당한다.

34

정답 ②

주어진 정보에 따라 연구원들에 대한 정보를 정리하면 다음과 같다.

구분	학위	성과점수	종합기여도	지급 성과금
A연구원	석사	$(75 \times 60\%) + (85 \times 40\%) + (3 \times 2) - 1 = 84$점	B등급	84만 원
B연구원	박사	$(80 \times 60\%) + (80 \times 40\%) + (3 \times 1) = 83$점	B등급	105만 원
C연구원	석사	$(65 \times 60\%) + (85 \times 40\%) + 2 = 75$점	C등급	60만 원
D연구원	학사	$(90 \times 60\%) + (75 \times 40\%) = 84$점	B등급	70만 원
E연구원	학사	$(75 \times 60\%) + (60 \times 40\%) + (3 \times 3) + 1 = 79$점	C등급	50만 원

따라서 가장 많은 성과급을 지급받을 연구원은 B연구원이다.

35

정답 ④

출장을 가는 11월 13일은 하루 종일 비가 오므로 1시간이 추가로 소요되어 출발 후 B지사에 복귀하기까지 총 9시간이 소요된다. 따라서 출장인원은 아침 8시 정각에 출발하여 9시간 후인 17시에 B지사로 도착하게 된다. ④의 경우 '1종 보통'의 면허를 지닌 정과 차장인 을이 포함되므로 첫 번째 조건과 네 번째 조건을 만족한다. 또한 출장인원에 부상자가 포함되지 않아 17시에 복귀할 수 있으므로 을과 정의 17시 15분과 17시 10분에 시작하는 사내 업무가 출장시간과 겹치지 않는다. 따라서 을, 정, 무는 함께 출장을 갈 수 있다.

오답분석

① 출장인원 중 부상자인 갑이 포함되어 있는 경우 30분이 추가로 소요되므로 B지사에 17시 30분에 도착하게 된다. 이때, 17시 15분에 협력업체 면담이 있는 을은 출장시간과 사내 업무가 겹쳐 갑과 함께 출장을 갈 수 없다.

② ①과 마찬가지로 B지사에 17시 30분에 도착하게 되므로 17시 10분에 당직 근무를 시작해야 하는 정은 갑과 함께 출장을 갈 수 없다.

③ 출장인원 중 '1종 보통 운전면허' 소지자만 운전할 수 있으므로 '2종 보통'의 면허를 지닌 을, 무와 면허가 없는 병은 함께 출장을 갈 수 없다.

⑤ 출장인원 중 적어도 한 명은 차장이어야 하므로 과장인 병, 정과 대리인 무는 함께 출장을 갈 수 없다.

36

정답 ①

각 자동차의 경비를 구하면 다음과 같다.
- A자동차
  - (연료비)=150,000÷12×1,400=1,750만 원
  - (경비)=1,750+2,000=3,750만 원
- B자동차
  - (연료비)=150,000÷8×900=1,687.5만 원
  - (경비)=1,687.5+2,200=3,887.5만 원
- C자동차
  - (연료비)=150,000÷15×1,150=1,150만 원
  - (경비)=1,150+2,700=3,850만 원
- D자동차
  - (연료비)=150,000÷20×1,150=862.5만 원
  - (경비)=862.5+3,300=4,162.5만 원
- E자동차
  - (연료비)=150,000÷15×1,400=1,400만 원
  - (경비)=1,400+2,600=4,000만 원

따라서 경비가 가장 적게 들어가는 것은 A자동차이다.

37

정답 ①

A업체와 B업체의 가격과 보온성 평가점수가 별 8개로 동일하므로 모든 부문 별 개수 총합을 비교해야 한다. A업체의 별 합계는 17개, B업체의 별 합계는 14개이므로 K공사는 A업체에서 근무복을 구매한다.

38

정답 ②

예산 100만 원 내에서 동절기 근무복을 15벌 구매하려면, 한 벌당 구매가격이 100÷15≒6.67만 원보다 저렴해야 한다. 이 조건을 만족하는 A업체와 B업체를 비교할 때, 가격과 보온성 평가점수의 합이 A업체와 B업체 모두 별 8개이므로 가격이 더 저렴한 B업체의 근무복을 구매한다.

39

정답 ①

평가지표 결과와 지표별 가중치를 이용하여 지원자들의 최종 점수를 계산하면 다음과 같다.
- A지원자 : $(3 \times 3)+(3 \times 3)+(5 \times 5)+(4 \times 4)+(4 \times 5)+5=84$점
- B지원자 : $(5 \times 3)+(5 \times 3)+(2 \times 5)+(3 \times 4)+(4 \times 5)+5=77$점
- C지원자 : $(5 \times 3)+(3 \times 3)+(3 \times 5)+(3 \times 4)+(5 \times 5)=76$점
- D지원자 : $(4 \times 3)+(3 \times 3)+(3 \times 5)+(5 \times 4)+(4 \times 5)+5=81$점
- E지원자 : $(4 \times 3)+(4 \times 3)+(2 \times 5)+(5 \times 4)+(5 \times 5)=79$점

따라서 K공사에서 올해 채용할 지원자는 A, D지원자이다.

40
정답 ②

- ㉠·㉢·㉤·㉧에 의해, 언어영역 순위는 '형준 – 연재 – 소정(또는 소정 – 연재) – 영호' 순서로 높다.
- ㉠·㉡·㉢·㉤·㉪에 의해, 수리영역 순위는 '소정 – 형준 – 연재 – 영호' 순서로 높다.
- ㉢·㉣·㉤·㉥에 의해, 외국어영역 순위는 '영호 – 연재(또는 연재 – 영호) – 형준 – 소정' 순서로 높다.

오답분석
① 언어영역 2위는 연재 또는 소정이다.
③ 외국어영역에서 영호는 1위이다.
④ 언어영역에서 연재가 2위인 경우 1을 더한 값은 3으로 소정이의 외국어영역 순위인 4와 같지 않다.
⑤ 외국어영역에서 영호는 소정보다 순위가 높다.

41
정답 ①

250만 원+(6,000만 원−5,000만 원)×0.03=280만 원

오답분석
② 1,350만 원+(120,000만 원−100,000만 원)×0.004=1,430만 원
③ 1,000만 원+(50,000만 원−30,000만 원)×0.005=1,100만 원
④ 1,750만 원+(230,000만 원−200,000만 원)×0.002=1,810만 원
⑤ 1,350만 원+(640,000만 원−100,000만 원)×0.004=3,510만 원이지만 보상금 한도는 1,750만 원이다. 따라서 보상금은 1,750만 원이다.

42
정답 ②

우유 한 궤짝에 40개가 들어가므로 우유 한 궤짝당 28,000원(=700×40)의 비용이 필요하고, (가로) 3m×(세로) 2m×(높이) 2m인 냉동 창고에 채울 수 있는 궤짝의 수를 계산하면 다음과 같다.
- 가로 : 궤짝의 가로 길이가 40cm이므로 300÷40=7.5개 → 7개(소수점 첫째 자리에서 내림)
- 세로 : 궤짝의 세로 길이가 40cm이므로 200÷40=5개
- 높이 : 궤짝의 높이가 50cm이므로 200÷50=4개
따라서 냉동 창고에 총 140궤짝(=7×5×4)이 들어가므로 약 400만 원(≒140×28,000=3,920,000)이 든다.

43
정답 ①

화상회의 진행 시각(한국 기준 오후 4시 ~ 오후 5시)을 각국 현지 시각으로 변환하면 다음과 같다.
- 파키스탄 지사(−4시간) : 오후 12시 ~ 오후 1시, 점심시간이므로 회의에 참석 불가능하다.
- 불가리아 지사 (−6시간) : 오전 10시 ~ 오전 11시이므로 회의에 참석 가능하다.
- 호주 지사(+1시간) : 오후 5시 ~ 오후 6시이므로 회의에 참석 가능하다.
- 영국 지사(−8시간) : 오전 8시 ~ 오전 9시이므로 회의에 참석 가능하다(시차는 −9시간이 나지만, 서머타임을 적용한다).
- 싱가포르 지사(−1시간) : 오후 3시 ~ 오후 4시이므로 회의에 참석 가능하다.
따라서 파키스탄 지사는 화상회의에 참석할 수 없다.

44

먼저 모든 면접위원의 입사 후 경력은 3년 이상이어야 한다는 조건에 따라 A, E, F, H, I, L직원은 면접위원으로 선정될 수 없다. 이사 이상의 직급으로 6명 중 50% 이상 구성되어야 하므로 자격이 있는 C, G, N은 반드시 면접위원으로 포함한다. 다음으로 인사팀을 제외한 부서는 두 명 이상 구성할 수 없으므로 이미 N이사가 선출된 개발팀은 더 선출할 수 없고, 인사팀은 반드시 2명을 포함해야 하므로 D과장은 반드시 선출된다. 이를 정리하면 다음과 같다.

구분	1	2	3	4	5	6
경우 1	C이사	D과장	G이사	N이사	B과장	J과장
경우 2	C이사	D과장	G이사	N이사	B과장	K대리
경우 3	C이사	D과장	G이사	N이사	J과장	K대리

따라서 B과장이 면접위원으로 선출됐더라도 K대리가 선출되지 않는 경우도 있다.

45

각국에서 출발한 직원들이 국내(대한민국)에 도착하는 시간을 계산하기 위해서는 먼저 시차를 구해야 한다. 동일 시점에서의 각국의 현지시각을 살펴보면 국내의 시각이 가장 빠르다는 점을 알 수 있다. 즉, 국내의 현지시각을 기준으로 각국의 현지시각을 빼면 시차를 구할 수 있다. 시차는 계산 편의상 24시를 기준으로 한다.

구분	계산식	시차
대한민국 ~ 독일	25일 06:20－24일 23:20	7시간
대한민국 ~ 인도	25일 06:20－25일 03:50	2시간 30분
대한민국 ~ 미국	25일 06:20－24일 17:20	13시간

각국의 직원들이 국내에 도착하는 시간은 출발지 기준 이륙시각에서 비행시간과 시차를 더하여 구할 수 있다. 계산 편의상 24시 기준으로 한다.

구분	계산식	대한민국 도착시각
독일	25일 16:20＋11:30＋7:00	26일 10:50
인도	25일 22:10＋08:30＋2:30	26일 09:10
미국	25일 07:40＋14:00＋13:00	26일 10:40

따라서 인도에서 출발하는 직원이 가장 먼저 도착하고, 미국, 독일 순서로 도착하는 것을 알 수 있다.

46

도시락 구매비용을 요일별로 계산하면 다음과 같다.
- 월요일 : $(5,000 \times 3)+(2,900 \times 10)=44,000$원
- 화요일 : $(3,900 \times 10)+(4,300 \times 3)=51,900$원
- 수요일 : $(3,000 \times 8)+(3,900 \times 2)=31,800$원
- 목요일 : $(4,500 \times 4)+(7,900 \times 2)=33,800$원
- 금요일 : $(5,500 \times 4)+(4,300 \times 7)=52,100$원
- 토요일 : $(3,900 \times 2)+(3,400 \times 10)=41,800$원
- 일요일 : $(3,700 \times 10)+(6,000 \times 4)=61,000$원

따라서 K공사의 지난주 도시락 구매비용은 총 316,400원이다.

47

정답 ⑤

A ~ D기관의 내진성능평가 지수와 내진보강공사 지수를 구한 뒤 내진성능평가 점수와 내진보강공사 점수를 부여하면 다음과 같다.

구분	A기관	B기관	C기관	D기관
내진성능평가 지수	$\frac{82}{100}\times100=82$	$\frac{72}{80}\times100=90$	$\frac{72}{90}\times100=80$	$\frac{83}{100}\times100=83$
내진성능평가 점수	3점	5점	1점	3점
내진보강공사 지수	$\frac{91}{100}\times100=91$	$\frac{76}{80}\times100=95$	$\frac{81}{90}\times100=90$	$\frac{96}{100}\times100=96$
내진보강공사 점수	3점	3점	1점	5점
합계	3+3=6점	5+3=8점	1+1=2점	3+5=8점

B, D기관의 합산 점수는 8점으로 동점이다. 최종순위 결정조건에 따르면 합산 점수가 동점인 경우에는 내진보강대상 건수가 가장 많은 기관이 높은 순위가 된다. 따라서 최상위기관은 D기관이고 최하위기관은 C기관이다.

48

정답 ④

B동의 변학도 씨는 매주 월, 화 오전 8시부터 오후 3시까지 하는 카페 아르바이트로 화 ~ 금 오전 9시 30분부터 오후 12시까지 진행되는 '그래픽 편집 달인되기'를 수강할 수 없다.

49

정답 ①

㉠ 분류기준에 따라 위험도와 경제성 점수 중 하나는 3.0점 초과, 다른 하나는 2.5점 초과 3.0점 이하여야 주시광종으로 분류된다. 이 기준을 만족하는 광종은 아연광으로 1종류뿐이다.
㉢ 모든 광종의 위험도와 경제성 점수가 각각 20% 증가했을 때를 정리하면 다음과 같다.

구분	금광	은광	동광	연광	아연광	철광
위험도	$2.5\times1.2=3$	$4\times1.2=4.8$	$2.5\times1.2=3$	$2.7\times1.2=3.24$	$3\times1.2=3.6$	$3.5\times1.2=4.2$
경제성	$3\times1.2=3.6$	$3.5\times1.2=4.2$	$2.5\times1.2=3$	$2.7\times1.2=3.24$	$3.5\times1.2=4.2$	$4\times1.2=4.8$

이때 비축필요광종으로 분류되는 광종은 은광, 연광, 아연광, 철광으로 4종류이다.

[오답분석]

㉡ 분류기준에 따라 위험도와 경제성 점수 모두 3.0점을 초과해야 비축필요광종으로 분류된다. 이 기준을 만족하는 광종은 은광, 철광이다.
㉣ 주시광종의 분류기준을 위험도와 경제성 점수 중 하나는 3.0점 초과, 다른 하나는 2.5점 이상 3.0점 이하로 변경할 때 아연광은 주시광종으로 분류되지만, 금광은 비축제외광종으로 분류된다.

50

정답 ④

네 번째 조건에 따라, 운동 분야에는 '강변 자전거 타기'와 '필라테스'의 두 프로그램이 있으므로 필요성 점수가 낮은 '강변 자전거 타기'는 탈락시킨다. 마찬가지로 여가 분야에도 '자수교실'과 '볼링모임'이 있으므로 필요성 점수가 낮은 '자수교실'은 탈락시킨다. 나머지 4개의 프로그램에 대해 조건에 따라 수요도 점수와 선정 여부를 나타내면 다음과 같다.

구분	프로그램명	가중치 반영 인기 점수	가중치 및 가점 반영 필요성 점수	수요도 점수	비고
진로	나만의 책 쓰기	10	7+2	19	–
운동	필라테스	14	6	20	선정
교양	독서토론	12	4+2	18	–
여가	볼링모임	16	3	19	선정

수요도 점수는 '나만의 책 쓰기'와 '볼링모임'이 19점으로 동일하지만, 인기점수가 더 높은 '볼링모임'이 선정된다.
따라서 하반기 동안 운영될 프로그램은 '필라테스', '볼링모임'이다.

51

정답 ②

A사원은 충분히 업무를 수행할 능력은 있으나 B과장으로부터 문책을 당한 경험으로 인해 과제를 완수하고 목표를 달성할 수 있는 능력 차원에서의 자아존중감이 부족한 상태이다.

[오답분석]
① 자기관리 : 자신을 이해하고, 목표를 성취하기 위해 자신의 행동 및 업무수행을 관리하고 조정하는 것이다.
③ 경력개발 : 자신과 자신의 환경 상황을 인식하고 분석하여 합당한 경력 관련 목표를 설정하는 과정이다.
④ 강인성 : 개인이 세상을 대하는 기본적 태도로서 헌신, 통제 및 도전적 성향을 가지는 것이다.
⑤ 낙관주의 : 아직 현실화되지 않은 앞으로의 일을 좋은 방향으로 생각하는 태도이다.

> **자아존중감**
> 개인의 가치에 대한 주관적인 평가와 판단을 통해 자기결정에 도달하는 과정이며, 스스로에 대한 긍정적 또는 부정적 평가를 통해 가치를 결정짓는 것을 말한다.
> • 가치 차원 : 다른 사람들이 자신을 가치 있게 여기며 좋아한다고 생각하는 정도를 말한다.
> • 능력 차원 : 과제를 완수하고 목표를 달성할 수 있다는 신념을 말한다.
> • 통제감 차원 : 자신이 세상에서 경험하는 일들과 거기에 영향을 미칠 수 있다고 느끼는 정도를 말한다.

52

정답 ③

C사원이 계획을 제대로 실천하지 못한 이유는 직장에 다니고 있기 때문에 개인 시간에 한계가 있는데 그에 비해 계획이 과했기 때문이다(⑤). 그리고 다른 욕구를 이기지 못한 것도 원인이다. 몸이 아파서(내부), 회사 회식에 빠지기 어려워서(외부), 즉 쉬고 싶은 욕구와 다른 사람과 어울리고 싶은 욕구가 계획 실천 욕구보다 강했다(①·④). 이때 C사원은 자신에게는 그럴 만한 이유가 있었다고 생각했을 것이다(②).
하지만 자기개발에 대한 구체적인 방법을 몰라서 계획을 실천하지 못한 것은 아니다. 업무와 관련한 자격증 강의 듣기, 체력 관리, 친목 다지기 등 계획 자체는 구체적으로 세웠기 때문이다.

53

정답 ⑤

ⓒ의 체력단련이나 취미활동은 정의에서 언급하는 개인의 경력목표로 볼 수 없다. ②의 경우 직장 생활보다 개인적 삶을 중요시하고 있으므로 조직과 상호작용하며 경력을 개발해 나가야 한다는 경력개발의 정의와 일치하지 않는다. 따라서 ⓒ과 ②은 정의에 따른 경력개발 방법으로 적절하지 않다.

54

정답 ①

LEN 함수는 문자열의 문자 수를 구하는 함수이므로 숫자를 반환한다. 「=LEN(A2)」은 '서귀포시'로 문자 수가 4이며 여기서 −1을 하면 [A2] 열의 3번째 문자까지를 지정하는 것이므로 [C2] 셀과 같이 나온다. 텍스트 문자열의 시작지점부터 지정한 수만큼의 문자를 반환하는 LEFT 함수를 사용하면 「=LEFT(A2,LEN(A2)−1)」가 옳다.

55

정답 ⑤

「=SUM(합계를 구할 처음 셀:합계를 구할 마지막 셀)」으로 표시해야 한다. 판매수량과 추가판매를 더하는 것은 비연속적인 셀을 더하는 것이므로 연속하는 영역을 입력하고 ','로 구분해 준 뒤 다음 영역을 다시 지정해야 한다. 따라서 [B6] 셀에 들어갈 수식으로 「=SUM(B2:B5,C2,C5)」이 옳다.

56

정답 ①

「=MID(데이터를 참조할 셀 번호,왼쪽을 기준으로 시작할 기준 텍스트,기준점을 시작으로 가져올 자릿수)」로 표시되기 때문에 「=MID(B2,5,2)」가 옳다.

57

정답 ③

VLOOKUP 함수는 「=VLOOKUP(첫 번째 열에서 찾으려는 값,찾을 값과 결과로 추출할 값들이 포함된 데이터 범위,값이 입력된 열의 열 번호,일치 기준)」로 구성된다. 찾으려는 값은 [B2]가 되어야 하며, 추출할 값들이 포함된 데이터 범위는 [E2:F8]이고, 자동 채우기 핸들을 이용하여 사원들의 교육점수를 구해야 하므로 [$E$2:$F$8]과 같이 절대참조가 되어야 한다. 그리고 값이 입력된 열의 열 번호는 [E2:F8] 범위에서 2번째 열이 값이 입력된 열이므로 2가 되어야 하며, 정확히 일치해야 하는 값을 찾아야 하므로 FALSE 또는 0이 늘어가야 한다.

58

정답 ②

모니터 드라이브를 설치하는 것은 'UNKNOWN DEVICE' 문구가 뜰 때이다.

59

정답 ⑤

모니터의 전원을 끈 상태에서도 잔상이 남아 있으면 먼저 고장신고를 해야 한다.

60

정답 ④

하인리히의 법칙은 큰 사고로 인해 산업재해가 일어나기 전에 작은 사고나 징후인 '불안전한 행동 및 상태'가 보인다고 주장한다.

61

정답 ③

기술선택을 위한 의사결정

- 상향식 기술선택(Bottom Up Approach) : 기업 전체 차원에서 필요한 기술에 대한 체계적인 분석이나 검토 없이, 연구자나 엔지니어들이 자율적으로 기술을 선택하는 것을 말한다.
- 하향식 기술선택(Top Down Approach) : 기술경영진과 기술기획담당자들에 의한 체계적인 분석을 통해, 기업이 획득해야 하는 대상기술과 목표기술 수준을 결정하는 것을 말한다.

62

정답 ④

내부역량 분석은 기술능력, 생산능력, 마케팅 및 영업능력, 재무능력 등이 이에 해당하며, 이괴장은 이미 이것을 분석하였다.

기술선택을 위한 절차	내용
외부환경 분석	수요변화 및 경쟁자 변화, 기술변화 등 분석
중장기 사업목표 설정	기업의 장기비전, 중장기 매출목표 및 이익목표 설정
내부역량 분석	기술능력, 생산능력, 마케팅 및 영업능력, 재무능력 등 분석
사업전략 수립	사업 영역결정, 경쟁 우위 확보 방안 수립
요구기술 분석	제품 설계 및 디자인 기술, 제품 생산공정, 원재료 및 부품 제조기술 분석
기술전략 수립	기술 획득 방법 결정, 핵심기술의 선택

63

정답 ③

갈등을 발견하고도 즉각적으로 다루지 않는다면 나중에는 팀의 성공을 저해하는 장애물이 될 것이다. 그러나 갈등이 존재한다는 사실을 인정하고 해결을 위한 조치를 취한다면, 갈등을 해결하기 위한 하나의 기회로 전환할 수 있다.

64

정답 ④

전화를 다른 부서로 연결할 때 양해를 구하지 않았으며, 다른 부서의 사람이 전화를 받을 수 있는 상황인지를 사전에 확인하지 않았다.

65

정답 ②

직장생활은 일이기 때문에 업무능력이 더 중요하다. 업무능력이 떨어지면 인간관계를 잘하는 것은 큰 의미가 없다. 직장생활에서 업무능력이 좋으면, 인간관계에서도 큰 영향을 미친다.

66

정답 ③

김일동 이사의 리더십 역량은 코칭이다. 코칭은 문제 및 진척 상황을 팀원들과 함께 자세하게 살피고 지도 및 격려하는 활동을 의미하며 지침보다는 질문과 논의를 통해, 통제보다는 경청과 지원을 통해 상황의 발전과 좋은 결과를 이끌어낸다. 직원들을 코칭하는 리더는 팀원 자신이 권한과 목적의식을 가지고 있는 중요한 사람이라는 사실을 느낄 수 있도록 이끌어 주어야 한다. 또한 팀원들이 자신만의 장점과 성공 전략을 활용할 수 있도록 적극적으로 도와야 한다.

[오답분석]
① 관리자에 대한 설명이다.
②·④ 동기부여 방법에 대한 설명이다.
⑤ 독재자 유형의 리더십에 대한 설명이다.

67

정답 ②

코칭의 혜택
• 문제 해결 과정에 대한 적극적인 노력 유도
• 높은 품질의 제품 생산
• 전반적으로 상승된 효율성 및 생산성
• 동기를 부여받은 직원들의 자신감 넘치는 노동력
• 철저한 책임감을 갖춘 직원들
• 기업에 값진 기여를 하는 파트너로서 인식

68

정답 ③

오답분석

ⓒ 인간관계에서의 커다란 손실은 사소한 것으로부터 비롯되기 때문에 사소한 일에 대한 관심을 두는 것은 매우 중요하다.

ⓔ 거의 모든 대인관계에서 나타나는 어려움은 역할과 목표에 대한 갈등과 애매한 기대 때문에 발생한다. 신뢰의 예입은 처음부터 기대를 분명히 해야 가능하다.

> **대인관계능력 향상 방안**
> • 상대방에 대한 이해심
> • 사소한 일에 대한 관심
> • 약속의 이행
> • 기대의 명확화
> • 언행일치
> • 진지한 사과

69

정답 ③

오답분석

① 만장일치 : 회의 장소에 모인 모든 사람이 같은 의견에 도달하는 방법이다.

② 다수결 : 회의에서 많은 구성원이 찬성하는 의안을 선정하는 방법이다.

④ 의사결정나무 : 의사결정에서 나무의 가지를 가지고 목표와 상황과의 상호 관련성을 나타내어 최종적인 의사결정을 하는 불확실한 상황하의 의사결정 분석 방법이다.

⑤ 델파이 기법 : 여러 전문가의 의견을 되풀이해 모으고, 교환하고, 발전시켜 미래를 예측하는 질적 예측 방법이다.

70

정답 ③

③은 인사부의 담당 업무이다. 기획부는 경영계획 및 전략 수립, 전사기획업무 종합 및 조정, 중·장기 사업계획의 종합 및 조정 등을 한다.

71

정답 ④

국제동향을 파악하기 위해서는 국제적인 법규나 규정을 숙지해야 한다. 우리나라에서는 합법적인 행동이 다른 나라에서는 불법적일 수 있기 때문에 국제적인 업무를 수행하기 전에 반드시 숙지하여 피해를 방지해야 한다. 국내의 법률, 법규 등을 공부하는 것은 국제동향을 파악하는 행동으로 적절하지 않다.

72

정답 ①

총무 업무는 일반적으로 주주총회 및 이사회 개최 관련 업무, 의전 및 비서업무, 집기비품 및 소모품의 구입과 관리, 사무실 임차 및 관리, 차량 및 통신시설의 운영, 국내외 출장 업무 협조, 복리후생업무, 법률자문과 소송관리, 사내외 홍보 광고업무 등이 있다.

오답분석

② 인사 업무 : 조직기구의 개편 및 조정, 업무분장 및 조정, 직원수급계획 및 관리, 직무 및 정원의 조정 종합, 노사관리, 평가관리, 상벌관리, 인사발령, 교육체계 수립 및 관리, 임금제도, 복리후생제도 및 지원업무, 복무관리, 퇴직관리 등이 있다.

③ 회계 업무 : 회계제도의 유지 및 관리, 재무상태 및 경영실적 보고, 결산 관련 업무, 재무제표 분석 및 보고, 법인세, 부가가치세, 국세 지방세 업무자문 및 지원, 보험가입 및 보상업무, 고정자산 관련 업무 등이 있다.

④ 생산 업무 : 생산계획 수립 및 총괄, 생산실행 및 인원관리, 원자재 수급 및 관리, 공정관리 및 개선업무, 원가관리, 외주관리 등이 있다.

⑤ 기획 업무 : 경영계획 및 전략 수립, 전사기획업무 종합 및 조정, 중장기 사업계획의 종합 및 조정, 경영정보 조사 및 기획보고, 경영진단업무, 종합예산수립 및 실적관리, 단기사업계획 종합 및 조정, 사업계획, 손익추정, 실적관리 및 분석 등이 있다.

73

정답 ④

생산 제품에 대한 지식은 품질관리 직무를 수행하기 위해 필요한 능력이다.

오답분석

① 원가절감 활동을 하기 위해서는 원가에 대한 이해력이 있어야 한다.

② 시장조사를 하기 위해서는 각종 데이터 분석 및 가공능력이 있어야 한다.

③ 협상 및 계약을 하기 위해서는 협상능력과 설득능력이 있어야 한다.

⑤ 업체 발굴 및 협력사 관리를 위해 필요한 능력이다.

74

정답 ③

비영리조직이면서 대규모조직인 학교에서 5시간 동안 있었다.
• 학교 : 공식조직, 비영리조직, 대규모조직
• 카페 : 공식조직, 영리조직, 대규모조직
• 스터디 : 비공식조직, 비영리조직, 소규모조직

오답분석

① 비공식적이면서 소규모조직인 스터디에서 2시간 동안 있었다.

② 공식조직인 학교와 카페에서 8시간 동안 있었다.

④ 영리조직인 카페에서 3시간 동안 있었다.

⑤ 비공식적이면서 비영리조직인 스터디에서 2시간 동안 있었다.

75

정답 ④

목표의 층위·내용 등에 따라 우선순위가 있을 수는 있지만 하나씩 순차적으로 처리해야 하는 것은 아니다. 즉, 조직의 목표는 동시에 여러 개가 추구될 수 있다.

76

정답 ②

A과장은 회사 직원이 아닌 지인들과 인근 식당에서 식사를 하고, C팀장이 지적을 하자 거짓으로 둘러댄 것이 들키면서 징계를 받았다. 따라서 늘 정직하게 임하려는 태도가 가장 적합하다.

77

정답 ③

사회생활에 있어 신뢰가 기본이 되기 때문에 신뢰가 없으면 사회생활에 지장이 생긴다.

78

정답 ③

같은 회사이고 동료이기 때문에 동료의 일도 나의 업무라고 생각하고 도와주는 것이 책임감 있는 행동이다.

79

정답 ③

성과 이름을 함께 말하는 것이 소개예절이다.

> **소개예절**
> • 직장에서 비즈니스 매너상 소개를 할 때는 직장 내에서의 서열과 나이를 고려한다.
> • 나이 어린 사람을 연장자에게 먼저 소개한다.
> • 자신이 속해 있는 회사의 관계자를 타 회사의 관계자에게 소개한다.
> • 동료를 고객에게 소개한다.
> • 반드시 성과 이름을 함께 말한다.

80

정답 ④

악수는 오른손으로 하는 것이 일반적인 악수예절이다.

> **악수예절**
> • 비즈니스에서 악수를 하는 동안에는 상대에게 집중하는 의미로 눈을 맞추고 미소를 짓는다.
> • 악수를 할 때는 오른손을 사용하고, 너무 강하게 쥐어짜듯이 잡지 않는다.
> • 악수는 서로의 이름을 말하고 간단한 인사 몇 마디를 주고받는 정도의 시간 안에 끝내야 한다.
> • 악수는 윗사람이 아랫사람에게, 여성이 남성에게, 선배가 후배에게 청한다.

01	02	03	04	05	06	07	08	09	10	11	12	13	14	15	16	17	18	19	20
③	③	①	②	⑤	⑤	⑤	③	⑤	③	④	③	④	④	④	③	④	⑤	③	④
21	22	23	24	25	26	27	28	29	30	31	32	33	34	35	36	37	38	39	40
①	③	④	①	③	②	③	③	①	④	③	③	②	⑤	⑤	②	③	②	④	①
41	42	43	44	45	46	47	48	49	50	51	52	53	54	55	56	57	58	59	60
⑤	③	④	④	②	①	④	⑤	④	③	③	③	③	①	①	⑤	③	④	④	③
61	62	63	64	65	66	67	68	69	70	71	72	73	74	75	76	77	78	79	80
①	④	③	④	②	②	①	④	⑤	③	④	⑤	①	②	③	②	③	④	③	②

01
정답 ③

편의시설 미비는 '대형 유통점 및 전자상거래 중심으로의 유통 구조 변화'와 내용이 중복된다고 보기 어려우며, Ⅱ-2-(1)의 '접근성과 편의성을 살려 구조 및 시설 재정비' 항목이 이와 대응된다고 볼 수 있다. 따라서 삭제하는 것은 적절하지 않다.

02
정답 ③

제시문의 내용은 크게 두 부분으로 나눌 수 있다. 처음부터 두 번째 문단까지는 맥주의 주원료에 대해 설명하고, 그 이후부터 마지막 문단까지는 맥주의 제조공정 중 발효에 대해 설명하며 이에 따른 맥주의 종류에 대해 설명하고 있다.

03
정답 ①

첫 번째 문단의 '대중문화 산물의 내용과 형식이 표준화·도식화되어 더 이상 예술인 척할 필요조차 없게 되었다고 주장했다.'는 내용을 통해 바르게 이해했다고 할 수 있다.

04
정답 ②

기호학적 생산성은 피스크가 주목하는 것으로 초기 스크린 학파의 평가로 적절하지 않다.

오답분석
⑤ 피스크를 비판하는 켈러의 입장을 유추해 보았을 때 적절하다.

05

- 혼란(混亂) : 뒤죽박죽이 되어 어지럽고 질서가 없음
- 곤경(困境) : 어려운 형편이나 처지
- 지양(止揚) : 더 높은 단계로 오르기 위하여 어떠한 것을 하지 아니함

오답분석

- 혼동(混同) : 구별하지 못하고 뒤섞어서 생각함
- 곤욕(困辱) : 심한 모욕 또는 참기 힘든 일
- 지향(志向) : 어떤 목표로 뜻이 쏠리어 향함

06

밑줄 친 부분의 다음 문장을 보면 희미한 광선이 뒷마당을 비출 뿐이라고 했다. 따라서 문맥상 '어두운'의 의미를 갖는 단어를 넣어야 한다. 따라서 '어두운'의 뜻을 가지고 있는 '컴컴하다'가 가장 적절하다.

오답분석

① 해사하다 : 얼굴이 희고 곱다랗다.
② 탐탐하다 : '탐탁하다'의 방언으로, 모양이나 태도가 마음에 들고 믿음직스럽다.
③ 서름하다 : 남과 가깝지 못하고 사이가 조금 서먹하다.
④ 대근하다 : 견디기가 어지간히 힘들고 만만하지 않다.

07

제시문에 따르면 신부와 달리 대리인을 통하지 않고 직접 결혼 의사를 공표할 수 있는 신랑은 결혼이 성립되기 위한 필수조건으로 '마흐르'라고 불리는 혼납금을 신부에게 지급해야 한나.

08

제시문은 영화의 리얼리즘 미학에 대한 바쟁의 영화관을 주제로 한다. 네 번째 문단에 따르면 바쟁은 '형식주의적 기교가 현실의 복잡성과 모호성을 침해하여 현실을 왜곡할 수 있다.'고 보았기 때문에 '현실의 참모습을 변조하는 과도한 편집 기법보다는 단일한 숏(Shot)을 길게 촬영하는 롱 테이크 기법을 지지'하였다. 이를 통해 '사건의 공간적 단일성을 존중하고 현실적 사건으로서의 가치를 보장'한다고 여기기 때문이다. 따라서 ③은 바쟁의 의견과 거리가 멀다.

09

바쟁의 영화관(映畵觀)에 동조한다면 리얼리즘적인 특성을 최대한 살릴 수 있도록 영화를 제작했을 것이다. 따라서 인위적인 편집이나 조작을 최대한 배제하고, 현실을 있는 그대로 재현하려고 했을 것이다. 또한, 네 번째 문단에서 언급한 것처럼 '관객의 시선에도 자유를 부여'하려고 했을 것이므로 ⑤와 같은 반응은 적절하지 않다.

10

기분관리 이론이 현재 시점에만 초점을 맞추고 있다는 점을 지적하고 이를 보완하려고 하는 것이 기분조정 이론이므로, 빈칸에 들어갈 진술로 ③이 가장 적절하다.

오답분석

① 집단 2의 경우 처음에 흥겨운 음악을 선택하여 감상하였지만 이후에는 기분을 가라앉히는 음악을 선택하였으므로 적절하지 않은 내용이다.
② 집단 2의 경우 다음에 올 상황을 고려하기는 하였지만 그들이 선택한 것은 기분을 가라앉히는 음악이므로 적절하지 않은 내용이다.
④ 집단 2의 경우 현재의 기분이 흥겨운 상태라는 점을 감안하여 음악을 선택하였으므로 적절하지 않은 내용이다.
⑤ 현재의 기분에 따라 음악을 선택하는 것은 기분관리 이론에 대한 내용이므로 적절하지 않은 내용이다.

11

정답 ④

제시문에 따르면 한 연구팀은 유전자의 발현에 관한 물음에 답하기 위해 유전자의 발현에 대해 연구했고, 그 결과 어미가 많이 핥은 새끼가 그렇지 않은 새끼보다 GR 유전자의 발현을 촉진하는 NGF 단백질 수치가 더 높다는 것을 발견했다. 즉, 연구팀이 발견한 것은 '어미가 많이 핥은 정도'라는 후천 요소가 'GR 유전자 발현'에 영향을 미친다는 것이다. 따라서 '후천 요소가 유전자의 발현에 영향을 미칠 수 있는가?'가 ㉠으로 가장 적절하다.

12

정답 ③

세 번째 문단에 따르면 기원전 1세기경에 고대 로마시대의 이탈리아 지역에서 롱 파스타의 일종인 라자냐를 먹었다는 기록이 전해진다고 하였으므로 적절한 내용이다.

오답분석

① 두 번째 문단에 따르면 쇼트 파스타의 예로 속이 빈 원통형인 마카로니를 들고 있으므로 적절하지 않은 내용이다.
② 세 번째 문단에 따르면 9 ~ 11세기에 이탈리아 남부의 시칠리아에서 아랍인들로부터 제조 방법을 전수받아 건파스타의 생산이 처음으로 이루어졌다고 하였으므로 적절하지 않은 내용이다.
④ 네 번째 문단에 따르면 파스타를 만드는 데 적합한 세몰라 가루는 듀럼 밀을 거칠게 갈아 만든 황색의 가루이므로 적절하지 않은 내용이다.
⑤ 세 번째 문단에 따르면 시칠리아에서 재배된 듀럼 밀이 곰팡이나 해충에 취약해 장기 보관이 어려웠기 때문에 저장기간을 늘리고 수송을 쉽게 하기 위해 건파스타를 만들었다고 하였으므로 적절하지 않은 내용이다.

13

정답 ④

보기의 문장은 홍차가 귀한 취급을 받았던 이유에 대하여 구체적으로 설명하고 있다. 따라서 '홍차의 가격이 치솟아 무역적자가 심화되자, 영국 정부는 자국 내에서 직접 차를 키울 수는 없을까 고민하지만 별다른 방법을 찾지 못했고, 홍차의 고급화는 점점 가속화됐다.'의 뒤, 즉 (라)에 위치하는 것이 적절하다.

14

정답 ④

두 번째 문단에 따르면 인플루엔자는 항원을 변화시키기 때문에 이전에 인플루엔자에 걸렸던 사람이라도 새로이 나타난 다른 균종으로부터 안전할 수 없다고 하였다.

오답분석

① 첫 번째 문단에 따르면 발열 현상은 아무런 기능도 없이 불가피하게 일어나는 수동적인 현상이 아니라, 체온을 높여 우리의 몸보다 열에 더 예민한 병원체들을 죽게 하는 능동적인 행위이므로 적절하지 않은 내용이다.
② 두 번째 문단에 따르면 예방접종은 죽은 병원체를 접종함으로써 질병을 실제로 경험하지 않고 항체 생성을 자극하는 것이므로 적절하지 않은 내용이다.
③ 세 번째 문단에 따르면 겸상 적혈구 유전자는 적혈구의 모양을 정상적인 도넛 모양에서 낫 모양으로 바꾸어서 빈혈을 일으키므로 생존에 불리함을 주지만, 말라리아에 대해서는 저항력을 가지게 한다고 하였으므로 적절하지 않은 내용이다.
⑤ 세 번째 문단에 따르면 역사적으로 특정 병원체에 자주 노출되었던 인구 집단에는 그 병에 저항하는 유전자를 가진 개체의 비율이 높아질 수밖에 없다고 하였다. 이는 반대로 생각하면 특정 병원체에 노출된 빈도가 낮은 집단에는 그 병에 저항하는 유전자를 가진 개체의 비율이 낮다는 의미이므로 적절하지 않은 내용이다.

15

'살쾡이'가 표준어가 된 것은 주로 서울 지역에서 그렇게 발음하기 때문이다. 따라서 가장 광범위하게 사용되기 때문이라는 설명은 적절하지 않다.

오답분석

① 제시문에서는 '삵'이라는 단어에 비해 '살쾡이'가 후대에 생겨난 단어라고 하였다. 이때, '호랑이'라는 단어도 이와 같은 식으로 생겨났다고 하였으므로 '호'라는 단어가 먼저 생겨나고 '호랑이'가 후대에 생겨난 단어였음을 알 수 있다.

② '삵'과 '괭이'라는 두 개의 단어가 합쳐서 '살쾡이'를 지시하고 있으며 '호'와 '랑'이 합쳐져 '호랑이'라는 하나의 대상을 지시하고 있다는 점에서 알 수 있는 내용이다.

③ 남한에서는 '살쾡이'를 표준어로 삼고 '살쾡이'를 방언으로 처리한 반면, 북한에서는 '살쾡이'만을 사전에 등재하고 '살쾡이'는 그렇지 않다는 점에서 알 수 있는 내용이다.

⑤ '살쾡이'는 지역에 따라 '삵괭이', '삭괭이', '삭쾡이', '살쾡이' 등의 방언으로 불리는데, 이는 그 지역의 발음이 다르기 때문이다.

16

2016년 대비 2022년에 발생률이 증가한 암은 폐암, 대장암, 유방암인 것을 확인할 수 있다.

오답분석

① 위암의 발생률은 점차 감소하다가 2021년부터 다시 증가하는 것을 확인할 수 있다.

② 전년 대비 2022년 암 발생률 증가폭은 다음과 같다.
- 위암 : $24.3-24.0=0.3$%p
- 간암 : $21.3-20.7=0.6$%p
- 폐암 : $24.4-22.1=2.3$%p
- 대장암 : $8.9-7.9=1.0$%p
- 유방암 : $4.9-2.4=2.5$%p
- 자궁암 : $5.6-5.6=0$%p

따라서 폐암의 발생률은 계속적으로 증가하고 있지만, 전년 대비 2022년의 암 발생률 증가폭은 유방암의 증가폭이 더 크므로 옳지 않은 설명이다.

④ 2022년에 위암으로 죽은 사망자 수를 알 수 없으므로 옳지 않은 설명이다.

⑤ 제시된 자료를 통해 알 수 있다.

17

2022년의 미국의 국민 부담금액은 $20,580.2 \times \dfrac{24.3}{100} ≒ 5,001$(10억 US\$)로 한국의 10배 이상이다.

오답분석

② 국민부담금액은 GDP와 국민부담률의 곱으로 구할 수 있고 한국은 지속 증가 중이다.

연도	2015	2016	2017	2018	2019	2020	2021	2022
한국 국민부담금액 (10억 US\$)	303.3	316.9	333.1	365.1	369.3	393.0	436.7	490.0

③ 2015년 대비 2022년의 GDP는 미국이 5037.6(10억 US\$)으로 가장 많이 증가하였다.

⑤ 독일의 GDP는 영국보다 항상 많다.

18

정답 ⑤

ㄷ. 한국의 전년 대비 국민부담금액은 2022년에 가장 많이 증가하였다.

연도	2015	2016	2017	2018	2019	2020	2021	2022
한국 국민부담금액 (10억 US$)	303.3	316.9	333.1	365.1	369.3	393.0	436.7	490.0

ㄹ. 캐나다의 전년 대비 국민부담금액은 2019년에 가장 많이 감소하였다.

연도	2015	2016	2017	2018	2019	2020	2021	2022
캐나다 국민부담금액 (10억 US$)	550.9	570.6	574.5	564.5	510.4	507.4	541.2	566.4

오답분석

ㄱ. 2015년 대비 2022년의 GDP는 프랑스가 73(10억 US$)으로 가장 많이 감소하였다.

ㄴ. 영국의 전년 대비 국민부담금액은 2018년에 가장 많이 증가하였다.

연도	2015	2016	2017	2018	2019	2020	2021	2022
영국 국민부담금액 (10억 US$)	880.2	846.4	897.1	974.3	943.0	881.0	887.8	958.3

19

정답 ③

2016년, 2017년, 2020년은 금융부채가 비금융부채보다 각각 약 1.48배, 1.48배, 1.4배 많다.

오답분석

① 2019년도의 부채비율은 $56.6 \div 41.6 \times 100 = 136.1$로 약 136%이며, 부채비율이 가장 높다.

② 자산은 2013년부터 2021년까지 꾸준히 증가했다.

④ 부채는 2019년 이후 줄어들고 있다.

⑤ 자본은 비금융부채보다 매년 약 1.9 ~ 6.3배 이상이다.

20

정답 ④

5만 미만에서 10만 ~ 50만 미만의 투자건수 비율을 합하면 된다. 따라서 28+20.9+26=74.9%이다.

21

정답 ①

100만 ~ 500만 미만에서 500만 미만의 투자건수 비율을 합하면 11.9+4.5=16.4%이다.

22

정답 ③

전산장비 가격 대비 연간유지비 비율의 산식을 변형하면 '(전산장비 가격)=$\dfrac{(연간유지비)}{(유지비\ 비율)}\times100$'으로 나타낼 수 있다. 이에 따라 계산해 보면 A=4,025만 원, B=6,000만 원, C=4,014만 원, D=5,100만 원, E=5,200만 원, F=3,333만 원이다. 따라서 가격이 가장 높은 것은 B이고, 가장 낮은 것은 F이다.

[오답분석]

① 그래프에서 D의 연간유지비 255만 원의 2배는 500만 원이 넘는 반면, B는 450만 원에 그치고 있다. 따라서 옳지 않은 내용이다.

②·④ ③에 따라 가격이 가장 높은 것은 B이고, E의 가격이 C의 가격보다 높다는 사실을 알 수 있으므로 옳지 않은 내용이다.

⑤ 해당 관계가 성립하려면 C가 E보다 가격이 높아야 하는데, ④에서 C가 E보다 가격이 낮음을 확인하였다. 따라서 옳지 않은 내용이다.

23

정답 ④

가. 현재 성장을 유지할 경우의 건수당 도입량은 48÷4.7≒10.2MW, 도입을 촉진할 경우의 건수당 도입량은 49÷4.2≒11.67MW로 도입을 촉진했을 때 건수당 도입량이 더 크다.

다. 도입을 촉진할 경우의 전체 신축주택 도입량 중 10kW 이상이 차지하는 비중은 $\dfrac{49}{1,281+49}\times100≒3.68\%$이고, 유지할 경우의 전체 신축주택 도입량 중 10kW 이상이 차지하는 비중은 $\dfrac{48}{1,057+48}\times100≒4.34\%$이므로 4.34−3.68=0.66%p 하락하였다.

[오답분석]

나. 2015년의 10kW 미만 기존주택의 천 건당 도입량은 454÷94.1≒4.82MW이며, 10kW 이상은 245÷23.3≒10.52MW이므로 10kWh 이상의 사용량이 더 많다.

라. $\dfrac{165-145.4}{145.4}\times100≒13.48\%$이므로 15%를 넘지 않는다.

24

정답 ①

2021년의 3개 기관의 전반적 만족도의 합은 6.9+6.7+7.6=21.2이고, 2022년의 3개 기관의 임금과 수입 만족도의 합은 5.1+4.8+4.8=14.7이다. 따라서 2021년의 3개 기관의 전반적 만족도의 합은 2022년의 3개 기관의 임금과 수입 만족도의 합의 $\dfrac{21.2}{14.7}≒1.4$배이다.

25

전년 대비 2022년에 기업, 공공연구기관의 임금과 수입 만족도는 증가하였으나, 대학의 임금과 수입 만족도는 감소했으므로 옳지 않은 설명이다.

[오답분석]

① 2021년, 2022년 모두 현 직장에 대한 전반적 만족도는 대학 유형에서 가장 높은 것을 확인할 수 있다.

② 2022년의 근무시간 만족도에서는 공공연구기관과 대학의 만족도가 6.2로 동일한 것을 확인할 수 있다.

④ 사내분위기 측면에서 2021년과 2022년의 공공연구기관의 만족도는 5.8로 동일한 것을 확인할 수 있다.

⑤ 전년 대비 2022년의 근무시간에 대한 만족도의 직장유형별 감소율은 다음과 같다.

- 기업 : $\frac{6.5-6.1}{6.5} \times 100 = 6.2\%$

- 공공연구기관 : $\frac{7.1-6.2}{7.1} \times 100 = 12.7\%$

- 대학 : $\frac{7.3-6.2}{7.3} \times 100 = 15.1\%$

따라서 근무시간에 대한 만족도의 감소율은 대학 유형이 가장 크다.

26

유연탄의 CO_2 배출량은 원자력의 $\frac{968}{9} = 107.6$배이다.

[오답분석]

① LPG 판매단가는 원자력 판매단가의 $\frac{132.45}{38.42} = 3.4$배이므로 옳은 설명이다.

③ LPG는 CO_2 배출량이 두 번째로 낮은 것을 확인할 수 있다.

④ 에너지원별 판매단가 대비 CO_2 배출량은 다음과 같다.

- 원자력 : $\frac{9}{38.42} = 0.2g-CO_2/$원

- 유연탄 : $\frac{968}{38.56} = 25.1g-CO_2/$원

- 증유 : $\frac{803}{115.32} = 7.0g-CO_2/$원

- LPG : $\frac{440}{132.45} = 3.3g-CO_2/$원

따라서 판매단가 대비 CO_2 배출량이 가장 낮은 에너지원은 원자력이다.

⑤ 판매단가가 두 번째로 높은 에너지원은 증유이고, 증유의 CO_2 배출량은 두 번째로 높다.

27

• 2020년의 경제분야 투자 규모 전년 대비 감소율 : $\frac{23-24}{24} \times 100 \fallingdotseq -4.17\%$

• 2021년의 경제분야 투자 규모 전년 대비 감소율 : $\frac{22-23}{23} \times 100 \fallingdotseq -4.35\%$

따라서 2021년이 2020년보다 더 큰 비율로 감소하였다.

오답분석

① 2022년의 총지출을 a억 원이라고 가정하면, $a \times 0.06 = 21$억 원 → $a = \frac{21}{0.06} = 350$이다. 따라서 총지출은 350억 원이므로 320억 원 이상이다.

② 2019년의 경제 분야 투자규모의 전년 대비 증가율은 $\frac{24-20}{20} \times 100 = 20\%$이다.

④ 2018 ~ 2022년 동안 경제 분야에 투자한 금액은 20+24+23+22+21=110억 원이다.

⑤ 2019 ~ 2022년 동안 경제 분야 투자규모의 전년 대비 증감추이는 '증가 – 감소 – 감소 – 감소'이고, 총지출 대비 경제 분야 투자규모 비중의 경우 '증가 – 증가 – 감소 – 감소'이다.

28

자기계발 과목에 따라 해당하는 지원 금액과 신청 인원은 다음과 같다.

구분	영어회화	컴퓨터 활용	세무회계
지원 금액	70,000×0.5=35,000원	50,000×0.4=20,000원	60,000×0.8=48,000원
신청 인원	3명	3명	3명

교육프로그램미디 3명씩 지원했으므로, S공사에시는 지원하는 총 교육비는 (35,000+20,000+48,000)×3=309,000원이다.

29

800g 소포의 개수를 x개, 2.4kg 소포의 개수를 y개라고 하면
$800x+2,400y \leq 16,000$ → $x+3y \leq 20$ … ㉠
B회사는 동일지역, C회사는 타 지역이므로
$4,000x+6,000y=60,000$ → $2x+3y=30$ → $3y=30-2x$ … ㉡
㉡을 ㉠에 대입하면
$x+30-2x \leq 20$ → $x \geq 10$ … ㉢
따라서 ㉡, ㉢을 동시에 만족하는 x, y값은 $x=12$, $y=2$이다.

30

주차 시간을 x분이라 하면(단, $x>30$)
$3,000+60(x-30) \leq 18,000$ → $50+x-30 \leq 300$
∴ $x \leq 280$
따라서 K사원은 최대 280분까지 주차할 수 있다.

31

ㄴ. 어떤 기계를 선택해야 비용을 최소화할 수 있는지에 대해 고려하고 있는 문제이므로 옳은 설명이다.

ㄷ. • A기계를 선택하는 경우

　　– 비용 : (임금)+(임대료)=(8,000×10)+10,000=90,000원

　　– 이윤 : 100,000−90,000=10,000원

　• B기계를 선택하는 경우

　　– 비용 : (임금)+(임대료)=(8,000×7)+20,000=76,000원

　　– 이윤 : 100,000−76,000=24,000원

　따라서 합리적인 선택을 하는 경우는 B기계를 선택하는 경우로 24,000원의 이윤이 발생한다.

[오답분석]

ㄱ. B기계를 선택하는 경우가 A기계를 선택하는 경우보다 14,000원(=24,000−10,000)의 이윤이 더 발생한다.

ㄹ. A기계를 선택하는 경우, 식탁 1개를 만드는 데 드는 비용은 90,000원이다.

32

여행상품	1인당 비용(원)	총무팀	영업팀	개발팀	홍보팀	공장1	공장2	합계
A	500,000	2	1	2	0	15	6	26
B	750,000	1	2	1	1	20	5	30
C	600,000	3	1	0	1	10	4	19
D	1,000,000	3	4	2	1	30	10	50
E	850,000	1	2	0	2	5	5	15
합계		10	10	5	5	80	30	140

㉠ 가장 인기 높은 여행상품은 D이다. 그러나 공장1의 고려사항은 회사에 손해를 줄 수 있으므로, 2박 3일 여행상품이 아닌 1박 2일 여행상품 중 가장 인기 있는 B가 선택된다. 따라서 750,000×140=105,000,000원이 필요하므로 옳다.

㉢ 공장1의 A, B 투표 결과가 바뀐다면 여행상품 A, B의 투표 수가 각각 31, 25표가 되어 선택되는 여행 상품이 A로 변경된다.

[오답분석]

㉡ 가장 인기 높은 여행상품은 D이므로 옳지 않다.

33

ㄱ. 한류의 영향으로 한국 제품을 선호하므로 한류 배우를 모델로 하여 적극적인 홍보 전략을 추진한다.

ㄷ. 빠른 제품 개발 시스템이 있기 때문에 소비자 기호를 빠르게 분석하여 제품 생산에 반영한다.

[오답분석]

ㄴ. 인건비 상승과 외국산 저가 제품 공세 강화로 인해 적절한 대응이라고 볼 수 없다.

ㄹ. 선진국은 기술 보호주의를 강화하고 있으므로 적절한 대응이라고 볼 수 없다.

34

⑤

모든 조건을 고려해 보면 다음과 같은 경우가 나온다.

경우 \ 우세	B	C
1	D, F	E, F
2	E, F	D, F

ㄴ. ㄷ. 위의 표를 보면 쉽게 알 수 있다.

오답분석

ㄱ. 위의 표를 보면 C는 E에게 우세할 수도 있지만 열세일 수도 있다.

35

정답 ⑤

D대리의 청렴도 점수를 a점으로 가정하고 승진심사 평점 계산식을 세우면

$60×0.3+70×0.3+48×0.25+a×0.15=63.6$점

$→ a×0.15=63.6-51 → a=\dfrac{12.6}{0.15}=84$

따라서 D대리의 청렴도 점수는 84점임을 알 수 있다.

36

정답 ②

B과장의 승진심사 평점은 $80×0.3+72×0.3+78×0.25+70×0.15=75.6$점이다. 따라서 승진후보에 들기 위해 필요한 점수는 $80-75.6-4.4$점임을 알 수 있다.

37

정답 ③

블록마다 ATM기기를 설치했을 경우 순이익(연)은 '[(월평균 유동인구)×12×(ATM기기 연평균 이용률)×(1인당 연평균 수수료)] −(월임대료)×12'로 구할 수 있다.

- 1블록 : $(73,600×12×0.1×1,000)-(1,500,000×12)=70,320,000$원
- 2블록 : $(72,860×12×0.45×1,000)-(3,500,000×12)=351,444,000$원
- 3블록 : $(92,100×12×0.35×1,000)-(3,000,000×12)=350,820,000$원
- 4블록 : $(78,500×12×0.4×1,000)-(3,000,000×12)=340,800,000$원
- 5블록 : $(62,000×12×0.45×1,000)-(800,000×12)=325,200,000$원
- 6블록 : $(79,800×12×0.4×1,000)-(3,000,000×12)=347,040,000$원

따라서 '2블록, 3블록, 6블록'을 제안하여야 한다.

38

정답 ②

ATM기기 설치 후 연 순이익을 구하는 방식은 앞선 문제와 동일하다. 단, 지도를 참고하여 'M대로'와 인접하면 월 평균 임대료에서 1.5배, 인접하지 않으면 0.8배를 곱하여야 한다.

- 2블록(B) : $(72,860×12×0.45×1,000)-(3,500,000×12×1.5)=330,444,000$원
- 3블록(C) : $(92,100×12×0.35×1,000)-(3,000,000×12×1.5)=332,820,000$원
- 6블록(F) : $(79,800×12×0.4×1,000)-(3,000,000×12×1.5)=329,040,000$원

따라서 3블록(C)이 가장 적합하다.

39

필요한 홍보자료는 20×10=200부이며, 200×30=6,000페이지이다. 이를 활용하여 업체당 인쇄비용을 구하면 다음 표와 같다.

구분	페이지당 인쇄 비용	유광표지 비용	제본 비용	할인을 적용한 총비용
A인쇄소	6,000×50 =30만 원	200×500=10만 원	200×1,500 =30만 원	30+10+30=70만 원
B인쇄소	6,000×70 =42만 원	200×300=6만 원	200×1,300 =26만 원	42+6+26=74만 원
C인쇄소	6,000×70 =42만 원	200×500=10만 원	200×1,000 =20만 원	42+10+20=72만 원 → 200부 중 100부 5% 할인 → (할인 안 한 100부 비용)+(할인한 100부 비용) =36+(36×0.95)=70만 2천 원
D인쇄소	6,000×60 =36만 원	200×300=6만 원	200×1,000 =20만 원	36+6+20=62만 원
E인쇄소	6,000×100 =60만 원	200×200=4만 원	200×1,000 =20만 원	60+4+20=84만 원 → 총비용 20% 할인 84×0.8=67만 2천 원

따라서 가장 저렴한 비용으로 인쇄할 수 있는 업체는 D인쇄소이다.

40

첫 번째ㆍ두 번째 조건에 의해 갑은 병을 때렸고, 무는 때리지 않았다는 것을 알 수 있다. 또한, 병을 때렸으므로 네 번째 조건에 의해 정은 때리지 않았다는 것을 알 수 있다. 그리고 세 번째 조건에 의해 정을 때리지 않았으므로 을을 때렸다는 것을 알 수 있다. 따라서 갑이 때린 원숭이는 을과 병이다.

41

규정에 따라 직원별 평정 최종점수를 산출하면 다음과 같다.

구분	올해 업무 평정	일반사고	중대사고	수상경력	평정 최종점수
A사원	420점	4회	2회		260점
B사원	380점	9회	–	1회	300점
C대리	550점	11회	1회	–	290점
D대리	290점	–	3회	2회	370점
E과장	440점	5회	3회	–	220점

따라서 올해 업무 평정에서 가장 낮은 최종점수를 받을 팀원은 E과장이다.

42

30,000원=5,500원+5,500원+5,500원+6,000원+7,500원

[오답분석]

① 30,800원=5,500원+5,500원+6,000원+6,800원+7,000원
② 32,600원=6,000원+6,000원+6,300원+6,800원+7,500원
④ 33,300원=6,000원+6,500원+6,300원+7,000원+7,500원
⑤ 32,500원=6,000원+6,500원+5,500원+7,000원+7,500원

43

팀원의 모든 스케줄이 비어 있는 시간대인 16:00~17:00가 가장 적절하다.

44

먼저 조건과 급여명세서가 알맞게 표시되어 있는지 확인해 보면, 국민연금과 고용보험은 조건의 금액과 일치한다. 4대 보험 중 건강보험과 장기요양을 계산하면 건강보험은 기본급의 6.24%로 회사와 50%씩 부담한다고 하여 $2,000,000 \times 0.0624 \times 0.5 = 62,400$원이지만 급여명세서에는 $67,400 - 62,400 = 5,000$원이 더 공제되어 다음달에 5,000원을 돌려받게 된다. 또한 장기요양은 건강보험료의 7.0% 중 50%로 $2,000,000 \times 0.0624 \times 0.07 \times 0.5 = 4,368$원이며, 약 4,360원이므로 맞게 지급되었다.

네 번째 조건에서 야근수당은 기본급의 2%로 $2,000,000 \times 0.02 = 40,000$원이며, 이틀 동안 야근하여 8만 원을 받고, 상여금은 5%로 $2,000,000 \times 0.05 = 100,000$원을 받아야 하지만 급여명세서에는 5만 원으로 명시되어 있다.

A대리가 다음 달에 받게 될 소급액은 덜 받은 상여금과 더 공제된 건강보험료로 $50,000 + 5,000 = 55,000$원이다.

소급액을 반영한 다음달 급여명세서는 다음과 같다.

〈급여명세서〉

(단위 : 원)

성명 : A		직책 : 대리	지급일 : 2023-12-25	
지급항목	지급액	공제항목		공제액
기본급	2,000,000	소득세		17,000
상여금	–	주민세		1,950
기타	–	고용보험		13,000
식대	100,000	국민연금		90,000
교통비	–	장기요양		4,360
복지후생	–	건강보험		62,400
소급액	55,000	연말정산		–
		공제합계		188,710
급여계	2,155,000	차감수령액		1,966,290

따라서 A대리가 받게 될 다음 달 수령액은 1,966,290원이다.

45

11월의 전기세는 기타계절의 요금으로 구한다.

먼저 전기요금을 구하면 기본요금은 341kWh를 사용했으므로 1,600원이다.

전력량 요금은 341kWh을 사용했으므로 다음과 같다.

• 1단계 : $200\text{kWh} \times 93.3$원/kWh$=18,660$원

• 2단계 : $141\text{kWh} \times 187.9$원/kWh$=26,493.9$원

따라서 전기요금은 $1,600 + (18,660 + 26,493.9) = 1,600 + 45,1533.9 = 46,753$원($\because$ 전기요금은 원 미만 절사)이고, 부가가치세는 $46,753$원$\times 0.1 ≒ 4,675$원, 전력산업기반기금은 $46,753$원$\times 0.037 ≒ 1,720$원이다.

그러므로 11월 청구금액은 $46,753 + 4,675 + 1,720 = 53,148$이므로 53,140원($\because$ 청구금액은 십 원 미만 절사)이다.

46

정답 ①

업체들의 항목별 가중치 미반영 점수를 도출한 후, 가중치를 적용하여 선정점수를 도출하면 아래 표와 같다.

(단위 : 점)

구분	납품품질 점수	가격경쟁력 점수	직원규모 점수	가중치 반영한 선정점수
A업체	90	90	90	$(90\times0.4)+(90\times0.3)+(90\times0.3)=90$
B업체	80	100	90	$(80\times0.4)+(100\times0.3)+(90\times0.3)=89$
C업체	70	100	80	$(70\times0.4)+(100\times0.3)+(80\times0.3)=82$
D업체	100	70	80	$(100\times0.4)+(70\times0.3)+(80\times0.3)=85$
E업체	90	80	100	$(90\times0.4)+(80\times0.3)+(100\times0.3)=90$

따라서 선정점수가 가장 높은 업체는 90점을 받은 A업체와 E업체이며, 이 중 가격경쟁력 점수가 더 높은 A업체가 선정된다.

47

정답 ④

문화회관 이용 가능 요일표와 주간 주요 일정표에 따라 B지사가 교육에 참석할 수 있는 요일과 시간대는 화요일 오후, 수요일 오후, 금요일 오전이다.

48

정답 ⑤

두 회사가 동일한 가격할인 정책을 실시할 때, 30% 할인인 경우가 7천만 원으로 월 매출액 차이가 가장 적다.
· 10% 할인
 - K회사 : 700×5십만 원×(1-10%)=31.5천만 원
 - L회사 : 500×5십만 원×(1-10%)=22.5천만 원
 ∴ (매출액 차이)=31.5-22.5=9천만 원
· 20% 할인
 - K회사 : 900×5십만 원×(1-20%)=36천만 원
 - L회사 : 700×5십만 원×(1-20%)=28천만 원
 ∴ (매출액 차이)=36-28=8천만 원
· 30% 할인
 - K회사 : 1,000×5십만 원×(1-30%)=35천만 원
 - L회사 : 800×5십만 원×(1-30%)=28천만 원
 ∴ (매출액 차이)=35-28=7천만 원

49

정답 ④

L회사에서 20% 가격할인을 진행할 경우, K회사에서의 대응(가격할인)에 따라 L회사의 판매량은 달라지지만 K회사의 대응은 문제에서 각 할인율에 대해 확률이 제시되어 있으므로, 이를 활용하여 다음과 같이 L회사의 기대매출액을 산출한다.

K회사 할인율	0%	10%	20%	30%
확률	20%	40%	30%	10%
L회사 판매량(a)	1,000개	800개	700개	600개
L회사 상품 가격(b)	500,000×(1-20%)=400,000원			
매출액(a×b)	40천만 원	32천만 원	28천만 원	24천만 원
L회사 기대매출액	40×0.2+32×0.4+28×0.3+24×0.1=31.6천만 원			

50

정답 ③

K회사가 10% 가격할인을 할 경우의 L회사의 월 매출현황은 다음과 같다.

- L회사가 가격을 유지할 경우
  - (매출액)=50만 원×300=15천만 원
  - (비용)=5천만 원+2십만 원×300=11천만 원
  - (순수익)=15천만 원−11천만 원=4천만 원
- L회사가 10% 가격할인을 할 경우
  - (매출액)=50만 원(1−10%)×500=22.5천만 원
  - (비용)=5천만 원+2십만 원×500=15천만 원
  - (순수익)=22.5천만 원−15천만 원=7.5천만 원
- L회사가 20% 가격할인을 할 경우
  - (매출액)=50만 원(1−20%)×800=32천만 원
  - (비용)=5천만 원+2십만 원×800=21천만 원
  - (순수익)=32천만 원−21천만 원=11천만 원
- L회사가 30% 가격할인을 할 경우
  - (매출액)=50만 원(1−30%)×1,000=35천만 원
  - (비용)=5천만 원+2십만 원×1,000=25천만 원
  - (순수익)=35천만 원−25천만 원=10천만 원

따라서 L회사는 20% 할인했을 때 순수익(원)이 11천만 원으로 가장 높다.

51

정답 ③

H사원의 자기개발을 방해하는 장애요인은 욕구와 감정이다. 이와 비슷한 사례는 회식과 과음으로 인해 자기개발을 못한 C씨이다.

> **자기개발을 방해하는 장애요인**
> - 욕구와 감정
> - 제한적인 사고
> - 문화적인 장애
> - 자기개발 방법의 무지

52

정답 ③

자기개발 계획을 세울 때는 장기, 단기목표를 모두 세워야 한다. 장기목표는 5 ~ 20년 뒤를 설계하며, 단기목표는 1 ~ 3년 정도의 목표를 의미한다. 장기목표는 자신의 욕구, 가치, 흥미, 적성 및 기대를 고려하여 수립하며 자신의 직장에서의 일과 관련하여 직무의 특성, 타인과의 관계 등을 고려하여 작성한다. 단기목표는 장기목표를 이룩하기 위한 기본단계로 필요한 직무경험, 능력, 자격증 등을 고려하여 세운다.

53

정답 ③

ⓒ 흥미나 적성검사를 통해 자신에게 알맞은 직업을 도출할 수는 있으나 이러한 결과가 직업에서의 성공을 보장해 주는 것은 아니다. 실제 직장에서는 직장문화, 풍토 등 외부적인 요인에 의해 적응을 하지 못하는 경우가 발생하기 때문에 기업의 문화와 풍토를 잘 이해하고 활용할 필요가 있다.

ⓔ 일을 할 때는 너무 커다란 업무보다는 작은 단위로 나누어 수행한다. 작은 성공의 경험들이 축적되어 자신에 대한 믿음이 강화되면 보다 큰일을 할 수 있게 되기 때문이다.

54

정답 ①

입출력 인터페이스(Input – Output Interface)는 CPU와 입출력 장치 간의 데이터 전송을 연결한다.

[오답분석]

② 시리얼 인터페이스 : 데이터를 1비트 단위로 송신하는 데이터 전송방식이다.

③ 패러럴 인터페이스 : 데이터를 동시에 복수 비트 단위로 송신하는 데이터 전송방식이다.

55

정답 ①

SSD(Solid State Drive)는 전기적인 방식으로 데이터를 읽고 쓰는 반면, HDD(Hard Disk Drive)는 기계적인 방식으로 자기 디스크를 돌려서 데이터를 읽고 쓴다.

[오답분석]

② 일반적으로 SSD는 신속한 데이터 접근 속도를 제공하며, HDD는 더 큰 저장 용량을 제공한다.

③ SSD는 내구성이 높아 충격이나 진동에 덜 민감하지만, HDD는 외부 충격에 의한 데이터 손실 가능성이 비교적 높다.

④ SSD는 HDD에 비해 전력 소모량과 발열이 적다.

⑤ 기계적 방식인 HDD는 전기 공급이 없어도 데이터를 보존할 수 있기 때문에 장기간 데이터 보존에 유리하다. 반면 전기적 방식인 SSD는 오랜 기간 전원 공급 없이 방치하면 데이터 유실이 일어난다.

56

정답 ⑤

오른쪽의 데이터는 나이가 적은 사람부터 많은 사람 순으로 정렬되어 있다. 따라서 열에는 '나이', 정렬에는 '오름차순'을 선택해야 오른쪽과 같이 정렬된다.

57

정답 ③

세로 막대형 차트는 항목별 비교를 나타내는 데 유용한 차트이다. 일반적으로 항목이 가로 축에 표시되고, 값은 세로 축에 표시된다. 제시된 표를 세로 막대형 차트로 변환시키면 다음과 같다.

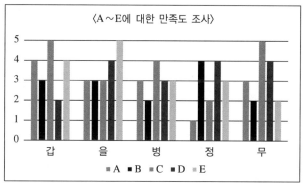

[오답분석]

① 원형 차트 : 데이터 계열 하나에 있는 항목의 크기가 항목 합계에 비례하여 표시되며, 데이터 요소는 원형 전체에 대한 백분율로 표시된다. 원형 차트는 각 항목의 값들이 항목 합계의 비율로 표시되므로 중요한 요소를 강조할 때 사용하기 좋은 차트이다.

② 분산형 차트 : 데이터 요소 간의 차이점보다는 큰 데이터 집합 간의 유사점을 표시하려는 경우에 사용한다. 분산형 차트는 가로 축의 값이 일정한 간격이 아닌 경우나, 가로 축의 데이터 요소 수가 많은 경우 사용한다.

④ 영역형 차트 : 두 개 이상의 데이터 계열을 갖는 차트에서 시간에 따른 특정 데이터 계열을 강조하고자 할 때 사용하면 편리하다. 영역형 차트는 합계 값을 추세와 함께 살펴볼 때 사용하며, 각 값의 합계를 표시하여 전체에 대한 부분의 관계도 보여 준다.

⑤ 표면형 차트 : 두 데이터 집합 간의 최적 조합을 찾을 때 유용하다. 표면형 차트에서 색과 무늬는 같은 값 범위에 있는 영역을 나타내며, 항목과 데이터 계열이 모두 숫자 값인 경우에 사용 가능하다.

58

정답 ④

④에 대한 내용은 문제 해결법에 나와 있지 않다.

59

정답 ④

④는 인쇄 속도가 느릴 때 해결할 수 있는 방안이다.

60

정답 ③

1 ~ 2월 이앙기 관리방법에 모두 방청유를 발라 녹 발생을 방지하는 내용이 있다.

[오답분석]

① 트랙터의 브레이크 페달 작동 상태는 2월의 점검 목록이다.
② 이앙기에 커버를 씌워 먼지 및 이물질에 의한 부식을 방지하는 것은 1월의 점검 목록이다.
④ 트랙터의 유압실린더와 엔진 누유 상태의 점검은 트랙터 사용 전 점검이 아니라 보관 중 점검 목록이다.
⑤ 매뉴얼에 없는 내용이다.

61

정답 ①

기술적용 형태 중 선택한 기술을 그대로 적용하되, 불필요한 기술은 과감히 버리고 적용할 때 시간 및 비용을 절감할 수 있다.

> **불필요한 기술은 과감히 버리고 선택한 기술을 그대로 적용할 때의 상황**
> • 시간 및 비용 절감
> • 프로세스의 효율성 증가
> • 부적절한 기술을 선택할 경우 실패할 수 있는 위험부담 존재
> • 과감하게 버린 기술이 과연 불필요한가에 대한 문제점 존재

62

정답 ④

기술적용 시 고려사항에는 기술 적용에 따른 비용 문제, 기술의 수명 주기, 기술의 전략적 중요도, 기술의 잠재적 응용 가능성 등이 있다.

63

정답 ③

김팀장과 같은 기술경영자에게 필요한 능력은 기업의 전반적인 전략 목표에 기술을 분리시키는 것이 아닌 통합시키는 능력이다.

> **기술경영자에게 필요한 능력**
> • 기술을 기업의 전반적인 전략 목표에 통합시키는 능력
> • 기술 전문 인력을 운용할 수 있는 능력
> • 빠르고 효과적으로 새로운 기술을 습득하고 기존의 기술에서 탈피하는 능력
> • 조직 내의 기술 이용을 수행할 수 있는 능력
> • 복잡하고 서로 다른 분야에 걸쳐 있는 프로젝트를 수행할 수 있는 능력
> • 효과적으로 평가할 수 있는 능력
> • 기술 이전을 효과적으로 할 수 있는 능력
> • 제품개발 시간을 단축할 수 있는 능력

64

정답 ④

팀워크는 개인의 능력이 발휘되는 것도 중요하지만 팀원들 간의 협력이 더 중요하다. 팀워크는 팀원 개개인의 능력이 최대치일 때 가장 뛰어난 것은 아니다.

65

정답 ②

대화를 통해 부하직원인 A씨 스스로 업무성과가 떨어지고 있고, 업무방법이 잘못되었음을 인식시켜서 이를 해결할 방법을 스스로 생각하도록 해야 한다. 이후 B팀장이 조언하며 A씨를 독려한다면, B팀장은 A씨의 자존감과 자기결정권을 침해하지 않으면서도 A씨 스스로 책임감을 느끼고 문제를 해결할 가능성이 높아지게 할 수 있다.

[오답분석]
① 징계를 통해 억지로 조언을 듣도록 하는 것은 자존감과 자기결정권을 중시하는 A씨에게 적절하지 않다.
③ 칭찬은 A씨로 하여금 자신의 잘못을 인식하지 못하도록 할 수 있어 적절하지 않다.
④ 자존감과 자기결정권을 중시하는 A씨에게 강한 질책은 효과적이지 못하다.
⑤ A씨가 자기 잘못을 인식하지 못한 상태로 시간만 흘러갈 수 있다.

66

정답 ②

대인관계능력이란 직장생활에서 협조적인 관계를 유지하고, 조직구성원들에게 도움을 줄 수 있으며, 조직 내부 및 외부의 갈등을 원만히 해결하고 고객의 요구를 충족시켜 줄 수 있는 능력이다.
B의 경우, 신입직원의 잘한 점을 칭찬하지 않고 못한 점만을 과장하여 지적한 점은 신입직원의 사기를 저하할 수 있고, 신입직원과 보이지 않는 벽이 생길 수 있으므로 좋은 대인관계능력이라고 할 수 없다. F의 경우, 인간관계를 형성할 때 가장 중요한 요소는 무엇을 말하느냐, 어떻게 행동하느냐보다 개인의 사람됨이다. 만약 그 사람의 말이나 행동이 깊은 내면에서가 아니라 피상적인 인간관계 기법이나 테크닉에서 나온다면, 상대방도 곧 그 사람의 이중성을 감지하게 된다. 따라서 효과적인 상호의존성을 위해 필요한 상호신뢰와 교감, 관계를 만들 수도 유지할 수도 없게 된다.

67

정답 ①

1. 협상 시작 : 소손녕과 서희는 기싸움 등을 하면서 협상의지를 서로 확인하였고, 협상을 시작하였다.
2. 상호 이해 : 갈등문제의 진행상황과 현재의 상황을 점검하는 단계로 정벌의 명분을 위해 소손녕은 고려가 신라 후예임을 서희는 고구려의 후예임을 말하였다.
3. 실질 이해 : 겉으로 주장하는 것과 실제로 원하는 것을 구분하여 실제로 원하는 것을 찾아내는 단계로 소손녕한테서 거란이 송과 전쟁을 위해 후방을 안전하게 하려는 것이 원하는 것임을 알았다.
4. 해결 대안 : 최선의 대안에 대해서 합의하고 선택하는 단계로 서희는 상호 간에 국교를 하려면 영토를 요구하였다.
5. 합의 : 합의문을 작성하는 단계로 두 나라는 화의 요청 및 철군, 고려의 영토 개척 동의로써 합의하였다.

68

정답 ④

서희는 직접적으로 상대방의 요구를 거부하지 않았다. 원인과 이유를 말하고 우회하면서 그 요구를 받아들이기 위한 대안을 제시하였다.

69

정답 ⑤

추후 고객에게 연락하여 고객이 약속 날짜 전에 옷을 받았는지 확인을 해야 하며, 확인 후 배송 착오에 대해 다시 사과를 해야 한다.

오답분석
① "화내시는 점 충분히 이해합니다."라고 답변하며 공감 표시를 하였다.
② 배송 착오에 대해 "정말 죄송합니다."와 같이 사과 표시를 하였다.
③ "최대한 빠른 시일 내로 교환해드릴 수 있도록 최선을 다하겠습니다."라고 말하며 해결 약속을 하였다.
④ 구매 내역과 재고 확인을 통해 정보를 파악하였다.

70

정답 ③

경영은 경영목적, 인적자원, 자금, 전략의 4요소로 구성된다.
ㄱ. 경영목적
ㄴ. 인적자원
ㅁ. 자금
ㅂ. 전략

오답분석
ㄷ. 마케팅
ㄹ. 회계

71

정답 ④

제시문은 '한정 판매 마케팅 기법'에 대한 글이다. 이는 한정판 제품의 공급을 통해 의도적으로 공급의 가격탄력성을 0에 가깝게 조정한 것으로, 판매 기업의 입장에서는 이윤 증대를 위한 경영 혁신이지만 소비자의 합리적 소비를 저해할 수 있다.

72

정답 ⑤

서약서 집행 담당자는 보안담당관으로, 보안담당관은 총무국장이기 때문에 서약서는 이사장이 아닌 총무국장에게 제출해야 한다.

73

정답 ①

조직 개편 방향에 따르면 마케팅본부를 신설한다고 하였다.

74

정답 ②

• 경영본부 : 기획조정실, 경영지원팀, 재무관리팀, 미래사업팀, 사회가치실현(TF팀), 인사관리팀 → 6팀
• 운영본부 : 물류전략실, 항만관리팀, 물류단지팀, 물류정보팀, 안전・보안(TF)팀 → 5팀
• 건설본부 : 항만개발실, 항만건설팀, 항만시설팀, 갑문운영팀, 스마트갑문(TF)팀 → 5팀

75

정답 ③

B팀장은 단합대회에 참석하지 않는다는 의사표시를 한 것이 아니라, A부장이 갑작스럽게 단합대회 날짜를 정하게 된 이유를 듣고, 일정을 조율해 보겠다는 의미의 대답을 한 것이다.

76

소금이나 후추 등이 다른 사람 손에 거치면 좋지 않다는 풍습을 볼 때, 소금과 후추가 필요할 때는 웨이터를 부르는 것보다 자신이 직접 가져오는 것이 적절한 행동이다.

77

직장에서의 근태를 지키는 것은 정직성에서 중요한 부분이다. 근태를 지키지 않으면 정직성에 어긋날 뿐더러 신용도 쌓을 수 없다. 따라서 점심시간을 지키는 것은 근태에 해당하므로 사적으로 시간을 더 쓰는 것은 정직성에 어긋난다.

78

직장에서의 정직한 생활을 위해서는 '남들도 하는 것이다.' 같은 부정직한 관행을 따르지 않는다.

79

직장에서의 근면한 생활을 위해서는 B사원과 같이 일에 지장이 없도록 항상 건강관리에 유의해야 하며, C대리와 같이 오늘 할 일을 내일로 미루지 않고, 업무 시간에 개인적인 일을 하지 않아야 한다.

[오답분석]

• A사원 : 항상 일을 배우는 자세로 임하여 열심히 해야 한다.
• D대리 : 사무실 내에서 메신저 등을 통해 사적인 대화를 나누지 않아야 한다.

80

과장은 아랫사람에게 인사를 먼저 건네며 즐겁게 하루를 시작하는 공경심이 있는 예도를 행하였다.

[오답분석]

① 비상금을 털어 무리하게 고급 생일선물을 사는 것은 자신이 감당할 수 있는 능력을 벗어나므로 적절하지 않다.
③ 선행이나 호의를 베풀 때도 받는 자에게 피해가 되지 않도록 주의해야 하므로 적절하지 않다.
④ 아랫사람의 실수를 너그럽게 관용하는 태도에 부합하지 않으므로 적절하지 않다.
⑤ 장례를 치르는 문상자리에서 애도할 줄 모르는 것이므로 적절하지 않다.

절대 어제를 후회하지 마라. 인생은 오늘의 나 안에 있고 내일은 스스로 만드는 것이다.

-L.론 허바드-

필수영역 NCS 최종모의고사 답안카드

성 명

지원 분야

문제지 형별기재란

( )형   Ⓐ Ⓑ

수 험 번 호

감독위원 확인

(인)

번호	답란					번호	답란					번호	답란				
1	①	②	③	④	⑤	21	①	②	③	④	⑤	41	①	②	③	④	⑤
2	①	②	③	④	⑤	22	①	②	③	④	⑤	42	①	②	③	④	⑤
3	①	②	③	④	⑤	23	①	②	③	④	⑤	43	①	②	③	④	⑤
4	①	②	③	④	⑤	24	①	②	③	④	⑤	44	①	②	③	④	⑤
5	①	②	③	④	⑤	25	①	②	③	④	⑤	45	①	②	③	④	⑤
6	①	②	③	④	⑤	26	①	②	③	④	⑤	46	①	②	③	④	⑤
7	①	②	③	④	⑤	27	①	②	③	④	⑤	47	①	②	③	④	⑤
8	①	②	③	④	⑤	28	①	②	③	④	⑤	48	①	②	③	④	⑤
9	①	②	③	④	⑤	29	①	②	③	④	⑤	49	①	②	③	④	⑤
10	①	②	③	④	⑤	30	①	②	③	④	⑤	50	①	②	③	④	⑤
11	①	②	③	④	⑤	31	①	②	③	④	⑤						
12	①	②	③	④	⑤	32	①	②	③	④	⑤						
13	①	②	③	④	⑤	33	①	②	③	④	⑤						
14	①	②	③	④	⑤	34	①	②	③	④	⑤						
15	①	②	③	④	⑤	35	①	②	③	④	⑤						
16	①	②	③	④	⑤	36	①	②	③	④	⑤						
17	①	②	③	④	⑤	37	①	②	③	④	⑤						
18	①	②	③	④	⑤	38	①	②	③	④	⑤						
19	①	②	③	④	⑤	39	①	②	③	④	⑤						
20	①	②	③	④	⑤	40	①	②	③	④	⑤						

수험번호: ⓪ ① ② ③ ④ ⑤ ⑥ ⑦ ⑧ ⑨

※ 본 답안지는 마킹연습용 모의 답안지입니다.

〈절취선〉

필수영역 NCS 최종모의고사 답안카드

번호	답란		번호	답란		번호	답란		번호	답란	
1	① ② ③ ④ ⑤		21	① ② ③ ④ ⑤		41	① ② ③ ④ ⑤				
2	① ② ③ ④ ⑤		22	① ② ③ ④ ⑤		42	① ② ③ ④ ⑤				
3	① ② ③ ④ ⑤		23	① ② ③ ④ ⑤		43	① ② ③ ④ ⑤				
4	① ② ③ ④ ⑤		24	① ② ③ ④ ⑤		44	① ② ③ ④ ⑤				
5	① ② ③ ④ ⑤		25	① ② ③ ④ ⑤		45	① ② ③ ④ ⑤				
6	① ② ③ ④ ⑤		26	① ② ③ ④ ⑤		46	① ② ③ ④ ⑤				
7	① ② ③ ④ ⑤		27	① ② ③ ④ ⑤		47	① ② ③ ④ ⑤				
8	① ② ③ ④ ⑤		28	① ② ③ ④ ⑤		48	① ② ③ ④ ⑤				
9	① ② ③ ④ ⑤		29	① ② ③ ④ ⑤		49	① ② ③ ④ ⑤				
10	① ② ③ ④ ⑤		30	① ② ③ ④ ⑤		50	① ② ③ ④ ⑤				
11	① ② ③ ④ ⑤		31	① ② ③ ④ ⑤							
12	① ② ③ ④ ⑤		32	① ② ③ ④ ⑤							
13	① ② ③ ④ ⑤		33	① ② ③ ④ ⑤							
14	① ② ③ ④ ⑤		34	① ② ③ ④ ⑤							
15	① ② ③ ④ ⑤		35	① ② ③ ④ ⑤							
16	① ② ③ ④ ⑤		36	① ② ③ ④ ⑤							
17	① ② ③ ④ ⑤		37	① ② ③ ④ ⑤							
18	① ② ③ ④ ⑤		38	① ② ③ ④ ⑤							
19	① ② ③ ④ ⑤		39	① ② ③ ④ ⑤							
20	① ② ③ ④ ⑤		40	① ② ③ ④ ⑤							

성 명

지원 분야

문제지 형별기재란

(형) Ⓐ Ⓑ

수 험 번 호

⓪ ① ② ③ ④ ⑤ ⑥ ⑦ ⑧ ⑨

감독위원 확인

(인)

핵심영역 NCS 최종모의고사 답안카드

성 명

지원 분야

문제지 형별기재란

형 ( ) Ⓐ Ⓑ

수험번호

① ② ③ ④ ⑤ ⑥ ⑦ ⑧ ⑨ ⓪

감독위원 확인

(인)

1	① ② ③ ④ ⑤	21	① ② ③ ④ ⑤	41	① ② ③ ④ ⑤
2	① ② ③ ④ ⑤	22	① ② ③ ④ ⑤	42	① ② ③ ④ ⑤
3	① ② ③ ④ ⑤	23	① ② ③ ④ ⑤	43	① ② ③ ④ ⑤
4	① ② ③ ④ ⑤	24	① ② ③ ④ ⑤	44	① ② ③ ④ ⑤
5	① ② ③ ④ ⑤	25	① ② ③ ④ ⑤	45	① ② ③ ④ ⑤
6	① ② ③ ④ ⑤	26	① ② ③ ④ ⑤	46	① ② ③ ④ ⑤
7	① ② ③ ④ ⑤	27	① ② ③ ④ ⑤	47	① ② ③ ④ ⑤
8	① ② ③ ④ ⑤	28	① ② ③ ④ ⑤	48	① ② ③ ④ ⑤
9	① ② ③ ④ ⑤	29	① ② ③ ④ ⑤	49	① ② ③ ④ ⑤
10	① ② ③ ④ ⑤	30	① ② ③ ④ ⑤	50	① ② ③ ④ ⑤
11	① ② ③ ④ ⑤	31	① ② ③ ④ ⑤		
12	① ② ③ ④ ⑤	32	① ② ③ ④ ⑤		
13	① ② ③ ④ ⑤	33	① ② ③ ④ ⑤		
14	① ② ③ ④ ⑤	34	① ② ③ ④ ⑤		
15	① ② ③ ④ ⑤	35	① ② ③ ④ ⑤		
16	① ② ③ ④ ⑤	36	① ② ③ ④ ⑤		
17	① ② ③ ④ ⑤	37	① ② ③ ④ ⑤		
18	① ② ③ ④ ⑤	38	① ② ③ ④ ⑤		
19	① ② ③ ④ ⑤	39	① ② ③ ④ ⑤		
20	① ② ③ ④ ⑤	40	① ② ③ ④ ⑤		

핵심영역 NCS 최종모의고사 답안카드

	1	2	3	4	5			1	2	3	4	5			1	2	3	4	5
1	①	②	③	④	⑤		21	①	②	③	④	⑤		41	①	②	③	④	⑤
2	①	②	③	④	⑤		22	①	②	③	④	⑤		42	①	②	③	④	⑤
3	①	②	③	④	⑤		23	①	②	③	④	⑤		43	①	②	③	④	⑤
4	①	②	③	④	⑤		24	①	②	③	④	⑤		44	①	②	③	④	⑤
5	①	②	③	④	⑤		25	①	②	③	④	⑤		45	①	②	③	④	⑤
6	①	②	③	④	⑤		26	①	②	③	④	⑤		46	①	②	③	④	⑤
7	①	②	③	④	⑤		27	①	②	③	④	⑤		47	①	②	③	④	⑤
8	①	②	③	④	⑤		28	①	②	③	④	⑤		48	①	②	③	④	⑤
9	①	②	③	④	⑤		29	①	②	③	④	⑤		49	①	②	③	④	⑤
10	①	②	③	④	⑤		30	①	②	③	④	⑤		50	①	②	③	④	⑤
11	①	②	③	④	⑤		31	①	②	③	④	⑤							
12	①	②	③	④	⑤		32	①	②	③	④	⑤							
13	①	②	③	④	⑤		33	①	②	③	④	⑤							
14	①	②	③	④	⑤		34	①	②	③	④	⑤							
15	①	②	③	④	⑤		35	①	②	③	④	⑤							
16	①	②	③	④	⑤		36	①	②	③	④	⑤							
17	①	②	③	④	⑤		37	①	②	③	④	⑤							
18	①	②	③	④	⑤		38	①	②	③	④	⑤							
19	①	②	③	④	⑤		39	①	②	③	④	⑤							
20	①	②	③	④	⑤		40	①	②	③	④	⑤							

※ 본 답안지는 마킹연습용 모의 답안지입니다.

성 명

지원 분야

문제지 형별기재란
Ⓐ
Ⓑ
(　)형

수 험 번 호

⓪	①	②	③	④	⑤	⑥	⑦	⑧	⑨
⓪	①	②	③	④	⑤	⑥	⑦	⑧	⑨
⓪	①	②	③	④	⑤	⑥	⑦	⑧	⑨
⓪	①	②	③	④	⑤	⑥	⑦	⑧	⑨
⓪	①	②	③	④	⑤	⑥	⑦	⑧	⑨
⓪	①	②	③	④	⑤	⑥	⑦	⑧	⑨
⓪	①	②	③	④	⑤	⑥	⑦	⑧	⑨

감독위원 확인
(인)

핵심영역 NCS 최종모의고사 답안카드

성 명

지원 분야

문제지 형별기재란

( )형   Ⓐ Ⓑ

수험번호

⓪	①	②	③	④	⑤	⑥	⑦	⑧	⑨
⓪	①	②	③	④	⑤	⑥	⑦	⑧	⑨
⓪	①	②	③	④	⑤	⑥	⑦	⑧	⑨
⓪	①	②	③	④	⑤	⑥	⑦	⑧	⑨
⓪	①	②	③	④	⑤	⑥	⑦	⑧	⑨
⓪	①	②	③	④	⑤	⑥	⑦	⑧	⑨
⓪	①	②	③	④	⑤	⑥	⑦	⑧	⑨

감독위원 확인

(인)

번호	①	②	③	④	⑤		번호	①	②	③	④	⑤		번호	①	②	③	④	⑤
1	①	②	③	④	⑤		21	①	②	③	④	⑤		41	①	②	③	④	⑤
2	①	②	③	④	⑤		22	①	②	③	④	⑤		42	①	②	③	④	⑤
3	①	②	③	④	⑤		23	①	②	③	④	⑤		43	①	②	③	④	⑤
4	①	②	③	④	⑤		24	①	②	③	④	⑤		44	①	②	③	④	⑤
5	①	②	③	④	⑤		25	①	②	③	④	⑤		45	①	②	③	④	⑤
6	①	②	③	④	⑤		26	①	②	③	④	⑤		46	①	②	③	④	⑤
7	①	②	③	④	⑤		27	①	②	③	④	⑤		47	①	②	③	④	⑤
8	①	②	③	④	⑤		28	①	②	③	④	⑤		48	①	②	③	④	⑤
9	①	②	③	④	⑤		29	①	②	③	④	⑤		49	①	②	③	④	⑤
10	①	②	③	④	⑤		30	①	②	③	④	⑤		50	①	②	③	④	⑤
11	①	②	③	④	⑤		31	①	②	③	④	⑤							
12	①	②	③	④	⑤		32	①	②	③	④	⑤							
13	①	②	③	④	⑤		33	①	②	③	④	⑤							
14	①	②	③	④	⑤		34	①	②	③	④	⑤							
15	①	②	③	④	⑤		35	①	②	③	④	⑤							
16	①	②	③	④	⑤		36	①	②	③	④	⑤							
17	①	②	③	④	⑤		37	①	②	③	④	⑤							
18	①	②	③	④	⑤		38	①	②	③	④	⑤							
19	①	②	③	④	⑤		39	①	②	③	④	⑤							
20	①	②	③	④	⑤		40	①	②	③	④	⑤							

핵심영역 NCS 최종모의고사 답안카드

문번	답란
1	① ② ③ ④ ⑤
2	① ② ③ ④ ⑤
3	① ② ③ ④ ⑤
4	① ② ③ ④ ⑤
5	① ② ③ ④ ⑤
6	① ② ③ ④ ⑤
7	① ② ③ ④ ⑤
8	① ② ③ ④ ⑤
9	① ② ③ ④ ⑤
10	① ② ③ ④ ⑤
11	① ② ③ ④ ⑤
12	① ② ③ ④ ⑤
13	① ② ③ ④ ⑤
14	① ② ③ ④ ⑤
15	① ② ③ ④ ⑤
16	① ② ③ ④ ⑤
17	① ② ③ ④ ⑤
18	① ② ③ ④ ⑤
19	① ② ③ ④ ⑤
20	① ② ③ ④ ⑤

문번	답란
21	① ② ③ ④ ⑤
22	① ② ③ ④ ⑤
23	① ② ③ ④ ⑤
24	① ② ③ ④ ⑤
25	① ② ③ ④ ⑤
26	① ② ③ ④ ⑤
27	① ② ③ ④ ⑤
28	① ② ③ ④ ⑤
29	① ② ③ ④ ⑤
30	① ② ③ ④ ⑤
31	① ② ③ ④ ⑤
32	① ② ③ ④ ⑤
33	① ② ③ ④ ⑤
34	① ② ③ ④ ⑤
35	① ② ③ ④ ⑤
36	① ② ③ ④ ⑤
37	① ② ③ ④ ⑤
38	① ② ③ ④ ⑤
39	① ② ③ ④ ⑤
40	① ② ③ ④ ⑤

문번	답란
41	① ② ③ ④ ⑤
42	① ② ③ ④ ⑤
43	① ② ③ ④ ⑤
44	① ② ③ ④ ⑤
45	① ② ③ ④ ⑤
46	① ② ③ ④ ⑤
47	① ② ③ ④ ⑤
48	① ② ③ ④ ⑤
49	① ② ③ ④ ⑤
50	① ② ③ ④ ⑤

성 명

지원 분야

문제지 형별기재란

형 ( )

Ⓐ
Ⓑ

수 험 번 호

⓪ ① ② ③ ④ ⑤ ⑥ ⑦ ⑧ ⑨
⓪ ① ② ③ ④ ⑤ ⑥ ⑦ ⑧ ⑨
⓪ ① ② ③ ④ ⑤ ⑥ ⑦ ⑧ ⑨
⓪ ① ② ③ ④ ⑤ ⑥ ⑦ ⑧ ⑨
⓪ ① ② ③ ④ ⑤ ⑥ ⑦ ⑧ ⑨
⓪ ① ② ③ ④ ⑤ ⑥ ⑦ ⑧ ⑨
⓪ ① ② ③ ④ ⑤ ⑥ ⑦ ⑧ ⑨

감독위원 확인

(인)

성 명

지원 분야

문제지 형별기재란

( )형 Ⓐ Ⓑ

수험번호

⓪	⓪	⓪	⓪	⓪	⓪	⓪
①	①	①	①	①	①	①
②	②	②	②	②	②	②
③	③	③	③	③	③	③
④	④	④	④	④	④	④
⑤	⑤	⑤	⑤	⑤	⑤	⑤
⑥	⑥	⑥	⑥	⑥	⑥	⑥
⑦	⑦	⑦	⑦	⑦	⑦	⑦
⑧	⑧	⑧	⑧	⑧	⑧	⑧
⑨	⑨	⑨	⑨	⑨	⑨	⑨

감독위원 확인

(인)

번호	답안	번호	답안	번호	답안	번호	답안
1	① ② ③ ④ ⑤	21	① ② ③ ④ ⑤	41	① ② ③ ④ ⑤	61	① ② ③ ④ ⑤
2	① ② ③ ④ ⑤	22	① ② ③ ④ ⑤	42	① ② ③ ④ ⑤	62	① ② ③ ④ ⑤
3	① ② ③ ④ ⑤	23	① ② ③ ④ ⑤	43	① ② ③ ④ ⑤	63	① ② ③ ④ ⑤
4	① ② ③ ④ ⑤	24	① ② ③ ④ ⑤	44	① ② ③ ④ ⑤	64	① ② ③ ④ ⑤
5	① ② ③ ④ ⑤	25	① ② ③ ④ ⑤	45	① ② ③ ④ ⑤	65	① ② ③ ④ ⑤
6	① ② ③ ④ ⑤	26	① ② ③ ④ ⑤	46	① ② ③ ④ ⑤	66	① ② ③ ④ ⑤
7	① ② ③ ④ ⑤	27	① ② ③ ④ ⑤	47	① ② ③ ④ ⑤	67	① ② ③ ④ ⑤
8	① ② ③ ④ ⑤	28	① ② ③ ④ ⑤	48	① ② ③ ④ ⑤	68	① ② ③ ④ ⑤
9	① ② ③ ④ ⑤	29	① ② ③ ④ ⑤	49	① ② ③ ④ ⑤	69	① ② ③ ④ ⑤
10	① ② ③ ④ ⑤	30	① ② ③ ④ ⑤	50	① ② ③ ④ ⑤	70	① ② ③ ④ ⑤
11	① ② ③ ④ ⑤	31	① ② ③ ④ ⑤	51	① ② ③ ④ ⑤	71	① ② ③ ④ ⑤
12	① ② ③ ④ ⑤	32	① ② ③ ④ ⑤	52	① ② ③ ④ ⑤	72	① ② ③ ④ ⑤
13	① ② ③ ④ ⑤	33	① ② ③ ④ ⑤	53	① ② ③ ④ ⑤	73	① ② ③ ④ ⑤
14	① ② ③ ④ ⑤	34	① ② ③ ④ ⑤	54	① ② ③ ④ ⑤	74	① ② ③ ④ ⑤
15	① ② ③ ④ ⑤	35	① ② ③ ④ ⑤	55	① ② ③ ④ ⑤	75	① ② ③ ④ ⑤
16	① ② ③ ④ ⑤	36	① ② ③ ④ ⑤	56	① ② ③ ④ ⑤	76	① ② ③ ④ ⑤
17	① ② ③ ④ ⑤	37	① ② ③ ④ ⑤	57	① ② ③ ④ ⑤	77	① ② ③ ④ ⑤
18	① ② ③ ④ ⑤	38	① ② ③ ④ ⑤	58	① ② ③ ④ ⑤	78	① ② ③ ④ ⑤
19	① ② ③ ④ ⑤	39	① ② ③ ④ ⑤	59	① ② ③ ④ ⑤	79	① ② ③ ④ ⑤
20	① ② ③ ④ ⑤	40	① ② ③ ④ ⑤	60	① ② ③ ④ ⑤	80	① ② ③ ④ ⑤

〈절취선〉

※ 본 답안지는 마킹연습용 모의 답안지입니다.

통합 NCS 최종모의고사 답안카드

1	① ② ③ ④ ⑤	21	① ② ③ ④ ⑤	41	① ② ③ ④ ⑤	61	① ② ③ ④ ⑤
2	① ② ③ ④ ⑤	22	① ② ③ ④ ⑤	42	① ② ③ ④ ⑤	62	① ② ③ ④ ⑤
3	① ② ③ ④ ⑤	23	① ② ③ ④ ⑤	43	① ② ③ ④ ⑤	63	① ② ③ ④ ⑤
4	① ② ③ ④ ⑤	24	① ② ③ ④ ⑤	44	① ② ③ ④ ⑤	64	① ② ③ ④ ⑤
5	① ② ③ ④ ⑤	25	① ② ③ ④ ⑤	45	① ② ③ ④ ⑤	65	① ② ③ ④ ⑤
6	① ② ③ ④ ⑤	26	① ② ③ ④ ⑤	46	① ② ③ ④ ⑤	66	① ② ③ ④ ⑤
7	① ② ③ ④ ⑤	27	① ② ③ ④ ⑤	47	① ② ③ ④ ⑤	67	① ② ③ ④ ⑤
8	① ② ③ ④ ⑤	28	① ② ③ ④ ⑤	48	① ② ③ ④ ⑤	68	① ② ③ ④ ⑤
9	① ② ③ ④ ⑤	29	① ② ③ ④ ⑤	49	① ② ③ ④ ⑤	69	① ② ③ ④ ⑤
10	① ② ③ ④ ⑤	30	① ② ③ ④ ⑤	50	① ② ③ ④ ⑤	70	① ② ③ ④ ⑤
11	① ② ③ ④ ⑤	31	① ② ③ ④ ⑤	51	① ② ③ ④ ⑤	71	① ② ③ ④ ⑤
12	① ② ③ ④ ⑤	32	① ② ③ ④ ⑤	52	① ② ③ ④ ⑤	72	① ② ③ ④ ⑤
13	① ② ③ ④ ⑤	33	① ② ③ ④ ⑤	53	① ② ③ ④ ⑤	73	① ② ③ ④ ⑤
14	① ② ③ ④ ⑤	34	① ② ③ ④ ⑤	54	① ② ③ ④ ⑤	74	① ② ③ ④ ⑤
15	① ② ③ ④ ⑤	35	① ② ③ ④ ⑤	55	① ② ③ ④ ⑤	75	① ② ③ ④ ⑤
16	① ② ③ ④ ⑤	36	① ② ③ ④ ⑤	56	① ② ③ ④ ⑤	76	① ② ③ ④ ⑤
17	① ② ③ ④ ⑤	37	① ② ③ ④ ⑤	57	① ② ③ ④ ⑤	77	① ② ③ ④ ⑤
18	① ② ③ ④ ⑤	38	① ② ③ ④ ⑤	58	① ② ③ ④ ⑤	78	① ② ③ ④ ⑤
19	① ② ③ ④ ⑤	39	① ② ③ ④ ⑤	59	① ② ③ ④ ⑤	79	① ② ③ ④ ⑤
20	① ② ③ ④ ⑤	40	① ② ③ ④ ⑤	60	① ② ③ ④ ⑤	80	① ② ③ ④ ⑤

성 명

지원 분야

문제지 형별기재란

(형) Ⓐ Ⓑ

수 험 번 호

⓪ ① ② ③ ④ ⑤ ⑥ ⑦ ⑧ ⑨

감독위원 확인

(인)

통합 NCS 최종모의고사 답안카드

번호	답란		번호	답란		번호	답란		번호	답란	
1	① ② ③ ④ ⑤		21	① ② ③ ④ ⑤		41	① ② ③ ④ ⑤		61	① ② ③ ④ ⑤	
2	① ② ③ ④ ⑤		22	① ② ③ ④ ⑤		42	① ② ③ ④ ⑤		62	① ② ③ ④ ⑤	
3	① ② ③ ④ ⑤		23	① ② ③ ④ ⑤		43	① ② ③ ④ ⑤		63	① ② ③ ④ ⑤	
4	① ② ③ ④ ⑤		24	① ② ③ ④ ⑤		44	① ② ③ ④ ⑤		64	① ② ③ ④ ⑤	
5	① ② ③ ④ ⑤		25	① ② ③ ④ ⑤		45	① ② ③ ④ ⑤		65	① ② ③ ④ ⑤	
6	① ② ③ ④ ⑤		26	① ② ③ ④ ⑤		46	① ② ③ ④ ⑤		66	① ② ③ ④ ⑤	
7	① ② ③ ④ ⑤		27	① ② ③ ④ ⑤		47	① ② ③ ④ ⑤		67	① ② ③ ④ ⑤	
8	① ② ③ ④ ⑤		28	① ② ③ ④ ⑤		48	① ② ③ ④ ⑤		68	① ② ③ ④ ⑤	
9	① ② ③ ④ ⑤		29	① ② ③ ④ ⑤		49	① ② ③ ④ ⑤		69	① ② ③ ④ ⑤	
10	① ② ③ ④ ⑤		30	① ② ③ ④ ⑤		50	① ② ③ ④ ⑤		70	① ② ③ ④ ⑤	
11	① ② ③ ④ ⑤		31	① ② ③ ④ ⑤		51	① ② ③ ④ ⑤		71	① ② ③ ④ ⑤	
12	① ② ③ ④ ⑤		32	① ② ③ ④ ⑤		52	① ② ③ ④ ⑤		72	① ② ③ ④ ⑤	
13	① ② ③ ④ ⑤		33	① ② ③ ④ ⑤		53	① ② ③ ④ ⑤		73	① ② ③ ④ ⑤	
14	① ② ③ ④ ⑤		34	① ② ③ ④ ⑤		54	① ② ③ ④ ⑤		74	① ② ③ ④ ⑤	
15	① ② ③ ④ ⑤		35	① ② ③ ④ ⑤		55	① ② ③ ④ ⑤		75	① ② ③ ④ ⑤	
16	① ② ③ ④ ⑤		36	① ② ③ ④ ⑤		56	① ② ③ ④ ⑤		76	① ② ③ ④ ⑤	
17	① ② ③ ④ ⑤		37	① ② ③ ④ ⑤		57	① ② ③ ④ ⑤		77	① ② ③ ④ ⑤	
18	① ② ③ ④ ⑤		38	① ② ③ ④ ⑤		58	① ② ③ ④ ⑤		78	① ② ③ ④ ⑤	
19	① ② ③ ④ ⑤		39	① ② ③ ④ ⑤		59	① ② ③ ④ ⑤		79	① ② ③ ④ ⑤	
20	① ② ③ ④ ⑤		40	① ② ③ ④ ⑤		60	① ② ③ ④ ⑤		80	① ② ③ ④ ⑤	

통합 NCS 최종모의고사 답안카드

	①	②	③	④	⑤		①	②	③	④	⑤		①	②	③	④	⑤		①	②	③	④	⑤
1	①	②	③	④	⑤	21	①	②	③	④	⑤	41	①	②	③	④	⑤	61	①	②	③	④	⑤
2	①	②	③	④	⑤	22	①	②	③	④	⑤	42	①	②	③	④	⑤	62	①	②	③	④	⑤
3	①	②	③	④	⑤	23	①	②	③	④	⑤	43	①	②	③	④	⑤	63	①	②	③	④	⑤
4	①	②	③	④	⑤	24	①	②	③	④	⑤	44	①	②	③	④	⑤	64	①	②	③	④	⑤
5	①	②	③	④	⑤	25	①	②	③	④	⑤	45	①	②	③	④	⑤	65	①	②	③	④	⑤
6	①	②	③	④	⑤	26	①	②	③	④	⑤	46	①	②	③	④	⑤	66	①	②	③	④	⑤
7	①	②	③	④	⑤	27	①	②	③	④	⑤	47	①	②	③	④	⑤	67	①	②	③	④	⑤
8	①	②	③	④	⑤	28	①	②	③	④	⑤	48	①	②	③	④	⑤	68	①	②	③	④	⑤
9	①	②	③	④	⑤	29	①	②	③	④	⑤	49	①	②	③	④	⑤	69	①	②	③	④	⑤
10	①	②	③	④	⑤	30	①	②	③	④	⑤	50	①	②	③	④	⑤	70	①	②	③	④	⑤
11	①	②	③	④	⑤	31	①	②	③	④	⑤	51	①	②	③	④	⑤	71	①	②	③	④	⑤
12	①	②	③	④	⑤	32	①	②	③	④	⑤	52	①	②	③	④	⑤	72	①	②	③	④	⑤
13	①	②	③	④	⑤	33	①	②	③	④	⑤	53	①	②	③	④	⑤	73	①	②	③	④	⑤
14	①	②	③	④	⑤	34	①	②	③	④	⑤	54	①	②	③	④	⑤	74	①	②	③	④	⑤
15	①	②	③	④	⑤	35	①	②	③	④	⑤	55	①	②	③	④	⑤	75	①	②	③	④	⑤
16	①	②	③	④	⑤	36	①	②	③	④	⑤	56	①	②	③	④	⑤	76	①	②	③	④	⑤
17	①	②	③	④	⑤	37	①	②	③	④	⑤	57	①	②	③	④	⑤	77	①	②	③	④	⑤
18	①	②	③	④	⑤	38	①	②	③	④	⑤	58	①	②	③	④	⑤	78	①	②	③	④	⑤
19	①	②	③	④	⑤	39	①	②	③	④	⑤	59	①	②	③	④	⑤	79	①	②	③	④	⑤
20	①	②	③	④	⑤	40	①	②	③	④	⑤	60	①	②	③	④	⑤	80	①	②	③	④	⑤

성 명

지원 분야

문제지 형별기재란

( )형 Ⓐ Ⓑ

수 험 번 호

⓪	①	②	③	④	⑤	⑥	⑦	⑧	⑨
⓪	①	②	③	④	⑤	⑥	⑦	⑧	⑨
⓪	①	②	③	④	⑤	⑥	⑦	⑧	⑨
⓪	①	②	③	④	⑤	⑥	⑦	⑧	⑨
⓪	①	②	③	④	⑤	⑥	⑦	⑧	⑨
⓪	①	②	③	④	⑤	⑥	⑦	⑧	⑨
⓪	①	②	③	④	⑤	⑥	⑦	⑧	⑨

감독위원 확인

(인)

2024 최신판 SD에듀 공기업 NCS 고졸채용 최종모의고사 9회

개정5판1쇄 발행	2024년 01월 10일 (인쇄 2023년 10월 19일)
초 판 발 행	2019년 06월 10일 (인쇄 2019년 04월 30일)
발 행 인	박영일
책 임 편 집	이해욱
편 저	SDC(Sidae Data Center)
편 집 진 행	김재희 · 이원우
표지디자인	조혜령
편집디자인	김보미 · 남수영
발 행 처	(주)시대고시기획
출 판 등 록	제10-1521호
주 소	서울시 마포구 큰우물로 75 [도화동 538 성지 B/D] 9F
전 화	1600-3600
팩 스	02-701-8823
홈 페 이 지	www.sdedu.co.kr
I S B N	979-11-383-6147-7 (13320)
정 가	22,000원